江苏文库 研究编 | 江苏历代文化名人传

江苏文脉整理与研究工程

江苏历代文化名人传·赵翼

赵兴勤 著

江苏人民出版社

图书在版编目(CIP)数据

江苏历代文化名人传.赵翼/赵兴勤著.—南京:江苏人民出版社,2019.6
(江苏文库.研究编)
ISBN 978-7-214-23682-1

Ⅰ.①江… Ⅱ.①赵… Ⅲ.①文化-名人-列传-江苏②赵翼(1727—1814)-传记 Ⅳ.①K825.4

中国版本图书馆 CIP 数据核字(2019)第 179422 号

书　　　名	江苏历代文化名人传·赵翼
著　　　者	赵兴勤
出 版 统 筹	韩　鑫
责 任 编 辑	朱晓莹
责 任 监 制	王　娟
装 帧 设 计	姜　嵩
出 版 发 行	江苏人民出版社
出 版 社 地 址	南京市湖南路 1 号 A 楼,邮编:210009
出 版 社 网 址	http://www.jspph.com
照　　　排	江苏凤凰制版有限公司
印　　　刷	苏州市越洋印刷有限公司
开　　　本	718 毫米×1 000 毫米　1/16
印　　　张	27.5　插页 4
字　　　数	385 千字
版　　　次	2019 年 10 月第 1 版　2019 年 10 月第 1 次印刷
标 准 书 号	ISBN 978-7-214-23682-1
定　　　价	93.00 元

(江苏人民出版社图书凡印装错误可向承印厂调换)

江苏文脉整理与研究工程

总主编

娄勤俭　吴政隆

学术指导委员会

主　任　周勋初

委　员　（按姓氏笔画排序）
　　　　冯其庸　邬书林　张岂之　茅家琦　郁贤皓
　　　　周勋初　袁行霈　蒋赞初　程毅中　戴　逸

编纂出版委员会

主　　编　王燕文　王　江

副 主 编　赵金松　孙真福　樊和平　莫砺锋

编　　委　（按姓氏笔画排序）

　　　　　　王　江　王卫星　王华宝　王建朗　王燕文
　　　　　　双传学　田汉云　朱玉麒　朱庆葆　全　勤
　　　　　　刘　东　刘西忠　江庆柏　许益军　孙　逊
　　　　　　孙　敏　孙真福　李　扬　李贞强　李昌集
　　　　　　佘江涛　沈卫荣　张乃格　张伯伟　武秀成
　　　　　　范金民　尚庆飞　罗时进　周　琪　周　斌
　　　　　　周建忠　周新国　赵生群　赵金松　胡发贵
　　　　　　胡阿祥　钟振振　姜　建　姜小青　贺云翱
　　　　　　莫砺锋　徐　俊　徐　海　徐之顺　徐小跃
　　　　　　徐兴无　陶思炎　曹玉梅　章寿荣　彭　林
　　　　　　蒋　寅　程章灿　傅康生　赖永海　熊月之
　　　　　　樊和平

分卷主编　徐小跃　姜小青（书目编）
　　　　　　周勋初　程章灿（文献编）
　　　　　　莫砺锋　徐兴无（精华编）
　　　　　　茅家琦　江庆柏（史料编）
　　　　　　左健伟　张乃格（方志编）
　　　　　　樊和平　刘德海（研究编）

出版说明

江苏文化源远流长,历久弥新,文化经典与历史文献层出不穷,典藏丰富;文化巨匠代有人出,彪炳史册,在中华民族乃至整个人类文明的发展史上有着相当重要的地位。为了在新时代里科学把握江苏文化的内涵与特征,彰显江苏文化对中华优秀传统文化作出的贡献,增强文化自信,江苏省委省政府决定组织全省首个大型文化发展工程"江苏文脉整理与研究"。通过工程的实施,梳理江苏文脉资源,总结江苏文化发展的历史规律,再现江苏历史上的"文化高地",为当代江苏把准脉动,探明趋势,勾画蓝图。

组织编纂大型江苏历史文献总集《江苏文库》,是"江苏文脉整理与研究工程"的重要工作。《文库》以"编纂整理古今文献,梳理再现名人名作,探究追溯文化脉络,打造江苏文化名片"为宗旨,分六编集中呈现:

(一)书目编。完整著录历史上江苏籍学人的著述及其历史记录,全面反映江苏图书馆的图书典藏情况。

(二)文献编。收录历代江苏籍学人的代表性著作,集中呈现自历史开端至一九一一年的江苏文化文本,呈现"江苏文化"的整体景观。

(三)精华编。选取历代江苏籍学人著述中对中外文化产生重要影响、在文化学术史上具有经典性代表性的作品进行整理。并从中选取十余种,组织海外汉学家,翻译成各国文字,作为江苏对外文化交流的标志性文化成果。

(四)方志编。从江苏现存各级各类旧志中选择价值较高、保存较好的志书,以充分发挥地方志资治、存史、教化等作用,保存江苏的地方文献与历史文化记忆。

(五)史料编。收录有关江苏地方史料类文献,反映江苏各地历史地理、政治经济、文化教育、宗教艺术、社会生活、风土民情等。

(六)研究编。组织、编纂当代学者研究、撰写的江苏文化研究著作。

文献、史料、方志三编属于基础文献,以影印方式出版,旨在提供原始文献,以满足学术研究需要;书目、精华、研究三编,以排印方式出版,既能满足学术研究的基本需求,又能满足全民阅读的基本需求。

"江苏文脉整理与研究工程"工作委员会

江苏文库·研究编编纂人员

主　编

樊和平　刘德海

副主编

徐之顺　姜　建　王卫星　胡发贵　胡传胜　刘西忠

一脉千古成江河

——江苏文库·研究编序言

樊和平

"江苏文脉整理与研究工程"是江苏文化史上继往开来的一个浩大工程。与当下方兴未艾的全国性"文库热"相比,江苏文脉工程有三个基本特点:一是全面系统的整理;二是"整理"与"研究"同步;三是以"文脉"为主题。在"书目编—文献编—精华编—史料编—方志编—研究编"的体系结构中,"研究编"是十分独特的板块,因为它是试图超越"修典"而推进文化传承创新的一种学术努力。

"盛世修典"之说不知起源于何时,不过语词结构已经表明"盛世"与"修典"之间的某种互释甚至共谋,以及由此而衍生的复杂文化心态。历史已经表明,"修典"在建构巨大历史功勋的同时,也包含内在的巨大文化风险,最基本的是"入典"的选择风险。《四库全书》的文化贡献不言自明,但最终其收书的数量竟与禁书、毁书、改书的数量大致相当,还有高出近一倍的书目被宣判为无价值。"入典"可能将一个时代的局限甚至选择者个人的局限放大为历史的文化局限,也可能由此扼杀文化多样性而产生文化专断。另一个更为潜在和深刻的风险,是对待传统的文化态度。文献整理,尤其是地域典籍的整理,在理念和战略上面临的最大考验,是以何种心态对待文化传统。当今之世,无论对个体还是社会,传统已经不仅是文化根源,而且是文化和经济发展的资源甚至资本。然而一旦传统成为资源和资本,邂逅市场逻辑的推波助澜,就面临沦为消费和运作对象的风险,从而以一种消费主义和工具主义的文化态度对待文化传统和文献整理。当传统成为消费和运作的对象,其文化价值不仅可能被误读误用,而且也可能在对传统的消费中使文化坐吃山空,造就出文化上的纨绔子弟,更可能在市场运作中使文化不断被糟蹋。"江苏文脉整理与研究工程"的"整理工程"以全面系统的整理的战略应对可能存在的第一种风险,即入典选择的风险;以"研究工程"应对第二种可能的风险,即消费主义与工具主义的风险。我们不仅是既往传统的继承者,更应当是未来传统的创造者;现代人的使命,不仅是继承优秀传统,更应当创造新的优秀传统,这便是传统的创造性转化与创新性发展的真义。诚然,创造传统任重道远,需要经过坚忍不拔的卓越努力和大浪淘沙般的历史积淀,但对"江苏文脉整理与研究工程"而言,无论如何必须在"整理"的同时开启"研究"的千里之行,在研究中继承和发展传统。这便是"研究编"的价值和使命所在,也是"江苏文脉整理与研究工程"在"文库热"中于顶层设计层面的拔群之处。

一 倾听来自历史深处的文化脉动

20世纪是文化大发现的世纪,20世纪以来西方世界最重要的战略,就是文化战略。20世纪20年代,德国社会学家马克斯·韦伯的《新教伦理与资本主义精神》,揭示了西方资本主义文明的文化密码,这就是"新教伦理"及其所造就的"资本主义精神",由此建构"新教伦理+资本主义"的所谓"理想类型",为西方资本主义进行了文化论证尤其是伦理论证,奠定了20世纪以后西方中心论的文化基础。20世纪70年代,哈佛大学教授丹尼尔·贝尔的《资本主义文化矛盾》,揭示了当代资本主义最深刻的矛盾不是经济矛盾,也不是政治矛盾,而是"文化矛盾",其集中表现是宗教释放的伦理冲动与市场释放的经济冲动分离与背离,进而对现代西方文明发出文化预警。20世纪70年代之后,亨廷顿的《文明的冲突与世界秩序的重建》将当今世界的一切冲突归结为文明冲突、文化冲突,将文化上升为西方世界尤其是美国国家战略的高度。以上三部曲构成西方世界尤其是美国文化帝国主义的国家文化战略,正如一些西方学者所发现的那样,时至今日,文化帝国主义被另一个概念代替——"全球化",显而易见,全球化不仅是一种浪潮,更是一种思潮,是西方世界的国家文化战略。文化虽然受经济发展制约甚至被经济发展水平所决定,但回顾从传统到现代的中国文明史,文化问题不仅逻辑地而且历史地成为文明发展的最高最难的问题,正因为如此,文化自信才成为比理论自信、道路自信、制度自信更具基础意义的最重要的自信。

在全球化背景下,文脉整理与研究具有重大的国家文化战略意义,不仅必要,而且急迫。文化遵循与经济社会不同的规律,全球化在造就广泛的全球市场并使全球成为一个"地球村"的同时,内在的最大文明风险和文化风险便是同质性。全球化催生的是一个文化上的独生子女,其可能的镜像是:一种文化风险将是整个世界的风险,一次文化失败将是整个人类的文化失败。文化的本质是什么?梁漱溟先生说,文化就是人的生活的根本样法,文化就是"人化"。丹尼尔·贝尔指出,文化是为人的生命过程提供解释系统,以对付生存困境的一种努力。据此,文化的同质化,最终导致的将是人的同质化,将是民族文化或西方学者所说地方性知识的消解和消失;同时,由于文化是人类应对生存困境的大智慧,或治疗生活世界痼疾的抗体,它所建构的是与自然世界相对应的精神世界和意义世界,文化的同质性将导致人类在面临重大生存困境时智慧资源的贫乏和生命力的苍白,从而将整个人类文明推向空前的高风险。应对全球化的挑战和西方文化帝国主义的国家战略,"江苏文脉整理与研究工程"是整个中华民族浩大文化工程的一部分和具体落实,其战略意义决不止于保存文化记忆的自持和自赏,在这个全球化的高风险正日益逼近的时代,完整地保存地方文化物种,认同文化血脉,畅通文化命脉,不仅可以让我们在遭遇全球化的滔滔洪水之时可以于故乡文化的山脉之巅"一览众山小"地建设自己的精神家园和文化根据地,而且可以在患上全球化的文化感冒甚至某种文化瘟疫之后,不致乞求"西方药"来治"中国病",而是根据自己的文化基因和文化命理,寻找强化自身的文化抗体和文化免疫力之道,其深远意义,犹如在今天这个独生子女时代穿越时光隧道,回首当年我们的"兄弟姐妹那么多"

和父辈们儿孙满堂的那种天伦风光,不只是因为寂寞,而且是为了中华民族大家庭的文化安全和对未来文化风险的抗击能力。

"江苏文脉整理与研究工程"是以江苏这一特殊地域文化为对象的一次集体文化自觉和文化自信,与其他同类文化工程相比,其最具标识意义的是"文脉"理念。"文脉"是什么?它与"文献"和文化传统的关系到底如何?这是"文脉工程"必须解决的基本问题。

庞朴先生曾对"文化传统"与"传统文化"两个概念进行了审慎而严格的区分,认为"传统文化"可能是历史上曾经存在过的一切文化现象,而"文化传统"则是一以贯之的文化道统。在逻辑和历史两个纬度,文化成为传统都必须同时具备三个条件:历史上发生的,一以贯之的,在现实生活中依然发挥作用的。传统当然发生于历史,但历史上发生的一切,从《道德经》《论语》到女人裹小脚,并不都成为传统,即便当今被考古或历史研究所不断发现的现象,也只能说是"文化遗存",文化成为传统必须在历史长河中一以贯之而成为道统或法统,孔子提供的儒家学说,老子提供的道家智慧,之所以成为传统,就是因为它们始终与中国人的生活世界和精神世界相伴随,并成为人的生命和生活的文化指引。然而,文化并不只存在于文献典籍之中,否则它只是精英们的特权,作为"人的生活的根本样法"和"对付生存困境"的解释系统,它必定存在于芸芸众生的生命和生活之中,由此才可能,也才真正成为传统。《论语》与《道德经》之所以成为传统,不只是因为它们作为经典至今还为人们所学习和研究,而且因为在中国人精神的深层结构中,即便在未读过它们的野夫村妇身上,也存在同样的文化基因。中国人在得意时是儒家,"明知不可为而偏为之";在失意时是道家,"后退一步天地宽";在绝望时是佛家,"四大皆空",从而建立了与自给自足的自然经济结构相匹合的自给自足的文化精神结构,在任何境遇下都不会丧失安身立命的精神基地,这就是传统。文化传统必须也必定是"活"的,是在现实中依然发挥作用的,是构成现代人的文化基因的生命因子。这种与人的生活和生命同在的文化传统就是"脉",就是"文脉"。

文脉以文献、典籍为载体,但又不止于文献和典籍,而是与负载它的生命及其现实生活息息相关。"文脉"是什么?"文脉"对历史而言是

"血脉",对未来而言是"命脉",对当下而言是"山脉"。"江苏文脉"就是江苏人的文化血脉、文化命脉、文化山脉,是历史、现在、未来江苏人特殊的文化生命、文化标识、文化家园,以及生生不息的文化记忆和文化动力。虽然它们可能以诸种文化典籍和文化传统的方式呈现和延续,但"文脉工程"致力探寻和发现的则是跃动于这些典籍和传统,也跃动于江苏人生命之中的那种文化脉动。"江苏文脉整理与研究工程"的最大特点就在于它是"文脉工程"而不是一般的"文化工程",更不是"文库工程"。"文化工程""文库工程"可能只是一般的文化挖掘与整理,而"文脉工程"则是与地域的文化生命深切相通,贯穿地域的历史、现在与未来的生命工程。

"江苏文脉整理与研究工程"是"整理"与"研究"的璧合,在"研究工程"中能否、如何倾听到来自历史深处的文化脉动,关键是处理好"文献"与"文脉"的关系。"整理工程"是对文脉的客观呈现,而"研究工程"则是对文脉的自觉揭示,若想取得成功,必须学会在"文献"中倾听和发现"文脉"。"文献"如何呈现"文脉"?文献是人类文明尤其是人类文化记忆的特殊形态,也是人类信息交换和信息传播的特殊方式。回首人类文明史,到目前为止,大致经历了三种信息方式。最基本也是最原初的是口口交流的信息方式,在这种信息方式中,信息发布者和信息传播者都同时在场,它是人的生命直接和整体在场并对话的信息传播方式,是从语言到身体、情感的全息参与,是生命与生命之间的直接沟通,但具有很大的时空局限。印刷术的产生大大扩展了人类信息交换的广度和深度,不仅可以以文字的方式与不在场的对象交换信息,而且可以以文献的方式与不同时代、不同时空的人们交换信息,这便是第二种信息方式,即以印刷为媒介的信息方式或印刷信息方式。第三种信息方式便是现代社会以电子网络技术为媒介的信息方式,即电子信息方式。文献与典籍是印刷信息方式的特殊形态,它将人类文化史和文明史上具有特殊价值的信息以印刷媒介的方式保存下来,供后人学习和研究,从而积淀为传统。文字本质上是人的生命的表达符号,所谓"诗言志"便是指向生命本身。然而由于它以文字为中介,一旦成为文献,便离开原有的时空背景,并与创作它的生命个体相分离,于是便需要解读,在解读中便可能发生误读,但无论如何,解读的对象并不只是文字本身,而是文字背后的生命现象。

文献尤其是典籍是不同时代人们对于文化精华的集体记忆,它们不仅经受过不同时代人们的共同选择,而且经受过大浪淘沙的历史洗礼,因而其中不仅有创造它的那个个体或文化英雄如老子、孔子的生命表达,而且有传播和接受它的那个民族的文化脉动,是负载它的那个民族的文化生命,这种文化生命一言以蔽之便是文化传统。正因为如此,作为集体记忆的精华,文献和典籍是个体和集体的文化脉动的客观形态,关键在于,必须学会倾听和揭示来自远方的生命旋律。由于它们巨大的时空跨度,往往不能直接把脉,而需要具有一种"悬丝诊脉"的卓越倾听能力。同时,为了把握真实的文化脉动,不仅需要对文献和典籍即"文本"进行研究,而且需要对创造它们的主体包括创作的个体和传播接受的集体的生命即"人物"进行研究。正如席勒所说,每个人都是时代的产儿,那些卓越的哲学家和有抱负的文学家却可能成为一切时代的同代人。文字一旦成为文献或典籍,便意味着创作它的个体成为一切时代的同代人,但无论如何,文献和它们的创造者首先是某个时代的产儿,因而要在浩如烟海的文献和典籍中倾听到来自传统深处的文化脉动,还需要将它们还原到民族的文化生命之中,形成文化发展的"精神的历史"。由此,文本研究、人物研究、学派流派研究、历史研究,便成为"文脉研究工程"的学术构造和逻辑结构。

二 中国文化传统中的江苏文脉

江苏文脉是中国文化传统的一部分,二者之间的关系并不只是部分与整体的关系,借助宋明理学的话语,是"理一"与"分殊"的关系。文脉与文化传统是民族生命的文化表达和自觉体现,如果只将它们理解为部分与整体的关系,那么江苏文脉只是中国文化传统或整个中华文化脉统中的一个构造,只是中华文化生命体中的一个器官。朱熹曾以佛家的"月映万川"诠释"理一分殊"。朗月高照,江河湖泊中水月熠熠,此番景象的哲学本真便是"一月普现一切水,一切水月一月摄"。天空中的"一月"与江河中的"一切水月"之间的关系是"分享"关系,不是分享了"一月"的某一部分,而是全部。江苏文脉与中国文化传统之间的关系便是"理一分殊",中国文化传统是"理一",江苏文脉是"分殊",正因为如此,关于江苏文脉的研究必须在与整个中国文化传统的关系中整体性地把握和展开。其中,文化与地域的关系、江苏文化在中华文化发展中的贡献和地位,是两个基本课题。

到目前为止的一切人类文明的大格局基本上都是由以山河为标志的地理环境造就的,从轴心文明时代的四大文明古国,到"五大洲四大洋"的地理区隔,再到中国山东—山西、广东—广西、河南—河北,江苏的苏南—苏北的文化与经济差异,山河在其中具有基础性意义。在这个意义上,可以将在此以前的一切文明称为"山河文明"。如今,科技经济发展迎来一个"高"时代:高铁、高速公路、电子高速公路……正在并将继续推倒由山河造就的一切文明界碑,即将造就甚至正在造就一个"后山河时代"。"后山河时代"的最后一道屏障,"山河时代"遗赠给"后山河时代"的最宝贵的文明资源,便是地域文化。在这个意义上,江苏文脉的整理与研究,不仅可以为经过全球化席卷之后的同质化世界留下弥足珍贵的"文化大熊猫",而且可以在未来的芸芸众生饱尝"独上高楼,望尽天涯路"的孤独之后,缔造一个"蓦然回首"的文化故乡,从中可以鸟瞰文化与世界关系的真谛。江苏独特的地域环境与江苏文化、江苏文脉之间的关系,已经不是所谓"一方水土一方人"所能表达,可以说,地脉、水脉、山脉与江苏文脉之间的关系,已经是一脉相承。

我们通过考察和反思发现,水系,地势,山势,大海,是对江苏文脉尤其是文化性格产生重大影响的地理因素。露水不显山,大江大河入大海,低平而辽阔,黄河改道,这一切的一切与其说是自然画卷和自然事件,不如说是江苏文脉的大地摇篮和文化宿命的历史必然,它们孕生和哺育了江苏文明,延绵了江苏文脉。历史学家发现,江苏是中国唯一同时拥有大海、大江、大湖、大平原的省份,有全国第一大河长江,第二大河黄河(故道),第三大河淮河,世界第一大人工河大运河,全国第三大淡水湖太湖,全国第四大淡水湖洪泽湖。江苏也是全国地势最低平的一个省区，绝大部分地区在海拔50米以下，少量低山丘陵大多分布于省际边缘，最高峰即连云港云台山的玉女峰也只有625米。丰沛而开放的水系和低平而辽阔的地势馈赠给江苏的不只是得天独厚的宜居，更沉潜、更深刻的是独特的文化性格和文脉传统，它们是对江苏地域文化产生重大影响的两个基本自然元素。

不少学者指证江苏文化具有水文化特性，而在众多水系中又具长江文化的特性。"水"的文化特性是什么？"老聃贵柔"，老子尚水，以水演绎世界真谛和人生大智慧。"天下莫柔弱于水，而攻坚强者莫之能胜。"柔弱胜刚强，是水的品质和力量。西方文明史上第一个哲学家和科学家泰勒斯向全世界宣告的第一个大智慧便是：水是万物的始基。辽阔的平原在中国也许还有很多，却没有像江苏这样"处下"。老子也曾以大海揭示"处下"的智慧："江海所以能为百谷王者，以其善下之，故能为百谷王。"历史上江苏的文化作品、江苏人的文化性格，相当程度上演绎了这种"水性"与"处下"的气质与智慧。历史上相当时期黄河曾经从江苏入海，然而黄河改道、黄河夺淮，几番自然力量或人力所为，最终黄河在江苏留下的只是一个"故道"的背影。黄河在江苏的改道当然是一个自然事件或历史事件，但我们也可能甚至毋宁将它当作一个文化事件，数次改道，偶然之中有必然，从中可以发现和佐证江苏文脉的"长江"守望和江南气质。不仅江苏的地脉"露水不显山"，而且江苏的文化作品，江苏人的文化性格，一句话，江苏文脉，也是"露水不显山"，虽不是"壁立千仞"，却是"有容乃大"。一般说来，充沛的水系，广阔的平原，往往造就自给自足的自我封闭，然而，江苏东临大海，无论长江、淮河，还是历史上的黄河，都从这里入大海，归大海，不只昭示江苏的开放，而且演绎江苏文化、江苏文脉、江苏人海纳百川的博大和静水深流的仁厚。

黄河与长江好似中华文脉的动脉与静脉，也好似人的身体中的任督二脉，以长江文化为基色的江苏文化在中华文脉的缔造和绵延中作出了杰出贡献。有学者指出，在中国文明史上，长江文化每每在黄河文化衰弱之后承担起"救亡图存"的重任。人们常说南京古都不少为小朝廷，其实这正是"救亡图存"的反证，"天下兴亡，匹夫有责"的口号首先由江苏人顾炎武喊出,偶然之中有必然。学界关于江苏文化有三次高峰或三次大贡献,与两次大贡献之说。第一次高峰是开启于秦汉之际的汉文化,第二次高峰是六朝文化,第三次高峰是明清文化。人们已对六朝文化与明清文化两大高峰对中国文化的贡献基本达成共识,但江苏的汉文化高峰及其贡献也应当得到承认,而且三次文化高峰都发生于中国社会的大转折时期,对中国文化的承续作出了重大贡献。在秦汉之际的大变革和大一统国家的建构中,不仅在江苏大地上曾经演绎了波澜壮阔的对后来中国文明产生深远影响的历史史诗,而且演绎这些历史史诗的主角刘邦、项羽、韩信等都是江苏人,他们虽然自身不是文化人,但无疑对中国文化产生了深远影响。董仲舒提出"罢黜百家,独尊儒术"的主张,奠定了大一统的思想和文化基础,他本人虽不是江苏人,却在江苏留下印迹十多年。江苏的汉文化高峰对中国文化的最大贡献,一言概之即"大一统",包括政治上的大一统和思想文化上的大一统。六朝被公认为中国文化发展的高峰,不少学者将它与古罗马文明相提并论,而六朝文化的中心在江苏、在南京。以南京为核心的六朝文化发生于三国之后的大动乱,它接纳大量流入南方的北方士族,使南北方文化合流,为保存和发展中国文化作出了杰出贡献。明朝是中国历史上第一次在南京,也是第一次在江苏建立统一的帝国都城,江苏的经济文化在全国处于举足轻重的地位,扬州学派、泰州学派、常州学派,形成明清时代中国文化的江苏气象,形成江苏文化对中国文化的第三次重大贡献。三大高峰是江苏的文化贡献,在重大历史转折关头或者民族国家危难之际挺身而出,海纳百川,则是江苏文化的精神和品质,这就是江苏文脉。也正因为如此,江苏文化和江苏文脉在"匹夫有责"的担当精神中总是透逸出某种深沉的忧患意识。

江苏文脉对中国文化的独特贡献及其特殊精神气质在文化经典中得到充分体现。中国四大文学名著,其中三大名著的作者都来自江苏,这就是《西游记》《红楼梦》《水浒》,其实《三国演义》也与江苏深切相关,虽然罗贯中不是江苏人,但却以江苏为重要的时空背景之一。四大名著中不仅有明显的江苏文化的元素,甚至有深刻的江苏地域文化的基因。《西游记》到底是悲剧还是喜剧?仔细反思便会发现,《西游记》就是文学版的《清明上河图》。《清明上河图》表面呈现一幅盛世生活画卷,实际却是一幅"盛世危情图",空虚的城防,懈怠的守城士兵……被繁华遗忘的是正在悄悄到来的深刻危机。《西游记》以唐僧西天取经渲染大唐的繁盛和开放,然而在经济的极盛之巅,中国人的精神世界却空前贫乏,贫乏得需要派一个和尚不远万里,请来印度的佛教,坐上中国意识形态的宝座,入主中国人的精神世界。口袋富了,脑袋空了,这是不折不扣的悲剧。然而,《西游记》的智慧,江苏文化的智慧,是将悲剧当作喜剧写,在喜剧的形式中潜隐悲剧的主题,就像《清明上河图》将空虚的城防和懈怠的士兵淹没于繁华的海洋一样。《西游记》喜剧与悲剧的二重性,隐喻了江苏文脉的忧患意识,而在对大唐盛世,对唐僧取经的一片颂歌中,深藏悲剧的潜主题,正是江苏文脉"匹夫有责"的担当精神和文化智慧的体现。鲁迅说,真正的悲剧是把美好的东西撕碎了给人看,《西游记》是在喜剧形式的背后撕碎了大唐时代人的精神世界的深刻悲剧。把悲剧当作喜剧写,喜剧当作悲剧读,正是江苏文化、江苏文脉的大智慧和特殊气质所在,也是当今江苏文脉转化发展的重要创新点所在。正因为如此,"江苏文脉研究"必须以深刻的哲学洞察力和深厚的文化功力,倾听来自历史深处的江苏文化的脉动,读懂江苏,触摸江苏文脉。

三 通血脉,知命脉,仰望山脉

江苏文化的巨大魅力和强大生命力,是在数千年发展中已经形成一种传统、一种脉动,不仅是一种客观呈现的文化,而且是一种深植个体生命和集体记忆的生生不息的文脉。这种文化和文脉不仅成为共同的价值认同,而且已经成为一种地域文化胎记。在精神领域,在文化领域,江苏不仅有灿若星河的文学家,而且有彪炳史册的思想家、学问家,更有数不尽的才子骚客。长江在这片土地上流连,黄河在这片土地上改道,淮河在这片土地上滋润,太湖在这片土地上一展胸怀。一代代中国人,一代代江苏人,在这里缔造了文化长江、文化黄河、文化淮河、文化太湖,演绎了波澜壮阔的历史诗篇,这便是江苏文脉。

为了在全球化时代完整地保存江苏文脉这一独特地域文化的集体记忆,以在"后山河时代"为人类缔造精神家园提供根源与资源,为了继承弘扬并创造性转化、创新性发展中国优秀传统文化,2016年江苏启动了"江苏文脉整理与研究工程"。根据"文脉"的理念,我们将研究工程或"研究编"的顶层设计以一句话表达:"通血脉,知命脉,仰望山脉"。由此将整个工程分为五个结构:江苏文化通史,江苏历代文化名人传,江苏文化专门史,江苏地方文化史,江苏文化史专题。

"江苏文化通史"的要义是"通血脉",关键词是"通"。"通"的要义,首先是江苏文化与中国文明的息息相通,与人类文明的息息相通,由此才能有民族感或"中国感",也才有世界眼光,因而必须进行关于"中国文化传统中的江苏文脉"的整体性研究;其次是江苏文脉中诸文化结构之间的"通",由此才是"江苏",才有"江苏味";再次是历史上各个重要历史时期文化发展之间的"通",由此才能构成"史",才有历史感;最后是与江苏人的生命与生活的"通",由此"江苏文脉"才能真正成为江苏人的文化血脉、文化命脉和文化山脉。达到以上"四通","江苏文化通史"才是真正的"通"史。

"江苏文化专门史"和"江苏文化史专题"的要义是"知命脉",关键词是"专",即"专门"与"专题"。"江苏文化专门史"在框架上分为物质文化史、精神文化史、制度文化史、特色文化史等,深入研究各类专门史,总体思路是系统研究和特色研究相结合,系统研究整体性地呈现江苏历史上的重要文化史,如哲学史、文学史、艺术史等,为了保证基本的完整性,我们根据国务院学科分类目录进行选择;特色研究着力研究历史上具有江苏特色的历史,如民间工艺史、昆曲史等。"江苏文化史专题"着力研究江苏历史上具有全国性影响的各种学派、流派,如扬州学派、泰州学派、常州学派等。

"江苏地方文化史"的要义是"血脉延伸和勾连",关键词是"地方"。"江苏地方文化史"以现省辖市区域划分为界,13市各市一卷。每卷上编为地方文化通史,讲述地方整体历史脉络中的文化历史分期演化和内在结构流变,注重把握文化运动规律和发展脉络,定位于地方文化总体性研究;下编为地方文化专题史,按照科学技术、教育科举、文学语言、宗教文化等专题划分,以一定逻辑结构聚焦对地方文化板块加以具体呈现,定位于凸显文化专题特色。每卷都是对一个地方文化的总结和梳理,这是江苏文化血脉的伸展和渗入,是江苏文化多样性、丰富性的生动呈现和重要载体。

"江苏历代文化名人传"的要义是"仰望山脉",关键词是"文化"。它不是一般性地为江苏历朝历代的"名人"作传,而只是为文化意义上的名人作传。为此,传主或者自身就是文化人并为中国文化的发展、为江苏文脉的积累积淀作出了重要贡献;或者虽然自身主要不是文化人而是政治家、社会活动家等,但对中国文化发展具有重大影响。如何对历史人物进行文化倾听、文化诠释、文化理解,是"文化名人传"的最大难点,也是其最有意义的方面。江苏历史上的文化名人汗牛充栋,"文化名人传"计划为100位江苏文化名人作传,为呈现江苏文化名人的整体画卷,同时编辑出版一部"江苏文化名人辞典",集中介绍历史上的江苏文化名人1000位左右。

"江苏文脉研究工程"最重要也是最困难的工作是如何寻找和组建一支专门化的学术研究团队,并进行学术组织和管理。它与"整理工程"不同,所有研究都必须原创,而不是对历史文献的整理。由于工程浩大,学术要求高,而专门从事江苏文化、江苏文脉研究的学者又特别少,高端学者更是屈指可数,因而只能步步为营,在摸索中前行。到目前为止,在学术的组织与管理方面大致经历了三个阶段。第一阶段是启动阶段,由于我们对相关研究在学术上可能达到的深度与高度缺乏足够的把握,所以先聘请一些大家、名家领衔相关课题研究,并进行相关学术研讨;第二阶段大胆推进,一年以后,我们感觉积累了一定经验,于是各结构负责人深入高校和其他学术机构,比较广泛地进行选题和研究专家的确认和委托;第三阶段与省哲学社会科学规划办合作,在全省乃至全国范围内进行选题征集和课题申报。为了扩大研究的影响,我们在《明清小说研究》《世界华文文学论坛》设立专门的栏目,系统介绍相关研究成果,推进学术研究。

一脉千古成江河,"茫茫九派流中国"。江苏文脉研究的千里之行已经迈出第一步,历史馈赠我们一次千载难逢的宝贵机遇,让我们巡天遥看,一览江苏数千年文化银河的无限风光,对创造江苏文化、缔造江苏文脉的先行者们献上心灵的鞠躬。面对奔涌如黄河、悠远如长江的江苏文脉,我们惟有以跋涉探索之心,怵惕敬畏之情,且行且进,循着爱因斯坦的"引力波",不断走近并播放来自江苏文脉深处的或澎湃,或激越,或温婉静穆的天籁之音。

我们一直在努力;

我们将一直努力!

目　录

第一章　少年艰辛与功名博弈 …………………………… 001
　　一　不堪回首的童年 …………………………………… 002
　　二　赴津门冒籍应考 …………………………………… 007
　　三　寄寓汪府"商文史" ………………………………… 010
　　四　供职军机与"蜚语中伤" …………………………… 013

第二章　"大魁俛失"前后的岁月 ………………………… 017
　　一　状元与探花的互换 ………………………………… 017
　　二　初抵镇安 …………………………………………… 021
　　三　赴滇从军 …………………………………………… 026
　　四　复回镇安 …………………………………………… 031

第三章　由广州"善地"而移官贵西"贫署" ……………… 035
　　一　以特恩出守广州 …………………………………… 035
　　二　移官贵西 …………………………………………… 039
　　三　整顿铅厂与去官归里 ……………………………… 043

第四章　"幽栖十载"与"老作参军" ……………………… 047
　　一　尴尬的补官之旅 …………………………………… 047
　　二　掌教扬州动悲吟 …………………………………… 050
　　三　盛世乱象与应约参军 ……………………………… 056
　　四　瓯北的军幕建言 …………………………………… 060

第五章	林下犹抱忧国心	065
一	心系社稷的老者	065
二	无力回天的叹慨	071
三	和珅势败与朝野动荡	075

第六章	忧国忧民的悲歌	081
一	"事关隐忧"的抢米风潮	081
二	"黔娄何处更求生"	086
三	暮年"犹勤手一编"	089

第七章	瓯北的以诚交友	093
一	"平生数交契,张蒋最绸缪"	093
二	瓯北与袁枚等诗友的交往	097
三	瓯北与洪亮吉的忘年交	106
四	瓯北所交往的闺阁诗人	111

第八章	清代学风与瓯北的学术追求	116
一	学术现状的反思与为学重心的转移	116
二	厚重踏实的吴地学风	122
三	宏博贯通的扬州学术	127
四	地域风尚与瓯北治学倾向的确立	133

第九章	瓯北对戏曲艺术的接纳与思考	138
一	瓯北著述中的戏曲史料	139
二	瓯北对戏曲价值的估价	155
三	瓯北的戏曲考证	161

第十章	瓯北治史的理性自觉	166
一	治史不傍门户	166
二	注重涵养史识	171
三	研史"博采汇参"	180
四	论断斟酌时事	186

第十一章　瓯北借古察今的治史理路 …… 196
- 一　开放文禁 …… 197
- 二　废止株连 …… 201
- 三　澄清吏治 …… 203
- 四　荐贤以公 …… 207
- 五　广开言路 …… 212
- 六　抑制豪绅 …… 216

第十二章　瓯北对史书编撰原则的检讨 …… 220
- 一　严格体例　谨慎去取 …… 220
- 二　下语斟酌　切于时势 …… 224
- 三　悉心核订　推敲事理 …… 227
- 四　善于位置　繁简得当 …… 231

第十三章　瓯北的治史方法 …… 235
- 一　枚举法 …… 236
- 二　比较法 …… 238
- 三　归纳法 …… 241
- 四　推理法 …… 245

第十四章　综贯异说　考镜源流 …… 252
- 一　疑"经"与驳"朱" …… 255
- 二　自具条理的文化专题考察 …… 260
- 三　"词章"与"事理"并重的考据 …… 265

第十五章　瓯北对"理"、"气"与世事的哲学思辨 …… 270
- 一　"谓气从理出,此究是何理" …… 270
- 二　推重言行一致,抨击浮夸学风 …… 281
- 三　豁达的文化态度与公允的是非标准 …… 288
- 四　"仁义"与"人生" …… 296
- 五　可贵的"因时而变" …… 302

六 "命定"抑或"自为" …………………………………… 307

第十六章 瓯北的诗歌批评理论 ………………………… 315
一 勇于开拓、即旧出新的创作主张 ……………………… 316
二 博古通今、兼收并蓄的取法路径 ……………………… 325
三 "人品"与"诗品"并重的批评模式 ……………………… 328
四 诗歌功用的多层面审视 ………………………………… 332
五 "学力"与"性灵"之关系的客观认知 …………………… 336

第十七章 瓯北的诗歌艺术 ………………………………… 345
一 意象超妙　雄健豪放 …………………………………… 345
二 "好论驳""涉乎趣" ……………………………………… 353
三 清峭奇崛　跌宕多致 …………………………………… 362
四 融会众长　自创格局 …………………………………… 369

余　论 ………………………………………………………… 374

赵翼年表 ……………………………………………………… 380

主要参考文献 ………………………………………………… 393

后　记 ………………………………………………………… 406

第一章　少年艰辛与功名博弈

赵翼是有清一代著名的文史大家。20世纪初,胡适在一个偶然的机会,读到赵翼的《论诗》(之二)——"李杜诗篇万口传,至今已觉不新鲜。江山代有才人出,各领风骚数百年",就对他的"历史的见解"惊叹不已,称赞他"很有好诗","是一个史家,又是一个大学者,故做出诗来自不落凡俗"。① 这就是学人眼中的赵翼。

赵翼,字云崧,一作耘菘,号瓯北,晚自号三半老人。清世宗雍正五年(1727)农历十月二十二日,出生在常州府阳湖县乡下一个名叫西干里(今戴溪桥)的村落,乃塾师赵惟宽长子。赵翼出生之前,其母丁夫人已生有三女,年近30,又得一子,自是喜出望外。封建时代,重男轻女的观念根深蒂固。惟宽公家骤生贵子,阖家称庆,乐而忘忧,将这个家庭的全部希望,都倾注在这个新生儿身上,以"翼"给儿子命名,未尝不含有深意。屈原《离骚》谓:"高翱翔之翼翼。"这里无非是希望儿子飞出农家小院,展翅于万里长空,飞黄腾达,青云直上。且配以"云崧"之字,其含意更为显豁。至于另一字"耘菘",耘,刈也。菘,即白菜一类的蔬菜,显然寄寓有勿忘根本之意。赵翼在京供职时,并非以瓯北为号,而是写作"鸥北"。他在题为《旧箧中偶检得在京时所画鸥北耘菘小照,戏题卷后》的小诗中写道:"灌园闲与白鸥亲,四十年前旧写真。只有老妻还认得,儿孙俱不识何人。"②据此可知,与鸥鹭为盟的恬淡生活,在赵翼心目

---

① 曹伯言整理:《胡适日记全编3(1919—1922)》,安徽教育出版社,2001年,第723页。
② 赵翼:《瓯北集》卷四一,《赵翼全集》第六册,凤凰出版社,2009年,第824页。

中早就占有一定分量,故别署鸥北,后来才改"鸥"为"瓯"。

一　不堪回首的童年

赵翼的童年,是在艰苦的生活环境中度过的。随着岁月迁延,家中人口渐多,其弟汝明、汝霖、亭玉先后出生。一家七八口人,所有的财产不过是七间老屋和那一亩八分薄地,衣食不继,只能靠父亲惟宽公微薄的束脩来补充,入不敷出的情况时有发生。到了青黄不接的春季,一家人不得不靠青菜野蔬以糊口。他在晚年所写的《七十自述》一诗中追述道:"童年回忆旧艰辛,天下无如我最贫。孤露更谁舟赠麦,饥寒常自甑生尘。饐瓜亭是伤心地,踏菜园悲薄命身。最是饥驱北行日,离怀痛绝倚闾人。"①这里连用典故,石延年(字曼卿)丹阳受困,范纯仁赠以麦舟。事见宋释惠洪《冷斋夜话》。范冉(一作丹),字史云,尝结茅而居,每每断炊,时有甑尘釜鱼之谣。事见《后汉书·范冉传》。吕蒙正少年时,居于洛阳土室,无钱购物,曾取卖者所遗瓜而食之。身贵后,曾建饐瓜亭于此。事见《山堂肆考》等书。"踏菜园",典出《笑林》,谓:"有人尝食蔬茹,忽食羊肉,梦五脏神曰:'羊踏破菜园。'"赵翼借以表明早年贫寒落拓之状,道出了少年时代生活的艰辛。

困窘的家庭环境,并未改变长辈们对传统生活模式的选择,仍笃信"耕乃衣食之源,读为立身之本"。就外部情势而论,当时,"在庠序中,苟不应乡试,亲族朋友必责而詈之,以为怪诞"②。所以,家长仍给儿辈安排了读书科举的生活道路。在赵翼三岁时,因其父经常在外地坐馆训蒙,教育赵翼的重任便落到惟宽之弟子重公肩上。赵翼三岁便聪颖过人,在叔叔的启发诱导下,每日能记二十余字。后来,惟宽公坐馆于西黄埼张家,当时可能考虑到儿子年满六岁,已能离开母亲,便带他同往,先后在华渡桥、蒋庄桥等处读书。当时塾师的收入还是很低微的,

---

① 赵翼:《瓯北集》卷三八,《赵翼全集》第六册,凤凰出版社,2009年,第721页。
② 焦循:《答王鸥汀》,《焦循诗文集》下册,广陵书社,2009年,第610页。

"馆饩岁不过六金"。而《儒林外史》所写穷塾师周进,"每年馆金十二两银子",日常用饭,无非是"一碟老菜叶,一壶热水"。惟宽的收入才相当于周进的二分之一。不过,他可能是考虑到宝贝儿子身体健康的需要,尽管手底拮据,却总是想方设法给儿子买点肉吃。

乾隆三年(1738),惟宽移馆于塘门桥谈家,见儿子读书有了基础,开始指导他学作八股文。此时赵翼虽说年仅12岁,但已表现出不凡的才气,正如他所自述,"少年意气慕千秋,拟作人间第一流"①,一日之间,竟能完成文章七篇。父亲阅后,很是满意,说道:"他日不患不文,但诸经尚未全读,宜以读经为急。"②遂不令作文。然而,赵翼能文的事早已传开了,"同学五六人皆私乞捉刀"③。在他14岁时,其父已移馆东千墺杭氏。这年起,赵翼始修举业,"落笔往往出人意表"④。然而,他毕竟对干枯无味的八股文不感兴趣,却特别喜欢读诗、古文、词。可是,当时的科考,莫不以《四书》为重,"乡、会试及岁、科试,应遵《钦定四书文》为准"⑤,虽亦考律诗,但却无足轻重。"从来科场取士,首重头场四书文三篇,士子之通与不通,总不出四书文之外。"⑥儿子的心有旁骛,自然引起父亲的忧虑不安。他担心儿子"以兼营妨举业,每禁之"⑦。然而,赵翼却仍"辄私为之,衬书布下杂稿常数十也"⑧。

赵翼15岁那年,其父惟宽于本年的农历七月十二日突然病亡,撑持家庭的支柱崩坍,更使他家陷入极为困窘的境地。失去亲人的悲痛,缺衣少食生活的熬煎,像一块沉甸甸的巨石,压得一家人透不过气来。且不说其父的丧葬需花费许多,还有姐姐的待嫁,三个年幼弟弟的嗷嗷待哺……这家中的一切,就压在少年赵翼的肩上。生活就是这样的冷

---

① 赵翼:《七十自述》之三十,《瓯北集》卷三八,《赵翼全集》第六册,凤凰出版社,2009年,第724页。
② 佚名:《瓯北先生年谱》,赵兴勤、蒋宸、赵韡编:《赵翼研究资料汇编》下册,台湾花木兰文化出版社,2013年,第444页。
③ 同上。
④ 同上。
⑤ 素尔讷:《学政全书》卷六,清乾隆三十九年武英殿刻本。
⑥ 王先谦:《东华续录(乾隆朝)》"乾隆二十",清光绪十年长沙王氏刻本。
⑦ 佚名:《瓯北先生年谱》,赵兴勤、蒋宸、赵韡编:《赵翼研究资料汇编》下册,台湾花木兰文化出版社,2013年,第444页。
⑧ 同上。

酷无情,它剥夺了赵翼童年的嬉戏与欢乐。家住东千埼的杭应龙等前辈,甚同情赵翼的不幸遭际和凄苦处境,便让他接替其父讲席,当起了"小先生"。那些往日的"同学友",而今却成了门徒。次年,改往东齐黄家教书,微薄的束脩,自然难以养活一家,只得从七间老屋中拨出三间卖掉,以救燃眉之急,所余四间,聊蔽风雨而已。他平时在塾中,生活十分节俭,所得修金"除买纸笔外悉以养家,不敢用一钱,然食指嗷嗷,馆粥常不给。太恭人佐以织纴,犹至断炊"①。因家中贫困,不可能把弟弟都送去读书。无奈,年仅12岁的汝明,便担负起近于成年人的生活重担,靠给富户佣工以挣点养家糊口之资。有时给人挑运东西,沉重的扁担把肩膀压得肿起老高,连背部也红肿隆起。每日早出晚归,风餐露宿,还受尽富人的折磨与凌辱。后来,他不到30岁便突然病亡,正与早年这段艰苦的生活经历有关。赵翼在《哭舍弟汝明》一诗中追述道:

> 嗟我兄弟四,幼孤渺无托。弱冠我授徒,馆谷仅升龠。可怜叔与季,待哺似雏雀。惟汝年差长,劳瘁不得却。家贫难读书,去杂佣保作。……负担肿到背,奔波胝生脚。刍因牧羊供,鞭以叱犍着。没髁深淖旋,卷舌凄风嚼。悲哉同气中,荼苦汝尤剧。②

恰写出当时凄苦孤冷之惨状。但在当时的社会条件下,若让赵翼弃文习商,来改变目下的困境,这不仅与父辈初衷不合,也非其所愿。一个颇见才华的"读书种子",岂能附庸于四民之末,作逐臭小儿?而书生又别无长技,他只能将教书作为谋生的主要手段,来减缓家庭经济的压力,以尽长子之责。生活的重压,使他过早地遍尝人间辛酸苦辣,体验人生困窘的况味。孤身设馆于异地的冷寂处境,仅靠"三句承题,两句破题"的"代圣人立言"的八股文,是无计排遣的。他要到浩如烟海的前代文学宝库中寻找精神的慰藉,抒写内心的垒块与感愤。这两年,由于父亲的病亡,失去了前辈的约束,再加上他"素不喜作时文","遂泛滥于汉、魏、唐、宋诗古文词家,兼习为词曲。两年中所著不下五六寸,皆无

---

① 佚名编:《瓯北先生年谱》,赵兴勤、蒋宸、赵韡编:《赵翼研究资料汇编》下册,台湾花木兰文化出版社,2013年,第444页。
② 赵翼:《瓯北集》卷五,《赵翼全集》第五册,凤凰出版社,2009年,第71页。

师之学也"。①

然而,自明初以八股文取士以来,学作八股文便成了读书人向上爬的必由之路。八股文不过是以《四书》、《五经》中句作题目,令考生依照题旨,揣摩古人语气,"代圣人立言"。即使解释经义,也必须以宋儒注疏为准绳,不得联系现实,任意发挥,且在写作格式上,也有严格规定,不能稍有突破,极大地束缚了读书人的思想。青少年时的赵翼,不喜为时文,恰恰表现了他不愿为旧规所束缚、追求个性自由的思想。但是,若想"布衣博得一襕衫",醉心于诗词曲,显然是无济于事的,还非得习举业不可。洞达世情的杭应龙老先生,是惟宽公的故交,他并没因老友的故去而疏淡了赵翼这一通家子侄,反而在他身上倾注了不少父辈的爱抚。在赵翼18岁那年,又把他接来家中,"课其幼子念屺",而令长子金鉴、次子士良和赵翼一起"课时文",唯恐其荒废了学业,耽误了前程。并恳切地告诫他说:"寒士进身惟恃举业,舍本务而他涉,将何以救贫?"②赵翼尽管老大不情愿,但为改变贫困处境计,也不得不听从老人的忠告。然而,举业毕竟荒废数年,一旦重新拣起,却并不那么得心应手,"转不如旧时入律"。恰在这年的冬天,明经庄位乾先生也来杭家坐馆,课应龙从子廷宣,书房与赵翼在同一厅中,使他又多了一位笔砚执友。这位庄先生,性情豪爽,文笔健捷,被赵翼许为"酒推大户杯吞浪,文到成家笔涌泉"③。他们经常在一起切磋举业,使赵翼的时文写作大有长进,渐就绳墨。

本年冬,赵翼赴江阴澄江书院应童子试。④ 次年春,再次复试于此。⑤ 据清人所编《瓯北年谱》(乾隆十年乙丑):"向例学政取覆试即入泮,无复去取也。府学例取二十五人,是年取覆试者乃八十六名,须再

---

① 佚名编:《瓯北先生年谱》,赵兴勤、蒋宸、赵韡编:《赵翼研究资料汇编》下册,台湾花木兰文化出版社,2013年,第445页。
② 同上。
③ 赵翼:《喜庄位乾明经过访》,《瓯北集》卷二一,《赵翼全集》第五册,凤凰出版社,2009年,第354页。
④ 按:《瓯北先生年谱》"乾隆十年"作"年十九。应童子试",而赵翼《瓯北集》卷五一《君山》诗自注却称:"余以乾隆甲子(1744)应童子试,至江阴补弟子员。"兹据作者自述。
⑤ 按:赵翼《瓯北集》卷二一《彭芸楣阁学留饮澄江使院即席奉呈》诗自注:"余于乙丑(1745)试此补诸生。"

覆以定去取。"①赵翼此次覆试,文不加点,才情四溢,为学政崔纪取入常州府学,补弟子员。

这两年,是赵翼人生道路上的第一个转折点。在当时,他如果不是听从杭应龙先生的劝勉,就可能成为一个终生与功名无缘的落拓文士。同时,他的"不喜为时文",也有可能促使其叛逆性格的完成。然而,杭应龙的一席话,却使他走向科举进身的传统人生道路,成了旧时代所推许的"完人"。当然,杭应龙的诱导,更多地则是从赵翼的家庭实际境遇出发,倾注了对后辈的关爱。杭应龙先生的义举,不仅帮助赵翼度过了人生旅途上的第一道难关,而且,也给他以人格力量的感染,在他年轻的心灵上打下极深的印痕,让他懂得了如何做人、做怎样的人这一为人处世的道理。后来,他的为官清正、杜绝苞苴;他的为人宽厚、乐于助人;他的身在草野、心忧天下,似皆有杭应龙道德风范的投影。

乾隆十一年(1746),他馆于城中史翼宸明经家。次年,又移馆于北门顾氏,并携幼弟亭玉就读。到了夏季六月间,亭玉却以患天花早夭,使他甚为悲痛。至农历八月间,他赴江宁(今江苏南京)应乡试。此时的赵翼,"少年鼻息冲云汉,唾手便思拾青紫","欲作擎天挂地一男子",②可谓踌躇满志,雄心不小。然而,却事出意外,仅点额而回。这对他又是个沉重的打击。赵翼为童子时,虽有才子之目,但终因家庭贫困,"莫有议婚者",几乎像蒲松龄那样,连求婚也遭外人訾议。此次尽管"乡闱报罢",但仍有人认为他是个前程不可限量的后生。"会荐举宏博,廪生刘皋闻公鹤鸣托府教授赵公永孝(字汉忠,号谨凡)择婿,教授公遂以先生应。"③老师亲作冰人,又岂有不应之理? 在他21岁时的那年冬季,与刘氏结为连理。刘家也是书香门第,在当地颇有声望。据赵翼《送可光内弟秋试报罢南归》诗所述:"君家文行重乡邑,殖学砥躬各有造。……读书声每出金石,养亲贫犹具鲜蔍。弟兄到老不析产,自相

---

① 赵兴勤、蒋宸、赵韡编:《赵翼研究资料汇编》下册,台湾花木兰文化出版社,2013年,第445页。
② 赵翼:《放歌》,《瓯北集》卷四一,《赵翼全集》第六册,凤凰出版社,2009年,第824页。
③ 佚名编:《瓯北先生年谱》,赵兴勤、蒋宸、赵韡编:《赵翼研究资料汇编》下册,台湾花木兰文化出版社,2013年,第445页。

师友淬才藻。娣姒间能互乳哺,童稚辈亦让梨枣。"①可谓诗礼传家。刘夫人很贤惠,过门后便担当起家庭主妇的重任,见家中生活困难,吃食不继,"新婚便典嫁衣裳"。为使丈夫能取得功名,她含辛茹苦,操持家务,白天披蓑衣下田,插秧除草。晚间,忍饥受冻,织布绩纺,以致积劳成疾,但为节省钱财计,"多病尚辞赊药饵"②,默默忍受着病痛的折磨。而丈夫为谋取衣食之赀,却整天奔波在外,夫妇难得品味一下闺房之乐,加之冬夜布被又为偷儿所窃。棉被既失,无可奈何,赵翼几乎真的成了卧雪之袁安了,不能不寻觅新的生活出路,决计去北京谋取功名。他在《北行》(之一)诗中写道:"我叹卖文难养母,人言投笔好封侯。身如萧寺初行脚,世有欧门或出头。"③甚至产生投笔从戎之想,寄希望于能遇上欧阳修那样乐于荐拔后进的京师大僚,向他援之以手,拔孤寒于泥淖。

赵翼故居

二 赴津门冒籍应考

乾隆十四年(1749)春,23岁的赵翼,告别家乡亲友,偕同族孙赵敷廷,搭乘别人的运租船,沿运河入京,客于外舅刘午岩馆舍。刘午岩又客寓吏部重臣尹继善幕。虽说尹继善享有援引贤才之誉,但刘午岩寄人篱下,一介寒儒,在显宦前自然不便多言。而赵翼却是再依篱下之

① 赵翼:《瓯北集》卷一一,《赵翼全集》第五册,凤凰出版社,2009年,第178—179页。
② 赵翼:《悼亡》之三,《瓯北集》卷六,同上书,第91页。
③ 赵翼:《瓯北集》卷二,同上书,第18页。

人,就更可悲了。他孑然一身,孤寂寥落,未免有"长安索米怅何依,年少江南一布衣"①之叹。只是后来,渐与在京的文士相往还,作诗酬应,始"才名一日动辇下"。刑部尚书刘统勋闻其名,招致幕中,令编《宫史》。刘统勋立朝刚毅,"光明正直",权高势重,却不立崖岸,爱才若渴,每当上直归来,常与赵翼同桌进餐,并令其子刘墉孝廉作陪,"不另设宴"。后来,赵翼不无自豪地回忆道:"剩夸年少依刘日,伴食曾陪两相公。"②刘统勋的人品气格,使赵翼深受感染。其子刘墉,长赵翼七岁,虽说功名尚未大成,但已以擅长书法驰名,且为人处世,亦有乃父之风。赵翼有意摹仿其书法,竟能达到几可乱真的"形似"地步,连刘统勋也几不能辨,含笑称赞。赵翼对这段生活,时常追想,曾在《与少司马追述文正公相业及余登第事感赋》一诗中写道:"我昔客公家,每饭共素几。得习闻绪言,披豁无城垒。……此段得力处,窃幸窥根柢。"③可见宾主之间,关系非同一般。

赵翼壮怀磊落,以其才能和志向,自然不愿当一辈子高级幕僚,而是希望通过科考,名正言顺地取得功名。但是,当时有规定,南方的生员,不能参加北闱的乡试,只能在户籍所在地应考。然而,赵翼为求功名北来,若依然一袭青衫而归故里,又有何颜见江东父老?此时,恰有同族人在天津做盐业生意,招他前往。这给他冒商籍以应考提供了契机。

乾隆十五年(1750),年方24岁的赵翼,踌躇再三,终于决定离京赴津,冒商籍以应科考。然而,早在顺治年间,朝廷就下令"严冒籍顶姓之弊",谓:"凡生童有籍贯假冒、姓系伪谬者,不论已未入学,尽行斥革,仍将廪保惩黜。若有中式者,在内科道,在外抚按,核实题参,革去举人,发回原籍当差。"④然江南士子,冒北籍而应考者,仍大有人在。国家所颁令甲,尽管到后来不过是一纸虚文,但毕竟

---

① 赵翼:《七十自述》之四,《瓯北集》卷三八,《赵翼全集》第六册,凤凰出版社,2009年,第721页。
② 赵翼:《刘石庵相公因继母太夫人就养在籍孙少宰公江南试院寿届九十奏蒙恩命南来庆祝公年亦八十五矣称觞盛事从古未有余以门下士敬随叩贺欢忭难名恭纪三律》之三,《瓯北集》卷四六,同上书,第953页。
③ 赵翼:《瓯北集》卷四六,同上书,第941页。
④ 乾隆官修:《清朝文献通考》卷四七,浙江古籍出版社,2000年,第5302页。

此事"涉于欺",做起来心虚气短。他在所作《赴津门》一诗中,便真实地记述了途中遭际以及疑惧愧赧的复杂心态:

> 西笑到长安,求官拟唾手。岂知一青衿,易地成弃帚。南庠试北闱,令甲所不受。闻有牢盆籍,游客借已久。入作黉舍生,可列乡射耦。爰乘薄笨车,路指丁沽口。……将为假途行,先防扞关守。诘者严谁何,未敢告以某。譬如投秦客,变易姓名走。孟尝出函谷,夜半作吠狗。……虽贪奋飞便,终愧诡遇丑。古人重始进,出处戒其苟。聘书却公卿,移文畏朋友。伊余独何为,自赴藏疾薮。盗泉不暇择,渴来饮一斗。迹如鸠占巢,情类雉求牡。①

然而,一想到此事古来不稀见,"士穷则躁进,此事古来有"②,也就顾不了许多。

清代的科举制度,基本上沿用明制。各省学政在三年的任职期间,须主持岁、科两次考试。依次在所辖府州举行的考试为岁试,而对诸生甄别选拔,为录送应乡试者所举行的考试为科试。科试相当于后世的升学预考。其成绩优良,名列一、二等或三等前几名者,始有资格参加乡试。在这次由学政主持的科试中,赵翼成绩颇佳,"运使叶公昱得先生卷,叹为奇才,拔置第一。学使吕公炽按试,取入泮"③。他在《津门呈叶东壶运使》一诗中,坦诚地描述出改姓名冒商籍而应考的尴尬情状:"也随土著入胶黉,失一兵仍得一兵。唇舌换如儿学语,姓名变岂客逃生。鹏当北徙贪风便,鹊不南飞羡月明。"④赵翼冒籍应试,姓名换口音也得变,操惯吴语者骤改津门腔,当时之窘迫情状可想而知。但是,不如此又怕露出破绽,坏了前程,也只能知其不可为而为之了。作为考官之一的叶东壶,明知其冒籍却顺水推舟,大概是出于怜才情切吧!

到了这年的秋天,赵翼再贾余勇,冒顾氏姓应顺天乡试。当时是以四书文取士,"头场四书文三篇,经文四篇,其兼试五经者,则经各四篇,

---

① 赵翼:《瓯北集》卷二,《赵翼全集》第五册,凤凰出版社,2009年,第32—33页。
② 赵翼:《赴津门》,《瓯北集》卷二,同上书,第33页。
③ 佚名:《瓯北先生年谱》,赵兴勤、蒋宸、赵韡编:《赵翼研究资料汇编》下册,台湾花木兰文化出版社,2013年,第445页。
④ 赵翼:《瓯北集》卷二,《赵翼全集》第五册,凤凰出版社,2009年,第33页。

合四书文共二十三篇"①。赵翼兴酣笔落,一日夜答就。同号舍的周姓考生,因临场生病,不能完卷,赵翼又代其答卷。当他走出考场时,天尚未午。按照当时的惯例,考"五经"者,例增试诏、诰各一篇。赵翼学积有年,一挥而就,"诏诰独冠场"②。当时的主考官,是刑部尚书兼军机大臣汪由敦、礼部侍郎嵩寿③,房师为刑部员外郎梁济瀍。他们阅卷后,在进呈时,汪由敦本来打算把赵翼列为"解首",但因其头场文笔势纵逸,放荡不检,遂置为第二十一名。赵翼举人及第,恰巧其故乡家中的玫瑰,一树也开二十一朵花,与赵翼举人榜上的名字排列序号相符,一家人皆叹为异事。

三 寄寓汪府"商文史"

此次顺天乡试,赵翼果然遇到了识马的伯乐。主考官汪由敦后来回忆称:

> 余主庚午京闱,得一五经卷,才气超轶,兼数人之长。二场所拟诏诰,复极典雅,心知为才士,亟取入解额。及榜发,则阳湖赵生云崧也。谒见时布衣徒步,英气逼人,目光烂烂如岩下电。叩其所学,自秦汉以来诗、古文源流,已皆窥涉津奥,遂延课两儿子。④

话语间充满爱抚之意。知赵翼所修《宫史》已告竣,即将他接入家中,以代笔札。自此,汪氏凡应制诗文,皆由赵翼代拟。也就在这一年的冬天,他又考取了礼部义学教习。因学馆中无生徒,从学者不过每月朔、望日各来馆一次,生活单调乏味。乾隆辛未(1751),赵翼会试落第。由敦令二子:承霈、承蔼从其学。次年,再应恩科会试,又报罢。两次败

---

① 佚名编:《瓯北先生年谱》,赵兴勤、蒋宸、赵韡编:《赵翼研究资料汇编》下册,台湾花木兰文化出版社,2013年,第445页。
② 同上书,第446页。
③ 嵩寿(?—1755),礼部尚书希福曾孙,雍正元年进士,选庶吉士,授编修。乾隆间擢内阁学士,官至礼部侍郎。
④ 汪由敦:《〈赵云崧瓯北初集序〉序》,赵兴勤、蒋宸、赵韡编:《赵翼研究资料汇编》上册,台湾花木兰文化出版社,2013年,第205页。

北,给他精神上带来强大的压力。在当时的社会条件下,儒生的人生价值,是以能否博取一第来衡量的,纵有满腹才学,若名落孙山,又与略识之无者何异?他心神缭乱,思绪万千,乃挥笔写道:"倦游情绪峭寒天,人海喧中黯自怜。漫拟穿杨凭一箭,又须刻楮费三年。达摩向壁空参佛,子晋吹笙已得仙。我岂不知归去好,将行又计买山钱。"①"身本高阳一酒徒,无端托业忝为儒。举场我叹鱼缘木,败卷人嗤鬼画符。羞学空函书咄咄,共谁敲缶和呜呜。只应白发高堂梦,犹问泥金信到无。"②大有心灰意冷、壮志难酬的悲凉况味。然而,他不愿就此罢休,仍为博取一第而埋首苦读:"闭门仍与一编亲,肯使干时踏软尘?"决计靠苦读博取功名,而不愿趋附时俗、干谒私门。

汪由敦是个忠厚老成的前辈,并不因赵翼的败北而对他稍有疏远,而是"退直归来雅兴赊,闲商文史浩无涯"③。在学习之道上,对赵翼时加指点,"鸳谱针留绣线痕","津梁亲为指遥源"。④ 这位汪先生,尽管"文章一代推燕国",又官居高位,却为人坦易,风流儒雅,且藏书颇富,插架万卷。赵翼得以出入其间,如鱼得水,饥餐渴饮,尽力浏览。这对于扩大他的学术视野、提高文学素养、促使其文风转变,都起到一定的作用。

赵翼初代由敦拟写文稿时,或许出自青年人炫示才能的心性,往往追求语句的华艳奇警,由敦阅后,将此类语句一概删去,使之渐归平淡质直之境。他们经常在一起切磋学问,商酌文辞,相对忘言,关系甚洽,使赵翼学问、文章大有长进。而且,汪由敦虚怀若谷,平易近人,乐于奖拔后辈,从不掩人之长。赵翼常为他代拟诗文,时有佳句。当同僚对稿中文辞称赏不已时,他总是说乃"门人赵云崧"手笔。一次,赵翼代和《御制司马君实玉印诗》中有一联:"不名符宿望,比德称高贤",乾隆帝阅后,大为称赏,命内监持示南书房诸臣,并说:"毕竟汪由敦所作不同,诸臣皆宜师事。"诸臣又对汪当面奉承,不绝于口,

---

① 赵翼:《壬申下第作》之一,《瓯北集》卷三,《赵翼全集》第五册,凤凰出版社,2009年,第37页。
② 同上。
③ 赵翼:《集益斋即事戏呈休宁座主》,《瓯北集》卷三,同上书,第40页。
④ 赵翼:《座主休宁汪公枉招下榻敬呈》之三,《瓯北集》卷二,同上书,第33—34页。

但汪仍以"门人赵云崧"作答,可见其为人的坦诚。^① 所以,赵翼在诗中曾不无自豪地称:"曾因儤直深严地,及事当朝老大臣。门馆无私心似水,衣冠有庆物皆春。"^②

赵翼作为一个生长于偏僻乡村的穷书生,一下子成了学识渊博的朝中重臣汪公的倚墙桃李,且被延入书馆,待之以礼。对此,他是感激涕零、铭刻肺腑的。然而,抱不世之才,功名却每每失意,也给他带来无尽的困扰,靠"捉刀"而谋生计,亦非其所乐为,故时而有"长安索米怅何依,年少江南一布衣"^③之叹。为了改变目下"浪迹无枝鹊乱飞"的处境,他必须尽力博取一第,像共工怒触不周山那样,不达目的,至死不休。每当他看到一些亲朋故交进士及第,就会陷入莫可名状的惆怅之中。内弟刘敬舆离京赴闽中任职,他羡慕其"青灯债了经生业,黄绶班荣进士官"^④。他为同寄寓汪府、同住一个屋檐下,已进士及第的汪颖思送行,叹道:"那堪落第看登第,况是羁人送去人。"^⑤眼前的一切,似乎都能引发他的幽怨,即便是路旁的野菊,也能唤起他的深切同情:"多少秋芳入贵家,独余篱落几寒葩。对君莫讶相怜甚,同是无人赏鉴花。"^⑥大有同病相怜之况味。他在《戏题魁星像》一诗中,以调侃的口吻抒写愤怀,厉声喝问"主文衡"的为何是"曷鼻魋颜貌粗丑"的魁星,是谁令"蕊榜荣名在其手"?"似此险怪倘操鉴,宁免轧茁灾词章","毋怪亭林老人笑,科目人皆不识字"。^⑦ 曲折流露出对埋没人才的八股取士制度的不满。但是,为生活计,科考之路又非走不可。他不仅自己埋头苦读,还勉励"少年不得意"的友人,不能自甘隐沦,沉没终生,而应振作精神,重整旗鼓,一抒干济之才,"且莫临觞悲晼晚,千秋著述已成家"^⑧,表现出积极向上的人生态度。

当然,对生活道路的选择,他不能不从目下处境出发。恰在乾隆十

---

① 赵翼:《檐曝杂记》卷二"汪文端公",中华书局,1982年,第23页。
② 赵翼:《七十自述》之六,《瓯北集》卷三八,《赵翼全集》第六册,凤凰出版社,2009年,第721页。
③ 赵翼:《七十自述》之四,《瓯北集》卷三八,同上书,第721页。
④ 赵翼:《送内弟刘敬舆之官闽中》,《瓯北集》卷三,《赵翼全集》第五册,凤凰出版社,2009年,第37页。
⑤ 赵翼:《送汪颖思成进士南归》之一,《瓯北集》卷三,同上书,第38页。
⑥ 赵翼:《野菊》,《瓯北集》卷三,同上书,第39页。
⑦ 赵翼:《瓯北集》卷三,同上书,第38—39页。
⑧ 赵翼:《时晴斋与王谷原舍人小饮》,《瓯北集》卷三,同上书,第41页。

九年(1754),有考内阁中书一事。内阁居一切官署之首,为清要之地。汉人中书亦在清选之列,与翰林官相类。此职对一般书生均有吸引力,使得28岁的赵翼"无端又羡凤池栖"。于是,毅然报考,以第九名被录取,遂具呈礼部,辞去教习之职。蒋士铨同时应考,为第四名。赵翼好不容易博得一官,虽不能说是志得意满,但对家乡亲人总算有了个交代。这年农历七月,他附舟南归省亲。

乾隆二十年(1755)春夏之交,赵翼至京,仍寄寓汪由敦宅后园中。到了六月间,便补授内阁中书。自此,29岁的赵翼,始正式踏入仕途。内阁中书是负责撰拟、记载、翻译、缮写诸事的小官,官阶仅为从七品。但经过一定年限,可以补同知、直隶州知州,若能荐军机处章京,更易腾达。服饰也与翰林同,许挂朝珠,且每三日入直一次。一介寒儒,得近帝座,这对于出身寒门的赵翼来说,已是够荣耀的了。然而,官场的险恶,文字狱的接连发生,不能不使他心有余悸。他虽然动辄以"狂生"自许,但在官场酬唱中,却绝少有过激之语,还时而提醒身边朋友:"觥酒每为无事饮,称诗相戒不平鸣。"①

四 供职军机与"蜚语中伤"

至乾隆二十一年(1756)夏,赵翼担任内阁中书首尾将近一年,即被选为军机处行走。此后,几乎每年都随驾去木兰场围猎。乾隆二十三年(1758)秋,当赵翼由木兰围场回到京都时,已是农历九月二十二日。此时,其妻刘夫人竟撒下幼弱的女儿,撒手归西。前不久,汝明死于故乡,弟媳周氏来依也死于京师。生活就是这样的无情。

然而,事情还并非仅仅如此,政治上的倾陷又接踵而至。事情的起因是这样的:本来,傅、汪二公对赵翼的特别看顾,已引起了一些人的妒忌。再加上前不久,傅恒担心赵翼困于军机书案,耽误了前程,想把他

---

① 赵翼:《送倬其南还时方成进士以需次归里》之二,《瓯北集》卷九,《赵翼全集》第五册,凤凰出版社,2009年,2009年,第130页。

提拔为部曹，而赵翼却想去翰林院供职。这不仅是因为翰林院乃清要之地，更重要的是，在人生价值追求的"立德、立功、立言"上，赵翼更看重的是"立德"与"立言"。他深知，作为一介寒儒，去应付繁杂世事，周旋于长官胥吏之间，自己远远不能适应。他的恩师汪由敦，在官场生活那么多年，为人又和易宽厚，尚且为一点小事曾被罢官，何况"平生性不因人热"的自身？作为书生，最为稳妥的是靠"立言"传世，以"一编"而"论千秋业"。而滚滚红尘，大小官吏成千上万，"仕宦几家收局好"？故而，他婉言谢绝了傅公的荐举。

本来，赵翼与傅恒的交往，完全是出自互相倾慕，情感相投，正如他在诗中所说："我无私谒偏投契，公不谈文乃爱才。"[①]不料，却招来同辈们的猜忌。此事一旦传扬开，"同事中诸忌者造蜚语中伤"[②]。他的"被摈辍直"，正在于"眷深起众忌，媒孽设险坑"[③]。身处险恶环境，当时只有陈辉祖一人代鸣不平，但无济于事。至于同僚中"小人"究竟如何中伤，我们从赵翼诗作中，或可发现一二。他写道："岂曾潘鬓老，共谓旭书颠。辍直归西掖，投闲类左迁。"[④]据此可知，可能是一些人指斥他狂妄自大，目中无人，不宜在军机处供职。傅恒明知中伤者乃别有用心，但为淡化矛盾，还是劝赵翼勿与此类小人理论是非，暂往内阁供职。这件事，使赵翼又一次感受到人心之叵测、官场之险恶。

军机处辍直后，他再次来到汪由敦故宅，未免睹物伤怀，"孑立身如赘，单行步每蹎"的孤独失意之感油然而生，并这样描绘自己的恶劣处境与郁闷心情："慧业空期佛，凡胎孰识仙。赝珍乾鼠璞，魔噪野狐禅。虚焰方熏灼，遥源肯溯沿。蒙头聊瑟缩，贵耳任轰阗。弥忆援垂手，频

---

① 赵翼：《太保傅文忠公挽词》之四，《瓯北集》卷一七，《赵翼全集》第五册，凤凰出版社，2009年，第285页。
② 佚名编：《瓯北先生年谱》，赵兴勤、蒋宸、赵韡编：《赵翼研究资料汇编》下册，台湾花木兰文化出版社，2013年，第447页。
③ 赵翼：《五哀诗·故相国赠郡王傅文忠公》，《瓯北集》卷四〇，《赵翼全集》第六册，凤凰出版社，2009年，第794页。
④ 赵翼：《汪文端师殁已数月每欲一述哀情卒卒未暇也辍直枢曹闲居无事甫得和泪渍墨以诗哭之凡一千字》，《瓯北集》卷六，《赵翼全集》第五册，凤凰出版社，2009年，第93页。

伤企及肩。……师资今已矣,宦迹益屑焉。"①大有抱荆山之玉无人得识,望望然哭向南山而去之慨,对自己以后的仕宦生活也充满了隐忧。他决计净扫书室,谢绝尘氛,"闭门自有陈编在,不对今人对古人"②。

乾隆二十四年(1759),赵翼已是33岁。他既有内阁中书任内事宜缠身,又想着功名的进取,还时而为家中生计操心。当时,他唯一的经济来源,就是自己微薄的薪俸。他在《偶题》一诗中,曾这样描写当时的生活状况:"风雨寥萧昼掩庐,一编吟到夜窗虚。厨娘莫聒瓶无粟,我已修成《乞米书》。"③越是生活拮据,越需要善于理家、操持衣食之人。赵翼既不擅长此道,"主中馈"岂能无人?大概就在这年的上半年,他接受了友人的劝告,与同乡程景伊的外甥女高氏成亲。或许因高女之母亡故的缘故,程公抚为如女出嫁。景伊身为侍读学士,令甥女续弦入赵门,大半是看中了赵翼的才学与人品。高氏过门之后,尽管家庭生活并不宽裕,且上有白发婆母、下有刘夫人所生女均须照应,但她并不嫌弃,和前妻所遗弱女相处得比较好,"后妻前女少参商"。同时,她也比较能理解丈夫"卖文为客贱,乞米向人难"的处境,把家事安排得颇有条理,省去赵翼许多心事。

次年春,赵翼再次参加会试,仍未中。在他看来,自己早年那种"恨不混沌后,吾名犹不灭"的求名心理,显然是不现实的,对功名有些心灰意冷,深感愧对师友。这一情况,很快引起了军机大臣傅恒的深切关注。本来,将赵翼调出军机处,傅恒是出于不得已。恰巧,去年秋天,那些随驾出塞的军机属吏,草拟文稿往往出现失误,使得他更加思念赵翼。于是,在会试揭晓后不久,他便将赵翼复调入军机处。

其实,当初将赵翼调出,不过是个权宜之计,无非借此以塞众口。倘若那时把赵翼强行留下,对傅恒来说不过是举手之劳,但属吏们会更加嫉妒,客观上会使赵翼陷入十分孤立的境地。目下,傅恒将赵翼先调出,后调入,不仅保护了赵翼,使之不受伤害,而且也提高了他的声望,

---

① 赵翼:《汪文端师殁已数月每欲一述哀情卒卒未暇也辄直枢曹闲居无事甫得和泪渍墨以诗哭之凡一千字》,《瓯北集》卷六,《赵翼全集》第五册,凤凰出版社,2009年,第93页。
② 赵翼:《出军机仍直内阁》之二,《瓯北集》卷六,同上书,第94页。
③ 赵翼:《瓯北集》卷七,同上书,第98页。

可谓是明智之举。

赵翼先后在军机处供职几年,使他对国家大事有了更清楚的了解。从总体上看,国内基本上比较安定,然而,边塞的战事却接连不断。赵翼作为一个文职官员,他渴望"甲兵全消",天下太平,但更盼望国家领土完整、版图统一的局面早日出现。而且,对官僚阶层的种种不良行为,也有了一定的认识,并隐隐约约地有所表露。对那些趋炎附势之辈,甚为憎恶。广成死于京,受吊之期为三天,但前两天竟然无一人来祭奠。其弟傅恒请假回来治丧,最后一天才赶到。结果,"各部院大小百官无不毕至,虽与广公绝不相识者,亦以文忠公故致赙而泥首焉。舆马溢门巷,数里不得驱而进,皆步行入"①。寥寥数语,勾画出京官曲意趋奉之丑态。这些堂堂的部院百官,把人际间正常往来的天平,定在了是否对己有利上,有利则趋之若鹜,无利则甩手而去,就像木兰行围时那些抢占地盘、抢先行路的庸吏一样,以个人私利为唯一目的,扭曲了正常的人际关系。如此看来,这些势利的官吏纷纷跑来,在"死人"前面祭奠,意在让身后"活人"观看。这个"活人",任何其他人都莫能替代,只有手握军机处大权的傅恒。人情之冷暖,由此可知。赵翼处在这样一个人际关系比较复杂的上流社会之中,不为庸俗世风所干扰,坚持自己的人格追求,确乎难得。

---

① 赵翼:《檐曝杂记》卷二"京官趋势吊丧",中华书局,1982年,第35页。

第二章 "大魁佹失"前后的岁月

清代科考,照惯例是三年举行一次,但亦有特例。朝廷"设科取士,原为授官治民,使之练习政事"①,有时官吏乏人,不得不借各种名目额外征召人才。如顺治三年(1646)二月,曾会试天下举人,未几,"又议准再行乡会试,以收人才"②,并将会试日期定于次年二月,以吸引那些流落不归、尚未附清的明遗民。顺治十六年(1659),因"云贵新经内附,地方绥辑需人,见在候选各员尚不足用,应预为征取,以备任使"③,令今秋再行会试。康熙五十二年(1713),玄烨六十寿辰,"普天胥庆,率土同欢",故开"万寿乡、会试,以彰千载一时之盛"④。此即所谓恩科。此科之开,为天下士子跻身仕途,又别开一途径。

一 状元与探花的互换

乾隆二十六年(1761),乃实现天山南路统一后未久,也是孝圣宪皇后七十大寿(皇太后生日为农历十一月二十五日)之期,且于正月间紫光阁又建成,朝廷特举行恩科会试。这一年,瓯北才35岁,当然仍要赴考,再试身手。

---

① 乾隆官修:《清朝文献通考》卷四七,浙江古籍出版社,2000年,第5305页。
② 同上书,第5302页。
③ 同上书,第5306页。
④ 同上书,第5311页。

会试前，在军机处供职的御史睦朝栋，以泄密事被下刑部狱，坐以大辟。如此一来，议论纷起，军机大臣及其属吏都成了众矢之的。再加上去年会试，状元毕沅、榜眼诸桐屿都出自军机处，以致有"历科鼎甲皆为军机处所占"之说。这一流言蜚语，连皇帝也有耳闻，给军机处带来很大压力，尤其是军机大臣。傅恒曾私下对瓯北说："这次考试，不必指望得状元了。"瓯北听后，口头上虽然不好多说，但内心总有些不忍屈居人下。殿试时，恰巧军机大臣刘统勋、刘纶又都任读卷官。瓯北深知二公的为人，越是和他们关系亲近的人，越有可能被压低排榜名次，何况当前舆论对军机处不利呢？他唯恐刘统勋为避嫌疑而将自己考试成绩往低处压，于是在答卷时，改用欧阳率更体，果然瞒过了他们的眼目。

试卷阅后，按照惯例，应选出前十名的试卷，进呈御览。此时，刘纶又担心瓯北试卷进入一甲（即前三名），令外界起疑心，会带来不测之祸。于是，再次翻阅试卷，想把瓯北名次排在十名之外，以减少彼此的麻烦。当时的阅卷，是以卷面粘贴的纸条上所画圈的多少来定文章优劣的。这次共有九人阅卷，第一卷上画有九圈，应当以第一名进呈。刘纶怀疑这份试卷是瓯北所答，迟疑不敢进呈，请刘统勋复阅。统勋哪里想到瓯北会改换字体，看后大笑道："赵云崧字迹，虽烧灰亦可认。此必非也。"因为瓯北初入京时，曾住在他家，经常模仿其子刘墉的书法，后来入直军机处，仍时常用石庵体。刘纶却说："遍检二百七卷，①无赵云崧书，则必变体矣。"刘统勋再次细读第一名试卷，谓："赵云崧文素跅弛不羁，亦不能如此谨严。"

然而，刘纶终未能消除疑虑。恰巧，平叛凯旋的将军兆惠，也被派来阅卷，但他不懂汉文，只是以卷面纸条圈多者为优，便将画九圈的试卷列为第一名。其他按圈数多少依次排列，呈请皇帝定名次。乾隆帝大概用了大半天的时间，始将前十名试卷全部阅完。见第一卷是江南人赵翼，第二卷浙江人胡高望，都是中书，而第三卷王杰，则是陕西人。因召读卷大臣，问："本朝陕西有没有状元？"大臣连忙回答："前朝有康

---

① 按：据《清史稿·高宗本纪》，本次录取为217名，《明清进士题名碑录》亦为217名，故当以217名为准。

海,本朝则没有。"帝即以王杰与瓯北卷互换,并从此记住了赵翼的名字。

按照往年的惯例,传胪一般在农历五月,本次却改在农历四月二十五日。传胪那天,一甲三人例须出跪。乾隆帝远远地看见独有赵翼挂有朝珠,便询问傅恒。傅恒答道:"军机中书例带数珠。"并且还说:"昔汪由敦应奉文字皆其所拟。"帝暗暗记下。第二天,对众大臣说:"赵翼文自佳,然江、浙多状元,无足异。陕西则本朝尚未有。今当西师大凯之后,王杰卷已至第三,即与一状元亦不为过。"①

其实,将王杰取为第一,似还有其他原因。王杰早年先后依于两江总督尹继善、江苏巡抚陈宏谋幕,都受到重视。辛巳殿试,乾隆帝阅典试大臣所进呈的试卷,阅至第三名王杰的卷,"熟视字体如素识,以昔为尹继善缮疏,曾邀宸赏,询知人品,即拔置第一。及引见,风度凝然,上益喜"②。可见,其间还有感情的因素。就这样,凭着乾隆帝的一句话,就将本来已抡大魁的赵瓯北抑为第三,而把陕西籍的王杰擢为第一。瓯北眼看到手的状元桂冠,被轻而易举地摘去了,"一桂枝高手已攀,胪传声里另排班"③。此事,给瓯北的一生都留下难以磨灭的阴影。直至晚年,他还在《外孙金皋京闱发解喜赋》(之二)诗的自注中称:"余廷试卷进呈第一,后改第三,大魁侥失,心常歉然。"④

瓯北拼搏十年,六次应会试,终于以探花及第,"虽非五色蓬莱顶,犹占三茅句曲山"⑤,照样宫花插帽,走马长安。"千步御街中道出,一条软绣九衢还"⑥,圆了他那日思夜想、盼望已久的进士梦,内心的激动和兴奋可以想见。在他想来,老父长眠地下已久,不可能再看到儿子今日的荣耀,然对老迈龙钟的母亲,却是一个安慰。进士及第后未久,他便辞别军机处,入翰林院任编修,实现了供职词馆的愿望。

---

① 赵翼:《檐曝杂记》卷二"辛巳殿试",中华书局,1982年,第28页。
② 《清史稿》卷三四〇《王杰传》,《二十五史》第十二册,上海古籍出版社、上海书店,1986年,第10042页。
③ 赵翼:《七十自述》之八,《瓯北集》卷三八,《赵翼全集》第六册,凤凰出版社,2009年,第721页。
④ 赵翼:《瓯北集》卷四六,同上书,第957页。
⑤ 赵翼:《七十自述》之八,《瓯北集》卷三八,同上书,第721页。
⑥ 同上。

清朝仕路,以科目为正,科目尤重翰林。翰林虽仅七品,较为闲散,却为天子文学侍从,仪制同于大臣,且卜相非翰林不与,容易升迁。所以,翰林院历来被视为清要之地,常为仕途奔走者所艳羡。至于俸禄较薄,瓯北倒并不介意。他在诗中写道:"寸寸鲇鱼上竹竿,生平一第最艰难。不周山下头曾触,无定河边骨欲寒。辛苦医家三折臂,渺茫仙路九还丹。谁知秃尽中书笔,方得词人本分官。"①在他看来,最能体现儒生人生价值的,无过于翰林院官。供职翰林院,凭借文字结撰,辅助教化,使所学派上了用场,纵览古今,"寸管论人",是最恰当的位置,可谓"盛世文章台阁贵,清班官职凤麟高"②。瓯北刚上任,便入方略馆,担当起纂修《平定准噶尔方略》的任务。

他在翰林院供职三年期满,例须参加考试。大概是在四月间,乾隆帝亲自面试,同时应试者三十余人,而瓯北独受殊荣。曾在《散馆恭纪二首》(之一)诗中写道:"三十余人试殿墀,姓名独荷帝畴咨。(自注:上独呼臣翼名宣见垂询。)小臣未敢他途进,圣主真悬特达知。诗草行书呈满幅,(自注:诗稿呈御览。)砖花跪奏语移时。廿年牢落菰蒲士,何幸亲承雨露私。"③几乎有些受宠若惊了。此次散馆,他考列一等第二名。在瓯北想来,乾隆帝对自己印象如此之深,又垂询移时,确乎难得,或许能为自身日后仕途进取廓清道路。事实却并非如此。当时,翰林院虽不属傅恒所辖,但他仍时常在乾隆帝前举荐瓯北。正如瓯北在《五哀诗·故相国赠郡王傅文忠公》中说:"及余入词苑,已非公所临。犹于黼座旁,时时说贱名。"④然而,却无济于事。引见过后,乾隆帝却对大学士傅恒说:"(赵翼)文自佳而殊少福相。"⑤轻轻一句话,却判定了赵翼终生不可能再有飞黄腾达之日,傅恒终爱莫能助。这件事,给瓯北造成强大的精神重压,直至古稀之年,他还在重述说:"功名非福不能成。"

---

① 赵翼:《七十自述》之七,《瓯北集》卷三八,《赵翼全集》第六册,凤凰出版社,2009年,第721页。
② 同上。
③ 赵翼:《瓯北集》卷一〇,《赵翼全集》第五册,凤凰出版社,2009年,第151页。
④ 赵翼:《瓯北集》卷四〇,《赵翼全集》第六册,凤凰出版社,2009年,第794页。
⑤ 赵翼:《散馆恭纪二首》(之二)诗自注,《瓯北集》卷一〇,《赵翼全集》第五册,凤凰出版社,2009年,第151页。

二 初抵镇安

乾隆三十一年(1766)农历十一月间,朝中突降特旨,任命年已40的瓯北为广西镇安府知府,这大大出乎其所料。瓯北匆即前往拜见恩师傅恒,以自己"不习吏事"为由,请求他上奏皇帝,收回成命。傅恒随侍乾隆帝多年,深知其脾性,连忙劝阻。但他并非撒手不问,任其自然,而是趁乾隆帝高兴之际,将瓯北"学问优长"上奏。

不久,乾隆帝在养心殿接见了瓯北。作为一代帝王,他竟然对瓯北这个七品小官了如指掌,对其"旧时履历、在军机处行走,及代汪文端撰拟诗文等事","知之甚悉,一一谕及",自然使瓯北感激涕零。瓯北乘机将自己"吏治未娴"欲"仍留翰林"的想法当面向他委婉吐露,满以为会蒙恩准。不料,乾隆帝却说:"读书人原有不能办事者,汝在军机处久,颇能事。广西乃政简民淳之地,汝初任,留心练习,自可成好官。"①瓯北见事已至此,圣命难违,只得叩头谢恩离去,至十二月十九日挈家出京。

直至次年农历七月初,瓯北始抵达镇安(今广西德保)。若从去年农历十二月离京之日算起,先后已达七八个月之久,难怪瓯北在《镇安土风》中称:"宦辙经年到,邮签万里修。地当中国尽,官改土司流。"②镇安城依山而建,北面之独秀山是天然屏障,惟东、南、西三面筑有城墙。它位于广西最西部,南与安南(今越南)接壤,西连云南土富州,方圆八百余里。这里万山耸立,树林如海,奇花满目,四季常青,景色非常优美。

瓯北初到此地,眼界为之顿开,曾在《行边》(之四)诗中写道:"到此方知地界遥,日南风景画难描。筹边漫续名臣疏,按部翻供太守遨。万木丛排成树海,诸峰乱涌作山潮。却嫌呵殿声殊俗,不称清游愧老樵。"③的确如其离京前所云,"从今景物豁吟眸"了。府后独秀山延伸至

---

① 佚名编:《瓯北先生年谱》,赵兴勤、蒋宸、赵韡编:《赵翼研究资料汇编》下册,台湾花木兰文化出版社,2013年,第449页。
② 赵翼:《瓯北集》卷一三,《赵翼全集》第五册,凤凰出版社,2009年,第218页。
③ 同上书,第220页。

官署中,半山有亭,公余可登临远眺。入城之路,仅莲花九叆一处,形势十分险要。那里石栈重重,层叠入云,径旁苍崖壁立,古松倒悬,青竹万竿,云气蒸腾。此地往昔由土司管理,朝廷很少派官。瓯北"出守镇安,万山中一官独尊。鼓吹日数通,出门炮声如雷。冬月巡边,舆前骑而引者凡十余,队后拥纛驼骑又十余,可谓极秀才之荣矣"①。初来此地,由以往在京时的听命于人,骤然转而为唯我独尊,甚为不习惯,自然地忆起乾隆帝称他"殊少福相"那句老话,深恐担当不起。一日早晨起床后,妻子正对镜梳妆。他无意间从镜子中看到自己的面容,对妻说:"君睹此面,可称此膴仕否?"②虽是一句玩笑,却透露出他内心潜在的不安。

瓯北来镇安不久,便为这里的壮美山水、淳朴民情所吸引,由原先的"生平耻乞郡"转而为爱上了这方热土,而有"终身不迁"、终老此地之想,思想发生了潜在的变化。在他看来,实现个人价值的途径,未必仅染翰挥毫一途,理好民事,造福于一方,同样无愧于人生。再说,为宦京师,须不时看人冷脸,还有那无计摆脱的违心周旋、庸俗世风,都令人望而生厌。而这里,地处僻远,环境清幽,又无冗事纠缠,"挂鱼官阁肃,罗雀讼庭幽",正是用武之地,应"勉修循吏绩,抚字辑遐陬"③,以答谢治下淳朴百姓,而不能徒邀虚名。

瓯北深知,若要做良吏,对当地风俗民情一无所知显然不行。因而,他经常带人去所辖各地了解情况,有时索性竹轿不坐,仗着脚力尚健,挂着手杖登山涉水,对这里的物产作详细调查。还亲临市场巡视,从多方面了解风俗民情。市场是了解百姓生活的窗口,多走动走动,可以对乡风土俗有更深切的了解,如青年男女间的对歌择偶,即是他乡间走访时亲眼所见。他还曾到镇安与安南交界之地考察民风。那里处处是市场,两地百姓自由往来,互通有无,"判界曾无一堵墙",似乎并无国界之别。瓯北睹此,既为"物产真惊见,民情易给求"而高兴,也忆及春秋时吴、楚二国因边邑女子养蚕争桑而引发战争之往事,担心百姓因小事发生争端,影响两国间关系。

---

① 赵翼:《檐曝杂记》卷四"仕途丰啬顿异",中华书局,1982年,第71页。
② 同上。
③ 赵翼:《镇安土风》,《瓯北集》卷一三,《赵翼全集》第五册,凤凰出版社,2009年,第219页。

瓯北在镇安,靠自己的真诚与勤政,赢得了百姓的信赖,建立起良好的官民关系,所到之处,百姓争相出迎。他在《行边》(之三)诗中写道:"村村父老杖争扶,出谒星轺拜满途。我到岂能春有脚,渠来自为昔无襦。欲苏剜肉谁先务,果疗燃眉敢后图?疾苦要教当面说,停骖频与话交衢。"①颇有忧民之所忧,救民于水火的古贤吏之风。他心中有着百姓,百姓更不会把他忘怀。镇安府署后独秀山有一深洞,一黑猿藏于其中,当地百姓传说,每当黑猿出来,知府必遭难。说来也巧,就在瓯北上任后的次年春天,偏偏黑猿白天跑出洞外,好久才进去。如此一来,消息不胫而走,"满城共喧噪,恶征比止鹏"。他的妻子儿女愁得吃不下饭,城中百姓为之占卜祈祷。而瓯北却非常坦然,认为:"清节绝苞苴,平心理案牍。不与孽为召,安得祟潜伏。"②立身正,为官清,执法明,就不会招来祸患,还声称要治黑猿"以妖惑众"之罪。可谓坦坦荡荡,正气凛然。

在瓯北初到镇安时,还曾发生这样一件趣事:一天夜晚,城外鼓声大作。瓯北不解何意,经打问门吏,始得知是百姓因旱求雨。马上说道:"民既愁旱,官当祈雨。"随即传命,明日一早出城求雨。此时,府僚马伟却禀报说:某日当有雨,以往官求雨,都预先定在这一天,否则会空忙一场。瓯北听后,笑道:"明知有雨再去求,此心不诚,难以对神明。"第二天早上,他即步行至城南马鞍山祈雨。不料,回来的路上,果真天假其便,大雨如注。老百姓对这位新上任的知府,佩服至极。

农历八月间,又发生安南捉拿逃犯之事。在前任知府韦驮保供职期间,一些镇安人与安南人互相纠集,跑到土富州(在今云南省广南东南260里)滋事。事发后,官府捕获百余人,但首犯农付奉却逃至安南,韦驮保因此被劾落职,留于郡捉拿逃犯。此时,农付奉已死,其子阿细被捉获。奉命前往办案者,将阿细及其父尸棺一并带回,经乡邻辨认无误。

本来,此案事实清楚,可以了结。鉴于此,瓯北便具文申报各上司,

---

① 赵翼:《瓯北集》卷一三,《赵翼全集》第五册,凤凰出版社,2009年,第219页。
② 赵翼:《署后独秀山一穴甚深相传中有黑猿出则不利于太守颇有验今春猿忽出穴良久乃入诗以志异》,《瓯北集》卷一三,同上书,第222页。

请求结案。不料,两广总督李侍尧,生性贪黩,可能是未得贿赂故,只许以阿细照罪人家属例判罪,而拒不承认棺内为农付奉尸身,仍视之为悬案,想借此钳制韦驮保,令他不得回京复官。在瓯北看来,"以死父与活子偕来,踪迹既确,如谓其尸假,则又当根究何人之尸,及缉犯者买从何处,此案终无结期"。于是,再次具文申辩。李侍尧素受乾隆帝宠眷,以二品方面大吏,有节制文武之权,哪里把赵翼这一小小知府放在眼里,阅过申辩文书大怒,立即批转按察使处理,竟诬称:"有赵守袒护同官,恐吓上司。"①瓯北面对上司重压,毫不为动,再次请求,令韦驮保回都。同时,对边境的治安则更为关注。在冬季巡边时,凡与安南连界处,他都亲往巡视,唯恐再出现类似事情。

乾隆三十三年(1768)春,因农付奉案久不得结,瓯北决计亲自赴省请示。恰在这时,征缅之役发生,令广西筹办战马万匹。两广总督李侍尧,在梧州(今广西梧州)坐镇督办。瓯北前往谒见,请求了结农付奉案,并当面和他反复辩论。这一来,更激怒了李侍尧,他立即上疏弹劾瓯北,欲令其蹈韦驮保覆辙,扬言非令瓯北下台不可。这时,正好朝中降旨,命瓯北赴滇从军征缅甸,使他幸而得免厄难。李侍尧无可奈何,只得将弹劾奏章追回。此事对瓯北打击非小。他在《奉命赴滇从军征缅甸》(之二)诗中写道:"一纸爰书牍上游,风声早晚勒归休。难甘公府宣明面,已戴军门秀实头。劾疏幸因军事免,朝衫终仗国恩留。男儿官不遭弹去,便合沙场洒血流。(自注:时方待劾,以奉旨从军得免。)"②

瓯北回到镇安,内心却并不平静。此去从军,吉凶如何,难以预测,抛眷属于府署,举目无亲,委实放心不下。此时此刻,各种复杂的情感填塞于胸,最令他难以割舍的,是年逾古稀的老母以及那孤弱无依的妻儿,"独念垂白母,闻信昼夜惊。妻孥又细弱,欲托无友朋。临当出门去,不觉涕泗横"③。他深知,自古以来的每次战争,都会夺去许多人的生命,"一身既从军,生死那得保",岂不闻"古来征战几人回"? 然而,他

---

① 佚名编:《瓯北先生年谱》,赵兴勤、蒋宸、赵韡编:《赵翼研究资料汇编》下册,台湾花木兰文化出版社,2013年,第450页。
② 赵翼:《瓯北集》卷一四,《赵翼全集》第五册,凤凰出版社,2009年,第225页。
③ 赵翼:《从军行》之一,《瓯北集》卷一四,同上书,第228页。

不敢将自己从军的消息全部告诉妻儿。其实,妻子虽然不明白丈夫此行的真情,但是,已从他神色中有所觉察,还曾听说途中特磨道的青竹林里,有"蜈蚣大盈抱",奇毒无比,螫人"痛甚立晕倒"①,以致愁得吃不下饭,到处寻觅解毒的单方。她不知从哪里得知蜘蛛丝与乌鸡屎可以化毒,便想法搞来,装进瓯北行囊。

赵兴勤《赵翼评传》(南京大学出版社2002年版)

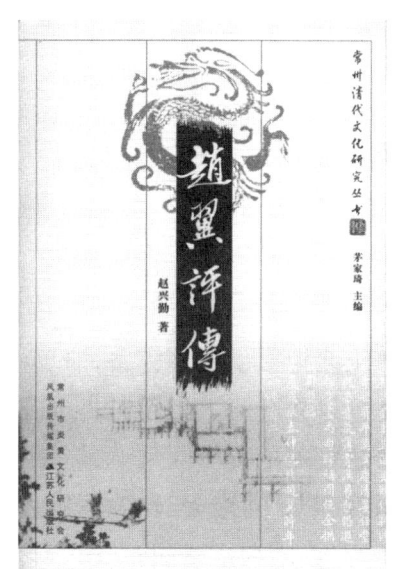

赵兴勤《赵翼评传》(江苏人民出版社2008年版)

瓯北眼望着忙碌的妻子,心里头有一股说不出的滋味,深为日后妻儿生活担心,又唯恐被妻子看出破绽,故表面上装得若无其事。他在《从军行》(之二)诗中写道:"此意黯自怜,未敢向人道。作气自振厉,命酒豁怀抱。山妻则已知,顾弗忍深考。间出一语商,似预筹未了。乱之以他词,中心各如捣。临别复何言,得归不必早。"②真实地道出他们临别之时悲苦难言的情状。"得归不必早",意谓回来早晚不当紧,只要能活着回来就行。其间蕴含了多少生离死别的幽怨哀伤以及亲人的期待与祈求!

瓯北尽管早就立定了为国效力的壮志,但是,他对自己临别的真实

---

① 赵翼:《蜈蚣箐》,《瓯北集》卷一五,《赵翼全集》第五册,凤凰出版社,2009年,第254页。
② 赵翼:《瓯北集》卷一四,同上书,第228页。

感情却毫不掩饰,"悲离何必讳,此亦人至情"①。他所呈现给后人的,是一个内在感情非常丰富的完整的人,是一个食人间烟火、有七情六欲的真实的人,是一个敢于流露自己情怀的坦诚的人。同时,他又是个"报国固素怀"、敢于以身许国的志士。在国家需要与个人利益发生冲突时,能毅然割断儿女亲情,奔赴疆场。他尽管很爱惜生命,但更懂得生命的价值,"泰山鸿毛间,轻重要自量"②。汉代马援的马革裹尸,三国诸葛亮的鞠躬尽瘁,"代阅数千载,英风犹未沫"③,都令他追慕不已。他时而告诫自己:"惟应师古人,忠诚勉自竭。"④这就是瓯北的襟怀。

三 赴滇从军

瓯北把家事料理完备,府署中公事也一一妥善交代,然后于农历五月九日启程赴滇。经过三四十天的长途跋涉,终于抵达永昌。定边将军兼总督阿里衮令瓯北入幕参谋军事。同在将军幕中的还有诺穆亲、朗明善、萨灵阿诸人,均为军机故人,"天涯朋旧,一时聚首",好不快意,可谓"万里风烟蛮子国,一窗灯火故人情"⑤。永昌距中缅边界不过二百余里,清廷陈兵于此,一场战争势所难免。

据史载,中缅两国自元代以来,虽时有战事发生,但也经常有使往来。至清,"江西、湖广及云南大理、永昌人出边商贩者甚众,且屯聚波龙以开银矿为生,常不下数万人"⑥,缅人也常来云南境内贸易,关系比较正常。至乾隆十一年(1746),云南石屏人吴尚贤,因家贫出境谋生,来到缅甸,获得开矿权,在卡瓦部(一名葫芦国)开茂隆银厂。由于他性格豪爽,善于经营,故获利颇丰。他身为厂主,平等待人,不分尊卑,皆

---

① 赵翼:《从军行》之一,《瓯北集》卷一四,《赵翼全集》第五册,凤凰出版社,2009年,第228页。
② 同上书,第228页。
③ 同上书,第228页。
④ 同上书,第229页。
⑤ 赵翼:《果毅阿公以使相兼定边将军开幕府永昌命余参军事时同在幕下者为员外郎明公萨公按察诺公观察冯鲁岩皆军机故人也天涯朋旧一时聚首诗以志遇》,《瓯北集》卷一四,同上书,第234页。
⑥ 《清史稿》卷五二八《属国三·缅甸》,《二十五史》第十二册,上海古籍出版社、上海书店,1986年,第10479页。

以兄弟相称,以此聚至数十万人,成为一股很强的势力。内地来此经营矿业者,凡遇危难,常求他帮助,无不得准。他家乡有一武弁,因事革职,前来投靠尚贤,见他握有重金,便劝他进贡清廷,借以立功。尚贤虽身在异域,却心系故土,便以卡瓦部酋的名义,投书云南总督,请以矿税作贡,每年纳银三千七百两。又说缅王,与清王朝通好。缅王莽达拉,即以吴尚贤为媒介,写信向云南总督表达交好之意。就在缅甸国遣使来中国途中,其内部发生战乱。白古部(一作摆古部)酋撒翁欲独立,率兵攻陷缅甸国都阿瓦,杀缅王莽达拉。木疏土司酋长雍藉牙不服,起兵攻走白古部,恢复阿瓦,建立新缅甸。在缅甸国内出现内讧之时,云贵总督吴达善以贪污厂矿税金罪,将吴尚贤逮捕入狱,致使吴病死狱中,银厂遂解体。此乃诱发后来中缅战争的原因之一。

在缅甸境内,尚有桂家(一作贵家)一族。据说,明亡后,桂王朱由榔潜至缅,为缅酋莽应时所俘,献于吴三桂。其家人及侍从,皆散居很少有人居住的沙洲一带,其子孙自称为"桂家",世代在波龙开银矿,且拥有强盛的兵力。桂家部首领宫里雁及木邦部头目罕底莽,相继起兵抗拒新缅甸,屡战不胜。宫里雁退至云南边境附近的孟坑暂住,欲内附。云贵总督吴达善向他索取贿赂,未能得逞,将他们驱逐。

孟连土司刀(一作刁)派春贪图财利,诱之入孟连居住。此时,宫里雁应永昌石牛厂周彦青之约前往,其妻曩占(一作囊占)及随从男女千余人仍在孟连。见财忘义的孟连土司刀派春见时机已到,乃将宫里雁所带人等分散在各寨,独将曩占及其两个女儿留在城中。"曩占知入牢笼,潜语其人,但望城中发火,即来接应。已而派春索其畜产,与之;索其次女,与之;索长女,又与之。乃索曩占,曩占怒,乘夜进其家,手刃三十余口,遂纵火。其徒见火光尽集,奔孟养,转徙至缅甸。"①永昌守杨重谷为邀功,将宫里雁诱至省城,云贵总督吴达善以扰边罪将他杀害,又使两国矛盾趋于激化。

后来,缅王雍藉牙死,其子莽纪瑞(一作莽纪觉)立,知云南边境官吏腐败无能,便想乘机扩大地盘,欲策动叛乱,但不得响应。于是,就经

---

① 印鸾章著:《清鉴纲目》卷七,岳麓书社,1987年,第351页。

常出兵侵扰云南边境各土司地。总督吴达善贪而懦,不仅自己不敢干涉,反而告诫兵士,不得与战。莽纪瑞死,弟孟驳立,为夫复仇情切的囊占,多次撺掇其发兵犯边,攻掠九龙江(即澜沧江)等地。

吴达善调往川陕后,继任总督刘藻,本一介儒生,不懂军事,面对一日数传警报,无可奈何。缅甸经常差人来孟连、十三版纳等地索取钱财粮米,百姓不胜其苦。此时,永顺镇总兵田允中、普洱镇总兵刘德成等,忍无可忍,才下令各土司抗争,将前来索要财物的头目杀死。边界冲突自此更接连不断,云南南部的猛龙、猛遮、猛沉、猛歇等地均被缅人占领。因战争失利,刘藻自刎死。此后,又连续调换几任总督,均不能平定边患。直至将明瑞从伊犁招来,以将军督军云南,才真正打了个大胜仗。阿里衮来永昌督阵,恰好是明瑞深入敌后,处境十分困难之时。

这次中缅战争的爆发,固然是由于吴达善的贪纵、边吏的无状,但是,倘若吴尚贤不被无辜杀害,由他出面调停,问题还不致会发生,缅甸国内的矛盾,也不至于蔓延到中国来。如果不杀宫里雁,不对囊占母女肆意凌辱,也不会出现两国的冲突。故而,中缅战争的引发,作为军政长官的吴达善难辞其咎。从另一方面看,事情业已发生,缅方若通过正常的外交途径,与清王朝交涉,惩治当事人,也不会出现兵戈相交的局面。可是,在边衅初起之际,缅甸所采取的却是横索财物,策动土司叛乱。而且,当这类手段不灵、计不得逞时,他们又出兵四处侵扰,直接威胁到云南边境百姓生命财产的安全。如此一来,战争的性质就发生了变化。它不是正当防御,而是有意侵略了。从这个角度看,清王朝组织多方面的兵力,实行全面反攻,则是保护国家尊严的正当行为。赵瓯北不辞艰辛,千里从军,且参与谋划方略,草拟军事文书,当然是出于爱国热忱。

至冬,总督阿桂率兵来永昌,与阿里衮同为副将军驻一营。两人所有笔墨之事,瓯北一人兼之。因瓯北熟悉地理形势,故所提建议,往往与阿桂相合,更增进了两人友谊。每当两将军出战,瓯北则"守大营、护将印,一切缓急应援,皆得便宜行事"[①]。

[①] 佚名编:《瓯北先生年谱》,赵兴勤、蒋宸、赵韡编:《赵翼研究资料汇编》下册,台湾花木兰文化出版社,2013年,第450—451页。

乾隆三十四年(1769)二月间,朝廷派军机大臣傅恒来滇经略军事,月末,率京师及满、蒙兵一万三千六百人离京远征,日夜兼程。八千余里的路程,仅用了四十天,于四月初便抵达永昌。瓯北随同阿里衮、阿桂等人,去永昌迎接。傅恒为人谦和,"敬礼士大夫,翼后进使尽其才。行军与士卒同甘苦"①,在军事上也颇有建树,乾隆帝称其"壮龄承庙略,一矢靖天狼"②。紫光阁图画功臣,他以平西陲赞画功,班居第一。他的到来,使瓯北大为高兴,并暗自庆幸边将得人,平复边患指日可待。傅恒素重瓯北其人,一来军前,即召入幕中,并召众将领讨论进兵之策。

当时,不少将领都认为,此地多瘴,应等到霜降后再出兵。而傅恒却认为:"若是须坐守四五月,既糜饷;且军初到,当及其锐用之,久则先懈,非计也。"③于是,计划分两路进兵,主力横渡腾越州西之戛鸠江,偏师从普洱进击,以牵制对方兵力。议既定,准备上奏朝廷。此时,正好墙上挂有地图,瓯北指着地图对傅恒说:"图中戛鸠、普洱相距不过三寸,其实有四千余里。两军既进,东西远隔,声息不相闻,进退俱难遥度。去岁明将军之不返,由不得猛密路消息也。"④傅恒闻言,大吃一惊,忙问瓯北有何想法。瓯北建议偏师由江东蛮幕进军,造船以通往来。如此,两军才可相互接应。傅恒毅然采纳这一意见,果然出兵顺利,一举获胜。时隔不久,中缅双方便达成和议,云南边境得以安定。瓯北从军年余,常为无尺寸之功而内疚,但对献策被采纳一事却感到欣慰。

另有一件事,瓯北处理得也很妥当。傅恒来滇经略军事,副将军阿桂时常与他意见相左,加之小人每每借题发挥、挑拨离间,两人间嫌隙时有发生。矛盾的起因,可能与他们在作战部署上意见不一致有关。

在傅恒来滇之前,"滇省绿营恇怯",素为敌所轻,"阿里衮等亦未能相机部署"⑤,指挥不力。乾隆帝无奈,才调遣吉林索伦等能征惯战者,

---

① 《清史稿》卷三〇一《傅恒传》,《二十五史》第十二册,上海古籍出版社、上海书店,1986年,第9962页。
② 《钦定八旗通志》卷一四四"人物志二十四·傅恒",吉林文史出版社,2002年,第2429页。
③ 赵翼:《皇朝武功纪盛》卷三《平定缅甸述略》,《赵翼全集》第三册,凤凰出版社,2009年,第36—37页。
④ 佚名编:《瓯北先生年谱》,赵兴勤、蒋宸、赵韡编:《赵翼研究资料汇编》下册,台湾花木兰文化出版社,2013年,第451页。
⑤ 《钦定八旗通志》卷一四四"人物志二十四·傅恒",吉林文史出版社,2002年,第2438页。

并闽省水师同往,欲水陆夹攻。在他看来,"水陆并进,实征缅最要机宜",故屡次询问。但"阿里衮等并以该处崖险涧窄断难行船为词",迟迟不行。

赵兴勤《赵翼评传》
(南京大学出版社 2011 年典藏版)

而傅恒一到永昌,即遣人勘察地形,最后选定铜壁关外野牛坝为造船之所。这里"树木足供船料,且气候凉爽,可以屯聚兵丁"。乾隆帝闻之大喜,对傅恒特予表扬,并斥责先前诸将曰:"同此沿边僻壤,非自今日始通,何以前此并无一人见及。而傅恒得之,便如取携。可见事无难易,人果专心致力,未有不成者。无如诸人皆豫存畏难之见于胸中,遂以为隔阂不可行。"①阿桂与阿里衮同为副将军,皆是乾隆帝所斥责的"豫存畏难之见"者。他们驻扎数月,备尝艰辛,反遭训斥,而傅恒初临边地,略试身手,即蒙圣上称赏,内心潜生怨望,自在情理之中。阿桂与傅恒的嫌隙,此当为主要起因。

瓯北因是京都故人,与二位均有所交,便从战争大局出发,分别给

---

① 《钦定八旗通志》卷一四四"人物志二十四·傅恒",吉林文史出版社,2002 年,第 2436 页。

他们做了许多调停解释工作,使离间者未能得逞,既维护了内部团结,又保障了战略部署的实施。数十年后,瓯北对此事仍记忆犹新。他在《五哀诗·故公相阿文成公》中写道:"明年经略至,总统王旅啴,萤语或间之,嫌疑微有端。意见稍歧互,何以济艰难。余以旧属吏,委曲寓转圜。事既切同舟,结须解连环。敢抚桓伊筝,聊破弥远钻。以兹用意密,知我心力殚。"①事情虽小,却事关大局。那些借机生事之徒,无非是想利用主将不和,扬此抑彼,投靠一方,以作将来谋出路之计。而瓯北则不然,他是从战争全局出发,消除主将之间感情的裂痕,认为只有风雨同舟,才能共济时艰,器量是那么宏远,用意是那么善良。

四 复回镇安

到了农历五月间,朝廷降旨,令在滇从军的邻省官员各归本任。43岁的瓯北,遂辞别傅恒等人,自腾越启程,返回镇安。他在《奉命回粤途次口占》(之二)诗中写道:"归程遥指粤西天,竹马重烦夹道边。昔到曾怜悬磬室,再来忍敛拔钉钱。单车按部惟携鹤,一堡催耕有叱犍。韬略生平原未读,勉为循吏报恩偏。"②瓯北在路途跋涉五十余天,经点苍山(在今云南大理西)下,过安宁州(今属云南)全路南(今属云南)抵广南(今属云南)入土富州,至农历六月三十日,回到镇安。当地百姓见瓯北回任本郡,无不争先恐后地欢迎。

瓯北一到镇安,便"燃烛案前披讼牒,洗尘杯下脱征衣"③,忙于处理日常政务,并很快发现,在他离任从军期间,官吏通同作弊、坑害百姓一事。天保县令姜某与代理知府金某共同谋划,借口"民间田土无所凭,故易讼。宜按田给照,以息争端"④,想借机聚敛钱财。当时,尚未秋收,百姓没钱上缴。因而,他们先令各地甲目将田地登记入册,想在秋收后

---

① 赵翼:《瓯北集》卷四〇,《赵翼全集》第六册,凤凰出版社,2009年,第795页。
② 赵翼:《瓯北集》卷一五,《赵翼全集》第五册,凤凰出版社,2009年,第252页。
③ 赵翼:《回镇安官舍》之二,《瓯北集》卷一六,同上书,第256页。
④ 赵翼:《檐曝杂记》卷三"镇安仓谷田照二事",中华书局,1982年,第60页。

将钱敛取,没想到知府大人竟提前返回。瓯北访知此事,从全其脸面出发,劝他们趁早罢手,收回成命,以防胥吏"借以需索",酿成民怨。金、姜虽然勉强应承,但眼看到手的万余金却付诸东流,岂能不对瓯北恨之入骨?

百姓见知府免掉此项钱款,个个感恩戴德。每当瓯北出行,"各村民辄来舁舆至其村,巡历而过,又送一村,其村亦如之,父老妇稚夹道膜拜,日不过行三十里。至宿处,土锉瓦盆、鸡豚酒醴,各有所献,不烦县令供顿也"①。目睹此景,他高兴地写道:"所欣民意安吾拙,相爱浑如鸟入怀。"②

到了冬季收仓谷时,他又严禁各种胲剥百姓之旧规。按照惯例,常平仓稻谷往往用于备饥荒,百姓借支则春借秋还。镇安风习,稻谷连穗入仓,并不脱粒。因而,用不着斗量,用大筐称即可。以往,百姓借常平仓粮食,官府连筐给五十斤,除去筐重五斤,而借粮者实际仅得四十五斤。而到还稻谷时,就不同了,五十斤之外尚须另加筐五斤,息谷五斤,损耗五斤,实为六十五斤。一进一出,百姓每筐则损失二十斤。其实,还远不止此。奸吏在称稻谷时,还乘机"施其猾",暗做手脚,"持衡高下总在手,手握锤绳紧不撒。求益岂但卖菜争,贪多直欲助苗揠。……可怜穷黎不敢言,张目熟视讵真瞎"。瓯北身为知府,"忍睹民膏尽被刮"?然而,此等恶习,相沿已久,究竟怎样革去?"下令禁之未必止,按法诛之不胜杀",都未必能奏效。而且,此地天高皇帝远,官府动不动就施以高压,致使"边民怕官鱼见獭",故而,明知被敲诈勒索,也敢怒不敢言。

面对此情,瓯北决心找个机会,搬掉这块压在百姓身上的顽石,"且纡耕农釜声戛"。不久,便着手处理此事,"平准听民自权度",使"奸胥在旁眼空黠"。③ 在这前一年,广西奉命代云南边境驻军购万匹战马,地方财力匮乏,无力承担,便转嫁于百姓,收谷时改用特制的盛一百二十斤大筐。百姓不胜其苦,无处诉说。而目下购马之事已过去,按照以往惯例收谷即可。然而,"墨吏意殊不足",还想额外索取,但没敢动手。

---

① 赵翼:《檐曝杂记》卷三"镇安仓谷田照二事",中华书局,1982年,第60页。
② 赵翼:《土俗》,《瓯北集》卷一六,《赵翼全集》第五册,凤凰出版社,2009年,第261页。
③ 赵翼:《秤谷叹》,《瓯北集》卷一六,同上书,第259—260页。

恰府仓当收社谷,瓯北即令吏役在称六十斤的地方凿一小孔,将秤锤固定在孔下,使任何人没法移动,听凭百姓自己去称。那些挑两筐来的百姓,剩一筐归去,心里非常高兴,纷纷跑到城内外酒馆小饮,举杯庆贺。用不几天,稻谷全部收齐。后来,瓯北以事去南宁,归顺州牧仍坚持以百二十斤大筐收稻谷。州民陈恂等不服,赶至南宁向瓯北告发。瓯北立即差人将管仓吏役荷校示众。自此,各地胥吏再不敢胡作非为。

另外,镇安当时以虎多为患,有人晚间夜起,时常为虎所伤,故有"夜无盗贼虎巡街"之说。瓯北遂下令捕虎,猎取"一虎许偿五十千"①。亦曾招募湖南猎户前来捕虎,以保障当地百姓的安全。

瓯北此次从云南边境归来,越发体会到和平安定的环境对百姓生活的重要。镇安所辖归顺州,与安南接壤,他担心因百姓间小小摩擦而引发两国之争,搅乱当地人们的正常生活。故而,曾通过正常的外交途径,下书安南地方官,亲来边地,双方勘定地界,并立下文约,共同遵守。他深知作为一个边地地方官肩上所承荷的重量,在诗中写道:"国计宜柔远,边臣重守疆。古来忧厝火,多起衅争桑。虎落新分界,羝籓谨立防。销萌无迹处,庶以固金汤。"②在他看来,边境隐患应及时消除,待酿成大祸,再出兵征讨,对双方均不利,直接受害的更是当地百姓。他热爱这块土地,更想把这里装点得更美好。在归顺州,他告诫州牧汤存方应多种树,使龙潭更美。平江道中,他为此地"山牛多似虱,沙鹭立如人"③的和谐自然环境而兴奋。还经常简装出行,每当看到百姓各安其业,"牛稳可骑童按笛,蚕眠欲起女提筐"④的情景,就按捺不住内心的激动。百姓们也"共知太守无鞭扑,结队来看满路旁"⑤。瓯北来镇安三年,"以事赴省凡四次,又从军滇中两阅岁"⑥,能取得如此政绩,的确不易。

---

① 赵翼:《檐曝杂记》卷三"镇安多虎",中华书局,1982年,第46页。
② 赵翼:《偕汉卡橃安南官勘地》之二,《瓯北集》卷一六,《赵翼全集》第五册,凤凰出版社,2009年,第263页。
③ 赵翼:《平江道中》,《瓯北集》卷一六,同上书,第266页。
④ 赵翼:《山行》,《瓯北集》卷一六,同上书,第265—266页。
⑤ 同上书,第266页。
⑥ 赵翼:《贵县途次奉旨调守广州感恩志遇兼寄别镇安士民》(之二)诗自注,《瓯北集》卷一六,同上书,第267页。

百姓的拥戴,使瓯北受到很大激励,也增强了做循吏的自信心。他曾在《贵县途次奉旨调守广州感恩志遇兼寄别镇安士民》(之三)诗中这样流露当时的心情:"镇安虽僻自堪豪,最喜萧闲似马曹。片檄下时诸部肃,万山深处一官高。草亭置酒留宾醉,花阁抄诗课吏劳。此福难消应准折,从今判牍夜焚膏。"①在他看来,镇安地虽偏远,但是,在实施政治理想、采取大的举措时,掣肘者较少,多由自己裁决。从这个角度来说,为官于此,最能体现个人的价值。

后来,瓯北因赴省途中被调走,未能与百姓当面话别。百姓为弥补这一缺憾,在赵翼之妾蒋氏"巾车出城"时,"街民千百家无不设香案于门跪送"②。稍后,其族孙鹤冲再离镇安,百姓又如常相送,借以表达对贤太守的敬慕之情。直至瓯北来广州上任六个月之后,镇安州民陈恂等七十多人,竟长途奔波四千余里,亲来送万民衣伞。百姓的深情厚谊,使瓯北大为感动,直至晚年,"每数平日宦途,辄念镇安不置"③。

---

① 赵翼:《瓯北集》卷一六,《赵翼全集》第五册,凤凰出版社,2009年,第267页。
② 佚名编:《瓯北先生年谱》,赵兴勤、蒋宸、赵韡编:《赵翼研究资料汇编》下册,台湾花木兰文化出版社,2013年,第452页。
③ 同上。

第三章　由广州"善地"而移官贵西"贫署"

瓯北在镇安知府任上,虽说频繁外出,"以事赴省凡四次,又从军滇中两阅岁"①,但对此地的风俗民情总算已比较熟悉,且采取了一些剔除弊政、有利于百姓的果断举措,在具体事件处理中增长了才干,开阔了视野,正所谓"吏事渐增新学问,诗情兼谱野歌谣"②。当他正欲大展身手、施惠一方之时,情况又发生了变化。乾隆三十五年(1770)三月,已是44岁的瓯北,又奉旨调任广州知府。

一　以特恩出守广州

在此之前,曾发生这样一件事:两广总督李侍尧来广西南宁,对左江道员宋淇源说:"广州府缺出,广东知府内无可调者,欲向广西选调。而广西各府亦少能事者,惟镇安赵守可胜任。"意思是想让宋将消息透露给瓯北,料定瓯北必前来恳求,借机可将其笼络。宋淇源熟谙官场机窍,马上找到瓯北,说道:"李公意已欲调君,但须君进见一面恳耳。"但在瓯北看来,恩出私门,则会束缚自己手脚,不利于施惠政于民,何况李侍尧贪黩之名早有耳闻呢?于是,他婉言谢绝道:"镇安,天子所授也。广州虽善地,而由制府奏调,则出制府之力。吾辈作吏,受上司特奏恩,

---

① 赵翼:《贵县途次奉旨调守广州感恩志遇兼寄别镇安士民》(之二)诗自注,《瓯北集》卷一六,《赵翼全集》第五册,凤凰出版社,2009年,第267页。
② 赵翼:《随周山茨观察赴桂林有作》之二,《瓯北集》卷一六,同上书,第259页。

将何以自行其志乎?"①宋淇源见瓯北不愿前往面恳,也只得作罢。

其实,广州知府乃是个肥缺,多少人为之梦寐以求。它与镇安相比,悬殊不啻天壤。当时的广州府,下辖南海、番禺、顺德、东莞、从化、龙门、新宁、增城、香山、新会、三水、清远、新安、花县十四县,又是省府所在地。且地濒海口,水陆交通发达,为重要商埠,可谓花团锦簇、"金山珠海"。内陆各地物产,在此聚集贸易。日本、交趾、柬埔寨、缅甸、马来西亚以及欧洲、南北美洲、太平洋诸岛的客商,也纷纷云集此地,进行商贸活动。对于这样一个遍地是黄金的处所,瓯北偏偏不愿往,自然令李侍尧大为不快。李侍尧见瓯北"无私请",欲另推荐梧州守吴九龄。然而,当李侍尧奏章到达朝廷时,乾隆帝已先下旨将赵瓯北特调为广州知府。那时,瓯北恰在桂林。道员宋淇源对他感叹道:"君命中合守广州。然求而得与不求而得何啻霄壤!"②对瓯北的卓然自立十分推服,自叹不及。

瓯北因"途次闻新命",来不及向镇安士民告别,即从桂林出发,踏上通往广州的路程。一路上,他想了很多。按照瓯北本来意愿,他很想在镇安这块穷僻之地多干出点政绩,所谓"本拟成围看老柳,愧无遗荫托甘棠"③,便是他当时心境的反映。在瓯北想来,自己虽身处百里之外,但皇上仍挂怀不忘,且降特旨,委以重任,令他到"岭外雄繁第一区"供职,能获此"殊荣"者毕竟为数不多。所以,尽管是平级调动,他内心却仍感到十分满足,"莫笑头衔仍未换,官叨特简此荣殊"④。同时,瓯北又深知,广州是繁华福地,"珠江十里胭脂水,流尽繁华是广州"⑤。处在如此环境下,若不能很好地把握自己,而为灯红酒绿、珠光宝气所困扰,又极易使人堕落。故而,他一再告诫自己:"地当都会多盘错,身处脂膏

---

① 佚名编:《瓯北先生年谱》,赵兴勤、蒋宸、赵韡编:《赵翼研究资料汇编》下册,台湾花木兰文化出版社,2013年,第452页。
② 同上。
③ 赵翼:《贵县途次奉旨调守广州感恩志遇兼寄别镇安士民》之二,《瓯北集》卷一六,《赵翼全集》第五册,凤凰出版社,2009年,第267页。
④ 赵翼:《贵县途次奉旨调守广州感恩志遇兼寄别镇安士民》之一,《瓯北集》卷一六,同上书,第267页。
⑤ 赵翼:《近忆宦游陈迹杂记以诗》之十七,《瓯北集》卷四八,《赵翼全集》第六册,凤凰出版社,2009年,第984页。

要洁清"①,何况这里"大官压满头,闲汉养千指"②?再说,他曾数次触犯总督李侍尧,此一去在他眼皮底下做官,前景究竟如何,也难以预料。但他坚信,只要自己一身清白,便能化险为夷,立于不败之地。

瓯北初至广州,先浏览镇海楼、光孝寺等名胜,面对古迹,抚今追昔,浮想联翩。当年刘䶮在此自称大汉国王,"广聚南海珠玑,西通黔蜀,得其珍玩,穷奢极侈","末年起玉堂珠殿,饰以金碧翠羽。岭北行商或至其国,皆召而示之,夸其壮丽"。且"好行苛虐,至有炮烙、刳剔、截舌、灌鼻之刑,一方之民,如居炉炭"③,终因骄奢暴虐导致国破家亡。令瓯北遗憾的是,在这雄镇一方的大都会里,至今"旧俗尚沿刘䶮侈"。如此积年风习,若一下革除,又谈何容易? 至于广州市场,更是琳琅满目,处处显示出豪奢气象,"凡百瑰玮负奇质,咸不胫走来羊城","不惟其产惟其聚,奇彩耀市目欲瞠"。这里仅工艺品就有氍纹古贝、盘金绣毡、蹴花文锦、猩红罽、椰瓢酒具、孔雀屏风、龙须席、玻璃镜以及象牙制品等。海外来的自鸣钟"机括测景针自指,橐籥按刻钟辄鸣",④更称一绝,还有白琥珀、紫水晶、珊瑚树、琼州沉香、伽南香等稀世珍品。至于美玉玛瑙,更不胜枚举。金刚钻、猫儿眼、祖母绿、碧霞玺等世间宝物,也陈列于店铺,即使"重或数铢大径寸"的珍珠,同样时常可见。其间不少珍宝,大都为拥有巨赀的达官贵吏所攫取。对此,瓯北自是了然于心。他在《南珍》一诗中写道:

> 为问粤中各官吏,其家岂必皆郑程。朝廷制禄有定额,何以宦橐多奇赢?伊余一双书生眼,乍睹不觉适适惊。肠饥未踏羊蹄菜,指动忍染鼋鼎羹。竭民脂膏饱嗜好,不有人祸将天刑。吴隐酌泉表素节,包老投砚垂徽声。云烟过眼付一笑,萧然气味含孤清。⑤

在这里,瓯北以犀利的目光,透过繁华市井的表象,看到了官场腐败的

---

① 赵翼:《贵县途次奉旨调守广州感恩志遇兼寄别镇安士民》之四,《瓯北集》卷一六,《赵翼全集》第五册,凤凰出版社,2009年,第268页。
② 赵翼:《次韵答心馀见寄》,《瓯北集》卷一七,同上书,第282页。
③ 《旧五代史》卷一三五《刘陟传》,《二十五史》第六册,上海古籍出版社、上海书店,1986年,第5049页。
④ 赵翼:《南珍》,《瓯北集》卷一六,《赵翼全集》第五册,凤凰出版社,2009年,第270页。
⑤ 赵翼:《瓯北集》卷一六,同上书,第271页。

隐患,且隐约提出了一个如何肃清吏治的严肃问题。在他看来,清查贪污劣行,不妨追查浮财来源。为官者不一定都出身于大富豪,朝廷俸禄有限额,那么"宦囊奇赢"由何而来,岂不昭然若揭？瓯北在揭露官场黑暗的同时,又再次告诫自己,要始终保持操守,维护人格的完美,像包拯等清官那样严拒腐蚀,为政廉明。在任何情况下,决不能屈节于金钱的利诱,而应出淤泥而不染。他深知,广州是广东的首府,既为广东巡抚所辖,又受两广总督制约。广州知府领有十四个县,相对于广东巡抚辖下的韶州、南雄、高州、雷州等其他州府而言,显得地尊位崇、权高势重。然而,出任首府,与各类官衙利益交关,动辄则会受督、抚两级长官掣肘,则不能不小心翼翼。他在《七十自述》(之十四)中说:"量移东粤理繁艰,首郡叨尘领袖班。谬忝作兄诸弟上,颇难为妇两姑间。"①所反映的恰是这一现实。

瓯北来广州不久,即将老母丁老夫人、弟汝霖、弟妇杭氏以及夫人高氏等接来同住,府里还请来"梨园两部"以庆贺,可谓是瓯北生平第一次"豪举"。府衙本来有"梨园一部",称红雪班。瓯北初临此地,为节省开支,遂撤去戏班,使府衙"冷如隔巷教官衙"②。瓯北身为知府,却严于自律,日常饮食也不过三菜一汤。曾自述:"在广时,刻无宁晷,未尝一日享华腴也。召梨园宴客,亦多命僚友代作主,而自向讼堂讯囚。每食仍不过鲑菜三碟,羹一碗而已。"③尽管如此,瓯北仍感到自己好像成了一个"大豪富",唯恐担当不起,是如此勤于政务,廉洁奉公。

瓯北因是奉特旨来广州,总督李侍尧对他也比较看重。巡抚德保,本来是京师故人,凡遇须决断之事,也倾心委任。广州乃省府所在地,官衙林立,应酬冗杂,远比不上镇安"萧闲"。鉴于此,瓯北处事更为谨慎,每日坐堂理讼,最起码要审八件案子,哪怕至深夜也难得休息。

瓯北出任广州知府不久,便遇到一件棘手的案件。番禺"以海盗为业"的陈详胜等,与海口巡逻的汛兵发生冲突。总督府得知此情,迅速上奏,并责令府衙门立即缉拿,结果捕得一百零八人。按照清朝法律,

---

① 赵翼:《瓯北集》卷三八,《赵翼全集》第六册,凤凰出版社,2009年,第722页。
② 赵翼:《戏书》之一,《瓯北集》卷一七,《赵翼全集》第五册,凤凰出版社,2009年,第284页。
③ 赵翼:《檐曝杂记》卷四"仕途丰啬顿异",中华书局,1982年,第71页。

凡江洋大盗,不分首从,一律斩首。若照此而论,百余人皆当处死。瓯北既不敢违法判案,又不忍眼看那么多人丧生于刀剑之下。于是,他细细分析案情,区别对待,将那些"未有杀人案则情稍轻"者,分为"惧而未敢从者"、"患病伏于舱者"、"被诱作伙夫炊饭者"①等几类,作流放处理,斩三十八人。而在以前,巡抚李湖在查处同类案件时,却一次杀三百余人。尽管如此,瓯北仍心有不忍,在《决囚叹》中写道:"可怜三十八少年,惨似鸡豚受刲脬。其余遣戍燉煌西,魂魄万古委沙漠。……独惭古昔有循吏,使民卖刀务耕凿。我今但快骈戮多,毋乃不教而杀谓之虐!"②对此深深自谴,心潮难平。

同时,瓯北对农民生活现状也时而考察。他深知,农民最关心的是土地问题,故时常亲临田间了解民情。曾在《雨后出城看耕》一诗中写道:"珠江弥望雨连畦,最喜郊原竞把犁。太守来随青箬笠,小儿争唱《白铜鞮》。人冲溽暑多泅浪,禾耐寒潮不筑堤。俗杀素馨斜畔路,卖花担满踏香泥。"③赵瓯北作为一个封建地主阶级的官吏,心中能想着百姓,并在大雨过后,亲自到田间催促百姓耕种,的确有与民共忧乐的襟怀,与那些整日沉溺于金钱酒色的尸位素餐者相比,何啻云泥天壤。

二 移官贵西

乾隆三十六年(1771)辛卯四月,广州知府赵瓯北,奉旨升任贵州分巡贵西兵备道,由从四品擢为正四品。清代的道员,以其名称的不同,"各掌分守、分巡及河粮盐茶,或兼水利驿传,或兼关务屯田,并佐藩臬核官吏、课农桑、兴贤能、励风俗、简军实、固封守,以帅所属而廉察其政治"④。兵备道之称,沿自明,本为以文官而协理总兵之军务。至清,凡

---

① 赵翼:《檐曝杂记》卷四"茭塘海盗",中华书局,1982年,第64页。
② 赵翼:《瓯北集》卷一六,《赵翼全集》第五册,凤凰出版社,2009年,第272—273页。
③ 同上书,第272页。
④ 《清史稿》卷一一六《职官志三》,《二十五史》第十一册,上海古籍出版社、上海书店,1986年,第9238页。

重要区域之道员多加此名。按照清代惯例,对官吏的考核,三年一次,即所谓大计。而后,根据考核成绩的优劣再决定其升黜。而瓯北在广州知府任,首尾不过一年多,便蒙奏升转。事后,他曾在《追忆宦游陈迹杂记以诗》(之十九)中追述道:"陆跨征鞍水泛船,邮签又到夜郎天。建牙不是投荒客,天要黔诗补谪仙。"①虽说自称非"投荒客",却将此行与"李白流夜郎"(见该诗"自注")相比拟。可知,他对这一"在远尚蒙亲简擢"的"特迁"殊荣,并未表现出多少热情,即使对有意"荐贤"的总督李侍尧,也仅仅答以淡淡数语。当年他出守与安南接壤的镇安,还曾为"万山丛中一官高"而自豪。而今,前往基本上属于内地的贵州任职,却以亲老地僻婉辞。这种种迹象表明,其中似有难言之隐。

　　此次荐举、升擢,是真因瓯北政绩显著,使得总督李侍尧大为垂青,"入觐推贤政事堂,贱名书在最先行"②,还是当道大僚另有图谋? 更何况竭力推荐他的这位两广总督,恰又是他经常顶撞的封疆大吏? 这一切,使得瓯北顿生疑云,踌躇不已,一时成了令他捉摸不透的难解之谜。他在诗中称,"遗爱惭无《五袴》歌"③,恐不仅仅是自谦。缘供职时间短暂,瓯北对广州的情况刚刚熟悉,要想做出大的政绩,是不大可能的。再说,他以一文士、诗人而出镇这一国际通商口岸,有些力不从心,正如其所自称:"刑名我本愧专家。"④文弱书生周旋于"大官压满头,闲汉养千指"⑤的复杂环境之中,的确不大适应,难怪他早出晚归,尽心尽力,但巡抚德保仍以"曾怜词客才非吏"⑥作评判,其中恰透露出个中的隐秘。"词客才非吏"虽出自德保之口,却很可能折射出李侍尧的真实看法。李侍尧素以贪黩著称,他所需要的"吏才",不一定是忠于职守,擅长理事,而是巧于应酬弥缝,善承上司意旨,为其攫取钱财珠宝大开方便之门的谄佞机巧。

---

① 赵翼:《瓯北集》卷四八,《赵翼全集》第六册,凤凰出版社,2009年,第984页。
② 赵翼:《用德中丞韵奉别制府李公》之二,《瓯北集》卷一七,《赵翼全集》第五册,凤凰出版社,2009年,第293页。
③ 赵翼:《擢授贵西兵备道纪恩述怀六首》之一,《瓯北集》卷一七,同上书,第286页。
④ 赵翼:《中丞德公枉诗赠行敬次原韵志别》之一,《瓯北集》卷一七,同上书,第287页。
⑤ 赵翼:《次韵答心馀见寄》,《瓯北集》卷一七,同上书,第282页。
⑥ 赵翼:《中丞德公枉诗赠行敬次原韵志别》之三,《瓯北集》卷一七,同上书,第287页。

瓯北为官清正，性格耿介，自然不愿做此等蝇营狗苟之事。当年，他与"地望尊崇总百台"的重臣傅恒交往，则出自傅公之"爱才"，后来出任广州知府，是出自特恩。而今，缘李侍尧荐，升擢贵州兵备道，他仍称："私室拜恩吾岂敢，祗应砥节报深知。"不俯仰随人，不谢恩于私门，保持个人道德的完美，成了他的一贯追求。巡抚德保，乃大学士观保之从弟。辛巳会试，瓯北出观保门下。如此一来，他与德保间又多了一层"本是公家弟子行"的情谊。癸未（乾隆二十八年，即1763年）分校礼闱，德保为总裁，瓯北是同考官，是上下级关系。瓯北来广州任知府，德保又是其顶头上司。由旧日相熟之故，相见不拘礼数，时相过从，关系投合，"酒后谈诗挥玉麈，花间按乐炙银簧"①。德保对于这一才学之士，自然也乐于提携，所谈多推心置腹之语。而瓯北在他面前的谈吐，也无所顾忌，径称此次升擢为"客孤迁"。在留别德保的诗中说："簿书吾敢居人后，器识公能相士先。下濑人遥书数寄，上泷船险客孤迁。"②"迁"，意为徙官。但一与"客"相连，便往往含有贬谪之意。如李白《与史郎中饮听黄鹤楼上吹笛》："一为迁客去长沙，西望长安不见家"，即是此例。显然，他视此次转官为明升暗降，内心并不以此次"特迁"为荣。

首先，瓯北在《擢授贵西兵备道纪恩述怀六首》（之五）中称："好从巴峡通巫峡，何用连州易播州。"③显然袭用了杜甫"即从巴峡穿巫峡，便下襄阳向洛阳"的表达句式，但又暗用唐代刘禹锡于"永贞革新"失败后横遭贬谪继而辗转流徙连州、朗州、夔州等偏远地区之事。禹锡初贬播州，柳宗元以刘有老母在堂，请以柳州换而自往播，当道遂将禹锡改贬连州。事见《唐才子传》诸书。作者用此典故，显然有黯然自伤之况味。其次，瓯北蒙李侍尧举荐，得以升官，在将膺重任之际，却称："臣本布衣无远志，士如画饼岂充饥？殷勤夹袋亲题目，惭愧囊锥渐秃时。"④一向对功名比较热衷的瓯北，反视之如画饼，表现得十分冷淡。这与他赴任

---

① 赵翼：《中丞德公枉诗赠行敬次原韵志别》之二，《瓯北集》卷一七，《赵翼全集》第五册，凤凰出版社，2009年，第287页。
② 赵翼：《中丞德公枉诗赠行敬次原韵志别》之四，《瓯北集》卷一七，同上书，第288页。
③ 赵翼：《瓯北集》卷一七，同上书，第287页。
④ 赵翼：《擢授贵西兵备道纪恩述怀六首》之二，《瓯北集》卷一七，同上书，第286页。

镇安时所唱"敢以身微忘恋阙,或凭政最更登朝"①相比,则消沉许多。这固然与他"平生性不因人热"②的倔强个性有关,但除此之外,还似乎隐含有前程难测、急流勇退之意。其三,瓯北既然似对侍尧的"入觐推贤政事堂,贱名书在最先行"感念不已,称道李胸襟开阔,"不嫌论事千回渎","待我情深未有涯",就理应毅然赴任,尽职尽守,开创业绩,以答所知,何以"才得除书匝月间,又从公欲乞身还"?③ 仅仅用"自因亲舍皤双鬓"来解释,显然是难以自圆其说的。在封建时代里,士大夫阶层人物当遇到忠与孝发生冲突时,往往是舍孝而从忠。按照当时的伦理标准,尽忠即是大孝,何况瓯北并非独子,其弟汝霖亦可尽为子之责?倘若真是为赡养老母而辞官,又何必等到"得除书匝月间"才提出?这又令人费解。其四,瓯北尽管"一年宦迹落繁华"④,但"广州称善地,未敢为身谋"⑤,却能做到一尘不染,洁身自好,并以"冰雪沁心无幻火,云烟过眼总空花"⑥来表白自己的身处污泥而不染,说明他为官还是忠于职守、不谋私利的,只是在处理政务上有些经验不足。他对自己这次骤然被调出,显然是难以接受的。其五,瓯北自然明白,在前些时云南边境屡屡发生的战事中,贵西一带"频年忙为大军过"⑦,仅各种军需粮饷的支付,百姓已不堪其苦,人人都盼望能过上安定和平的日子。而今,让自己这个经验不足的官吏,去收拾这一残局,恐难以应付。既然辞官不准,那就对那些朴厚诚实的苗民及其他当地百姓,多加关心、抚慰,尽心尽力,不务虚名,留"循声入咏歌"⑧。

六首诗仅后一首稍见激情。瓯北可能是在思忖再三之后,才提出辞官请求的。如此看来,李侍尧奏请朝廷,令赵翼升转外省,实有抛包袱、搬石头之意,并非真出自"爱才"。作为官场老手,他自然明白,像瓯

---

① 赵翼:《奉命出守镇安岁杪出都便道归省途次纪恩感遇之作》之三,《瓯北集》卷一三,《赵翼全集》第五册,凤凰出版社,2009 年,第 203 页。
② 赵翼:《戏咏火判官》之四,《瓯北集》卷一一,同上书,第 174 页。
③ 赵翼:《用德中丞韵奉别制府李公》,《瓯北集》卷一七,同上书,第 293—294 页。
④ 赵翼:《擢授贵西兵备道纪恩述怀六首》之四,《瓯北集》卷一七,同上书,第 287 页。
⑤ 赵翼:《三水送舍弟奉太恭人北归》之二,《瓯北集》卷一八,同上书,第 297 页。
⑥ 赵翼:《擢授贵西兵备道纪恩述怀六首》之四,《瓯北集》卷一七,同上书,第 287 页。
⑦ 赵翼:《擢授贵西兵备道纪恩述怀六首》之六,《瓯北集》卷一七,同上书,第 287 页。
⑧ 同上。

北这样的耿介迂腐之士,不仅不可能成为心腹,而且为官于眼皮底下还碍手碍脚。他采取这种方式将瓯北调出,既对朝廷有了交代,同时,也可能使得赵瓯北满意离去,落得个眼前清静。正所谓罗而不致索性挤而出之,这恰是李侍尧的"高明"之处。

三　整顿铅厂与去官归里

农历八月间,瓯北辞别广州故旧,携家由珠江乘船溯流而上,至佛山附近的三水,始与家人分手。临别之际,老母丁太恭人,握着瓯北的手,眼含泪花,一再叮嘱儿子:寒门子弟,官至四品,应该知足,为官廉洁才是远大之谋。瓯北坚定地向老母表示:"养亲须洗腆,教子莫闻咻。不用规知足,将归奉白头。"①"洗腆",语出《书·酒诰》,是说孝养父母,应亲自洗涤器具,奉上丰盛的酒食,善待老人。由本诗可知,瓯北尚未赴贵州兵备之任,已流露出归隐之意。

当时,正值滇军奉命调往四川、征讨小金川武装叛乱之际,瓯北来到贵阳,谒见巡抚李湖后,便匆匆返威宁筹集军需夫马及过兵给养之事。一路上,他感慨甚多,在诗中写道:"天许游踪遍八荒,一年辄易一殊方。滇云粤峤都行遍,又记邮签到夜郎。"并自注云:"出守镇安未一年,赴滇从军。在滇年余,回镇安,甫九月,调广州。在广一年,今又入黔。每一年辄易一地也。"②其间包含着多少苦辣酸辛。

据瓯北《檐曝杂记》卷四"仕途丰啬顿异"载,贵西兵备道廨署,建在贵州最西部的"威宁万山巅。冬月极寒,下凌经月不止,弥望皆冰雪。自书吏、差役、门子、轿伞夫,皆仰食于官,否则无人执役矣。书吏行文书,每日纸几番、封几函,俱列单向官请给,天下无此贫署也"③。与广州

---

① 赵翼:《三水送舍弟奉太恭人北归》之二,《瓯北集》卷一八,《赵翼全集》第五册,凤凰出版社,2009年,第297页。
② 赵翼:《十月朔日抵贵阳闻官兵自滇入蜀路经威宁余未及受代即赴宁料理过兵途次杂咏》之一,《瓯北集》卷一八,同上书,第301页。
③ 赵翼:《檐曝杂记》卷四"仕途丰啬顿异",中华书局,1982年,第71页。

衙署情况形成巨大反差。威宁地处冲要,为川、滇、黔三省交界处,且是苗、仡佬等多个民族杂居之地。在这军务紧急的非常之时,瓯北到任先抚慰百姓,安定民心,"下车抚字应先务,未暇威行吏六条"①,以保障平叛官军的顺利通过。

瓯北尽管早就有辞官归里之想,然而,"每到当前愿辄违"②。到任未久,上司又将管理铅厂的重任交给了他。古时铸铜钱亦用铅。"(康熙)二十三年定铸钱之齐以铜六铅四,盖铜性燥烈,必和以铅。唐宋以来皆用之。"③清初,铸钱之铅"由各关兼办",康熙间则"发商办解"。后因"黔铅日旺",故"令贵州岁办额铅"。起初,京师铸钱所用铅达360余万斤,"而黔厂所出,实不止此数"。④ 因此,其后发解黑、白铅的额度大为增加。因黑、白二铅,关系到国家经济命脉,所以必须加强对铅厂的管理。

清初,贵州威宁玛姑(一作妈姑)柞子厂、水城⑤福集厂产黑、白铅,开采后,每年须输送八百余万斤往京城宝泉局或各省钱局,以供铸钱用。这玛姑、福集二厂,原由贵州粮道兼管。然而,大小官吏,渔利其中,分赃不均,互相倾轧。乾隆三十四年(1769),贵州代理巡抚良卿,上疏弹劾威宁知州刘标运铅不足额,且剋扣工本运费,并劾贵州粮道永泰,恳请朝廷派大臣审理。乾隆帝派内阁学士富察善来贵州,会同良卿一起审理此案。不料,在审理中,永泰却称,刘标亏空甚多,是由于良卿及按察使高积横加勒索所致。如此一来,刘标及良卿均先后被撤职。后来,刑部侍郎钱维城、湖广总督吴达善奉命复审此案,查得刘标积年亏库银二十四万余两。普安百姓吴俾也买通驿吏,上书朝廷,揭发"官吏、土目私派累民"⑥,使这一贪污团伙终于暴露。良卿百计弥缝而不得,被就地正法。其他如前任巡抚方世儁、按察使高积、粮道永泰、知州

---

① 赵翼:《官斋》之一,《瓯北集》卷一八,《赵翼全集》第五册,凤凰出版社,2009年,第304页。
② 赵翼:《题署中桃树》,《瓯北集》卷一九,同上书,第317页。
③ 王庆云:《石渠余纪》,北京古籍出版社,1985年,第206页。
④ 同上书,第222页。
⑤ 《瓯北先生年谱》作"水程",兹据《清史稿·觉罗图思德传》。
⑥ 《清史稿》卷三三九《良卿传》,《二十五史》第十二册,上海古籍出版社、上海书店,1986年,第10041页。

刘标等,均因贪污罪被惩处。此后,铅厂事由贵西兵备道就近管理。

瓯北接手此事,首先是设立条款,严肃纪律,"凡给发厂丁工价、马户运脚,旧时尅扣短发诸弊尽剔除之"①。他作为一个地方长官,深深理解下层百姓的苦衷:矿工开矿采铅,掘石分沙,吃尽苦辛;运夫翻山越岭,长途运输,车运肩扛,"途长转运艰"。而且,杀人越货者时而出没,也威胁着他们的生命安全,就更为不易。故而,他时常亲自去玛姑、福集二铅厂巡视,一旦看到矿工们各安生理,尽心尽力,内心便感到无比的欣慰。在他初接管理铅厂之事时,刘标侵吞银两一案尚未完全了结,还有八百余万斤铅在途待运。因乾隆皇帝亲自过问此案,新任贵州巡抚觉罗图思德十分着急,限本年将在途铅分送各地。瓯北令威宁知州崇士锦等官吏沿途钩稽催促。至这年的农历十月间,便全部运至四川永宁河畔。觉罗图思德对瓯北此举甚为称赏,欲为之请功。不料,就在这年冬季,出人意料的事又发生了。

他任广州知府期间,在处理番禺茭塘海盗时,不忍心一些年纪尚轻的随从者均遭杀戮,量刑较轻,使许多按律该斩的伙同劫掠少年罪犯仅以流放论处。时隔两年,别有用心者旧事重提,吏部追查瓯北责任,并将其降一级调用,奉旨送部引见。事情发生后,贵州巡抚觉罗图思德欲上奏章,留瓯北继续在贵州任职,并嘱学政孙士毅及韦谦恒、国栋等官吏婉转道其意,还亲自至瓯北在贵阳的下榻处挽留。而瓯北早有弃官归里、奉养老母之意。这次降级调用,恰为其归养提供了契机。他深知,自己已是46岁,年龄不算小,且"衰亲年已七十有五,书来望子甚殷,谕令早归,一慰倚闾望,因呈乞开府图公(按:即觉罗图思德)给假旋里,拟即为终养计"②。于是,婉言谢绝诸位的劝阻,决计北归。数年的官场生活,使他深深体会到,自己一介儒生,"勤将政补犹形拙","实无才可济苍生"③,根本不适应官场庸杂酬应,而"生平报国堪凭处,终觉文

---

① 佚名编:《瓯北先生年谱》,赵兴勤、蒋宸、赵韡编:《赵翼研究资料汇编》下册,台湾花木兰文化出版社,2013年,第453页。
② 赵翼:《瓯北集》卷二〇,《赵翼全集》第五册,凤凰出版社,2009年,第328页。
③ 赵翼:《壬辰冬仲以广州谳狱旧事吏议左迁特蒙温旨送部引见圣恩高厚盖犹不忍废弃而衰亲年已七十有五书来望子甚殷谕令早归一慰倚闾望因呈乞开府图公给假旋里拟即为终养计途中无事感恩述怀得诗十首》之五,《瓯北集》卷二〇,同上书,第329页。

章技稍长",倒不如蛰居乡里,"旧学还期传党塾,新诗闲与咏羲皇"。①

瓯北即将返乡,各级官吏纷纷为之张筵送行。在省城,觉罗图思德、韦谦恒、国笠民等官吏,还专门请来贵州城中唯一的昆腔戏班,演戏侑觞,先唱《岳阳楼》,次唱《琵琶记》。在传杯递盏之际,饱经风霜的瓯北,也禁不住潸然泪下。他所眷恋的倒不是官署的上层生活,而是难以割舍的深挚友情,"去官风味见人情"。当然,前来送行者,有的是出于诚意,有的则虚演故事。尤其是新、旧官吏交替之际的一应所为,更使他内心深处涌起一股难言的悲凉。诗人在诗中写道:"新官将到旧官凉,又见儿童竹马忙。一辈袈裟先退院,满堂袍笏递登场。刊碑政绩胥徒演,卧辙人情里老妆。莫便据为儒吏迹,妄希青史传循良。"②恰道出其当时的心境。

---

① 赵翼:《壬辰冬仲以广州谳狱旧事吏议左迁蒙温旨送部引见圣恩高厚盖犹不忍废弃而衰亲年已七十有五书来望子甚殷谕令早归一慰倚闾望因呈乞开府图公给假旋里拟即为终养计途中无事感恩述怀得诗十首》之七,《瓯北集》卷二○,《赵翼全集》第五册,凤凰出版社,2009年,第329页。
② 赵翼:《壬辰冬仲以广州谳狱旧事吏议左迁蒙温旨送部引见圣恩高厚盖犹不忍废弃而衰亲年已七十有五书来望子甚殷谕令早归一慰倚闾望因呈乞开府图公给假旋里拟即为终养计途中无事感恩述怀得诗十首》之四,《瓯北集》卷二○,同上书,第328—329页。

第四章 "幽栖十载"与"老作参军"

乾隆三十八年(1773)农历二月二十日,瓯北携眷终于回到了阔别数载的家乡。他有感于母亲已是七十六岁高龄,身体大不如以前,便遣人赴部具呈,乞居乡奉养。也就在这前后,他开始了《陔余丛考》诸书的写作。无官一身轻,由官而民这一角色的转变,使他有了更多与百姓接触的机会。大概在这年的秋季,瓯北倾囊所有,在阳湖之滨买了三十亩废地,结茅建房。这里地处旷野,濒临湖水,空气新鲜,真是"古来空说田园味,不到田园味岂真"[①]?在他眼目中,家乡到处都是诗稿,"眼前何物非新景"[②],那悠然自得、骑于牛背的牧童,那烟雾遮蔽下树林深处声声啼叫的子规,那"看戏人归谈古事,负暄叟坐述前闻"[③]的乡野风情,无不令他回味不已,诗情顿发。

一 尴尬的补官之旅

乾隆四十二年(1777),瓯北之母丁氏已是八十高龄,年老体弱,多病缠身,于农历六月间寿终正寝。奉母甚孝的瓯北,深为亡母之痛所缠绕,心绪不佳,一切庶务懒于应酬,只是"闭门谢时人,日与古人战"[④]。

---

① 赵翼:《同秋园步郊外》之一,《瓯北集》卷二二,《赵翼全集》第五册,凤凰出版社,2009年,第370页。
② 赵翼:《樗散》,《瓯北集》卷二二,同上书,第371页。
③ 赵翼:《漫兴》之三,《瓯北集》卷二二,同上书,第374—375页。
④ 赵翼:《闲居读书作》之一,《瓯北集》卷二四,同上书,第413页。

在瓯北看来,历史上那些有诗文流传后世者,在当时大都为绝代才人,他们虽说久已作古,去今已远,但形去神留。作为一介书生,若沉潜书海,博览群籍,无疑是很有价值的精神漫游。陶醉在古代典籍中,对自己内在心理也是一个很大的慰藉,绝对强似与世俗之辈杯酒盘桓。他在古籍研究中,尽管有时会遇到难题,但"虽难坚必摧","自诧力未倦",是以一般人难以具备的坚强毅力,去攻克一个又一个难关。此外,便是删改旧作。瓯北以审慎的态度判定去取,删却芜词,尽量使之趋于完美,"力欲争上游"①。他还欲凭借勤于著述,以裨补时阙,有助风教。

此后不几年,瓯北终于在马迹山这一山水清华之地安葬了父母。他已是54岁的年纪,心愿已了,却禁不住友朋的屡屡撺掇,亲人的频频敦促,决计赴京补官,正所谓"幽栖十载稳江乡,忽被锣声催上场"②。瓯北即将结束十年的隐居生涯,再次踏入仕途,老妇谋嫁、高年求官,自有许多感慨。临行前,友朋次第饯行的千般话语,家中老妻特烹鲥鱼以佐酒的殷殷情意,都像重锤一样敲击着他的心。次年赴京的路上,他坐在船中,凝视着渐去渐远的故乡,耳听柔橹轻轻的划水声,再看看船舱内箱笼上散发着墨香的封题,内心何尝平静?"纵贪野笠非高士,未忘朝簪为圣君"③、"归田几度荷垂询,此谊难安作隐沦"④,均是其当时心境的真实流露。他还担心,告别京师已廿余载,已少了年轻时节那份锐气与才情,又乏经邦济世之方略,恐难副众望。再说,"仕宦几家收局好? 声名平日在山高"⑤。政治风云,变化无端,此去前景如何,究竟难以预料。且多年江村独卧,忽然点检朝衫出山,还唯恐招致世人嗤笑。从《途次先寄京师诸故人》组诗中流露出的情绪来看,真正使他欲起而补官的潜在原因,恐怕还是生计问题。随着家口日多,家计日拙,仅凭几年积攒的仕宦俸禄,已难以维持举家之生活,正所谓"少时虽贫食指少,升斗便可数命延。如今家累且十倍,谋生更比贫

---

① 赵翼:《书怀》之三,《瓯北集》卷二四,《赵翼全集》第五册,凤凰出版社,2009年,第418页。
② 赵翼:《将入都留别蓉龛蓉溪秋园敬舆缄斋诸人》,《瓯北集》卷二七,《赵翼全集》第六册,凤凰出版社,2009年,第468页。
③ 赵翼:《途次先寄京师诸故人》之一,《瓯北集》卷二十七,同上书,第468页。
④ 赵翼:《途次先寄京师诸故人》之三,《瓯北集》卷二十七,同上书,第468页。
⑤ 赵翼:《途次先寄京师诸故人》之四,《瓯北集》卷二十七,同上书,第469页。

时艰"①。为举家衣食,他有时不得不靠卖地以撑持生计,并自述道:"况我作吏仅四载,铢积能得几俸钱?初归贫儿诧骤富,求田问舍方喧阗。岂知腐儒拙生计,日渐折阅将磬悬。书券遂去一百亩,免被债家子母权。"②还在另外一首诗中写道:"计拙谋生事事痴,年来渐少宦余资。百千轻掷邻空买,什一才营鬼已嗤。好友谁能囷粟赠,腐儒终仗俸钱支。此情早被人窥见,他日将毋改素丝。"③看来,生活的艰窘,是他被"锣声催上竿"的主要因素。一个家庭,倘若失去了固定的收入,又不能广开财源,生活自然很是拮据。尽管瓯北口称:"懒常闭户将终老,贫则求人稍贬尊"④,但服阕后即出游浙江,寻访旧朋新雨,说不定就与寻求谋生之道、商略出处有关。

此次赴京,他沿运河北上,经镇江、扬州、高邮、淮安、泗阳、邳州,直抵江苏、山东接壤处的台儿庄。这位每到一处必吟诗的诗坛名家,此时却似乎少了些赋诗的兴致,沿途千余里,却仅仅写了《所见》、《高邮吊毛惜惜》二首,恰恰反映了他心绪的不宁。在将到台儿庄时,两臂忽患风痹,"曲肱已碍床安卧,折臂翻如石自残"⑤,疼痛难忍,彻夜难眠,便索性"回棹成归路"。此次北上,来往月余,光置办行李一项,就花去纹银百两,"已是寒家一岁资"。⑥到家后,老妻见他归来如此迅速,开玩笑道:"而今无官而回,枉费我烹母鸡给你饯行。"瓯北听了,无可奈何地笑了笑,将朝衫卸下交老妻保管,并遣散僮仆,令各择去处。而自己,则回归生活的常态,尽管臂不能伸,如垂翅之鸟,但闲居无事,仍一如既往地翻检图书,有时扶杖东陌,催促农耕,正所谓"无俸思勤稼","非官也劝农"。⑦瓯北本想立不世之功,但事到临头,却突生变故。在他看来,这

---

① 赵翼:《苦旱》,《瓯北集》卷二二,《赵翼全集》第五册,凤凰出版社,2009 年,第 378 页。
② 赵翼:《鬻田》,《瓯北集》卷二四,同上书,第 409 页。
③ 赵翼:《途次先寄京师诸故人》之六,《瓯北集》卷二七,《赵翼全集》第六册,凤凰出版社,2009 年,第 469 页。
④ 赵翼:《浙游口占》,《瓯北集》卷二五,《赵翼全集》第五册,凤凰出版社,2009 年,第 424 页。
⑤ 赵翼:《将至台庄忽两臂顿患风痹客中无医彻夜酸痛回舟归里感成四律情见乎辞》之一,《瓯北集》卷二七,《赵翼全集》第六册,凤凰出版社,2009 年,第 470 页。
⑥ 赵翼:《将至台庄忽两臂顿患风痹客中无医彻夜酸痛回舟归里感成四律情见乎辞》之二,《瓯北集》卷二七,同上书,第 470 页。
⑦ 赵翼:《观插秧》,《瓯北集》卷二七,《赵翼全集》第六册,凤凰出版社,2009 年,第 471 页。

或许是天意。他在《养疾未愈书感》(之一)中写道:"苍生犹或期安石,圣主何曾弃浩然。自是书生贫薄命,晚途只许托林泉。"①自此打消了做官的念头,只能"看人图画到凌烟"了。

二 掌教扬州动悲吟

乾隆四十九年(1784)甲辰春初,乾隆帝开始了他的第六次南巡,农历三月初抵达扬州。在籍士绅照例前往迎驾,瓯北自然也在其列。此次扬州之行,58岁的瓯北,缘两淮鹾使全德(号惕庄)之荐,得任扬州安定书院掌教。此前,瓯北曾先后掌教于淮阳、乐仪二书院,或是因工作环境不够理想的缘故,故转而至扬州执教事。也是在这段时间内,他将家由乡下的西干里,移至常州城内濒临白云渡的顾塘桥附近(今江苏省常州市延陵西路),可谓心事已了。

瓯北新任教的安定书院,位于扬州城中的三元坊,建于康熙元年(1662),由巡盐御史胡文学创办。在扬州众多的书院中,唯安定书院与建在广储门外的梅花书院影响最大,"四方来肄业者甚多,故能文通艺之士萃于两院者极盛"②。这里造就了一大批人才,如官至大学士的梁国治、曾任刑部侍郎的谢溶生、官至内阁中书的蒋宗海、翰林编修秦黉、《四库全书》纂修官任大椿,以及稍后的著名学者段玉裁、洪亮吉、孙星衍、汪中诸人,均由此二书院肄业,可谓久负盛名。而今,谢溶生、秦黉以及翰林院编修吴以镇、盐运使沈业富均退居于扬州,还有蒋宗海、张坦、唐思、范起凤、金兆燕、吴珏、李保泰诸诗坛吟侣。瓯北与他们晨夕相从,诗作往还,欢然相处,可谓"地多耆旧应编传,社有诗篇互赏音"③。扬州又是东南重镇,山明水秀,素有"春风十里扬州路"之誉,盐商巨贾多在此聚居,也是文人荟萃之地。文人习气,兴味相投,免不了次第设

---

① 赵翼:《瓯北集》卷二七,《赵翼全集》第六册,凤凰出版社,2009年,第472页。
② 李斗:《扬州画舫录》卷三,中华书局,1960年,第66页。
③ 赵翼:《自乐仪书院移主扬州安定讲席呈在籍谢未堂司寇秦西岩观察张松坪吴涵斋两编修皆词馆前辈也》之二,《瓯北集》卷二八,《赵翼全集》第六册,凤凰出版社,2009年,第501页。

宴款待。目下之情景，与在真州乐仪书院的境况相比，自然大不相同。

身处花团锦簇的繁华之地，瓯北并未忘记都市中尚有食不果腹的下层百姓。年仅17岁的孝女游文园，幼小时曾读诗书，聪明机警，但因生活所迫，却不得不"以测字养亲"，"亲老鲜兄弟，借此养衰疾。街头字一个，堂上米一溢"。将测字作为养亲、谋生的唯一手段，是何等可悲。他在《游孝女测字养亲诗》中慨叹："扬州销金窝，动掷千万锱。厨有臭酒肉，途有坠钿舄。何不涓滴分，悯此婵媛质。免使傍路尘，含羞对罂瓺。"①扬州的富商巨贾、权贵士绅，为迎接圣驾穷尽财力，装点景物，一掷百万，为何对下层人们的生活却视而不见、如此悭吝？瓯北借讲述游孝女遭际，表露出对穷苦百姓饥寒交迫生活的同情。

六月初，由于运河水渐趋干涸，常州到苏州的水路已断，船只无法行驶，致使苏州米价骤涨。江苏地方官目睹此状，便下令苏州：有米之家，减价平粜。常州守令闻知此事，也仿照执行，他却并不知道，自镇江到常州的水路尚可通航，正可以用高价吸引米船。若趁机将米买下，储备起来，尽管价格高些，但过些时，百姓还不至于挨饿。自常州府下令减价平粜米之后，当地一些粮商，纷纷将米运往镇江销售，米船不敢在常州停泊。

瓯北由扬州回故里，发现这一情况后，随即去府衙告知。夏知府派人打探，情况果如所言，匆即收回成命。于是，市场上米价大涨，每升卖到二十六七文。当地百姓不明就里，纷纷传言：赵翼一句话，使我们吃了贵米。他们一下聚集了数百人，跑到瓯北家闹事，并抢去许多东西。瓯北恐儿子遭暗算，便带他们兄弟几人去扬州暂住。按照当时刑律，在城内聚众抢劫，罪当置重辟。而瓯北却认为，他们不了解内情，聚众闹事，情有可原，不应施以重刑，略加惩罚即可。他将此意转告地方官，使闹事百姓免遭灾难。此后不久，河水果然干涸，即使高价收购，米也无法运来。不久，常州米价一下涨至每升五十文，而且还十分难买。至此，人们才佩服瓯北有远见。倘若米刚贵时，官府不下减价平粜的指令，来常州的米船自然多，人们储存的粮食当会充裕，绝不致出现大米

---

① 赵翼：《瓯北集》卷二九，《赵翼全集》第六册，凤凰出版社，2009年，第514页。

价格高昂而又奇缺的局面。这件事情虽然过去,风波业已平息,但在瓯北心头却留下难以抹去的阴影,以致春节也不愿回家过年。

这一年,由大旱带来大歉,又由大歉引发出大饥,像瓯北此等有身份的著名乡绅,也不得不节衣缩食,至于一般百姓,更是命如悬丝,苦不堪言。恰在这年冬,霜重风冽,天气奇寒。饥寒交迫的百姓,在死亡线上挣扎,时时有命不保夕之虞。此时,官府虽说特设粥厂以赈济灾民,然而,饥民数以万计,粥厂则所设无几,这无异于杯水车薪,临渴掘井,根本无济于事。瓯北在《书所见》诗中写道:

> 霜威似刀风似镞,五更齐趁赈厂粥。厂犹未开冷不支,十三人傍野垣宿。急则生智计亦奇,谓可彼此互借燠。肩背相贴臂相抱,一团翻似屏风肉。岂知久饿气各微,那有余温起空腹。天明过者赫然骇,都作僵尸尚一簇。吁嗟年饥少炊烟,犹冀冬暖喘稍延。岂天欲尽穷黎命,奇荒奇冷并一年。独怜此辈总无告,生平讵有恶孽报?灾来偏杀无罪人,更从何处论公道!掩埋方悲无敝帷,有人又剥尸上衣。非忍王孙竟裸葬,死无用此生尚资。明知旋亦供人剥,且救须臾未死皮。①

真切而生动地记下了灾后饥民生命无着、熬煎而毙的情景。据曹镳《淮城信今录》卷五《记事》:"(乾隆)五十年,大旱连数省。……米价日高,至次年春,升米至五十文,百物皆绝。中产之家,尽食麦麸、野菜以度命。饿殍载道,空旷处积尸,臭秽不可闻。稍留残喘,唯以抢夺为生者,街市不敢携物而行,郊野更甚。羸者乞食,挤入门,终不肯出,呜呜之声,惨不忍听。"②所描绘的维扬一带百姓遭际,与瓯北诗中所写正互为映照。穷苦百姓纷纷冻饿而死的悲惨现实,使瓯北陷入不能自拔的沉思苦想之中,思想也发生了潜在的变化。他开始正视这一客观存在,意识到太平年景下所掩盖的却是一幅血泪斑斑的画面,隐藏着难以拯救的危机。出于道义和良知,他不能不大声疾呼:"灾来偏杀无罪人,更从何处论公道!"饥民尸横于野的惨景,使他那自幼受儒家仁道思想培灌

---

① 赵翼:《瓯北集》卷二九,《赵翼全集》第六册,凤凰出版社,2009年,第531—532页。
② 转引自戴逸主编:《简明清史》第二册,人民出版社,1984年,第359页。

的善良的心灵,受到极大的震撼,久久不能忘怀。他欲哭无泪,欲呼无辞,只能是面对苍天,徒呼奈何。瓯北在以前的诗作中,虽然也写过感叹自身生计艰难的诗作,但由于接触的多是士大夫阶层的上流人物,故看到的仅是表面的宁静与恬淡,对百姓日出而作、日入而返的田园生活中所隐含的辛酸苦辣毕竟缺乏更深层的了解。他到扬州后,于教读之余,经常去乡间走动,才有机会察知世间"旱灾比户饥肠吼"的真相,何况他本人也受到"瓶粟无储已半年"的饥寒威胁呢? 这种对现实苦难的切身感受,激使他鼓起了直面人生的勇气,对社会内部潜存的危机、对日趋尖锐的深层矛盾不再回避,以直笔正面展示大灾过后哀鸿遍野的真实画面。其《所见》诗谓:"行尸谐语本荒唐,不谓相逢满道旁。皮骨仅存人似腊,知无粒米在他肠。"①

这一灾情,一直蔓延至次年春季。大概在农历三月间,瓯北曾回过一次家乡,小住几天又匆匆返回。路途经行之处,一片荒冷凄惨的灾后景象。尤其让他不忍目睹的是,那荒野中鸦、犬争食冻饿而亡流民尸身的惨状:"乌鸦啄尸血不红,馋犬来逐鸦飞空。有人又驱馋犬去,人肉供人岂汝供。犬既怒嗥鸦亦骂,大似鹬蚌遭渔翁。"②面对如此令人怵目惊心的"人相食"的社会惨剧,使瓯北那久存"广厦庇寒士,霖雨活苍生"③志向的心灵,再一次受到强烈震撼。他怨恨啄食、撕咬人肉的不通性灵的鸟兽,也痛恨那饿极似狂竟以人肉为食的饥民。然而,这种悲剧时局是何人酿成? 瓯北尽管没有明言,但其笔下所描绘的凄惨画面中,分明蕴含有约略可寻的答案。

在瓯北看来,之所以造成这种惨痛局面,恐不仅仅是旱灾,还有政治上的原因。当然,瓯北慑于文字狱的重压,不敢直接吐露,他只能借吟咏史事,曲折流露真实的情感。其《闲咏史事六首》(之一)谓:"运石飞砖造塔忙,冯熙计虑亦深长。塔成但见高千尺,谁见人牛死道旁?"④这里讽刺的笔锋虽说是指向古人,然而,扬州士绅为迎接圣驾穷尽民

---

① 赵翼:《瓯北集》卷三〇,《赵翼全集》第六册,凤凰出版社,2009年,第541页。
② 赵翼:《鸦犬争肉行》,《瓯北集》卷三〇,同上书,第535页。
③ 赵翼:《偶书》之二,《瓯北集》卷二三,《赵翼全集》第五册,凤凰出版社,2009年,第387页。
④ 赵翼:《瓯北集》卷三一,《赵翼全集》第六册,凤凰出版社,2009年,第577页。

力,大兴土木,置百姓生死于不顾,与后魏冯熙为政不仁、大建佛图精舍、"伤杀人牛"何其相似? 相传,弘历南巡至扬州,在瘦西湖大虹园游览时,曾对身旁随从说:"此处颇似南海之琼岛春阴,惜无塔耳。"①扬州盐商纲总江春(号鹤亭)得知此事,立即以万金贿赂近侍,图京都白塔情状。既得图,匆即督工建造。② 塔虽很快建成,但"谁见人牛死道旁"?

由此可见,瓯北之咏史,其实是以旧瓶装新酒,借古人之事而抒写对现实人生的感慨。毋庸讳言,是乾隆皇帝的数次南巡,耗穷了东南地区的财力,使百姓无力支撑突然而来的自然灾害侵扰。另外,就上层统治者而言,"身在璇霄秉独裁,何难金坞积成堆"③? 上行自然下效,地方官吏对百姓更是层层盘剥,唯恐搜刮未尽,"各逞所欲为,纵欲丧其真"④,"平时官朘民,锱铢弗肯赦"⑤。百姓血汗既已被榨干,面对旱灾自然是无计可施,只能听凭命运的摆布。至于官府所设少得可怜的粥厂,又岂能疗救数万灾民之饥? 这样看来,所谓礼义仁德,不过是为迂性难改的书生所设,至于高高在上的朝廷,根本顾不得那么多,故瓯北称:"必以义为闲,此特儒者事。王政治万民,本不到此细。"⑥以犀利的笔触揭露了统治者鼓吹王道政治的骗局,议论是何等大胆。

面对饥荒年景冷酷的现实,他开始反思"才子声名"的实际价值,似乎对当初的辞官不做之举有所懊悔。人们处在饥寒交迫、朝不保夕的环境中,当物质追求与精神追求发生激烈冲撞时,精神追求往往向物质追求倾斜。瓯北终生奉为圭臬的"书有一卷传,亦抵公卿贵"⑦,也受到了严重的挑战。因为"一年一年风气变,米价日高文日贱。贞珉赞颂锦屏词,昔是嫁衣今弃扇","生平手积万卷书,饥来一字不堪咽"。⑧ 再看看那些当年与自己品级相类的京师故友,却大多驷马高车,腾达而去,岂能有衣食之忧? 每思及此,他内心自然不能平静。

---

① 徐珂编撰:《清稗类钞》第一册,中华书局,1984 年,第 206 页。
② 许指严:《南巡秘纪》,上海书店出版社,1997 年,第 55—56 页。
③ 赵翼:《闲咏史事六首》之四,《瓯北集》卷三一,《赵翼全集》第六册,凤凰出版社,2009 年,第 578 页。
④ 赵翼:《斋居无事偶有所得辄韵之共十七首》之五,《瓯北集》卷三二,同上书,第 599 页。
⑤ 赵翼:《山行杂咏》之二,《瓯北集》卷三二,同上书,第 588—589 页。
⑥ 赵翼:《斋居无事偶有所得辄韵之共十七首》之三,《瓯北集》卷三二,同上书,第 599 页。
⑦ 赵翼:《偶书》之一,《瓯北集》卷二三,《赵翼全集》第五册,凤凰出版社,2009 年,第 387 页。
⑧ 赵翼:《醉时歌赠春农同年》,《瓯北集》卷三〇,《赵翼全集》第六册,凤凰出版社,2009 年,第 543 页。

然而,瓯北毕竟是个具有独特个性的人,在物欲的诱惑与牵引下,他对自身人生价值的追求有过困惑与彷徨,也曾斟酌过自己生活态度的实际意义。但是,经过了一番痛苦的反思之后,他毅然决定,以文补世,以文鸣世,而不愿再厕身于富贵利禄之场,随波逐流。扬州是富商大贾聚集之地,那些频频做发财梦的贪婪官吏,每视此地官衙为聚宝盆,乐于来扬任职。达官贵吏经行此地,亦借故逗留以索贿赂。为官长者,廉耻丧尽,唯货利是趋,吏役则勒索百姓,层层朘剥,形成官商上下其手、互相勾结、通同作弊的恶浊局面。而瓯北处在"扬州繁盛地,气溢钱刀腥"①的环境中,却能卓然独立,做到"众人皆醉我独醒",与达官贵吏虽时有周旋,而节操依旧,在灯红酒绿处递杯换盏而不失故我,面对纸醉金迷的上流社会生活却不改初衷,的确十分难得。在他身上,既没有陈仲子那种"哇而吐之"的矫情之举,也没有伯夷、叔齐昆仲那等"不食周粟"的反常做法,还没有汉阴老父那远遁尘俗、不问世事的超然行为,却保持着独立的人格追求,"身处脂膏能不染"。他的与上流社会周旋,并非出自就热避冷,趋炎附势,以谋利禄,有的是属于朋友间正常交往,根源于文人的意气相投,有的则是因其文名籍籍,达官贵吏欲借其名自抬身价。瓯北对个中的缘由,自是了然于心。故而,他与达官贵人之间,除了笔墨之缘外,几乎没有什么非分之求,时时保持着清醒头脑,以冷静的目光注视着周围的一切。曾在《杂书所见》(之六)中写道:

> 何处夫己氏,作吏印悬肘。望门计民赀,掩取鱼入笱。呜呼百金产,中人岂易有。饥肠忍吼牛,劳筋羡眠狗。铢铢积数世,方期保敝帚。一朝威攫之,空空剩两手。竭彼祖父力,贻我子孙守。天道果有知,此物可能久!②

这无疑是向高高在上、贪婪成性的官吏下一针砭。那些生活于社会最底层的穷苦百姓,终生劳作,温饱尚且难保,更何谈积攒钱财?即使中产之家,世代累积,也难置办百金。但丧尽天良的官吏,却不管百姓的死活,巧立名目,望门计赀,横征暴敛,攫取他人之财物,中饱个人之私

---

① 赵翼:《题崔景高积书图》,《瓯北集》卷三九,《赵翼全集》第六册,凤凰出版社,2009年,第761页。
② 赵翼:《瓯北集》卷三〇,同上书,第555页。

囊,是何等不平!面临阶级对立的严酷现实,使得他无心再谱写农家望年丰的田园之乐,却决计以"歌生民病"为己任了。

三 盛世乱象与应约参军

自乾隆中叶以来,战乱此起彼伏。缅甸之役刚罢,大、小金川复叛,四川总督阿尔泰征剿不力,被撤职查办,寻赐死。继任者桂林因攻小金川败绩,亦被褫职。三十八年(1773)六月,木果木兵变,大学士温福死于兵。次年九月,兖州百姓王伦聚众造反,连陷堂邑、阳谷等县,直奔直隶州临清,搅得统治者惶惶不安。四十二年(1777)十二月,河州(今甘肃兰州附近)教民王伏林率众击溃官军。四十六年(1781),兰州回教徒苏四十三聚众作乱,陷河州,断河桥,犯兰州,占据城外山梁,总督勒尔谨因征剿失利被削职。乾隆帝曾以"十全老人"自诩,其实,在他统治的六十年间,天下何尝一日太平?在太平盛世的背后,却深藏着种种难以预料的危机,大有积薪于火、一触即发之势。至乾隆五十一年(1786)农历十一月间,在宝岛台湾终于爆发了以林爽文为首的农民起义。

此次农民起义的爆发,实由当地官吏的贪婪成性、肆意攫夺而酿成。"地方官平日废弛贪黩,视台湾缺分为利薮,不以冒险渡海为畏途,转以得调美缺为喜。督抚之无能,又或徇情保荐,明知不察,暧昧牟利,皆不可知,而劣员等并不整顿地方,抚绥安戢。于作奸犯科者又不及早查办,惟知任意侵渔肥橐,以致敛怨殃民,扰累地方。"①且清廷所派官吏,多腐败无能,遇事张皇失措,茫然不知所措,或胡乱搪塞,敷衍了事。"(台湾)淡水同知潘凯者,方在署,忽报城外有无名尸,当往验。甫出城,即为人所杀,并胥役歼焉。当世者不能得主名,则诡以生番报,谓番性嗜杀,途遇而戕之也。使人以酒肉诱番出,醉而掩杀之,奏罪人已伏

---

① 《清实录》乾隆朝,卷一二八三,乾隆五十二年六月二十四日上谕。转引自戴逸主编:《简明清史》第二册,人民出版社,1984年,第396—397页。

法,而杀人者实脱然事外。于是民益轻视官吏,而番亦衔刺骨。"①

台湾总兵柴大纪,"贪纵营私,废弛营务,并令兵丁私回内地贸易,每月勒交银钱……台湾戍兵多有卖放私回,以致缺额,其留营当差之兵,亦听其在外营生,开赌窝娼,贩卖私盐。镇将等令其每月交钱,经年并不操练"②。大学士阿桂,在提审此案后所上奏折中亦称:"柴大纪卖放戍兵私回内地贸易;又听任漳、泉兵丁贩私滋事,并格外勒索馈送;又到南北两路巡查,需索夫价番钱六百元至四百元不等,及得受兵丁刘钦、林长春、甘兴隆等谢礼,拔补外委,又将番银借给糖行黄姓,二分起息。"③以致在任两年,滥索金银五六万之多,还将金银埋入屋后地平之下。且听任属员孙景燧贪黩营私,贻害地方,激起台湾百姓的切齿痛恨。

此时,代表下层百姓利益的民间秘密团体"天地会"应运而生。会首乃彰州人庄烟,因是同乡之故,林爽文很快与他相识。林爽文本漳州人,后徙居台湾彰化大里杙,以赶车为生。他平日慷慨好义,乐于助人,加入"天地会"后,便秘密发展组织,宣传会旨:"有事大家相帮,不怕人家欺侮,也不怕官役拘拿。"④乾隆五十一年(1786)十一月二十日,彰化知县俞峻,闻知林爽文结会举事,以搜捕诸罗县杨光勋结会案逃犯为名,会同副将赫生额、游击耿世文,带领数百名兵丁,驻扎在距大里杙六里的大墩,令大里杙人献出林爽文并诸罗县逃犯,若不然,将烧庄搜剿。他见村内毫无动静,果然烧掉附近好几个村庄,使无辜百姓惨遭屠戮,更激起当地人们的怨恨。二十七日拂晓,林爽文等人忍无可忍,率千余人各持器械攻破大墩官兵营盘。官兵几乎全军覆没,俞峻、赫生额、耿世文均被杀死。

以林爽文为首的起义军,夺得官兵武器,武装了自身,也扩大了影

---

① 赵翼:《皇朝武功纪盛》卷四《平定台湾述略》,《赵翼全集》第三册,凤凰出版社,2009年,第50—51页。
② 《清实录》乾隆朝,卷一二九七,乾隆五十三年正月二十三日上谕。转引自戴逸主编:《简明清史》第二册,人民出版社,1984年,第397页。
③ 中国人民大学清史研究所等编:《康雍乾时期城乡人民反抗斗争资料》下册,中华书局,1979年,第797页。
④ 同上书,第812页。

响,队伍迅速增至三四千人。他们又乘胜进击,于农历十一月二十九日,攻取彰化县。知县孙某、都司王宗武、同知长庚、前同知刘亨基、典史冯启宗等无一漏网。并开仓取粮,释放狱囚,以"顺天"为旗号,号召民众。农历十二月六日,攻陷诸罗县,杀死贪官董启埏、程峻等人。农历十二月十三日,庄大田也乘势而起,举兵响应,攻克凤山。县令汤大奎自刎而死。义军所到之处,告示百姓:"本盟主因贪官污吏剥民脂膏,爰是顺天行道,共举义旗,剿除贪污,拯救万民,未尝妄杀一人,混取一物","今据台湾皆贪官污吏,扰害生灵,本帅不忍不诛,以救吾民,特兴义兵当天盟誓:不仁不义,亡于万刀之下。"①"剿除贪官,以保民生"的口号,使得台湾百姓受到很大鼓舞。义军队伍迅速扩大到数十万人。其浩大声势,对清廷是一个很大震慑,弘历匆即调兵遣将,前往台湾弹压。

乾隆五十二年(1787)正月,朝廷将湖广总督李侍尧(字钦斋)调任闽浙总督,负责筹措赴台官兵军需物资。李侍尧路经常州,因与瓯北久已相熟,特邀其入幕,赞襄军事。瓯北已是61岁,虽说不愿轻易出山,担心惹人嘲笑,但因李侍尧曾是自己宦游之时的顶头上司,故应诺随往。再说,若能入闽,又可像袁枚那样,顺道一览武夷诸处山水风光,何乐而不为?然而,高卧江皋的瓯北,以"高士入军门",又担心招致觊觎功名之讥,内心并不平静。他在诗中多次表露这一潜在心理:

生平曾笑文长老,高士翻参幕府军。今日侯门弹铗去,有人又诵《北山文》。(《途中杂诗》之二)②

受恩终被人穿鼻,垂老羞为妓上头。(《李公欲奏余再起入官敬辞志意》)③

添得生平蛇一足,白头出作老参军。(《自泉州至漳州道中作》之一)④

---

① 中国人民大学清史研究所等编:《康雍乾时期城乡人民反抗斗争资料》下册,中华书局,1979年,第780—781页。
② 赵翼:《瓯北集》卷三一,《赵翼全集》第六册,凤凰出版社,2009年,第561页。
③ 同上书,第563页。
④ 同上书,第565页。

闲酬知己聊偿诺,老作参军岂倖功。(《即景》)①

惹他旁观笑何苦,垂老翻为瘴乡客。(《同安道中遇雨》)②

久作华阳陶隐居,岂期老出治军书。(《军事将蒇余归有日矣诗以志喜》之一)③

由此可知,以"识字老耕夫"自居的瓯北,"忽参戎幕",担心给人以"既爱山林又爱官"的错觉,故一再表白心迹:"老作参军岂倖功",只为"青山未遍游"。又在《十载》一诗中申述道:"十载江湖稳钓舟,忽参戎幕佐军筹。人疑白首何轻出,我为青山未遍游。野店客魂鸡腷膊,殊方蛮语鸟鹍辀。凭添一卷《闽南草》,翠壁题名处处留。"④在他看来,当年屈原曾悲吟湖湘,韩愈、柳宗元、苏轼则泄愤于岭外,杜甫也吟唱于巴蜀,唯古瓯越之地,文人罕至。此次前往,恰填补了这一空缺,"或者生面开,俟我作初祖",也未可知。"人间好山水,郁久奇必吐。"⑤坚信生活阅历的丰富,必将激使自己写出奇伟的诗作。再说,瓯北作为一个自幼受传统道德熏染的士大夫文人,在对待农民起义的态度上,他不可能超越阶级的局限,想借此机会军前立功,以文章报国。"谁道书生无胆力,也思摇笔杀狂酋"⑥,则是他心志另一层面的流露。

赵兴勤《赵翼年谱长编》(花木兰文化出版社 2013 年版)

---

① 赵翼:《瓯北集》卷三一,《赵翼全集》第六册,凤凰出版社,2009 年,第 566 页。
② 同上书,第 567 页。
③ 同上书,第 579 页。
④ 同上书,第 561 页。
⑤ 赵翼:《去岁袁子才自武夷归以胜游夸于余不觉见猎心喜适制府钦斋李公以兵事入闽过常州邀余偕往遂襆被从行先以诗报武夷》,《瓯北集》卷三一,同上书,第 560 页。
⑥ 赵翼:《赋呈李制府》之二,《瓯北集》卷三一,同上书,第 560 页。

四　瓯北的军幕建言

瓯北于乾隆五十二年（1787）正月间离开常州，一路经仙霞岭（今浙江江山县南）、渔梁驿（今福建浦城县西北）、建阳（今属福建）等地，往西南进发，抵达福州后，又随李侍尧濒海而行。至农历二月十七日，到达与台湾隔海而望的泉州，观察地理形势，细勘进军路线。此时，福建水师提督黄仕简，已率兵由厦门渡海入台湾府，陆路提督任承恩也率兵由蚶江（在福州晋江境）入鹿港，副将徐鼎才由闽安渡海入北淡水。黄仕简命柴大纪北取诸罗，总兵郝壮猷南取凤山。但是，郝壮猷屯兵近五十日，无尺寸功。任承恩驻地虽说距大里杙仅四十里，也以兵少不敢轻举妄动。

瓯北面对这一情势，建议李侍尧致书两广总督孙士毅，请其密储兵四千备用，以救燃眉之急。过了十余天，军报果至，备述郝壮猷受挫情景。于是，李侍尧一面奏闻朝廷，一面调两广兵力至厦门渡海，增援台湾官兵。三月初，郝壮猷攻克凤山但旋即失去，游击郑嵩被义军杀死，郝壮猷仓皇逃归台湾府，损折之兵达一千六七百名。府城人心慌乱。弘历得知此事，下令以失律罪诛郝壮猷。粤兵至台湾后，使形势渐趋和缓。李侍尧佩服瓯北"预见之精"，又奏调浙兵三千以备缓急。弘历又调拨驻防满兵一千，令将军恒瑞为参赞，赴台湾府，提督蓝元枚为参赞，领浙兵两千，赴鹿港。然而，直至六月间，清廷在台官兵，不过万余，而起义军队伍却扩至十余万，使得清廷上下，一片混乱。林爽文率兵攻打南北要冲诸罗，柴大纪带兵民困守，陷入危机。大将军常青先后派遣总兵魏大斌、参将张万魁、游击田蓝玉及副将蔡攀龙、贵林等三次前往增援，均被击败，损兵过半。副将贵林、游击杨起麟、都司杭富等被杀害，张万魁、魏大斌、田蓝玉、蔡攀龙仅保得活命。柴大纪被围于诸罗，消息隔断，粮草断绝，张皇失措，无能为力。其间，还发生这样一件事。据载：

> 相传围急时，上悯台民死守，而大兵不时至，谕大纪以兵护义民内渡，命督臣拆阅，仍封发。督臣为李公侍尧，以示云崧。云崧

曰："某目昏，请于帐外就明示之。"阅二时始返，李怒，云崧曰："公尚欲封发耶？柴镇久欲内渡，畏国法不敢耳。一弃城，则鹿耳门为贼所有，全台休矣。且彼以快艇追败兵，澎湖其可守乎？大兵至，且无路可入。宜封还此诏，某已具疏草在此。"李悟，从之。批折回，得膺殊奖。……论者称云崧远识。①

若所记不谬，可知瓯北在闽幕不仅仅是草拟文书，还是李侍尧须臾不可离的左右手，难怪对他如此器重。他作为一个地主阶级中比较开明的政治家，有同情下层百姓疾苦的进步的一面。然而，当穷苦百姓不堪封建统治阶级的重压，奋起反抗，欲推翻这一腐朽统治时，他从维护本阶级利益出发，自然难以接受。这是不言而喻的。

在粮草供应方面，他也经常为李侍尧出谋划策。当时，渡台兵力增多，军需物资的供应更见其重要。按照惯例，一切军需物资的分发，均有章程可循，但战争吃紧，头绪繁纷，仅仅按章程办理，又难以济事。"独持大体"的瓯北，建议性情严刻的李侍尧，将督办军需物资中出现的特殊情况，具文申奏朝廷，以免"日后驳减"。李侍尧于乾隆五十二年四月二十日所上奏折中，既称"凤山、诸罗、彰化、淡水四厅县仓库悉空，府库谷亦无多，恳解米十万石分路接济"，又谓彰化鹿仔港难民"不下十余万人，无处得食，似应仿照灾赈之例量为赈恤"。还说："乡勇无食"，"拟照出征兵丁每名日给米八合三勺、盐菜钱十文，另加给三文挑选壮丁"。同时，他又在陈述"军务紧急"、军需物资"不得不宽为预备"之际，婉转流露出担心军费"滥行支用"的忧虑。弘历于李侍尧奏折中批曰："错了，此时不可论费"，还在本年农历四月二十日上谕中斥其"不识大体若此"，"所见甚属错谬"。②

台湾战争自去年农历十二月至本年四月，陆续解往福建用做军费的白银已达二十三万两之多，米一万九千余石。八月间，派往台湾的兵丁已达十余万，弘历不得不令邻近福建的各省督抚迅速筹措白银三百

---

① 龙顾山人：《十朝诗乘》，福建人民出版社，2000年，第355页。
② 中国人民大学清史研究所等编：《康雍乾时期城乡人民反抗斗争资料》下册，中华书局，1979年，第775—777页。

万两,以助军事所需。清王朝在这一次战事上,花费如此之多,可谓捉襟见肘,难乎为继。弘历尽管为国库空虚而担心,但缘其"阅历兵事久,知惜费则成功迟而费转多,不惜费则成功速而费转少"①,不得不增拨军饷。他告诫侍尧,"所有该道府请拨银十万两,米十万石","速行照数运往,以备接济",以足赴台官兵之用,毋使稍有短缺。侍尧得此圣旨,军营火药、粮米诸物广为储备,调集兵力也筹划在先。如此一来,即使战争失利,也不会归咎于军费物资供应,诚为万全之策。李侍尧的这一举措,大都是瓯北代为谋划。至于海上运输,均参照"内地下水之例给雇价",因雇价较优,故"海舟成集,渡兵、运饷无误"。福建境内,多是山路,坎坷崎岖,甚是难行,又无骡马以供雇用,只能靠丁夫搬运。为使军饷及时供应,他们特奏明朝廷,"照出口之例,每夫雇值外再给回空口粮"。这样,丁夫返回时,途中生活也有了着落。还有,当时福建境内驿站,从不蓄养马匹,文书全靠为数不多的跑夫步行传递。而且,官府所给雇价甚低,每个跑夫每天不过十四文。在瓯北看来,此等情况,远不适应战时需要,无法保证军事文书及时送达。于是,他建议将每站跑夫由几个人增至数十人,且"各照军需例给雇值"。此事上奏朝廷,获准后实施,果然大大缩短了军事情报传递的时间,使朝廷与在台将官得以及时联络。

李侍尧"夙以综核为政",担心粮饷运得多,将官不知节俭,滥用冒支,造成军费亏空,故在拨运军饷时,往往按照在台兵员数字,按月发遣。赵翼对此不以为然,对李侍尧说:粮饷运至台湾,若将帅滥用,责任在对方。反之,若粮饷运不到,造成物资匮乏,贻误战机,而负责运送军饷的总督则难辞其咎。再说,驻地蚶江(今福建晋江东南)与台湾相距甚遥,万一气候变化,狂风骤起,怒潮掀天,运饷船只便很难按时抵达。果若如此,将会贻误军旅大事。在此军事吃紧之际,何必如此谨小慎微?李侍尧听后,顿有所悟。于是,拨运粮饷力求充裕,以防不测。大将军常青,于本年农历四月奉命来台湾督师。他年逾七十,遇事张皇,

---

① 佚名编:《瓯北先生年谱》,赵兴勤、蒋宸、赵韡编:《赵翼研究资料汇编》下册,台湾花木兰文化出版社,2013年,第455页。

曾遭弘历指斥,故对军营所需食用,不敢如数奏报。李侍尧只是负责粮饷供应,并不统领兵马,对台湾军中事务也不愿多问。但是,被派往台湾的各路将官,却纷纷具文述说战地之苦。瓯北面对这一情况,建议照出口例增加各兵盐菜银。又鉴于兵士所居帐篷,历经风雨侵蚀,多已残破,建议预制新帐篷,提前运往台湾。还有,虽说台湾白昼天气炎热,但地面潮湿,夜宿帐篷,依然寒冷难抵,再请求预制棉衣拨运。他将此类意见,分别写成书面文字,催促李侍尧上奏朝廷。李侍尧如其言而行,一一具奏,果然均得批准。[①] 李侍尧被朝廷许为"筹济有方",其实乃大半得力于赵瓯北。

因台湾久乱未定,弘历以常青非将才,命大学士傅恒之子、陕甘总督福康安为将军前来督师。福康安奉命于农历十月间渡海至台,海兰察为参赞大臣以助其功,声称调兵十余万来讨伐,其实调集兵力不过五六千余。他们故作此狡狯计,不过是虚张声势,以威慑义军。直至乾隆五十三年(1788)春,清王朝所派官兵,费尽九牛二虎之力,终将台湾起义军打败。起义军首领林爽文、庄大田先后被擒。

瓯北"挂冠翻入幕",虽说是为"青山未遍游",但他确实在一年余的军幕生活中殚精竭虑、煞费苦心,尤其是在军饷筹集输送方面,用力则更勤。身为总督的李侍尧,多次欲上奏朝廷,为瓯北起复官职,任作属吏。但在瓯北想来,自己隐居已十数载,且年纪也在六十开外,若再入仕途,则退休无日。于是,他不愿重入仕途,"被人穿鼻",而甘愿效仿北宋刘几,"乘牛吹铁笛",倘祥山水田园之间。瓯北痛恶那种"众所竞趋处,一罅万夫夺"[②]的"举世骛荣利"的恶浊风气。在他看来,与其在名利场上斗奇弄险,倒不如闭门高卧,在读书作文中讨生涯。书斋萧然,却能保持一方净地,也没有权势场上的尔虞我诈。正因为"惟兹文字缘,无人问阡陌"[③],才是以学问为追求的文士得以大显身手的用武之地。在这个领域里,他尽可以如天马行空,纵横驰骋,有感即发,信笔挥洒。到头来,与追名逐利

[①] 参看佚名编:《瓯北先生年谱》,赵兴勤、蒋宸、赵韡编:《赵翼研究资料汇编》下册,台湾花木兰文化出版社,2013年,第455—456页。
[②] 赵翼:《寓斋独坐作》之一,《瓯北集》卷三一,《赵翼全集》第六册,凤凰出版社,2009年,第572页。
[③] 同上。

之徒相比,谁得谁失,自有公论,正所谓"人弃我所取,正是巧贪得"①。那些在名利场上随波浮沉者,犹如天际流星,旋生即灭,倒是"远夷争购诗,达官求识面"②的名士,才足以流芳千古,垂范后世。

瓯北以古代仁人志士自期,决计"尽力相追从",远避名利是非之地,甘守恬淡生涯,以文章报国。他深知,尽管"主人官高能下士,相倚不殊手左右"③,然而,依人为幕的生活,哪能与林下萧闲散淡、无拘无束的岁月相比?鉴于此,他数次请求放归,但是,"几番乞归归不得",均未获准。李侍尧声称平定台湾后再放行。由于瓯北早已拿定身远名利的主意,故对李侍尧的举荐一力谢绝。再说,他的功名前程,早在二十多年前,就已被乾隆帝判定,又何必再堕入此道自讨没趣呢?此处所称"有人早已卜金瓯",与他早年自述"文章似惜杨无敌,骨相兼怜广不侯"④,当为同一意,说明他对仕宦生涯已心灰意冷,不愿再误落尘网,忍受那种如牛穿鼻的尴尬。

---

① 赵翼:《寓斋独坐作》之一,《瓯北集》卷三一,《赵翼全集》第六册,凤凰出版社,2009年,第572页。
② 赵翼:《寓斋独坐作》之二,《瓯北集》卷三一,同上书,第572页。
③ 赵翼:《留别湖庄莪洲百门诸同人》,《瓯北集》卷三一,同上书,第583页。
④ 赵翼:《散馆恭纪二首》之二,《瓯北集》卷一〇,同上书,第151页。

第五章　林下犹抱忧国心

在传统社会中，学养有素的读书人，往往奉行"独善其身"的古训，既不能为官为宦，施惠于一方百姓，便退而"吾日三省吾身"，追求个人道德的完善。而瓯北在辞去扬州安定书院教职后，虽说以"老耕夫"自许，但经常把个人苦乐与国家前途、自身进取联系在一起来思考。他以独特的视野，关注着国家的局势，以宽阔的胸怀，接纳着不同性格的诗侣吟朋，面对动荡不安的清王朝政局，频频发出低沉而凝重的咏叹。

一　心系社稷的老者

乾隆五十八年（1793）秋冬之交，瓯北应友人之约又往扬州。此时，他早已得知两淮盐运使柴桢以赃败受诛，故笔下景物也呈现出"江声连日壮，山骨入秋高"①的豪壮气象。原来，柴桢由浙江盐道迁两淮盐运使，因浙江盐道库藏亏空甚多，便私移两淮盐课二十二万补之。两淮盐政全德曾上疏弹劾，几遭不测。② 朝廷派员清查此案时，于柴桢簿书中发现有"馈福公一千两"之语。据说，此处所谓福公，是指尚书福长安，

---

① 赵翼：《渡江》之二，《瓯北集》卷三六，《赵翼全集》第六册，凤凰出版社，2009年，第695页。
② 赵翼《瓯北集》卷三六《杭州谒惕庄籐使时由两淮调任兼理织造》（之二）"白简星驰挽不回，风声小警殷其雷"句下自注："在扬州以劾奏亏帑事，亦有小警。"（《赵翼全集》第六册，凤凰出版社，2009年，第680页。）

并非福崧。"而嵩（崧）素为和珅所嗛，珅因嗾其私人嵯使戴全德坐赃于嵩（崧）"①。

然事实恐非如此。福崧为官，行为不检。他在浙江巡抚任上，曾奉母游西湖。这自是人之常情。然而，每当游玩，"预备食用、灯彩、游船，竟派令盐道预备供应，至数千两之多"②，一再扰及官民，即是明证。柴桢挪用两淮盐课案发，兵部尚书庆桂、新任浙江巡抚长麟奉旨前往按治。柴桢亲口供述，"福崧曾向其婪索金银及派办玉器、朝珠等件，不发价银，通共用去银十一万五千余两，复侵用挈规及值月、差官进京盘费等项银六万六千余两"③，此事有案可稽。供状被收入《乾隆朝惩办贪污档案选编》第四册。柴桢亏空库银数额如此巨大，兼管盐政的浙江巡抚福崧不可能一无所知，极有可能通同联手、互为隐瞒。故而，《清史稿》如实记载道：弘历命江苏巡抚长麟代福崧之职，又令"尚书庆桂会鞫，谓福崧尝索桢赇十一万，又侵公使钱六万有奇。狱具，论斩，逮致京师"④。与柴桢亲口供述内容相符。至于所谓权臣和珅"虑至京师廷鞫，或发其阴私，故以蜚语激上怒"云云，殆为传闻不实之语。弘历"寻命即途中行法。福崧饮酖卒"⑤。柴桢亦伏诛，则本之于史实。

然而，叙及这件历史往事的，还有另外的声音。焦循《答李冠三书》云：

> 但书院之存，实惟鹿公荃，而柴公桢继之。忆自乾隆丁未、戊申之间，书院几次议废，膏火连年不发，而院长即以盐政幕友领之，视肄业诸生不啻犬马奴仆，其时张登封面斥院长赵翼而唾之，相约不应课，风流扫地，岌岌殆哉！明年，鹿公来，甫莅任，先给诸生膏火，出示甄别，待士以礼，课士以严，而书院得存而不废者，实公之力也。然是时赵翼仍以院幕盘据论文之地，实为牟利之场。柴公

---

① 印鸾章著：《清鉴纲目》卷八，岳麓书社，1987年，第390页。
② 戴逸、李文海主编：《清通鉴》第十一册，山西人民出版社，1999年，第4668页。
③ 同上书，第4665页。
④ 《清史稿》卷三三八四《福崧传》，《二十五史》第十二册，上海古籍出版社、上海书店，1986年，第10040页。
⑤ 同上。

来,立官课以制之,士风大振,文艺日隆,而赵乃大恚,潜于院,发柴之阴私,不置之法不已。①

此处所叙,疑点较多:一是谓书院罢课事发生在乾隆丁未(五十二年,1787)、戊申(五十三年,1788)。而乾隆五十二年正月,赵翼即应闽浙总督李侍尧之约,入其军幕。至次年端午节,始抵达故乡常州。大概在五、六月间,始应醝使全德约请,再主安定书院讲席。此时,瓯北未在扬州,何来与弟子发生顶撞之事? 二是瓯北既然与学中诸人关系搞得很僵,以致"风流扫地,岌岌殆哉",而他临别所写《岁暮将归留别扬州诸同好并示院中诸生》(之四)诗,有"草绿庭阶昼掩关,诸生偏喜共追攀"之句,且对诸生寄予厚望,谓:"他年为我增荣处,蕊榜连翩玉笋班。"②并看不出有多少恩怨纠葛,更多的则是师生深情,既有"相约不应课"之事,又何来"共追攀"之举? 以瓯北之个性,与人恩怨,常见诸诗。即使上司间的冲突,亦记于笔下。若果如焦氏所言,诗中为何未予流露? 似不可解。三是上引诗中有"穆生非虑楚人钳"③之句。穆生,乃西汉时鲁儒生。楚元王刘交,"好书,多材艺。少时尝与鲁穆生、白生、申公俱受《诗》于浮丘伯。……初,元王敬礼申公等。穆生不嗜酒。元王每置酒,常为穆生设醴。及王戊即位常设。后忘设焉。穆生退曰:'可以逝矣。醴酒不设,王之意怠。不去,楚人将钳我于市。'称疾卧。申公、白生强起之,曰:'独不念先王之德与? 今王一旦失小礼,何足至此?'穆生曰:'《易》称知几其神乎? 几者,动之微,吉凶之先见者也,君子见几而作,不俟终日。先王之所以礼吾三人者,为道之存故也。今而忽之,是忘道也。忘道之人,胡可与久处? 岂为区区之礼哉!'遂谢病去"。④ 如此看来,瓯北与当道有过摩擦,或受冷遇,倒是可能之事。全德乾隆四十八年(1783)秋赴两淮盐政任,五十一年(1786)秋内迁,而至年底,不过三个月的时间,赵翼即辞教职离去,当另有隐情。柴桢继任两淮盐政

---

① 焦循:《焦循诗文集》下册,广陵书社,2009年,第442页。
② 赵翼:《瓯北集》卷三〇,《赵翼全集》第六册,凤凰出版社,2009年,第559页。
③ 赵翼:《岁暮将归留别扬州诸同好并示院中诸生》之一,《瓯北集》卷三〇,同上书,第559页。
④《汉书》卷三六《楚元王传》,《二十五史》第一册,上海古籍出版社、上海书店,1986年,第546—547页。

后,很可能对书院事宜插手过多,甚至连课程安排也横加干涉,使赵翼深感不快,以致产生摩擦。就双方关系而论,与全德在任时相比,礼遇大不如前,有被冷落之感,故以"衰迟难作客"为由,辞去教职。四是瓯北辞职未久,即远赴福建沿海参谋军事,何来"仍以院幕盘据论文之地"? 全德既已内迁,瓯北又与新任关系不洽,所依者何? 五是柴桢一案,当今学人经研究认定,"盐道柴桢指供福崧婪索各款凿凿有据,且有柴桢幕友、家人供词为佐证;即质之福崧,亦无可置辩"①。而昭梿《啸亭续录》卷四"吴雅中丞"所述福崧"俸廉外,不受岁时苞苴"云云,亦为道听途说之言,语皆不确,不足采信。即使昭梿,述及柴桢其人,也称其"性庸懦"。奇怪的是,焦循为何代柴桢鸣冤叫屈? 其间有否感情纠葛,则不得而知。六是瓯北乃退出官场多年的林下闲散人,即便有弟子为高官者"驺骑造访,咨询甚殷,先生以通省利弊详语之。至官吏贤否,但举其善者,余不置一词"②。而柴桢握有重权,瓯北此前与他并无来往,岂能得知其"阴私"? 以一年迈老者,又有何力竟然能"不置之法不已"? 则实无相应佐证说明此事。焦循青年时,曾被同伴斥之为"谬妄",此处所记是否"谬妄",则遽难判定。七是吉梦熊(字毅阳,号渭岩,一作渭崖,江苏丹阳人)曾为安定书院讲席,梦熊乾隆壬申(十七年,1752)进士及第,官至通政使。辛丑(四十六年,1781)告病归里。四十七年(1782),"主安定书院讲席,先生(按:焦循)往谒,渭岩勉以经学"③。而瓯北则于乾隆四十九年(1784)九、十月间,"应两淮鹾使全德之约,由真州乐仪书院,移主扬州安定书院教席"④。其前任很可能是吉梦熊。乾隆四十八年(1783),吉梦熊作《前、后六客诗序》云:"癸卯岁,仆客韩江(按:《水经注》作韩江,实即邗江,又名邗沟),同年蒋春农舍人、秦序堂观察、张松坪、吴涵斋二太史,晨夕相共。冬至月之初三日,卢抱经学士从晋阳归,秦观察招饮于旧城读书处。越三日,钱萚石少宗伯从京邸

---

① 戴逸、李文海主编:《清通鉴》第十一册,山西人民出版社,1999年,第4667页。
② 佚名编:《瓯北先生年谱》,赵兴勤、蒋宸、赵韡编:《赵翼研究资料汇编》下册,台湾花木兰文化出版社,2013年,第457页。
③ 闵尔昌:《焦理堂先生年谱》,《扬州学派年谱合刊》上册,广陵书社,2008年,第323页。
④ 赵兴勤:《赵翼年谱长编》第三册,台湾花木兰文化出版社,2013年,第547页。

来,张太史邀会于尔雅堂,前后六人,惟钱、卢两不相值","钱、卢近多议论龃龉,覃溪以抱经为是。"①顾光旭亦写有《书前后六客诗后并序》。梦熊序中所述蒋春农、秦序堂、张松坪、吴涵斋诸人,皆与瓯北相识,然瓯北诗却无一处叙及梦熊,殊为怪事。焦氏与梦熊感情甚笃,将传闻坐实于顶替其师职位的瓯北名下,其间似另有曲折隐衷。

因焦文述及瓯北事,在此不得不略加考辨。笔者无意为前人讳,仅是方之史实而论之。究竟事实真相如何,还有待相关史料的发现。

当然,无论事实真相如何,回顾历史,每当一次大的人事变动或政治波动之后,往往连带引发处于不同生活圈中人们的思想动荡或人际关系的调整。曾多年为官的瓯北,对这一现象的感悟与体察,还是比较敏感的。他在去扬州的途中,曾写过《感事》一诗:"炎风朔雪两相更,费尽人间几送迎。邹忌妻孥工媚语,翟公门巷见交情。尺波将涸鱼先散,一骨才投犬共争。笑把陈编按时事,层层棋谱在楸枰。"②诗中所叙,邹忌妻妾的逢迎谄媚,投其所好,翟公门客的"进由势合,退因衰异",在古代官场中乃屡见。那些为利益驱动而人格丧尽的无耻之徒,与人交往是以对方仕途的穷达为依据的。有利可图,则如蝇逐臭,蜂拥而上,唯恐不及;冰山既倒,便一哄而散,另择新主,乞求施舍,正所谓"举世争趋饭后钟"。在这里,瓯北连用《战国策·齐策》、《史记·汲郑列传》和《庄子·外物》等几个典故,且赋了其新的时代内容。"尺波将涸鱼先散,一骨才投犬共争"③,则是当时官场污浊内幕的生动写照。"有利则趋,无利则止"的商贾习气,已成了官场士绅的行为规则,哪里还有正义可言?瓯北借陈编而"按时事",流露出对恶浊现实的憎恶之情。诗中所称"炎风朔雪两相更",实则在影射政治形势的翻覆多变。柴桢私移两淮盐课一事,看起来是一场经济案件,但却反映了朝中政治势力的较量。瓯北《感事》一诗,无疑有当时政坛局势动荡的投影。

到了乾隆六十年(1795)春节,京城中出现一件震动朝野的大事:朝中举行授受大典,乾隆帝御太和殿,亲手将象征清王朝权力的宝玺传授

---

① 钱仲联主编:《清诗纪事》第九册,江苏古籍出版社,1989年,第5477页。
② 赵翼:《瓯北集》卷三六,《赵翼全集》第六册,凤凰出版社,2009年,第695页。
③ 赵翼:《感事》,《瓯北集》卷三六,同上书,第695页。

给太子颙琰，改年号为嘉庆。据说，弘历在即位之初，就曾焚香告天，谓："若得在位六十年，即当禅位嗣子，不敢上同圣祖六十一年之数。"①颙琰乃弘历第十五子，生于乾隆二十五年（1760）农历十月初六。据王先谦《东华录》等记载，乾隆三十八年（1773）上元节前夕，弘历大宴亲藩，特命14岁的颙琰奉觞上寿。就在这一年，弘历"遵密建家法，亲书上名，缄固，藏乾清宫正大光明匾额上"。乾隆五十四年（1789）封颙琰为嘉亲王。乾隆六十年（1795）农历九月，弘历在勤政殿，召皇子、皇孙及王公大臣入见，宣示圣命，立颙琰为皇太子。直至次年的新春伊始，才大致完成了政权的交接。弘历虽然退居内宫，但"军国重务仍奏闻，秉训裁决，大事降旨敕。宫中时宪书用乾隆年号"②。归政大礼既已举行，朝廷照例颁旨普蠲天下地丁正赋，并全免漕粮。身在草野的瓯北，闻知此事，曾屡次赋诗致贺，并不无自豪地声称："推排遂作三朝老，著述将成一尺高。嘉庆元年年七十，后人应羡此翁遭。"③这位"少年意气慕千秋，拟作人间第一流"④的老人，而今优游林下，"瓦盆小酌茅檐曝"，似乎欲"扶杖田间咏太平"了。

然而，敏于思考的瓯北，也深知目下所谓"太平盛世"的真正含义。乾隆五十七年农历十月，弘历曾作《十全记》，以向世人炫示武功。所谓十全，即指两平准噶尔、两平金川、一平回部、一平苗疆、一平缅甸、一平安南、一平台湾、一平廓尔喀。并令以满汉文字分别写出，建盖碑亭以垂久远。然而，这恰恰说明，在弘历统治的六十年间，很少有过真正的太平，常常是烽火频燃，动荡时起，使得清政府穷于应付，自顾不暇。瓯北身在草野，关心战场局势，"频问西南战伐音"，并渴望天下太平，"海内无烟尘"，甚至有"执殳前驱"，效命沙场之想，这才是其真实情绪的流露。可见，"咏太平"云云，不过是遮饰之词罢了。国家战事不断，危机四伏，而都市中的上流人物却追逐豪奢，恣意挥霍，"香车宝马闹如织，

---

① 戴逸、李文海主编：《清通鉴》第十一册，山西人民出版社，1999年，第4739页。
② 《清史稿》卷一五《高宗本纪六》，《二十五史》第十一册，上海古籍出版社、上海书店，1986年，第8884页。
③ 赵翼：《嘉庆元年元旦试笔》，《瓯北集》卷三八，《赵翼全集》第六册，凤凰出版社，2009年，第719页。
④ 赵翼：《七十自述》之三十，《瓯北集》卷三八，同上书，第724页。

兼有桂楫沙棠舟。金盘玉盏斗珍错,舞衫歌扇招娇羞"①。出身寒门的瓯北,自然看不惯这一奢靡风气,写道:"我来顿发大感慨,奢靡日甚俗益偷。销金锅成无底谷,耗尽财力此冶游。曷不禁之返朴素,遍驱熙攘归锄耰。"②恰反映出他对国事、民风的忧虑。

二 无力回天的叹慨

嘉庆初,虽说湖南苗民反抗清王朝的斗争,因石柳邓父子被擒,暂时处于低潮,但是,"川、鄂、黔、粤之民困于征苗之役,失业者多,咸有嚣然思乱之心"③,白莲教起义遂接连发生。湖北除刘之协外,姚之富、齐王氏起义于襄阳,孙士凤、徐天德在四川举事,张士龙、张汉潮、张天伦造反于陕西。不过数月,起义的怒火便蔓延于四川、陕西、甘肃、河南各地,使得清王朝四处派兵,首尾难顾。瓯北由其阶级立场所决定,自然将起义的饥民斥为"流贼"、"寇氛",并建议从速出击,以绝后患,"由来讨逆须威克,持重徒延岁月赊"④。还在《书感》一诗中称:"从戎曾问日南琛,中土何期起绿林。敢幸退闲身不与,自伤衰老力难任。江湖忧国迂何补,战伐稽时祸恐深。只有天心终厌乱,会消妖雾豁重阴。"⑤从"敢幸退闲"诸句来看,他不忍心手持钢刀强加于"绿林",似乎有暗自庆幸置身事外之想,再结合"战伐稽时"而论,又透露出吁盼农民起义被迅速平定的情绪,唯恐千疮百孔的封建大厦倒于几个"绿林"之手。这一矛盾的心理,是在"忠"这一伦理道德范畴的笼罩下派生出来的。作为清王朝统治下的一个臣民,他既对赖以生存的封建国家肌体上的种种毒痛深恶痛绝,并时而揭破,然而,在"家天下"的伦理框架下,他是将清皇

---

① 赵翼:《蔚亭方伯过虎邱得诗八章大指谓繁华胜地多耗物力而可以养贫民此意向来游者所未道足见公游赏中尚不忘民依也酬以长歌》,《瓯北集》卷三八,《赵翼全集》第六册,凤凰出版社,2009年,第729页。
② 同上。
③ 印鸾章著:《清鉴纲目》卷九,岳麓书社,1987年,第398页。
④ 赵翼:《闻秦蜀兵夹剿流贼奏捷喜赋》之一,《瓯北集》卷三九,《赵翼全集》第六册,凤凰出版社,2009年,第755页。
⑤ 赵翼:《瓯北集》卷三九,同上书,第746页。

室与国家视同一体的,忠君即是爱国。"绿林"既与政府为敌,就是葬送国家。国既不保,家何以存?故而,他绝不会为"绿林"举事而叫好。尽管如此,他对起义的根源还是有着清醒认识的:"百年安堵享升平,谁肯轻生肇乱萌。死有余辜贪吏害,铤而走险小人情。弹丸黑子皆纷起,绳伎红娘亦横行。好片桑麻繁庶地,烽烟千里废春耕。"①

史书称:"乾隆时,用兵四出,增兵添饷,岁以巨万计,民间财力隐受其困。加以权臣贪婪,掊克成风,民间益咨嗟愁怨。教匪乘之,乱端遂作。至嘉庆元年,荆州之枝江、宜都,宜昌之长乐、长扬一带,教徒纷起,群以官逼民反为词,揭竿谋乱。"②在瓯北看来,哪一个百姓都不愿"铤而走险",都盼望能过上太平日子。官府只要给一线生路,他们也不至于"轻生肇乱萌"。"中土起绿林",是由于"死有余辜"的贪吏逼勒而激成。连嘉庆皇帝也承认,百姓"聚众滋事",是因"官逼民反","若非迫于万不得已,焉肯不顾身家,铤而走险?总缘亲民之吏不能奉宣朝廷德意,多方婪索,竭尽脂膏,因而激变至此。然州县之所以剥削小民者,不尽自肥己囊,大半趋奉上司;而督抚大吏之所以勒索属员者,不尽安心贪黩,无非交结和珅"③。

面对这种一触即发的社会局势,瓯北敏感地意识到,对待那些在死亡线上挣扎的穷苦百姓,只能妥善安抚,而不能强行压制,否则会激起大乱。他时常关注下层百姓的疾苦,呼吁世间多一些清官,并对体察民情的官吏给以充分鼓励和热情赞扬。曾在《题啬生徐州勘灾散赈诗卷》一诗中谓:"勘遍灾黎洒泪枯,归来诗卷带泥涂。万家感泣鲜于路,一幅流亡郑侠图。死已随波作鱼鳖,生犹栖水似鸥凫。可怜饥溺相关处,一个儒官抱牍呼。"④在这看似平常的语言里,却融进与百姓息息相关的深挚真情。据地方志记载,自乾隆末年以来,黄河每每在徐州辖区内决口,丰、沛、萧、砀、铜受灾严重。清政府虽说时有赈济,但往往杯水车

---

① 赵翼:《阅明史有感于流贼事》之二,《瓯北集》卷三九,《赵翼全集》第六册,凤凰出版社,2009年,第743页。
② 印鸾章著:《清鉴纲目》卷九,岳麓书社,1987年,第397页。
③ 王先谦:《东华续录(嘉庆朝)》嘉庆七,清光绪十年长沙王氏刻本。
④ 赵翼:《瓯北集》卷三九,《赵翼全集》第六册,凤凰出版社,2009年,第745页。

薪,无济于事。李保泰的《徐州勘灾散赈诗》,便真实地描绘出灾区饥民食不果腹、朝不保夕的惨状。对李保泰的信笔直书、仗义执言,瓯北深为感佩。在他看来,为官就应当体察百姓疾苦,"先天下之忧而忧",将百姓的生死存亡挂在心上。当百姓遇到危难时,应及时将下情上达,代百姓分忧,哪怕是危及个人官禄乃至生命,也当义无反顾,挺身担当。说到底,他是在给清王朝提供起衰救弊的药方。在他看来,只有这样,才能缓和"官府"与"百姓"之间的剧烈矛盾,避免铤而走险之类事件的发生,使清王朝统治得以巩固。然而,令人遗憾的是,当道大僚不敢正视国势日衰这一现实,对一触即发的阶级矛盾,反而千方百计地予以弥缝掩饰,"疮深诸老犹言癣",以致酿成"纵横白骨莽郊墟"的惨剧,这是万万不应该的。

  瓯北面对这一复杂的国内局势,忧思彷徨,夜不能寐。他在《读史》(之一)中写道:"历历兴衰史册陈,古方今病辙相循。时当暇豫谁忧国,事到艰难已乏人。九仞山才倾篑土,一杯水岂救车薪?书生把卷偏多感,剪烛彷徨到向晨。"①本诗题为"读史",但实则是以"史"为话题,就现实而抒发感慨。古人一再强调,"安而不忘危,存而不忘亡,治而不忘乱"②,"居安思危,思则有备,有备无患"③,而现实恰恰与之相反。自乾隆中叶以来,缘天下承平日久,生活在内地的人们,斑白不识干戈。朝廷好大喜功,每每举行南巡盛典。朝中重臣争相逢迎,肆意挥霍。地方官则投其所好,极其铺张,装点景物,点歌征妓,粉饰太平,致使东南财力竭尽,早已将"俭节则昌,淫佚则亡"④的古训置之脑后,更不管百姓死活。一旦变乱酿成,则张皇失措,不知所可。朝中衮衮诸公,"外不能决胜千里,内不能运筹帷幄"⑤,"动行窒碍,借口因循",延误时机,保禄保命。"时当暇豫谁忧国,事到艰难已乏人"⑥,这一历史教训,至今仍未唤

---

① 赵翼:《瓯北集》卷四二,《赵翼全集》第六册,凤凰出版社,2009年,第835页。
② 《周易·系辞下》,《十三经注疏》上册,中华书局,1980年,第88页。
③ 《左传·襄公十年》,《十三经注疏》下册,中华书局,1980年,第1951页。
④ 《墨子·辞过》,中国书店,1992年,第20页。
⑤ 魏源:《圣武记》卷九"教匪·嘉庆川湖陕靖寇记五",岳麓书社,2011年,第413页。
⑥ 赵翼:《读史》之一,《瓯北集》卷四二,《赵翼全集》第六册,凤凰出版社,2009年,第835页。

起人们的警醒,"颇闻台省尚委蛇,风议争嗤恤纬嫠"①。值此国家多难之秋,当道大僚虽在高位,也不过是敷衍塞责,得过且过,照样过着醉生梦死、纸醉金迷的生活,"肉食谋仍燕雀嬉",只顾个人目下享乐,有谁为社稷前途而运筹谋划?国家满目疮痍,又岂有像谢安那样的医国手挺身而出,担当重任,平国难于围棋谈笑之间?在瓯北看来,动乱初起之际,"水浅岷舡本易埋",立即采取相应的对策,不会酿成大乱,"事当讨乱速为工"。而今"疡医误已痈疽溃",已达到不可收拾的地步,再强调礼乐教化,示以刑戮杀伐,急来抱佛脚,当然无济于事。"眼前看是潢池弄,恐费他时烂额人"②。而且,连年征战,耗费大量人力、物力,更将许多无辜百姓沉入苦海,使得他们流离失所、无家可归。

瓯北尽管身处草野多年,但他毕竟是位有着宏伟抱负的卓荦文士,仍然"位卑未敢忘忧国",除写诗著文之外,平时视线所及,并不仅仅局限于江南水乡一隅或情趣相投的文人生活圈子,而是投向万里关山,西陲乱离,"思虽出位缘忧国,力不从心欲挽天"③,时常关注着大清王朝的命运和民生疾苦。他由政治动荡的现实,意识到所谓"以孝治天下"这一为历代统治者所信奉的教条,已难以施之当今,被奉为金科玉律的孔孟之道,更难以挽救日趋崩溃的社稷命运,禁不住感叹:"人心俗习暗迁移,数十年间觉渐差。今日后生看孔孟,已非我辈后生时。"④至于严酷细密的大清王朝刑律,在风起云涌的反抗队伍面前,显得是那样软弱无力,"王法何能惧乱民"?在他看来,国家的衰败,非起于一源。道德的滑坡,社会风气的日趋奢靡,唯私利是求的人生价值观,使得很少再有那类"感时思报国,拔剑起蒿莱"的叱咤风云的壮士出现,而更多的人则抱残守缺,得过且过,无报国之心,有耽逸之念。如此之类,均加速了封建帝国的走向危亡。这位以"江村杜陵老"自许的瓯北,时常是"杜门忧国复忧民"。

瓯北的视线,有时还投向对青年一代的引导与培养上。他深知,国

---

① 赵翼:《读史》之四,《瓯北集》卷四二,《赵翼全集》第六册,凤凰出版社,2009年,第835页。
② 赵翼:《读史》之三,《瓯北集》卷四二,同上书,第835页。
③ 赵翼:《忧旱》之四,《瓯北集》卷四九,同上书,第1011页。
④ 赵翼:《风俗》,《瓯北集》卷四二,同上书,第834页。

运的绵长,社稷的巩固,在于下一代的努力。大清王朝能否长治久安,关键要看将来接替父辈大任的年轻人品德如何。然而,令瓯北大为失望的是,这些后起的一群,有的是徒出狂言而百无一能,有的是胸无大志,贪图逸乐,有的则禁不住物欲的诱惑,贪赃枉法,死于非命。在他看来,一切《家训》、《家范》之类的处世理家格言,都难以挽回死去的人心。他似乎对象征着国家希望的年轻一代失去信心,面临封建大厦即将倾圮的败局,与小说家曹雪芹一样,都敏感地意识到"子孙不肖,后继无人"这一严重的社会问题,也隐隐预感到清王朝这一称盛一时的封建帝国,却潜藏着毁于一旦的危机。

再说,大清王朝已定鼎百年,本当海晏河清,却为何战乱四起、兵戈连天?"正当海不扬波世,何物崔苻敢逞雄"[①]?在瓯北看来,这或许是清王朝衰败的前兆。他在《读史》诗中说:"一编青史几千秋,都入灯前大白浮。运去卧龙空伐敌,时来屠狗亦封侯。六州铸错终存铁,万里乘风或覆舟。历历古今成局在,兴衰不尽系人谋。"[②]这一对史事的感慨,显然是就清王朝现实而发。清廷君臣惨淡经营,苦苦运筹,不惜耗费巨赀动用重兵,去对付几个并不起眼的造反百姓。然而,费时几年,却收效甚微,战乱仍此伏彼起,使得清王朝首尾难顾。如此看来,或真的"兴衰不尽系人谋"?瓯北受历史的局限,看不到清王朝因政治腐败而加速败亡这一必然趋势,而将其衰败的不可挽回归之于"天意",自然是唯心的。然而,他毕竟透过封建国家外部这一臃肿浮华的皮囊,看到其内部日见销蚀的枯骨已难以支撑这一貌似强大的躯体,暗自为国家前途而担忧,亦有其眼光敏锐之处。他由簪缨世族后继乏人、家风难振,联想到封建大厦的风雨飘摇,岌岌可危,其间包蕴了多少难言的隐忧?

三 和珅势败与朝野动荡

在封建时代"家天下"的伦理框架下,京师的风吹草动,都会牵动在

[①] 赵翼:《暨阳望海》,《瓯北集》卷四三,《赵翼全集》第六册,凤凰出版社,2009年,第867页。
[②] 赵翼:《瓯北集》卷四三,同上书,第868页。

朝官宦和在野士绅的神经。他们凭着政治的敏感,在默默感悟着这欲来之"山雨"的征兆,对未来形势作出不同的判断。

嘉庆四年(1799)春初,京城发生两件震动朝野的大事。一是89岁的乾隆皇帝,于农历正月初三驾崩;一是气焰熏天的佞臣和珅事败伏法。在弘历统治的六十年间,两次平定准噶尔部叛乱,又平定大小和卓叛乱,还击退了廓尔喀部对西藏的进犯,并对西南地区实行"改土归流",为维护祖国统一和促进边疆的开发,作出一定的贡献。并组织大量人力,费十余年之功,编撰成堪称世界之最的大型图书《四库全书》,保存了一大批历史文献。就此而论,乾隆朝的文治武功,皆称得上有清一代之极盛。

同时,也在弘历统治的六十年间,沿雍正之旧例,不容许思想上的反对派出现,大兴文字狱,滥杀无辜,所立案件竟然在康、雍两朝总数的四倍之上,借此震慑天下书生,以致搞得人心慌乱,不知所可。难怪有人说:"今人之文,一涉笔惟恐触碍于天下国家。……人情望风觇景,畏避太甚。见鳝而以为蛇,遇鼠而以为虎,消刚正之气,长柔媚之风。此于世道人心,实有关系。"①其次是多次镇压农民起义,将无数百姓沉入火海。且好大喜功,连年用兵,旷废岁月,造成国库空虚。平定天山南北之乱,用兵五年,费帑三千万两。大小金川,地广不过千里,人不满三万户,也用兵五年,费帑将近七千万两。后来,镇压台湾林爽文起义,前后凡三年,又花费无算,清王朝岂能不渐趋衰微?还有,他踵迹乃祖康熙,六次南巡,"供亿之侈,驿骚之繁,转十倍于康熙时。海内财富之殚,民间风俗之坏,实基于是"②。再者,弘历即位之初,倒是"勤于政事,每有奏报,立时批示。每夜必遣内侍出问,披衣坐待,动至达旦"③。然而,后来"享国日久,耄老骄荒,臣下佞谀,遂不免有粉饰张皇之意。又专任和珅,贪滥掊克,浸酿大乱。清之不竞,珅为罪魁,帝亦不能辞其咎焉"④。对此,瓯北自然亦有所了解。

---

① 李祖陶:《迈堂文略》卷一《与杨蓉诸名府书》,清同治刻本。
② 印鸾章著:《清鉴纲目》卷九,岳麓书社,1987年,第403页。
③ 同上。
④ 同上。

嘉庆帝颙琰，受命于国家动荡不安的衰敝之际，对官僚阶层的腐化堕落、草野百姓的对立情绪，均有所认识。他在《责臣工》一诗中称："玉杯饮尽千家血，银烛烧残百姓膏。天泪落时人泪落，歌声高处哭声高。"正反映了这位即位不久的帝王，对当时社会现实的理解。"和珅以拥戴自居，出入意颇狂傲。"①颙琰为稳固帝位起见，对他不能不保持高度的警惕。弘历死于嘉庆四年（1799）的农历正月初三，至初八，吏科掌印给事中王念孙、御史广兴首上疏纠弹和珅，引起强烈反响，以致有"不愧古名臣奏议"②、"朝阳鸣凤"③之誉。颙琰得疏，即在宣读遗诏那天传旨逮治和珅，褫夺其大学士职，并将其同党户部尚书福长安捕入狱。但颙琰又考虑到乾隆帝驾崩不几天，大加诛戮，多有不便，故迟疑未行。王念孙等恐夜长梦多，日久有变，因再次上疏，请求将和珅正法。于是，颙琰于正月十八日，将和珅二十余条罪状宣布天下。于是，和珅被迫自尽，权臣福长安论斩，大学士苏凌阿以及和珅党羽吴省兰、李潢、李光云均受到惩治。那些位高势重的赃官，朝夕之间便成了刀下鬼、阶下囚，"气焰俄消一寸灰"。"姓名久属千夫指"的和珅等朝中败类，恃宠横行，作福作威，"窨金已锢藏舟壑，琢玉兼装浴室池"④，哪里会想到，纵有金银如山，却落个"空手赴冥司"的可悲下场！瓯北对嘉庆帝颙琰主政后，果断铲除贪官集团这一举措十分感佩，认为这是苍生之幸，国家之大幸，"国有长君天下福，朝无倖位百工禧"⑤。他在国势日衰之际，受命以登皇位，"第一先收佞倖权"，恰恰反映了新帝果敢的胆略和励精图治的抱负，且此举也符合亿万百姓的愿望。这一敲山震虎之举，对肃清吏治自会产生不可估量的影响，"从此百僚咸动色，要津谁复敢夤缘"⑥。

嘉庆帝果断地将和珅铲除，在朝野引起很大轰动。许多穷苦百姓和具有正义感的各阶层人们，无不为之拍手叫好。与此相反，那些觊觎利禄、攀缘权贵的无耻之徒，面对这一冰山崩坍的局势，则张皇失措，

---

① 昭梿：《啸亭杂录》卷一"今上待和珅"，中华书局，1980年，第27页。
② 闵尔昌编：《王石臞先生年谱》，《扬州学派年谱合刊》上册，广陵书社，2008年，第85页。
③ 刘盼遂编：《高邮王氏父子年谱》，《扬州学派年谱合刊》上册，广陵书社，2008年，第114页。
④ 赵翼：《感事》之三，《瓯北集》卷四一，《赵翼全集》第六册，凤凰出版社，2009年，第798页。
⑤ 赵翼：《邸抄》之一，《瓯北集》卷四一，同上书，第799页。
⑥ 赵翼：《邸抄》之二，《瓯北集》卷四一，同上书，第799页。

"往日肉膻趋蚂蚁,只今树倒散猢狲。尚忧瓜蔓抄将及,转恐冰山倚有痕"①,却演成了一出"顷刻炎凉局顿翻"的活报剧。逢迎拍马、投机钻营的谄佞之徒,却因"失奥援惧株累",如刀斧加颈,惶惶不可终日,连日多暴病身亡。在瓯北看来,这些卖身投靠的无耻大僚,尽管惧祸身亡,却难掩赃迹狼藉的恶名,"一抔土纵堪逃祸,万口碑终不徇情"②。

和珅的倒台,虽说一定程度地缓和了一触即发的各类矛盾,但却难以挽救清王朝日趋败落的颓局。自嘉庆元年白莲教以"官逼民反"为口号,在荆州、宜昌揭竿而起,川、陕、豫诸地百姓纷纷响应,共同反抗摇摇欲坠的清政权。清政府用兵四出,增兵添饷,频繁征剿。然而,直至嘉庆七年秋季,仍有一二十支起义队伍活动于四川、甘肃、陕西等地。这不能说不是清王朝的心腹大患。面对如此危急局势,清王朝的一些大僚,却无心襄赞国事,反而沉溺于禅教之中。瓯北闻知此事,大不以为然,挥笔写下《鱼釜》一诗予以责斥:"鱼釜游魂未扫平,颇闻台省正修行。四禅地纵堪逃劫,大乘经宁便解兵?王缙拟营铜瓦费,图澄倘识塔铃声。只愁吕相游僧寺,多少禅钻竞送迎。"③

本来,崇信佛教,清初以来即然。乾隆时,为"羁縻外蕃"起见,曾以法司案卷令寺中高僧判决。如此优待佛教徒,致使不法僧人为非作歹。"有法和尚者,居城东某寺,势甚熏赫,所结交皆王公贵客,于寺中设赌局,诱富室子弟聚博,又私蓄诸女伎日夜淫纵。其富逾王侯,人莫敢撄。果毅公阿里衮恶其坏法,乃令番役阴夜逾垣擒之,尽获其不法诸状"④。尽管如此,佛教的地位一直未衰,究其原因,"清代宠幸黄僧,并非崇奉其教以祈福也,祇以蒙古诸部敬信黄教已久,故以神道设教,借使诚心归附,以障藩篱,正王制所谓修其教不易其俗,齐其政不易其宜也"⑤。由此可知,当时实行这一宗教政策,不过是维系人心、安定天下的一种手段,"长远驾驭"才是其真意。

---

① 赵翼:《感事》之四,《瓯北集》卷四一,《赵翼全集》第六册,凤凰出版社,2009年,第798页。
② 赵翼:《连日大僚多暴亡相传为失奥援惧株累也口语无稽书以一笑》,《瓯北集》卷四一,同上书,第800页。
③ 赵翼:《瓯北集》卷四四,同上书,第890页。
④ 昭梿:《啸亭杂录》卷八"法和尚",中华书局,1980年,第234页。
⑤《清朝野史大观》卷一二"清代述异·章嘉喇嘛",河北人民出版社,1997年,第1292页。

至嘉庆间,政治形势已发生了很大变化,原蒙古族所居的北方相对稳定,借宠幸教徒以"羁縻外蕃",在新的历史条件下,已失去了当初的重要意义。此时的"台省正修行",已不具备政治内涵,完全是一种宗教信仰。面对国家动乱四起的政治局势,有人居然还有心参禅拜佛,指望以《大乘经》去解救国家之困厄,显然是画饼充饥,自我欺骗。

赵兴勤等《赵翼研究资料汇编》(花木兰文化出版社 2013 年版)

再说,即使乱事平定,然而,"莽莽荆巫地,千山瘴雾昏","五年经俶扰,可复有鸡豚"?① 战后的疮痍何日能平复,百姓生计又该如何? 瓯北对此,忧心忡忡,一遍又一遍重述着"乱由上作"这个人所不敢言的话题:"回首烽烟已七霜,追原祸始总堪伤。王法岂能威瘐狗? 人情大抵恨贪狼。但须牧宰皆廉吏,何至川原作战场!"②在这里,瓯北将起义军斥为"贼"、"瘐狗",固然反映出其顽固的地主阶级立场,然而,他对农民起义爆发原因的探索,却是符合客观实际的。若不是"牧宰"之类"贪狼"的残酷压榨,百姓何至铤而走险? 这一对社会人情的合乎情理的评述,毕竟隐隐道出他对百姓揭竿而起举动的某种程度的理解。在瓯北看来,平定白莲教起义的旷日持久,根源仍在统治者上层。"运筹大帅

---

① 赵翼:《荆巫》,《瓯北集》卷四四,《赵翼全集》第六册,凤凰出版社,2009 年,第 882 页。
② 赵翼:《闻邸抄残贼剿除将尽志喜》,《瓯北集》卷四四,同上书,第 891 页。

思观衅,坐甲征夫乐养痈"①。他们拥兵自重,故意延误战机,以贪图侵冒军饷之巨利,中饱私囊,虽说出征将士"甲生虮虱",艰苦备尝,但真正遭受劫难的仍是穷苦百姓。在"造物亦难供饱暖"之际,他们"有身各欲救饥穷",才"丛祠鸣火俱行劫,高寨摩云或拒攻"②,许多安守本分的百姓也闻风而动。然而,战争一旦打起来,便不问首从,善良百姓横遭屠戮者不知凡几,以致造成"荆榛黯黯寒磷焰,风雨啾啾夜哭声"③的目不忍睹的惨局。每思及此,瓯北岂能不"翻因凯乐动悲情"?

---

① 赵翼:《闻各路军营报捷残贼计日可尽喜赋》之四,《瓯北集》卷四四,《赵翼全集》第六册,凤凰出版社,2009年,第900页。
② 赵翼:《闻各路军营报捷残贼计日可尽喜赋》之二,《瓯北集》卷四四,同上书,第900页。
③ 赵翼:《闻各路军营报捷残贼计日可尽喜赋》之三,《瓯北集》卷四四,同上书,第900页。

第六章　忧国忧民的悲歌

一　"事关隐忧"的抢米风潮

嘉庆九年（1804）五月中旬，暴雨连日，大片大片的良田均被无情的大水吞没，"桑田几欲成沧海"，树腰挂满了水草，帆船从桥背驶过，四野大水茫茫，更何谈水稻栽插？在往年这个季节，百姓正忙着脚踏龙骨水车抽水浇田，而今却恰恰相反，"修蛇蜕骨桔槔多，邪许声悲似挽歌。可惜踏车如许力，翻将田水灌塘河"①。目睹这一令人焦灼的水灾后情景，瓯北作为"乡间老耕夫"，虽然不便"出位妄言"，贸然询问"生民病"，但内心却与百姓息息相关。在他看来，百姓终日劳碌，面朝黄土背朝天，不过寄希望于温饱而已。若要使人们遵守一定的道德规范，就必须有相应的物质生活作保障，如果连衣食温饱都解决不了，就很难维持社会秩序的和平稳定。

事实果然如此。至农历六月初一，苏淞一带便发生了大规模的饥民抢米事件。瓯北记述道："甲子（嘉庆九年）夏，梅雨过多，苏州以下多被水，不能插秧，米价顿长，贫民遂蜂起抢掠，直入省城，一日劫案数十百起，城门昼闭，三日稍定。吾常地势高，幸免淹浸，而粮价亦贵。"②乾

---

① 赵翼：《水车十百岸田水入河》之一，《瓯北集》卷四六，《赵翼全集》第六册，凤凰出版社，2009年，第948页。
② 赵翼：《瓯北集》卷四六，同上书，第951页。

隆十三年,苏州米价最贵时,不过每升售价"十七文"①,而今却是"市价每升三十五文"②。当时,瓯北存有米一百二十石,若照此价发售,自然是获利颇丰,旦夕之间,便可成百万富翁。然而,瓯北顾及乡邻,为"救死"起见,却将每升的三十五文降至二十四文,贱价出售,"亟枭慰桑梓",以安定民心。在叙及措办这一善事的潜在动机时,他直言不讳地写道:"非以种德殷,亦岂邀誉美。但散区区积,冀免眈眈视。"③饥民的猝变,对这位家境富裕的士绅内在心理的震慑,则由此可知。瓯北对自己的举止毫不文饰,坦然直陈,也反映出他为人真诚的一个侧面,绝非矫揉造作之"伪道学"所能比拟。他的低价散粮的做法,既有"冀免眈眈视"的"忧己"因素,也有"亟枭慰桑梓"的"忧民"动因,未尝不是开明之举,仍体现出他善于审时度势的思想特色。

赵家以廉价售米的消息一旦传开,对灾后饥民来说,无疑是喜从天降。人们似乎遇到救星,看到了求生的希望,无不奔走相告,纷纷"腰悬囊橐"或"手挈筥筐",从四面八方赶来。"万众如涌潮,轰阗声沸耳",争先恐后地抢购。这时,人群中不知哪一个人一声大呼:"没钱也可以领米。"顿时门前秩序大乱,"强者负肩背,弱者伤股髀"。有些年轻妇女,也顾不得讲究体面,索性脱下裙中的布裤,权作布袋以盛米。百余石米,瞬息间被运光。瓯北目睹此状,心里涌满了许多说不出的滋味,禁不住感叹:"呜呼为善难,利人反害己。方惭涓滴微,忍傅讼狱理。所虑民气骄,目已无法纪。兹事关隐忧,苍茫向天咫。"④他哪里想到,"慰桑梓"之举却带来如此结局?然而,瓯北毕竟与那种斤斤计较个人小利的鄙吝者不同,理解百姓的"抢劫以救死"有其合理的一面,更不忍心因个人利益受到了损失而诉诸官府,施酷刑于奄奄待毙之"饥民"。他所担心的是大清王朝的法律,已难以约束朝不虑夕的苦难百姓,封建帝业能

---

① 冯桂芬:《(同治)苏州府志》卷一四九,清光绪九年刊本。
② 赵翼:《瓯北集》卷四六,《赵翼全集》第六册,凤凰出版社,2009年,第951页。
③ 赵翼:《甲子夏梅雨过多苏州以下多被水不能插秧米价顿长贫民遂蠢起抢掠直入省城一日劫案数十百起城门昼闭三日稍定吾常地势高幸免淹浸而粮价亦腾贵群不逞闻风竞效尤余家有米一囷计一百二十石亟减价平粜市价每升三十五文余仅以二十四文定价于是万众毕集有无赖子突起抢米众皆随之少年女亦脱其裙中袴作囊盛得升斗呜呼饥窘之迫人以至无忌惮亡廉耻如此自惟小惠招尤固自贻之戚而民气嚣然不靖大可虑也》,《瓯北集》卷四六,同上书,第951页。
④ 同上书,第951—952页。

否绵延相传。

洪水过后,常州一带米价暴涨,"晓市声喧似涌涛,争营口食罄钱刀。共言米价如梯级,一步升来一步高"①,"斗米需钱四百余,真同珠价论锱铢"②,已由原来的每升三十五文,飞涨至四百多文,百姓实在难以承受。面对眼前的现实,使得他不得不思考,造成百姓穷困的原因何在,难道仅仅是遭受水灾之故?细细想来,人多地少或许是米价居高不下,百姓忍饥受饿的主要原因之一。他在《米贵》(之二)一诗中谓:"只为人多觉地褊,一人一亩尚难全。孟夫子若生今世,敢复高谈古井田?"诗后注曰:"承平日久,生齿日蕃,若人各百亩,安得有如许田也。"③同诗(之四)又谓:"海角山头已遍耕,别无余地可资生。只应钩盾田犹旷,可惜高空种不成。"④人口密集而土地锐减,一人一亩尚不足,古代的井田制,自然无法施之当今。人们挖掘土地潜力,可谓不遗余力,甚或"尽犁坟墓作田畴",只差"高空种不成",为何经不起一点自然灾害的威胁,连温饱都解决不了,"生齿日蕃"无疑是原因之一。因而,他甚至在同一首诗中还提出:"如今直欲禁婚嫁,始减年年孕育蕃。"⑤

在这里,瓯北回避了一个在当时看来十分敏感的问题,即封建统治者的压迫和剥削,乃是给百姓造成沉重灾难的重要原因。然而,生活在封建时代的瓯北,所谓"禁婚嫁"云云,虽然有些偏激,但毕竟已意识到人口数量与生活质量的关系问题,且提出了节制生育以保障世人正常生活的主张,还是很有见地的。生活于同时代的洪亮吉,认为"人未有不乐为治平既久之民者也"⑥。然而,快速增长的人口与有限的社会财富形成难以克服的矛盾。时下之户口,视三十年前增五倍,六十年前增十倍,百数年前增二十倍,而房舍、田地却依然如故。鉴于此,他提出解决这一矛盾的两个途径,一为"君相调剂之法",政府鼓励百姓迁徙,开垦荒地,"使野无闲田,民无剩力",并酌减赋税,抑制兼并,减轻百姓负

---

① 赵翼:《米贵》之一,《瓯北集》卷四六,《赵翼全集》第六册,凤凰出版社,2009年,第956页。
② 赵翼:《米贵》之八,《瓯北集》卷四六,同上书,第956页。
③ 赵翼:《瓯北集》卷四六,同上书,第956页。
④ 同上。
⑤ 赵翼:《米贵》之六,《瓯北集》卷四六,同上书,第956页。
⑥ 洪亮吉:《治平篇》,《卷施阁文》甲集卷一,《洪亮吉集》第一册,中华书局,2001年,第14页。

担。二是遇到"水旱疾疫",人口自然减员。赵、洪二人竟看法相似,都涉及"人口增殖快于生产增长"①这一论题,的确难得。

瓯北不仅以歌代生民哭,还在积极探索解救饥民困厄的途径,在另一首诗中写道:"淮扬渐欲作洪流,眼见饥荒起众咻。被发缨冠非我事,舐糠及米亦吾忧。无依竟托沿门钵,有力将移负壑舟。安得尾闾筹泄水,尽收归海出平畴。"②显然是由逃荒者云集这一现象,看到了一触即发的尖锐阶级矛盾对封建政权的威胁,认为目前能使社会秩序安定的唯一途径,便是泄水入海,使饥民有田可耕,安居本土。然而,良好的愿望毕竟不能代替现实。先来逃荒的灾民,因房舍皆无,不仅不能回返乡里,而且,尚在灾区的百姓,也闻风蚁集,纷纷来江南以谋生计,"携筐曳棒镇相随,人腊纷纷满路岐。残喘暂延终作莩,可怜道上总行尸"③。瓯北眼见"下河流民如飞蝗,过江阵阵来逃荒"④,不仅牵挂逃荒灾民的命运,还在苦苦追索造成百姓受淹的根源。

在《逃荒叹》中,瓯北毫不避忌地径称,"此荒不是天降割"。既非"天降",自是"人为"。据史载,"有清一代,经营于淮、黄交汇之区,致力綦勤,糜帑尤巨"⑤。"自乾隆季年,河官习为奢侈,帑多中饱,寖至无岁不决,又以漕运牵制,当其事者,无不蹶败。"⑥连年修筑堤坝,疏浚河道,花费甚多,却功效甚微。这里矛头所指,自然是治河诸大吏。继而,他在诗中分析道,黄河自淮阴县西南清江入淮,淮水下游遂为黄河所占。二水相济,保障了水上运输的畅通。其交汇处即在杨家庄(在淮阴县西十余里)附近,此处是关键地带。在以往,淮河上游的水,多流向洪泽湖,而黄河之水又靠淮河水冲刷泥沙。而今,黄河入海口云梯关(在淮安东北二百里),因泥沙淤积太厚,致使黄河水无法入海,反倒灌入湖。区区洪泽湖,又岂能兼容黄、淮二河之水,且泥沙渐淤,河床增高,湖水

---

① 刘德权:《洪亮吉集·前言》,《洪亮吉集》第一册,中华书局,2001年,第5页。
② 赵翼:《逃荒》,《瓯北集》卷四八,《赵翼全集》第六册,凤凰出版社,2009年,第990页。
③ 赵翼:《活移尸》,《瓯北集》卷四八,同上书,第995页。
④ 赵翼:《逃荒叹》,《瓯北集》卷四八,同上书,第994页。
⑤ 《清史稿》一二八《河渠志三·淮河》,《二十五史》第十一册,上海古籍出版社、上海书店,1986年,第9294页。
⑥ 《清史稿》卷三六〇《黎世序传》,《二十五史》第十二册,同上书,第10078页。

时时有溃堤的危险。为了保住高堰(在淮安县西)不被洪水冲决,当道便"弗顾民命伤",开附近堤坝一齐放水。宝应、高邮一带本来地势低洼,洪泽湖水顺势而下,"稽天浴日",滔滔奔涌,岂是高宝湖所能容纳?结果大水冲垮了建于高邮城南运河上的车逻等坝,夺堤而出,"遂令下河十州县(自注:泰州、东台、盐城、阜宁、兴化等处),尺田寸宅皆重洋。灾民即在此中住,大半已葬鱼腹僵"①。来此逃荒者,不过是幸存者而已,且越来越多,甚而"十百结队担箩筐",势力渐大。街市店铺以前些时候的"抢米"风潮为鉴,连忙闭门罢市。"有司不敢下令逐,稍给资斧遣出疆"②。这种略施小惠之举,远不能与活饥民"六七十万"的宋代富弼相比。

在瓯北看来,像富弼那样冒个人身家性命之风险,一力赈济灾民的官吏,而今已不复再见,官场上却多了一些"徒夸邻壑策较长"的幸灾乐祸的阴险小人。此类"为民父母"者流,为了治下的安定,置临邑百姓生死于不顾,却将其押送出境。他们哪里想得到,"下河今无乡可返,陆沉家已入混茫。明年高堰恐复泻,万手莫障狂澜狂。他乡故乡总无路,惟有待毙祈早亡"。这些走投无路的百姓,"河干露坐默无语,岸土尽湿涕泗滂"③,是多么可怜。岂不料,地方官并未如愿,他们尽管"具舟给钱",强将灾民"押送出疆,谓可以邻为壑矣",然而,"下游诸县亦不许入境,仍押送回"④,将百姓视若皮球一般踢来踢去。那些以"民父母"自许的大小官吏,毫无一点古仁人之心,驱民如驱蝗,视民命如儿戏,是何等冷酷无情!

对这样波及里下河地区十县百姓的大水灾,《清史稿》不过仅叙及:"(嘉庆)十一年,洪湖异涨,高堰赖新筑子堰抵御,不为害。俄黄水并涨,决盐河民堰,运河东岸荷花塘亦决。""秋,河决周家楼。"⑤至于上一年水淹地区灾情如何,连《清史稿·灾异志》也只字未提。江南河道总

---

① 赵翼:《逃荒叹》,《瓯北集》卷四八,《赵翼全集》第六册,凤凰出版社,2009年,第995页。
② 同上。
③ 赵翼:《逃荒叹》,《瓯北集》卷四八,同上书,第995页。
④ 赵翼:《押蝗回歌》,《瓯北集》卷四八,同上书,第995页。
⑤ 《清史稿》卷三六〇《徐端传》,《二十五史》第十二册,上海古籍出版社、上海书店,1986年,第10077页。

督徐端,只是以功过相抵,未受到任何处分。若不是瓯北在诗集中如实记下此事,谁能想象得到,数以千计的饥民,在当时竟然受到如此大的磨难。瓯北之诗,正可补正史所不足。

二 "黔娄何处更求生"

瓯北面临当时复杂的社会情势,既预感到大清王朝的岌岌可危,又期望封建政权维持残局;既同情贫苦百姓的不幸遭际,又担心他们的过激行为引发动乱。他作为一个敏感的历史学家,明知大清王朝潜在的种种危机不可逆转,但出于各种复杂的社会原因,却称"国运正灵长"。然结合其诗中流露出的种种迹象来看,这并非由衷之言。他在《逃荒叹》一诗中写道:

> 男拖棒,女挈筐,过江南下逃灾荒。云是淮扬稽天浸,幸脱鱼腹余赢尪。百十为群踵相接,暮宿野寺朝城坊。初犹倚门可怜色,结队渐众势渐强。麾之不去似吠犬,取非其有或攘羊。死法死饥等死耳,垂死宁复顾禁防。遂令市阛白昼闭,饿气翻作凶焰张。黔敖纵欲具路食,口众我寡恐召殃。侧闻有司下令逐,具舟押送归故乡。却望故乡在何所?洪流隆割方汤汤。①

瓯北是从淮扬逃荒灾民初有"可怜色"、继则"凶焰张"这一潜在的变化以及灾民为谋生计而采取的过火举动,看到了贫富悬殊所引发的情绪上的尖锐对立,及其矛盾爆发后可能产生的不堪设想的后果。"死法死饥等死耳",便传示出这类不便明言的内容。《史记·陈涉世家》载:"陈胜、吴广乃谋曰:'今亡亦死,举大计亦死,等死,死国可乎?'"②本句显然由此化出。既然饥饿将夺去生命,他们还顾忌什么国家法度、"禁防"?结末的"却望故乡在何所"二句,既流露出对灾民走投无路遭际的同情,也暗示出对官府驱逐灾民这一举措的不满。"黔敖纵欲具路食",典出

---

① 赵翼:《瓯北集》卷四七,《赵翼全集》第六册,凤凰出版社,2009年,第979页。
② 《二十五史》第一册,上海古籍出版社、上海书店,1986年,第229页。

《礼记·檀弓》。中谓:"齐大饥,黔敖为食于路,以待饿者而食之。"①瓯北借以透露出自己欲向饥民援之以手而"恐召殃"的复杂矛盾心态。大半缘抢米风潮给他思想上投下的阴影尚未散去,心有余悸,故不敢轻举妄动。

在另一首《逃荒叹》中,瓯北也表露出相似的情感。他称遭受水灾的逃荒者:"先瞰高闳金屈戍,次及市阛木仓琅。就中岂无良家子,亦复相逐为披猖。索米不劳书帖乞,求钱似责左券偿。"②在瓯北看来,当饥民"开口犹啜嚅"之时,很值得人同情,而发展到后来,"给钱稍迟意早怫",且"相逐为披猖",便是不良行为。瓯北之所以对逃荒者的"披猖"时有微词,是因为这类举动发展下去,很容易引发大规模的民变,直接对封建政权形成威胁。当然,我们对古人不能过于苛求。作为阶级的"人",若是想让他超越本阶级的利益,是根本不可能的。但瓯北毕竟同情百姓疾苦,一再在诗中记下这素有粮仓之称的富饶江南所出现的哀鸿遍野的惨象。《荒景》一诗谓:

> 天将降割此方民,灾沴连番过十旬。(自注:夏至后无雨,白露中又毒雾连日。)无米可炊徒巧妇,有墦能乞即良人。煮来菜甲连黄叶,剥尽榆皮剩赤身。待到明年新麦熟,不知几个得尝新!③

因榆树皮有一定的黏性,晒干捣成粉,可将糠、菜黏附成饭团,以供吃食。树皮业已吃光,"行野条条见白骨",饥民只得采摘槐树叶冷淘后以充饥。祸延及林木,"只为身将沟壑逼"。不仅如此,就连深藏地下的芦苇根也未逃厄难。《掘芦根》诗中写道:

> 生意今年地底伏,生在芦根杀在谷。歊旸毒雾粒米无,命根全恃芦根续。摘嫩为甗余作薪,曝干磨粉聊煮粥。不呼而集奋锸齐,器纷遑问地主孰。入喉已觉堇荼甘,沾体那顾泥浆浊。蛰蚓方愁何处逃,塞鸿应叹无家宿。呜呼!苇荻何堪充旨蓄,饥来亦复当粱

---

① 《十三经注疏》上册,中华书局,1980 年,第 1314 页。
② 赵翼:《瓯北集》卷四八,《赵翼全集》第六册,凤凰出版社,2009 年,第 995 页。
③ 赵翼:《瓯北集》卷四九,同上书,第 1016—1017 页。

肉。偶然深掘竟成坑,死便可埋宁用哭!①

瓯北早年曾历经艰辛,但从未述及剥榆皮、采槐叶、掘草根以度饥荒的遭际,说明目下如此艰窘的困境,是他八十来岁生平第一遭亲历。而且,整个采摘、挖掘、加工过程叙述如此之详尽,若非亲眼所见,恐难以做到。瓯北掌教扬州时,虽然也写了不少反映灾民啼饥号寒或暴尸荒野悲惨情状的诗作,但更多的是客观描述,主观情感注入较少。而晚年的同类题材作品,则是在描述客观情景的同时,融进了更多诗家本人的感同身受,表露出对封建大厦即将倾圮之前景的隐忧。这种些微差异的产生,主要是因为瓯北当年在扬州,所接触的主要是士大夫阶层人物和富商巨贾豪华生活的场景,百姓倒毙沟壑的惨景,也仅是路途偶见,深入体察尚嫌不足。他当时之所以将此类事件形诸笔端,其目的是以"歌民病"而"于风教补微勋"。而今,他长期居于家乡,且时常回西干故里,与乡亲们攀谈,又与中下层读书人有着较广泛的接触,对百姓内在的苦衷有了更深切的体察。百姓如处水火,奄奄待毙,补风教无益,而只能"代生民哭",故作品内容就显得十分厚重。这一差别,恰恰反映了他思想感情的潜在变化,较以往更趋近于一般百姓心理。

他在《四野》诗中是这样描写灾年凄凉景象的:

(其一)四野重阴欲雪天,年荒比户少炊烟。饥羸满眼皆垂毙,忍食何曾一万钱!

(其二)城坊晓市尚喧争,出郭都无笑语声。足谷翁家粮亦竭,黔娄何处更求生?

(其三)百物流通藉贸迁,最繁华是鼓楼前。而今冰冷无人过,一道长街好控弦。

(其四)太平生齿日蕃昌,不死兵戈死岁荒。天为疏通人满患,可知国运正灵长。②

瓯北笔下的常州城,是如此的荒冷沉寂:炊烟几绝,路断人稀,即使最繁

---

① 赵翼:《瓯北集》卷四九,《赵翼全集》第六册,凤凰出版社,2009年,第1018页。
② 同上。

华的鼓楼一带,也同样杳无人迹。百姓骨瘦如柴,奄奄待毙。比较富有的瓯北,虽说也经不起灾荒的威胁,"粮亦竭",但他更多想到的是"黔娄何处更求生",是处境更为艰窘的百姓,多么难能可贵。末一联的"天为疏通人满患"云云,似乎与洪亮吉的借助水旱、疾疫控制人口增长(即天地调剂法)的主张相合,其实不然。瓯北历来主张"立教因人情",令世间"饮食与男女,所欲咸得遂"①,每每"劝人为善",以"爱人"之心推己及人,"以柔致太平",还质难:"人物芸芸总并生,如何等级不公平?"②像这样一位善良忠厚的老人,绝不可能有借助"兵戈"(人祸)、"岁荒"(天灾)达到缩减人口目的之思想。他之所以如此说,是面对错综复杂的客观形势百思不得其解之际的自我宽慰,其中流溢出的却是丝丝难言苦涩。至于"国运正灵长",在某种程度上说,也不过是装潢门面语。既然百姓"不死兵戈死岁荒","灵长"之"国运"依托何在,岂不成了一具空空的躯壳?既然老天在代世间消除"人满"之患,又何必担心"黔娄何处更求生"?如此看来,末一首的"不死兵戈死岁荒",是封建末世真实消息的披露,可谓言人所不敢言。

瓯北久有"霖雨活苍生"之宏愿,面对"满眼皆垂毙"的百姓,尽管"身忧天下原非分",可能会招致祸尤,但是,他出于仁道,不能见死不救。他不顾自己"儿孙方抱饭箩啼",却慷慨解囊,并联合当地士绅,设局劝赈,救助当地百姓,以实际行动在践履着他的人生诺言。

三 暮年"犹勤手一编"

晚年的赵瓯北,虽说多年高卧江湖,但他从未因林下散诞的生活方式而将自身混同流俗,依然以积极乐观的生活态度去迎接未来,品味人生。当然,他有时也常为抽身官场过早,未能实现庇天下寒士的夙愿而深表遗憾,叹慨"只愧东山但高卧,曾无丝发济苍生"③,但忏悔过后,更注重

---

① 赵翼:《杂题》之二,《瓯北集》卷二三,《赵翼全集》第五册,凤凰出版社,2009年,第395页。
② 赵翼:《见河岸乾草牛感赋》,《瓯北集》卷四〇,《赵翼全集》第六册,凤凰出版社,2009年,第789页。
③ 赵翼:《自愧》,《瓯北集》卷五一,同上书,第1049页。

对现实人生的珍惜,"高枕北窗寻乐地,拥书南面作长城。衰残敢谓无余事,炳烛光犹到晓明"①,决计像"桂前荷后"开放的蓝菊那样,悄然吐芳,"弥缝一段秋",以辛勤著述,谱写暮年的人生篇章,以使"黄花晚节香"。

嘉庆十一年丙寅(1806)农历十月二十二日,是瓯北八十诞辰。以他的才学、人品、名望,朋辈致贺者必然很多。儿孙辈更是紧锣密鼓,张罗着为他祝寿。在寿诞之日的前一天,便请来当地有名的戏班,连演三天。且遍请地方士绅、亲朋故旧,大摆宴席,"儿童欢笑妇女喜,为有焰段百戏陈。琼筵排日列樽俎,先宴官长次缙绅。下逮里党众交旧,敢以韦布嫌非伦。居然欢场大富贵,满堂罗绮争鲜新"②,阖府上下,好不热闹。但在瓯北看来,书生门第作此豪举,"半出假贷东西邻",不过是"以富饰贫",故作声势。"腐儒积贮有几许,幸获温饱已骛人。譬如奔马宜稍勒,勿使力尽蹶绝尘。胡为挤竭数年蓄,博此数日快意晨"③,无非是纳绮习气而已。瓯北拦阻不得,只得作罢。当时正值白菜上市,这位老寿星却无意观赏场上歌舞,反而在家督促僮仆醃过冬之菜。且赋诗以解嘲:"乡风暖寿本无稽,儿辈寻欢欲借题。珠翠满堂箫鼓沸,先生正制菜根齑。"④性格之旷达如此。

瓯北年纪高迈,已摆脱了俗事的缠扰,却具有童稚般的真淳之气,"浮华落尽剩天真",对后辈子孙尤其关爱。子女对他也颇尽孝道。儿子廷俊所供饭食颇讲究,且照料很周到,瓯北却担心廷俊的脾泄病,劝他及时服药,可谓"一甘一苦虽殊味,总是人间父子情"⑤。应该说,瓯北的家庭还是充满和谐气氛的,难怪他以"儒门气味清"自许。

然而,事实往往多不如愿,在瓯北81岁时,其继室程恭人(即高氏)便"病膈噎",起初饭食难以下咽,后来连稀粥也不能进,甚至呼吸都很困难。至次年(嘉庆十三年,1808)春节,已卧床多日的程恭人,面对"儿女满前",自知"参苓无效",命不久长,黯然神伤,泪湿枕衾。弥留之际,还告诫家

---

① 赵翼:《消闲》之二,《瓯北集》卷五二,《赵翼全集》第六册,凤凰出版社,2009年,第1066页。
② 赵翼:《儿辈既为余暖寿遂演剧连三日即事志感》,《瓯北集》卷四八,同上书,第1000页。
③ 同上书,第1001页。
④ 赵翼:《十月二十二日为余八十悬弧之辰前一日儿辈为余演剧暖寿是时正白菜上市老夫方谋旨蓄御冬督奴婢醃菜书此一笑》,《瓯北集》卷四八,同上书,第1000页。
⑤ 赵翼:《俊儿供馔颇嘉余以其有脾泄病催令服药》,《瓯北集》卷四八,同上书,第1004页。

人：倘有不讳，丧事务必节俭。到了农历正月十九日，果然与世长辞。垂暮之年的瓯北，失去了赖以相互慰藉的精神依托，顿时"心绪甚恶"。经过一段时间的心理调整，情绪稍有好转，更注重对现实人生的体察，在《年高》诗中写道："年高多阅历，责独重儒门。士要穷能固，人非爵始尊。读耕原祖训，饱暖总君恩。何物留贻久，田家老瓦盆。"①饱经沧桑之后，对生活有了另一层的感悟。在儒家的道德修养中，慎独是重要方法之一。《礼记·中庸》谓："莫见乎隐，莫显乎微，故君子慎其独也。"郑玄注："慎独者，慎其闲居之所为。"②强调在个人闲居独处时，亦应谨慎从事。在瓯北看来，既然熟谙世故，人到晚年，更应该重视自我道德的完善。"倖难青史虚名附，老剩黄花晚节香"，"盖棺自有公评在，何论江湖与庙廊"。③ 作为个体的人，若想自立于世，为人们所推重，不在于他职位高低，官级大小，而在于人品是否高尚。若连做人的起码准则都不具备，更何谈其他？再说，仕途风波多险，最能使人留恋不舍、品味再三的，还是淳朴、和谐的田园生活。首推"田家老瓦盆"，其次才是诗文之作。瓯北这一对人生价值的感悟，自然蕴含进他对生活的深切体验。

当然，作为诗人的瓯北，直至暮年依然忘不了寻诗、写诗，不时高唱："丈夫动足有万里，寒士待庇逾千间。局促辕驹岂足道，出门一笑开心颜。"④以坦然的心态遨游在诗的海洋，所谓"身无遗憾常安枕"，"诗文集颇列名家"⑤。以诗鸣世，对他也是最大的安慰。他在《皓首》一诗中写道："皓首犹勤手一编，丛残旧稿卷盈千。虚名垂老将传世，活一年多百十年。"⑥与他早年所称"书有一卷传，亦抵公卿贵"⑦遥相应照，可见他对人生价值的追求是何等执着。当然，由于身体条件的限制和生活内容的匮乏，他晚年很难写出从军滇南之时气势排奡的古风、排律，而更多地着笔于小诗，"老去作诗多七绝，又从廿八字求工"⑧。在晚年出

---

① 赵翼：《瓯北集》卷五〇，《赵翼全集》第六册，凤凰出版社，2009年，第1036页。
② 《十三经注疏》下册，中华书局，1980年，第1625页。
③ 赵翼：《杂感》，《瓯北集》卷五〇，《赵翼全集》第六册，凤凰出版社，2009年，第1036页。
④ 赵翼：《浮论》，《瓯北集》卷五三，同上书，第1087—1088页。
⑤ 赵翼：《岁晏》，《瓯北集》卷五二，同上书，第1082页。
⑥ 赵翼：《瓯北集》卷五三，同上书，第1100页。
⑦ 赵翼：《偶书》之一，《瓯北集》卷二三，《赵翼全集》第五册，凤凰出版社，2009年，第387页。
⑧ 赵翼：《流光》，《瓯北集》卷五三，《赵翼全集》第六册，凤凰出版社，2009年，第1099页。

门渐少、"孤寂无交契"之际,"把卷惟应对古人"①,以读书作诗为事,"手一编度日,竟作常课,而每日应行之事,转视为冗散"②。所谓"萧斋灯火读书声,中有颓唐一老生"③,便是其当时生活境况的写照。为了克服"古书看过似新书"的"健忘无记性"④,他闭门索居,孜孜以求,毫不懈怠,有时"看到古人诗妙处,浑身痒似紫薇花"⑤。可见,"颓唐"云云,乃自谦之辞耳。在诗歌创作上,仍具有浓郁的创新意识,"谯鼓声残接晓乌,床边侧几一灯孤。不知偶得惊人句,可有前人说过无"⑥。他还在《五更不寐》(之一)诗中写道:"结习难消已作魔,梦回不觉续吟哦。鸡初鸣到鸡声歇,枕上诗功两刻多。"⑦晚年诗歌创作仍如此刻苦。

然而,毕竟岁月不饶人。嘉庆十九年(1814)农历二月间,瓯北又染脾泄之疾,到了三月,饮食渐衰,但心情旷达乐观的瓯北,对病情却不以为意。当子孙们询问病状时,已是88岁高龄的瓯北,只是推说小病,仍以坚强的毅力"起坐观书,未尝竟日卧

赵翼墓

也"⑧。到了四月十六日,病势沉重,至十七日傍晚病逝,走完了他不平凡的人生历程。

---

① 赵翼:《遣兴二首》之二,《瓯北集》卷五三,《赵翼全集》第六册,凤凰出版社,2009年,第1097页。
② 赵翼:《瓯北集》卷五三,同上书,第1106页。
③ 赵翼:《萧斋》,《瓯北集》卷五三,同上书,第1107页。
④ 赵翼:《长昼》,《瓯北集》卷五三,同上书,第1104页。
⑤ 赵翼:《紫薇花》,《瓯北集》卷五三,同上书,第1104页。
⑥ 赵翼:《谯鼓》,《瓯北集》卷五三,同上书,第1097页。
⑦ 赵翼:《瓯北集》卷五二,同上书,第1084页。
⑧ 佚名编:《瓯北先生年谱》,赵兴勤、蒋宸、赵韡编:《赵翼研究资料汇编》下册,台湾花木兰文化出版社,2013年,第461页。

第七章 瓯北的以诚交友

瓯北为人豁达大度，待人真诚宽厚，而且他游踪甚广，北至京师、热河、木兰围场，南至两广、云贵。每到一处，都以其豪爽热情而结交了一大批朋友，其间有诗坛吟侣、有落魄书生、有当道大僚、也有闺中俊彦。无论与何等人交往，他都能恪守古时仁人志士那种"与人为善"、"见贤而思齐"的道德规范，殊为不易。

一 "平生数交契，张蒋最绸缪"

瓯北晚年曾称："平生数交契，张蒋最绸缪。"①诗中所指，即蒋士铨、张埙二诗人。他与蒋士铨的交往，当追溯至乾隆十九年（1754）考取内阁中书之后。瓯北称："忆昨初定交，中书制草拟。暇辄相过从，流连日移晷。寻春同队鱼，骂座触邪廌。"②两人性格相合，蒋则"目无绯紫"、"豪气盖世"，赵亦"直气抗令仆，狂名压金紫"③，故过从甚密，"剧谈声轰然，雅谑笑莞尔。论文频剪烛，角句时拥被"④。如此一来，两家家眷也彼此成了闺中密友，"馈遗若亲串，婉娩俨娣姒。年家来往频，熟识到仆

---

① 赵翼：《吟芗殁于京邸其子孝方扶榇过扬廿年老友遂成永别凭棺溃酒不自知涕之无从也》之四，《瓯北集》卷三三，《赵翼全集》第六册，凤凰出版社，2009年，第615页。
② 赵翼：《次韵答心馀见寄》，《瓯北集》卷一七，《赵翼全集》第五册，凤凰出版社，2009年，第281页。
③ 《瓯北集》卷一七附蒋士铨诗，同上书，第282页。
④ 赵翼：《次韵答心馀见寄》，《瓯北集》卷一七，同上书，第281—282页。

婢"①。壬午(乾隆二十七年,1762)顺天乡试,两人皆为同考官。蒋氏回忆道:"京兆壬年闱,偕君相汝尔。坐对论文灯,眠共吟诗被。谈玄交箭锋,说鬼驱郁垒。洋洋同队鱼,斯乐可忘死。"②后又同在翰林院供职,关系甚洽,可谓"经年不晤自情亲,冷暖场中两故人"③。彼此间推心置腹,无话不谈。

乾隆二十九年(1764)秋八月间,蒋士铨辞官不做,欲买舟南下,究竟为何辞官,《清史稿·文苑二·蒋士铨传》称其"乞病归",袁枚在为其所撰墓志铭中,也认为他是"乞假养母",均未能道出辞官的真正原因,唯瓯北最懂得士铨心思。

士铨为人豪爽,"以古贤者自励,急人之难如不及"④,早在乾隆十五年(1750),年方26岁的蒋士铨,应召修纂《南昌府志》,为杜绝吏役借采访之机向相关者横索钱财,"乃条列采访事宜,杜绝诸弊,大书榜揭城乡,以先人事迹著述应者络绎。胥吏横索计穷,侧目而已"⑤。在此期间,他听说广信守靳春(字大千),"以被劾逮入省,窭甚",遂前往探访,得知底细。原来,广信之前任太守乃福建人,"习贸易,携货若干篋",强令靳"代售于各令,冀获数千金",靳未满其所望。此人怀恨在心,遂串通任按察使的同乡,捏造罪名,将其诬陷。士铨闻知底细,先是"馈米二石",又亲见布政使,"力辩其枉",使靳春获释。士铨考取内阁中书后,告假还乡,昆山聂某、江宁王某,"惧冻馁长安,无力南去"⑥,乃向蒋述说。士铨乃延之于己舟,一同南返,并先后送之归家。还有,湖州老友沈龙文卒,其子来访,士铨"乃助以葬资,并给资斧遣之"。宣化姚天祐故后,次子不肖,"将鬻其女与秦某为妾"。士铨"闻而愤之,鸣于有司",使该女有所归。卫辉某官之子"行乞于市",他又"资之衣裘行李,助以白镪,使之归"⑦。古道热肠可见一斑。且怒即辄发,无所顾忌,历来如

---

① 赵翼:《次韵答心馀见寄》,《瓯北集》卷一七,《赵翼全集》第五册,凤凰出版社,2009年,第282页。
② 《瓯北集》卷一七附蒋士铨诗,同上书,第282页。
③ 赵翼:《送蒋心馀编修南归》之三,《瓯北集》卷一〇,同上书,第153页。
④ 《清史稿》卷四八五《蒋士铨传》,《二十五史》第十二册,上海古籍出版社、上海书店,1986年,第10325页。
⑤ 《清容居士行年录》,《忠雅堂集校笺》第四册"附录一",上海古籍出版社,1993年,第2476页。
⑥ 同上书,第2478页。
⑦ 同上书,第2479页。

此,何况当今?他自知为官场所不容,早已买宅于金陵鸡鸣山下。再加上他文笔雄杰,诗才高妙,嫉妒者有之,"难免谣诼加蛾眉"①,自有小人挑拨士铨与翰林院大僚的关系。正如瓯北在《送蒋心馀编修南归》(之二)诗中所说:"敏捷诗如马脱衔,才高翻致谤难缄",并注曰:"有间之于掌院者。"②以仕途不得意,曾"避客谢毁誉,如蚁壅户蜗隐庐"③,居吴璟处月余。当时,裘师颖曾荐其"入景山为内伶填词,或可受上知"④,士铨"力拒之",愤而辞官离去。对此,《(同治)铅山县志》卷一五"人物·儒林传"亦有详细载述:"士铨名震京师,名公卿争以识面为快。有显宦某欲罗致之,士铨意不屑,自以方柄入圆凿,恐不合,且得祸。钟太安人亦不乐俯仰黄尘中,遂奉以南旋。"⑤恰是对瓯北诗的最好注脚。

其实,在士铨辞官一事上,瓯北有过不同的看法,认为士铨才志激宕,不随俗浮沉,以致视官职如敝屣,这都不能说不是高尚之举。然而,"官去贫难归,毋亦太孟浪。书生命本薄,作事须自量"⑥。是从生活实际出发,代其设身处地着想。他强调,若放弃了举家衣食的唯一来源,结果弄得"书因乞米修,钱待卖文偿"⑦,靠傍人门户讨岁月,又怎能使志气为之壮?但士铨毕竟未能听从瓯北劝解,毅然南归。

然而,士铨以后之遭际,却每每为瓯北所言中。他当时之所以要定居金陵,是因为与两江总督尹继善有前约。可是,士铨至金陵不久,尹继善便被召入京,以文华殿大学士,兼领兵部事,充上书房总师傅。⑧他"自江宁还朝时,谕属吏延君(按:即心馀)为钟山书院山长,后有忌之

---

① 王文治:《蒋心馀前辈请假出都将卜居江南之金陵观其意气萧疏似有终焉之志惜贤哲之难留羡高洁之莫逮赋诗述别情见乎辞》,《王文治诗文集》卷六,人民文学出版社,2014年,第122页。
② 赵翼:《瓯北集》卷一〇,《赵翼全集》第五册,凤凰出版社,2009年,第153页。
③ 蒋士铨:《移榻苏圃寓斋同居匝月书壁志别》,《忠雅堂诗集》卷一〇,《忠雅堂集校笺》第二册,上海古籍出版社,1993年,第816页。
④《清容居士行年录》,《忠雅堂集校笺》第四册"附录一",上海古籍出版社,1993年,第2480页。
⑤ 邵â清校、李梦生笺:《忠雅堂集校笺》第四册"附录二",上海古籍出版社,1993年,第2493页。
⑥ 赵翼:《后园居诗》之十,《瓯北集》卷一〇,《赵翼全集》第五册,凤凰出版社,2009年,第164页。
⑦ 同上。
⑧《清史稿》卷三〇七《尹继善传》,《二十五史》第十二册,上海古籍出版社、上海书店,1986年,第9974页。

者,遂不果"。稍后,"吴中抚军亦有书院之约"①,亦未能成行,以致士铨在经济上陷入困境,"暂居江宁十庙前,贫甚"②。次年,由于浙江巡抚熊学鹏的推荐,始得任绍兴蕺山书院山长。乾隆三十二年(1767),始由白下"挈家之蕺山"。平生有傲骨,"不屑侯门蹑珠履"的蒋士铨,"岂知翻傍矮檐下"③,求一托足之处都如此之难,也难怪瓯北当初劝他"作事须自量"。看来,林下高人并不易做,没有一定的经济基础作保障,仅举家衣食一项,就无从打发。直至晚年,士铨生计一直比较困窘,只能靠教书维持家计。在他主蕺山书院讲席时,任广州知府的瓯北,为接济其生活,还曾赠以银两,但他在诗中却始终未流露此事,倒是蒋士铨于酬赠诗中称:"寄我双南金,附以书一纸。十诗话行藏,两什诉悲喜。"④

至于与张埙(字商言,号瘦铜,一作瘦桐,又号吟芗,江苏吴县人)的交往,则缘于蒋士铨的介绍。时瓯北任内阁中书,"闲居苦岑寂",知吟芗居同一街巷,"寓斋喜咫尺,相距不盈亩",遂欣然前往,握手谈笑,并将其诗卷携归,读后大为叹赏,目为知音。"自今数晨夕,与君作吟耦"⑤。张埙为诗,学山谷、后山,才情横厉,硬语独盘,以清峭胜,与士铨齐名。其诗,"百家鸡犬英雄宅,万岁枌榆故旧情"、"花露半晴题却扇,人扶残醉唱回波",为时所称。据胡敬思《九朝新语》载,邵齐然(字光辰,号闇谷,乃齐烈、齐焘、齐熊弟,齐鳌兄,江苏昭文人)夫人善烹鲟鳇头,张、赵二人半夜买鱼,排闼喧呼。邵氏夫妇已寝,复起而治庖,鱼熟命酒,东方已明。张埙有"昔年邵七同街住,半夜敲门索煮鱼"诗句,以记其事,足见关系非同一般。然吟芗身世"长落魄",直至乾隆三十四年(1769)始中进士,授内阁中书。瓯北任广州知府,吟芗曾前来一聚,相处数月。当年他们曾约定,结诗社于松陵,偕鸥鹭以终。然至乾隆五十四年(1789),吟芗竟病殁于京师,"偕隐言犹在,联吟愿竟空"⑥,不禁凄

---

① 赵翼:《得心徐书却寄》诗自注,《瓯北集》卷一二,《赵翼全集》第五册,凤凰出版社,2009年,第188页。
② 《清容居士行年录》,《忠雅堂集校笺》第四册"附录一",上海古籍出版社,1993年,第2840页。
③ 赵翼:《得心徐书却寄》,《瓯北集》卷一二,《赵翼全集》第五册,凤凰出版社,2009年,第188页。
④ 《瓯北集》卷一七附蒋士铨诗,同上书,第283页。
⑤ 赵翼:《赠张吟芗秀才》,《瓯北集》卷六,同上书,第96页。
⑥ 赵翼:《吟芗殁于京邸其子孝方扶柩过扬廿年老友遂成永别凭棺渍酒不自知涕之无从也》之一,《瓯北集》卷三三,《赵翼全集》第六册,凤凰出版社,2009年,第615页。

然断肠,老泪横流。直至其80岁时,仍于梦境中时见吟芗之身影:"别离日久何无语,贫贱交深尚有情。今夕重逢仍惝恍,醒来翻使泪交横。"①

瓯北早年在京师任职时,以"直气抗令仆"为友人所推许,且有几分"狂气",自然遭到周围苛刻目光的挑剔。一些公卿大僚,盛气凌人,装腔作势,"好以古学鸣",附庸风雅,抬高身价,动不动以韩、欧自许,以文坛盟主自居,令属从曲意奉承,哪怕是其文章拙劣不堪,也须以燕、许大手笔相许,"誉之稍不满,艴然辄怒生"②。而且还睥睨寒士,以权压人。颇有个性的瓯北,"芒鞋不称朱门步,羸骑羞随绣幰鞭"③,岂愿仰人鼻息,低昂随人?他索性闭门高卧,泛览古书,以娱情性,不愿趋附于人,更不愿看人冷脸,又岂能奔走权门?

然而,对待同辈或者落魄不遇者,瓯北却采取另外一种态度,每当见到功名失意书生,马上会唤起对自身遭际的回忆。面对友人,他不是漫不经心地敷衍塞责,更不是居高临下式地说短道长,而是怀着满腔的悲悯心理,向他们倾注了真诚的关心和同情,设身处地体味他们内心所潜藏的苦涩与酸痛,生活处境的尴尬与不幸,和落魄穷儒共命运,默默进行着心灵的对话。当时,他作为一个官职卑微的京师小官,以其特殊的身份,既与上流社会有不同程度的联系,对豪门贵族纸醉金迷的腐朽生活了如指掌,又与中下层读书人有着广泛的交往,虽厕身为官之行列,但在立身行事上有着自己独立的思考,在与各类人物的交往中,始终把握住道德的尺度,并不时以犀利之目光烛照现实,给朋辈以启示与警醒。

二 瓯北与袁枚等诗友的交往

张舟(字廉船)曾与瓯北"共踏京华",相识已久。其人身材虽并不高大,但很有才气,过目不忘,聪颖过人,笔吐龙蛇,摇曳生姿。年轻时

---

① 赵翼:《梦张瘦铜》,《瓯北集》卷四八,《赵翼全集》第六册,凤凰出版社,2009年,第1000页。
② 赵翼:《后园居诗》之七,《瓯北集》卷一〇,《赵翼全集》第五册,凤凰出版社,2009年,第164页。
③ 赵翼:《有以疏慢见责书以志愧》之三,《瓯北集》卷一一,同上书,第178页。

即心高气盛,写诗时作怨愤之语,气冲斗牛。然而,却命运多舛,功名失意,多年尽力拼搏,仍落拓不偶,以致四处流落,无所归依。当年瓯北任广州知府时,曾欲招他入幕,但他为攫取一第,迟迟未成行,不料,至今仍是沦落不堪。他为保全读书人体面,不愿依人为活,曾谢绝过毕沅邀游灵岩山馆的约请。但他毕竟是个辟谷无术的凡人,为衣食之计,又不能不寻觅出路。瓯北执教安定书院时,张舟突然来访,婉转道出心中隐曲。瓯北了解这位友人的心思,便主动写信,举荐他入湖广巡抚毕沅幕。这恰说明挚友深情,并未为日换星移、岁月流逝所冲淡,更没因地位悬殊、际遇荣辱而变更。在那种"唯利所在,无所不倾"的恶浊世风下,瓯北能卓然独立,以诚交友,既称道其"结交心有全腔热,怀古诗无一笔平"[1]、"生来才子便多情,骚怨无端语不平"[2],心胸坦荡,又对他时加告诫、劝勉。张舟岳丈家颇富于财,故希望他将所资助,多采购图书,"蓬门莫为博徒开",应及时发愤,积极进取,力争有所创获。此时的张舟,更深知瓯北志存高远,视功名蔑如,"荐达当时轻狗监",诗歌创作"奇必惊天欲呕心"[3]。尤其是他不以名高而自矜,不以对方贫贱而易交的君子气度,更使张舟深受感染,刻骨铭心。

同样,瓯北也很欣赏张舟的才气,曾请张舟帮助校订《瓯北集》(三十三卷),以速其事。张舟爽快地答应,但建议他不必"过为删节",同时又认为,"斯集乃随年编次,古今体散布于卷帙中,长短篇参差错出,尚难使各体精神一一显露,不如分体刻之,则一体有一体之功力,承学之士得易识指归"[4],还提议将袁枚、李保泰、祝德麟诸人评语亦一并列入。瓯北虚怀若谷,从善如流,一一采纳了他的意见,现存《瓯北诗钞》即是分体编排,且载有当时人评语。可见,张舟对《瓯北诗钞》的成书,有功不少。而且,瓯北诗歌创作的别辟蹊径,执意求新,也使张舟大为叹服。他在《瓯北诗钞跋》中评价说:"奇思壮采,惊心动魄,无一意不创,无一

---

[1] 赵翼:《寄张廉船》之一,《瓯北集》卷一一,《赵翼全集》第五册,凤凰出版社,2009年,第167页。
[2] 赵翼:《赠张廉船上舍即用其束心馀韵》之二,《瓯北集》卷七,同上书,第98页。
[3] 张舟:《读瓯北集题赠》之一,《瓯北集》卷三三附,《赵翼全集》第六册,凤凰出版社,2009年,第617页。
[4] 张舟:《瓯北诗钞跋》,赵兴勤、蒋宸、赵韡编:《赵翼研究资料汇编》上册,台湾花木兰文化出版社,2013年,第212页。

语不新,信古来未辟之诗境也"①,亦是发自内心之语。可见,两人在创作追求、情感趋向上,确有不少相通之处。这是他们彼此交往的感情基础的一个侧面。

与扬州学博李保泰(字啬生)的交往,又何尝不是如此?李保泰是位一心向学的著名文士。光绪六年刊《昆新两县续修合志》卷三一"文苑二"载其事迹曰:"李保泰,字啬生,宝山人。少孤,居贫力学。乾隆庚子进士,官扬州府教授,课诸生不事揣摩逢世术,间梓《尔雅》、《夏小正》等书,以励来学。夙工诗古文词,与桐城姚鼐最相契,邮筒往复,辄以所撰著以印证。迁国子博士,引年告归。乐昆山风土,卜居邑之东塘,卒年七十有二。著有《啬生居诗文集》三十卷、《江都甘泉续志》、《江湾志稿》若干卷。"②且"博综经史,能括其义理之所在。善诗古文词,于赵宋人文集最熟。秉铎扬州,诸生徒执业问道者,日络绎不绝。宁谧自守,读书论文外,不及他事"③。在情趣上,又与瓯北多有相合。自瓯北主安定书院讲席,他"晨夕过从,从容谈艺",遂与之结下深厚友谊。瓯北起初打算将原有诗集"分体重编"时,便请他"代为订正",可见对他的信任。李保泰敬服瓯北"雄气欲翻鹦鹉洲"的不可抑勒的才华,自然不负所托。他所从事的工作,不是一般意义上校订。据瓯北《酬啬生郡博见赠韵》一诗所述:"先生鉴裁擅只眼,苦心肯为披沙拣。不辞格侒作诤友,要证千年铁门限。……化工著色真妙手,红霞一染半大烂。"④可知,其中还当有文辞的润饰和格律的斟酌。李保泰于乾隆庚子(1780)进士及第,比瓯北迟了将近二十年,无论是年龄还是科第,都属晚辈,但他并未因此而顾忌情面,回护原作中的不足,却以审慎的态度对老诗人的作品推敲再三,还就失当之处提出修改意见,以致被瓯北呼为"诤友",是何等不易。这也从另一方面证明了瓯北为人坦易、不立崖岸、虚心接纳善言的长者风范。古人认为"士穷乃见节义",逆境始显真情。朋友之道,贵在"责善",贵在相知,"善则辅宣之,过则规诲之"。学问一途,也

---

① 赵兴勤、蒋宸、赵韡编:《赵翼研究资料汇编》上册,台湾花木兰文化出版社,2013年,第212页。
② 金吴澜等修、汪堃等纂:《昆新两县续修合志》,台湾成文出版社,1970年,第604页。
③ 李斗:《扬州画舫录》卷三,中华书局,1960年,第66页。
④ 赵翼:《瓯北集》卷三三,《赵翼全集》第六册,凤凰出版社,2009年,第611—612页。

当作如是观。

同样，李保泰也非常推服瓯北超人的学识与"不直进古人不止也"的执着进取精神，为诗敢于风气之先的非凡胆略，曾谓："天地之运，积而不穷；风气之新，推而日出。试以三百篇律汉、魏，则汉、魏异矣。又以汉、魏、六朝律唐、宋作者，则唐、宋又异矣。日月终古，光景常新，新之一言，亦文章气运之不得不然者也"，"历观前代诗，其卓然能名一家者，莫不各有精神贯注，而面目各不相袭。先生综括源流，默识神理，大指在自出新意，不斤斤于格调，正如李伯时画马，所谓天闲万厩，皆吾师也，而实无一字蹈袭。尝有论诗三言曰：'句中有意，句外有气，句后有味。'亦可知先生诗之所自矣。"①这一看法，也融汇进他对瓯北诗的评点中。赵翼的《园居》组诗，乃寄居汪由敦澄怀园时所为诗，因此地环境清幽，少有人来，主人朝出暮归，勤于国事，他这个客人倒得以优游其中，似乎成了主人，"涵煦于其内，心神为之融"，故有余暇对现实人生、自然现象作理性追索。李保泰评其"静中故多悟境"②。瓯北《后园居诗》抨击谀墓文字粉饰张皇、贻害后人。修史者若以之为据，写入史册，自然颠倒黑白、歪曲史实。"乃知青史上，大半亦属诬。"保泰评为"千古陈案，一语翻尽"③，可谓知言。瓯北于《书所见》中对释、儒二教的比较，保泰认为"比昌黎立论愈粗愈精，乃知名理固不在深言也"④。瓯北的说理诗《静观二十五首》，保泰认为是别开生面之诗作："诗以道性情，罕有说理者。瓯北五古论事论史，已独辟一境；兹更以诗说理，横说竖说，皆未经人道，而昆刀并剪，无一腐语，无一俚词，尤是独绝处。"⑤如此之类，皆可证明，保泰对瓯北诗的评价，的确颇中肯綮，均点中瓯北创作时用意之所在，而非虚与应酬，足见二人友谊之深厚。

瓯北在当时诗坛享有盛名，与袁蒋形成三鼎立之势。人们对他的

---

① 李保泰：《瓯北诗钞跋》，赵兴勤、蒋宸、赵韡编：《赵翼研究资料汇编》上册，台湾花木兰文化出版社，2013年，第215页。
② 《瓯北诗钞》"五言古二"李保泰评语，《赵翼全集》第四册，凤凰出版社，2009年，第15页。
③ 《瓯北诗钞》"五言古二"李保泰评语，同上书，第20页。
④ 《瓯北诗钞》"五言古三"李保泰评语，同上书，第38页。
⑤ 《瓯北诗钞》"五言古四"李保泰评语，同上书，第80页。

赞扬也越来越多,诸如:"三分鼎足称袁蒋,旗鼓相当尽必传"①、"三家词垒屹相望,旗鼓中原孰对当"②等,皆是。长洲蒋业晋(字绍初,号立崖),曾从沈德潜、王鸣盛诸人游,以76岁高龄,仍好学不倦,且酷爱读瓯北诗,曾先后托吴绍浣(字杜村)、杨充之转述敬慕之意。袁枚、王昶、孙星衍等诗文名家,也对他多所赞扬。在"近来风气轻前辈"情势下,宝山秀才黄燮鼎(字平泉),却专程来常州拜访瓯北,并出示题袁、赵、蒋诸人诗,以见平时对诗坛前辈之崇敬。著名诗人法式善,与瓯北从未谋一面,也在诗中称赞他:"吏治海南盛,诗才瓯北强。江湖闲啸咏,天地大文章。下笔有袁蒋(自注:子才、心馀),读书无汉唐。东坡在门下(自注:芷塘),公不愧欧阳。"③瓯北在诗界名流赞誉声不绝于耳之际,却能正确看待自己在诗歌创作上所取得的成就,虚心向同辈乃至后辈书生请教,乐意接受反面意见,喜交诤友,从善如流,恰说明他在道德修养上已达到一定境界。

诗坛同调如此之多,使瓯北深感欣慰,他曾以"一人知己足平生"诗句,来表达对友人鼓励的感激之情。诗既写出,就希望有人读,更希望别人爱读。对此,瓯北直言不讳地说:"我诗爱人读,好友来激赏。对我长吟之,快若搔背痒"④,其间便流溢出成功者的喜悦。然而,充盈两耳的赞誉,并未使他头脑发热、忘乎所以。他对自己事业的成功,又有着很理智的思考。他深知,无论是学问之途,还是诗歌创作之道,都难以达到尽善尽美的境界,"诗文无尽境,新者辄成旧"⑤。即以读书而论,"偶得一奇闻,如获珠满斛。岂知博学人,胸中已烂熟"⑥。不断在警醒自身:勿以年高而自傲,青年后生中亦有饱学之士;勿以学富而懈怠,世间知识不懂者尚有很多,学海无涯难搜求。自己尽管多年埋首经卷,矢志不渝,然而,所知者不过太仓一粟,沧海一滴,毫无理由自满自足,"多

---

① 《瓯北集》卷三六附吴蔚光诗,《赵翼全集》第六册,凤凰出版社,2009年,第685页。
② 《瓯北集》卷三六附黄燮鼎诗,同上书,第692页。
③ 《瓯北集》卷三三附法式善诗,同上书,第626页。
④ 赵翼:《杂书所见》之一,《瓯北集》卷三六,同上书,第695页。
⑤ 赵翼:《删改旧诗作》之二,《瓯北集》卷二四,《赵翼全集》第五册,凤凰出版社,2009年,第413页。
⑥ 赵翼:《杂书所见》之二,《瓯北集》卷三六,《赵翼全集》第六册,凤凰出版社,2009年,第696页。

愧故人虚奖借，尚嫌熟处未求生"①，并正确对待别人的批评。且不说李保泰在帮他编订《瓯北集》时，经常和他一起斟酌字句，即使老友张坦，也曾批评他近作诸诗"不如旧作"。诤友的单刀直入的话语，使得瓯北"闻言汗自洫，拟更下帷读"，为"柱期精进幢，已入倒回谷"②而愧疚。故而，他在出入典籍的同时，也不断从同辈作品中吸取营养。当时，商盘（字苍雨，号宝意）、严遂成（字崧瞻，号海珊）、袁枚诸人诗集早已刊印，流传四方。后来，卢文弨、王鸣盛、钱大昕的考古之作以及吴省钦、赵文哲、顾光旭、蒋士铨、张埙、王又曾、钱载、王昶、吴锡麒的诗文集也先后刻成。这十数位闻名当时的作家，大都与瓯北有交，且在艺术上也有着相近的追求，"标榜耻为前七子，精神各注后千年"③。瓯北经常把他们的作品罗列案头，一一拜读，并谦称"一堂风雅总吾师"。

  瓯北对后辈学子，也常常以事业相期许。扬州秦恩复（字敦夫），乃翰林编修秦黉（字序堂，号西岩）之子，家饶于财，乾隆五十二年（1787）进士及第后，亦官翰林编修。④ 他曾得到一幅康熙间著名文士汪懋麟（号蛟门）的《少年三好图》，且上面分别有孙枝蔚、施闰章、梁清标、尤侗、朱彝尊、陈其年诸名流题句，自是视为珍宝，特请瓯北题诗于后。汪蛟门所谓"三好"，据其《百尺梧桐阁遗稿》卷八叠前韵诗"似此新欢原不易，如何旧习欲全除"下自注，是指书、酒、音律。在瓯北看来，读书上进，当然是年轻人分内之事。至于酒与声色，在青年中不应提倡。就画中图景而论，"蛟门三好书音酒，尺缣绘作荒淫薮。吹箫度曲皆婵娟，展帙催杯亦姿首"。将寄情声色泼入丹青，年轻人若朝夕与之相对，当会销蚀斗志，有百害而无一益。学前人应该学他们"读书破万卷"的刻苦精神，而不应当迷恋于征歌醉酒。并明确向对方表示："少年狡狯吾已厌，豪士放诞君勿取"，还进而告诫他："君今修途方发轫，何暇征歌醉花

---

① 赵翼：《和敬舆见题拙集之作》之一，《瓯北集》卷二七，《赵翼全集》第六册，凤凰出版社，2009年，第466页。
② 赵翼：《松坪见余近诗以为不如旧作深荷良友规益而精力日衰不能副所望书以志愧》，《瓯北集》卷三六，同上书，第697页。
③ 赵翼：《前辈商宝意严海珊袁简斋诸公诗久已刊布近年来卢抱经王西庄钱竹汀考古之书及吴白华赵璞函顾晴沙蒋心馀张瘦铜王谷原钱籜石王述庵吴谷人诗文亦先后刻成罗列案头足资欣赏率题四律》之三，《瓯北集》卷三六，同上书，第698页。
④ 李斗：《扬州画舫录》卷三，中华书局，1960年，第67页。

柳。声华再世继蓬瀛,扬历他年伫台斗。"①激励他重新树立人生目标,发愤进取,上下求索,以冀学有所成,身登台辅,利济天下。后来,敦夫果然不负所望,成了当时著名学者。他这番有批评有鼓励的恳切话语,向人们提出了一个对青年人如何教育引导的重要话题。青年人好奇心强,爱好广泛,是很正常的事。然而,有的爱好与情趣,可能会影响他的一生。因此,年长者应善于发现此类苗头性的倾向,对年轻人不健康的情趣和爱好,应及时予以纠正,指出利害所在,积极引导他们向正确的方向发展,才使其不致误入歧途。若等到爱好已成痼疾,则为时已晚。

还有,瓯北与袁枚多有交往,感情甚笃。但瓯北并不因所交者乃著名诗人而讳言其种种不足,照样借助不同的途径,婉转地向对方提出批评。

众所周知,乾隆年间,袁枚、蒋士铨、赵翼三家,以诗齐名,在当时影响很大,成了许多诗家追捧的对象,甚至有人因"喜读简斋、云崧、心馀三先生诗,尝欲绘三人真,张之座右"②,在当时传为佳话。三人中,赵翼行为检点,袁枚则因生活放荡曾为人消责。瓯北晚年游金陵,过随园,为十日平原大会。一日大醉,乃戏为呈词,控袁枚于江宁府。知府巴拙堂煞有介事地设宴于郡斋,为他们调停。瓯北呈词谓袁枚,"乡觅温柔,不论是男是女","借风雅以售其贪婪,假觞咏以恣其饕餮。有百金之赠,辄登诗话揄扬","结交要路公卿,虎将亦称诗伯;引诱良家子女,蛾眉都拜门生","虽曰风流班首,实乃名教罪人"。③

在这段风趣诙谐的文字里,恰恰透露出瓯北的真实看法。正如有人所说,瓯北"罗织之词,虽云游戏,亦实事也"④。比照史实,的确是从不同的角度点中袁枚的要害:其一,袁枚以"花里神仙"自许,广招女弟子,且以延子嗣的名义,蓄养姬妾多人,"无子为名又买春",恰是其行为

---

① 赵翼:《秦敦夫编修得其乡先辈汪蛟门少年三好图长卷句者孙豹人杜于皇施愚山梁清标尤西堂朱竹垞陈迦陵诸人皆在焉亦近时一名迹也编修来属为书于后》,《瓯北集》卷三三,《赵翼全集》第六册,凤凰出版社,2009年,第619页。
② 程拱宇:《瓯北诗钞题辞》,赵兴勤、蒋宸、赵韡编:《赵翼研究资料汇编》上册,台湾花木兰文化出版社,2013年,第223页。
③ 梁绍壬:《两般秋雨盦随笔》卷一,赵兴勤、蒋宸、赵韡编:《赵翼研究资料汇编》下册,台湾花木兰文化出版社,2013年,第258—259页。
④ 同上书,第259页。

的写照。本来，招收女弟子，并不为过，但"千金尽买群花笑"，则反映出他生活上放荡、淫逸的一面，难怪有人斥其"少年绮丽晚颓唐"①。其所居随园，"每至春秋佳日，士女如云"，连郑板桥于《赠袁枚》诗中亦称其"室藏美妇邻夸艳"②。对袁枚广招女弟子，学者章学诚曾痛加诋斥，于《丁巳劄记》中谓："近有无耻妄人，以风流自命，蛊惑士女，大抵以优伶杂剧所演之才子佳人惑人。大江以南，名门大家闺阁，多为所诱。征诗刻稿，标榜名声，无复男女之嫌，殆忘其身之雌矣。此等闺娃，妇学不修，岂有真才可取？而为邪人之播弄，浸成风俗，人心世道，大可忧也！"③还于《妇学》中批评道："以纤佻轻薄为风雅，以造饰标榜为声名，炫耀后生，狎披士女，人心风俗，流弊不可胜言矣。"④又谓"无行之文人"，"假借以品题，不过怜其色也"⑤，亦是指袁枚而言。措辞虽说过于激烈，立论也较保守，但却道出袁枚"怜才爱色"之实情。其二是结交权贵，自高身价。《批本随园诗话》卷九谓："傅文忠（恒）本不识字，何由知诗？子才《诗话》中之与鄂文端（鄂尔泰）、傅文忠论文，皆借以吓骗江浙酸丁寒士，以自重声气耳。郑板桥、赵雪（云）松作文贱之。不足取也。"⑥《诗话补遗》卷六亦谓："福康安则膏粱纨绔，一无所用之童呆。所作诗文，皆孙士毅代笔，福康安并不多识字也。"⑦布政使张朝缙"专为达官置办姬妾"，为权门走狗，却被袁枚许为"气局恢宏，槃槃大才"。张有九姬妾，以叶春芳最得宠。叶貌平平，而在袁枚的笔下，却成了"风貌嫣然"的"群花队里王"。其三是借书谋利，婪索钱财。据说，福康安之诗，均为他人代作，曾嘱毕沅致意袁枚，录入诗话，遂赠予万金。至于其他"替人求入选者，或十金、三五金不等，虽门生寒士，亦不免有饮食细微之敬"。

如此看来，瓯北以游戏之笔，给友人下一针砭，可谓苦口婆心。同

---

① 林昌彝：《论诗一百又五首》之三十九，《衣讔山房诗集》卷七，清同治二年广州刻本。
② 郑燮：《郑板桥全集（增补本）》卷三"诗钞三"，凤凰出版社，2012年，第108页。
③ 章学诚著、叶瑛校注：《文史通义校注》上册，中华书局，1994年，第538页注释①引。
④ 同上书，第536页。
⑤ 同上书，第537页。
⑥ 王英志主编：《袁枚全集》第三册，江苏古籍出版社，1993年，第818页。
⑦ 同上书，第831页。

时,这段讼词,也反映出他在人生价值追求上,与袁枚有着很大差异,然这并不影响他们之间的关系,照样时相过从,互视为知己。瓯北对袁枚"到老未除才子气,多情犹昵美人香"①时有针砭,但对他在诗歌创作方面所取得的成就,还是大为推服的。同样,袁枚对赵翼诗歌的"独诣之境"、"忽庄忽俳"之风格,亦颇为赞许。瓯北曾以诗论史事,作有《读史二十一首》,袁枚评曰:"古文家多论古以抒己见,瓯北乃移其法于韵语,便觉斩新开辟,此正其狡狯处。然立论精确,自是不磨。"②瓯北《赴滇从军作》一诗,真实地剖露出他从军滇南之际,与妻子话别时的复杂难言的内在思绪。袁枚谓:"诗到真处,白描胜于着色。"③如此之类,均可看出老诗人独具慧眼的鉴赏能力。这充分说明,生活情趣的差异,并不影响他们之间真诚友谊的建立。世上芸芸众生,个性千差万别。"个体自我意识的各个要素是历史地逐渐形成的"④,"自然个体的行为取决于自然素质与生命活动条件的偶然结合"⑤。人和人之间,不可能在思想情趣、生活追求、行为习惯上完全一致。人和人之间相处,应当互相包容,既要善于发现并汲取对方的长处,以弥补自身的不足,也要敢于正视对

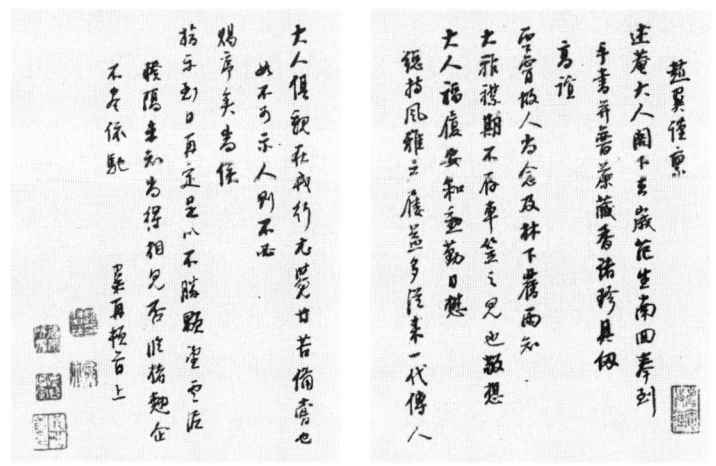

赵翼致王昶手札

---

① 赵翼:《寄寿子才八十》之二,《瓯北集》卷三七,《赵翼全集》第六册,凤凰出版社,2009年,第706页。
② 《瓯北诗钞》"五言古一"袁枚评语,《赵翼全集》第四册,凤凰出版社,2009年,第8页。
③ 《瓯北诗钞》"五言古二"袁枚评语,《赵翼全集》第四册,凤凰出版社,2009年,第22页。
④ 〔苏〕伊·谢·科恩:《自我论:个人与个人自我意识》,佟景韩等译,三联书店,1986年,第54页。
⑤ 同上书,第73页。

方的缺点与错误,并给予善意的批评与劝导。如此,才能真正构建起和谐的人际关系。赵、袁二人的交往,在某种程度上来说,恰体现了这一特点。大量事实证明,瓯北在为人处事上,与他的史学研究一样,也在坚持实事求是的态度,是即是,非就是非,容不得半点掺假,恰体现了他心地的坦诚、磊落。

三 瓯北与洪亮吉的忘年交

瓯北与人交往,如上文所叙,贵在能容人,不仅以虚怀若谷的姿态,不断接纳别人的长处,也能正确对待对方所表现出的种种不足。他与同乡后辈洪亮吉的交往,便能充分证明这一点。

洪亮吉性情褊急,但讲求志节,注重友情。他六岁丧父,随母侨居外家蒋氏,18岁就读北郭邹翁家,翁怜其贫,欲以女嫁之。亮吉因"已聘贫家女"蒋氏,故婉言谢绝,但邹翁的照抚之恩,他刻骨难忘,曾作《郭北篇》以志感念之意。且事母至孝,以笔墨赀奉养母。客处州时,闻母病亟归,将至乡里,得母死讯,大哭昏绝,由桥上落入水中,几乎冻毙。又真诚待友,一诺千金。其友黄景仁客安邑(今属山西省),临死之际,留札托以后事,当时寄身西安的亮吉,昼夜跋涉七百里,奔至安邑,扶其柩归葬故里。瓯北对他的人品志节以及"最雄豪"的才气时加推许,并经常流溢于诗作。但是,亮吉又有一很大弱点,即"性狂妄",好议论人而毫不避忌。在京师时,"每在师友座扼腕论事,劝诸大僚,激扬人物清浊,人多以为狂"①。曾讥刺朝中重臣王杰"刚愎自用",朱珪"崇信释道为邪教首领",刘墉为"当场鲍老","一时八座,无不被其讥者"。② 洪亮吉"性超迈,歌呼饮酒,怡怡然。每兴至,凡朋侪所为,皆掣乱之为笑乐,而论当世大事,则目直视,颈皆发赤,以气加人,人不能堪"。对他有知遇之恩、时任兵部尚书的座师朱珪,就因为同时夸赞亮吉与"先后起官"

---

① 孙星衍:《翰林院编修洪君传》,《洪亮吉集》第五册"附录",中华书局,2001年,第2358页。
② 昭梿:《啸亭杂录》卷七"洪稚存",中华书局,1980年,第186页。

的另一人，亮吉竟"大怒，以为轻己，遂怏怏不乐"①，并欲乞病假归。朱珪当时备受重用，直南书房兼管户部三库，嘉庆帝"时召独对，用人、行政，悉以谘之。珪造膝密陈，不关白军机大臣，不沽恩市直，上倾心一听。初政之美，多出赞助"②。而且，洪亮吉的被起用，也出自朱珪的推荐。对于这样一位对己有知遇之恩的高官尚且如此，其他人可想而知。"人多以为狂"，他亦"自称性褊急不能容物，好古人偏奇之行"③。但从另一层面来看，又恰说明洪亮吉胸无城府，对自我感情毫无遮掩，喜怒形之于色，呈现给人的是一种真实的个性。当然，以这样个性出入官场，不仅赏擢无望，连自身都难以保全。即使与一般民众交往，也不能自视甚高，"不能容物"。所以，在不少人看来，洪亮吉这一肆意褒贬、妄加议论、不能容物的习性，容易被人罗织罪名，招致祸患。

事果不其然。嘉庆四年（1799）夏，朝中发生这样一件事：颙琰即位未久，即下诏求直言极谏之士。在翰林院供职的洪亮吉明知身非言官，妄论时政，会带来不测，但又认为受知于朝，有怀不尽，非人臣之礼，乃称"吾宁谔谔而死，不能默默而生"，遂写信三封，反复指陈时事，分别投给成亲王永瑆、大学士朱珪、兵部尚书刘权之。他在《乞假将归留别成亲王极言时政启》中坦言：朝廷优柔寡断，"处事太缓"，赏罚不公，立法不严，致使人才消磨殆尽，形成"以模棱为晓事，以软弱为良图，以钻营为收进之阶，以苟且为服官之计"的恶浊风气。"在外督抚诸臣，其贤者斤斤自守，不肖者亟亟营私。国计民生非所计也，救目前而已；官方吏治非所急也，保本任而已。故虑久远者，以为过忧；事兴革者，以为生事。"士大夫不顾廉耻，结党营私，援引私人，上下勾结，通同作弊，严重败坏了社会风气。"吏治一日不肃，则民一日不聊生；民一日不聊生，而欲天下之臻于至治不可得。"④至农历八月间，成亲王据以上达。嘉庆帝阅后大怒，斥为"有心诽谤"，"狂谬已极"，"照大不敬律，拟以斩决"。⑤

---

① 恽敬：《前翰林院编修洪君遗事述》，《洪亮吉集》第五册"附录"，中华书局，2001年，第2372页。
② 清史稿》卷三四〇《朱珪传》，《二十五史》第十二册，上海古籍出版社、上海书店，1986年，第10043页。
③ 《清史列传》卷六九《洪亮吉传》，《洪亮吉集》第五册"附录"，中华书局，2001年，第2386页。
④ 钱仪吉纂：《碑传集》第四册，中华书局，1993年，第1455—1560页。
⑤ 《清实录·仁宗实录》卷五〇，《洪亮吉集》第五册"附录"，中华书局，2001年，第2392页。

后来,可能考虑到"群情汹汹"之故,遂免死遣戍新疆伊犁,交将军保宁严加管束。

次年春,京师大旱。嘉庆帝祈雨不灵,遂命"清狱囚,释久戍","以直声动天下"的亮吉被特旨放归。按照当时规定,戍伊犁者满三年始有回来之可能,而亮吉仅百日便结束了戍边生涯,可谓幸事。瓯北闻知这一消息,很是高兴,在《洪稚存编修以言事遣戍伊犁蒙恩赦回志喜》一诗中写道:"九死投荒得赐环,德音一道万人欢。遣归不待乌头白,起废行迁鹤顶丹。骨炼冰霜逾劲节,诗添沙漠有奇观。直声已震难回柱,成就先生作好官。"①在瓯北看来,亮吉被遣戍伊犁,百日得归,说明他还有升擢的机会,还可能为国家、百姓作出更大的贡献。此次遣戍,看起来是坏事,但从另外的角度来考虑,则锻炼了人的气骨与意志,丰富了诗作的素材。再说,此事使得亮吉以直声震天下,挽回了"难回"之"柱",为日后"作好官"奠定了坚定的思想基础,未尝不是好事。瓯北赋此诗,不仅仅是宽慰,还有激励亮吉奋发有为、重振志气之意。《瓯北诗钞》"七言律六"所收《稚存归里赋赠》(之一)诗称:"赐环应捧恩纶泣,不待三年召贾生"②,与"起废行迁鹤顶丹"当是一意,俱寄蕴深切。但瓯北亦直言不讳地告诫亮吉:"得归残喘宁非幸,善保高名在弗骄"③,勿忘被遣戍伊犁、几置重辟之沉痛教训。"诤友",历来为古人所推重。《孝经·谏诤章第十五》谓:"士有争友,则身不离于令名。"邢昺疏曰:"士有谏争之友,则其身不离远于善名也。"④在诗中,瓯北一针见血地指出"善保高名在弗骄",可谓洪氏之诤友。

九月初,洪氏归来,"亲故话旧,几如隔世"⑤。

瓯北比亮吉年长近二十岁,当年入京求功名时,对方尚在襁褓之中,而亮吉进士及第,瓯北辞官归里已达七八年之久,原先双方并无来往,之所以情日见深而终成挚友,更多缘自彼此对对方才性、人品、气节

---

① 赵翼:《瓯北集》卷四一,《赵翼全集》第六册,凤凰出版社,2009年,第821页。
② 赵翼:《赵翼全集》第四册,凤凰出版社,2009年,第411页。
③ 赵翼:《阅稚存百日赐环集再题》,《瓯北集》卷四四,《赵翼全集》第六册,凤凰出版社,2009年,第894页。
④ 《十三经注疏》下册,中华书局,1980年,第2558页。
⑤ 吕培等:《洪北江先生年谱》,《洪亮吉集》第五册"附录",中华书局,2001年,第2348页。

的敬服。在瓯北看来,亮吉虽然有性格缺陷,但无愧直言敢谏之士,凛冰霜之操,秉松竹之节,为社稷长治久安之大计,谠言以揭时弊,将自身生死置之度外,实属难得。清代中后期,不少人"以模棱为晓事,以软弱为良图","相与缄默,俯仰过日",以为升官保禄之计。相比之下,洪亮吉的极论"当世事",就更显得可贵。瓯北认为,对这样的好官,朝廷应委以重任,让他在政治舞台上大显身手。他明知亮吉此次放归,言行不得自主,却毫不避忌地在诗中赞扬对方之"劲节",鼓人间之正气,并渴望其及早起复,施惠于民,还是颇具胆魄的。其《稚存归里赋赠》(之二)诗谓:"生平豪气隘寰区,事不惊人不丈夫。出塞始知天地大,题诗多创古今无。单车风雪孤征路,绝徼山川百战图。不敢慰君儿女语,昔人晚节倍艰勐。"①面对亮吉这位"去时拚作他乡鬼,归日几同再世人"②的豪士,瓯北不愿作儿女态,出悲哽语,而是不断激励他继续保持气节,为日后的发展创造条件。

　　不管怎么说,洪亮吉此次能平安归来,实属幸事。瓯北兴奋之余,索读洪亮吉《万里荷戈集》,意会神通之处,不时拍手称快。在瓯北看来,"中原一片好景光,发泄已尽周汉唐"③。内地的大好风光,已为前人描摹殆尽,而地处"西北极"的伊犁,却很少有人写及。亮吉来此,辽阔的边地雄景,"竟似为君拓诗料"。那触目皆是的狂风、怪石、坚冰、苍鹰等特有景象,皆可"随手拈作锦囊句",可谓"人间第一最奇境,必待第一奇才领"。就丰富诗歌创作的素材而言,亮吉百日赐还又似乎快了些,若再待些时日,说不定诗卷内容又丰富不少,真是"忆君惟恐君归迟,爱君转恨君归早"。④ 在这里,瓯北又以活泼洒脱的笔调,抒写了对这位后辈才俊的惜护、劝勉与宽慰之情,话语中流露出真诚的关爱。

　　在以后的岁月里,他们或"话雨何妨竟夕晨",或"薄酒清谈当斗茶",或聚饮于山茶花下,或对酒而共赏牡丹,但更多的则是谈诗论文、切磋学问。嘉庆六年(辛酉,1801),瓯北所撰诗话拟出初稿,并征求亮

---

① 赵翼:《瓯北集》卷四二,《赵翼全集》第六册,凤凰出版社,2009年,第830页。
② 赵翼:《稚存归里赋赠》之一,《瓯北集》卷四二,同上书,第830页。
③ 赵翼:《题稚存万里荷戈集》,《瓯北集》卷四二,同上书,第837页。
④ 同上。

吉意见。据洪亮吉《赵兵备翼以所撰唐宋金七家诗话见示率跋三首》（之一）称："一事皆须持论平，古人非重我非轻。编成七辈三朝集，好到千秋万世名。未免尊唐祧魏晋，欲将自邻例元明。尘羹土饭真抛却，独向毫端抉性情。"①由此可知，赵瓯北最早拟就的诗话，仅收入李白、杜甫、韩愈、白居易、苏轼、陆游、元好问等诗家，即洪氏所谓"唐宋金七家"。而洪氏同一首诗（之三）又称："杀青自可缘陈例，初白差难踵后尘。只我更饶怀古癖，溯源先欲到周秦。"还于"踵后尘"后注曰："君意欲以查初白配作八家，余固止之。"又于末句下注谓："余时亦作《北江诗话》，第一卷泛论，自屈、宋起。"②恰说明此时的诗话尚未定稿，瓯北拟增订、扩展，并向朋好征求意见。洪氏以自己的"饶怀古癖"，所撰诗话"缘陈例"，追源溯流，劝阻瓯北将当代诗人查初白选入诗话。当然，诗话究竟入选何人，瓯北有着自己的思考。他不愿追踪前人"缘陈例"，不仅未采纳洪亮吉将查初白摒出八家之外的建议，反而将明高启、清初吴伟业一并收入，是为"十家诗话"。于此，又可见瓯北执意求新的一面。所谓"从此国门悬《吕览》，听他辩舌骋仪秦"③云云，则反映出他对自己学术主张的耿耿自信。虽说他们在某些方面的观点不尽一致，但并不影响双方的关系。瓯北在酬赠亮吉的诗作中说，咱们两人的诗作，已在同好中广为流传，"虚名若论时长短，纵不千年也百年"④，而亮吉答诗"嫌百年太少，盖其才独有千古也"。瓯北赋诗调侃道："君也十倍才，出语破万胆。横矛奋一呼，决死战谁敢？已视一世空，曾轻万里贬。笑我目寸光，固难共遐览。而我私自喜，得为君执鞭。"⑤在近似戏谑的笔调中，对洪氏自视太高的行为给予委婉批评，他们立身、处世的态度不同，于此可见一斑。

　　古人很重视友贤成德。《论语·季氏》谓"友直、友谅、友多闻"，意思是说，与正直的朋友交往，则容易发现自身的过失；与信诚的朋友交

---

① 洪亮吉：《更生斋诗》卷四，《洪亮吉集》第三册，中华书局，2001年，第1294页。
② 同上。
③ 赵翼：《稚存见题拙著瓯北诗话次韵奉答》之三，《瓯北集》卷四三，《赵翼全集》第六册，凤凰出版社，2009年，第874页。
④ 赵翼：《再简一首》，《瓯北集》卷四六，同上书，第962页。
⑤ 赵翼：《稚存答诗嫌百年太少盖其才独有千古也再简奉酬》，《瓯北集》卷四六，同上书，第962页。

往,会让自己做人更加诚信;交往见多识广的朋友,也会使自己聪慧起来。"游众人之场,闻善而迁,观过而改"①,以成就个人之品德。在瓯北看来,恃才自傲,不肯"就老成"的士林风气,不利于人际关系的和谐,于学问一途无益。人与人之间应相互尊重,取长补短,才能实现个人道德的完善。社会风气的好转,并非个人之力所能完成,必须靠相当一部分志士仁人的共同努力。由此可知,瓯北对洪亮吉善意而婉转的批评,正体现了一个真正的朋友,在人才涵育、淳厚世风方面的刻苦用心。

四 瓯北所交往的闺阁诗人

瓯北晚年乡居,不仅对后辈诗家积极扶植,即使对女诗人,也竭尽惓惓之心。常熟女才子归懋仪(字佩珊),著有《绣余集》(一称《绣余小草》、《绣余吟草》),寄呈瓯北一读。懋仪乃巡道归朝煦女,自幼受其母李心敬影响,酷爱写诗,长嫁与监生李学璜,夫妇甚相得,更专意为诗,"闭门不见人,独与古人战"②。为诗时有佳构,如《柳》:"密叶笼堤暗,长条著水轻。春风一披拂,无限玉关情";《暮秋忆弟妹》:"城角秋笳起暮愁,一天凉月照南楼。西风雁影人千里,黄菊清尊又晚秋",均能体现瓯北所称道的"务研炼"之风格。或下语奇雄,如《钱塘弩》:"怒涛滚滚排山至,此是英雄不平气";《鹰犬》:"秋高云净天宇辟,金眸闪闪睨空碧",颇有七尺男儿之气势,正所谓"气兼须眉雄,学穷《骚》《雅》变。清芬空谷兰,洁白澄江练"③,故瓯北以"女中青莲"誉之。还有句容骆绮兰(字佩香,号秋亭),也是著名女诗人,乃袁枚、王文治弟子。她博通经籍,"适金陵龚世治。早寡,无子,课螟蛉女以自遣。旧居金陵,厌其喧嚣,徙于丹徒之西郭,食贫自守。作画亦饶有天趣。曾宾谷(燠)都转题其《秋灯课女图》诗云:'一灯双影瘦伶仃,窗外秋声不可听。儿命苦于母

---

① 司马光:《友箴》,《温国文正公文集》卷六八,四部丛刊景宋绍兴本。
② 赵翼:《题女史归佩珊绣余集即寄》,《瓯北集》卷四一,《赵翼全集》第六册,凤凰出版社,2009年,第811页。
③ 同上。

命处,当年有父为传经。'佩香得诗,遂名其集曰《听秋》云"。① 年轻寡居,孤苦可知,所作《女游仙诗》:"不是姮娥甘独处,何人领袖广寒天";《登木末楼》:"载酒独登楼,凭栏四望收。江光初过雨,山意欲成秋。霸业随流水,孤城起暮愁。微茫烟树外,帆影落瓜洲。"洒脱中透出凄婉。佩香与女儿相依为命,含辛茹苦,操持生涯,并挑尽孤烛,课女学诗。瓯北在《再题佩香秋灯课女图》一诗中描绘道:"岂知深闺读书种,也要传心度针孔。……一个娇娃解语花,绮窗亲课秋宵读。梧月蕉风夕馆凉,一灯如豆光微绿。《风》诗诵到《柏舟》篇,女未知悲娘暗哭"②,可谓道尽佩香难言苦悲。在瓯北看来,佩香之诗清雅绝俗,远非当世一般作诗者可比,"此岂宜居弟子行,诗翁漫诩在门墙。上元灯下千词客,方待昭容玉尺量"③。很显然,他对袁、王二人"皆夸为女弟子",是不以为然的。又称:"倘着冠巾试万言,也应第一领词垣。如何不学黄崇嘏,去作人间女状元?"④对女中才子如此推奖,与"女子无才便是德"的封建闺训显然是在唱反调。

诗中所称"昭容",即唐代著名女诗人上官婉儿。据宋人尤袤《全唐诗话》(卷一)载,其母郑氏"方娠,梦巨人畀大秤曰:'持此秤量天下。'昭容生逾月,母戏曰:'秤量者岂汝邪?'辄哑然应。后内秉机政,符其梦云。自通天以来,内掌诏命。中宗立,进拜昭容。帝引名儒,赐宴赋诗,婉儿常代帝及后、长宁、安乐二公主,众篇并作,而采丽益新。又差第群臣所赋,赐金爵,故朝廷靡然成风"。⑤ 然而,在男尊女卑的封建时代,女子的"才明艳异"、"辩口利辞",皆被视为罪过。"才思非妇人之事",应"专以妇道内治"。若写诗作赋,吟风嘲月,会"转失那女子的本来","移了性情"。故而,所谓"里言不出,外言不入",则成了整齐闺阁的不可挪移的法则。

直至清代中后叶,仍有人对女子为诗横加指责、说三道四。著名学

---

① 雷瑨、雷瑊辑:《闺秀诗话》卷一,王英志主编:《清代闺秀诗话丛刊》第二册,凤凰出版社,2010年,第918—919页。
② 赵翼:《瓯北集》卷三八,《赵翼全集》第六册,凤凰出版社,2009年,第725页。
③ 赵翼:《题女史骆佩香听秋轩诗集》之四,《瓯北集》卷三八,同上书,第724页。
④ 赵翼:《题女史骆佩香听秋轩诗集》之二,《瓯北集》卷三八,同上书,第724页。
⑤ 何文焕辑:《历代诗话》上册,中华书局,1981年,第62页。

者章学诚,就曾一再严申男女之"千古大防",反对女子以名闻世,谓:"王、谢大家,虽愆礼法,然实读书知学,故意思深远。非如才子佳人,一味浅俗好名者比也"①,"妇人文字,非其职业,间有擅者,出于天性之优,非有争于风气,骛于声名者也","好名之习,起于中晚文人,古人虽有好名之病,不区区于文艺间也。丈夫而好文名,已为识者所鄙。妇女而骛声名,则非阴类矣"②。足见其对女子之偏见。在他们看来,"梱言且不出,况露文采绚",以文采"自炫",未免有伤风化。而善于对现实生活作深层思考的瓯北,则直斥鄙视女子之才的论调为"迂谈"。在他看来,女子以貌取悦世人,实不足取,何况"施嫱以美传,谁识春风面",不过是道听途说而已。"惟有才女吟,脱口易传遍。一片灵妙心,世远人尚见。"再说,古代女子如谢道蕴、苏蕙诸人,哪一个不是凭才传世?可谓"风流自千古,压尽青云彦"。既负奇才,就不能缄口不言,"岂知绝世才,孰能作暗雁","何须女道学,塞嘿守庭院"③。《玉台新咏》中尚且收录许多扫眉才子,何况当今?无论男女,"爱名本同情,捴藻有独擅",男子既能以才传世,女子也应当如此。

在短短一首诗中,瓯北以犀利的笔触揭示出几个发人深思的问题,即女子是否应该有才,女子自身的价值究竟何在,如何疏通女子才情发抒的渠道并使之合法化?怎样看待女子的"爱名"之心?很显然,其间蕴含有反对重男轻女、要求男女平等的思想。在男尊女卑的伦理思想制约下,"才"几乎成了男子的专利,桑弧蓬矢,驰骋四方,往来任意,无所不能。而女子,不过是供驱使、侍枕衾、生儿育女的工具,招之即来,挥之即去,虽有血肉之躯,却形同行尸走肉,个性受到极大压抑,才情无法得到显露与发挥。瓯北对这一现象深为不满,他不仅充分肯定女子才情,还要求女子不要满足于扮演以貌悦人的掌上玩物的角色,而应该以才立世、以才传世,进而实现健全的人格。这一议论,与前人有关妇女问题的言论相比,自是深刻得多。明代李卓吾,尽管从社会存在对人

---

① 章学诚著、叶瑛校注:《文史通义校注》上册,中华书局,1994年,第534页。
② 同上书,第532页。
③ 赵翼:《题女史归佩珊绣余集即寄》,《瓯北集》卷四一,《赵翼全集》第六册,凤凰出版社,2009年,第811页。

们思想性格影响的角度,驳斥了"男子之见尽长,女子之见尽短"的谬论,但在女子如何认识自身价值、实现个人价值上却缺少进一步的阐述。而瓯北,却揭示了女子以貌美为满足的认识上的误区,并进而指出,貌美不足凭依,唯才始能传世。这无疑给女子如何认识自身价值指明了道路。言下之意是说,一味陶醉在个人美貌的自我欣赏之中,就永远摆脱不了供人亵玩的可悲地位。只有刻苦努力,专擅一艺,以风流千古之才,"压尽青云彦",才能得到世人的真正尊重。这说明生活在两百多年前的瓯北,对妇女问题的认识已相当深刻。

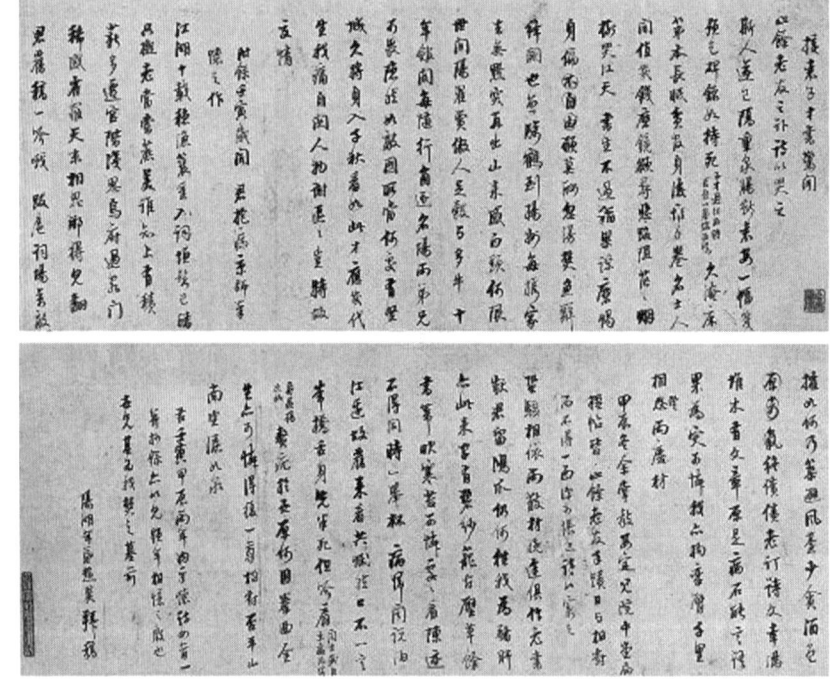

赵翼行书手卷

即以"爱名"之说而论,瓯北也多有独到之处。在古代,不要说女子"出名",即使姓名也不轻易告人,"男女非有行媒,不相知名"①,更何况蜚声于外、扬名后世?本应静守深闺的女子,却也和男子一样"爱名"。在理学家看来,这自然应归于所"灭"之"人欲"范畴。瓯北则不然。他

---

① 《礼记·曲礼上》,《十三经注疏》上册,中华书局,1980年,第1241页。

既从历史的角度肯定了女子爱名的合理性,又从现实出发,结合才女自身特点,阐述了由"爱名"而实现"成名"的可能性,正视妇女的正常愿望和追求,并给予揄扬推奖。而且,他还在申述"爱名"之心人人共有的同时,更突出强调了女子成名较男子容易这一特点。此类鼓舞人心的言论,显然与当时的正统思想不相合拍,却给那些追求思想自由的妇女以信心和力量。

瓯北待人宽厚,交往非常广泛。这里姑举一二,无非是管中窥豹而已。但由此可知,瓯北的交友,并非停留在世俗意义上的虚与委蛇、泛泛应酬,或处于某种不便言说的功利价值而攀结关系、编织网络,而往往是从道德构建、人格塑造的角度思考人际关系,"以文会友,以友辅仁",友贤成德,责己成善。故与友人交往上,较少一般读书人的庸俗吹捧,而更多的则是友朋间的真诚关爱。即此而论,其境界自非一般人所可比拟。

第八章　清代学风与瓯北的学术追求

一　学术现状的反思与为学重心的转移

经历了明清之交的时代骤变,各阶层读书人的学术追求往往呈多元趋势。清初统治者所推行的文化专制对人们思想的严酷桎梏,致使人们的视阈更多地拘囿于经史,激使其对学术问题有了更冷静、更理智的思考。因而,什么是学,为什么学,学术的意义与价值何在? 成了有清一代不少人时而思考的问题。著名学者钱大昕说道:

> 自科举之法行,士大夫习其业者,非孔孟之书不观,非程朱之说不用,国无异学,学无他师,真所谓一道德以同风俗者矣。然学者自就傅而后,粗涉章句,即从事于应举之文,父师所讲授,无过庸软骫骳之词;得其形似,便可以致功名,转不如诗赋策论之难工。由是六经诸史,束之高阁,即四书之义,亦可勿深求,譬犹苾刍诵经礼忏,志在乞食,而不在修行。①

将学术庸俗化,把研读经书视作"梯进干誉"、寻觅衣食之具,岂非社会之悲剧? 固然,学术研究,需要一定的物质条件作支撑。然而,一旦物质条件具备,往日所侈谈的经史之学、立身之道便置之脑后,束之高阁,

---

① 钱大昕:《处士陈先生墓表》,《清文汇》中册,北京出版社,1996 年,第 1774 页。

殆非智者之所应为?

如此看来,在当时,"诵四书,尊程朱,而未见有为其道者"、"所诵者礼义,所好者名利",已成了较为普遍的社会现象,故清代学者周春呼吁以"汉、唐之学",纠"宗宋、元者之流弊"。这从另一侧面说明,以朱熹为代表的理学,尽管在清代被抬至无以复加的地步,但以其不切实用,已引起有识之士的不满,甚或有学者提出:"与其屈经从注,何如舍注取经"①、"推倒一世之豪杰,开拓万古之心胸"②,皆唱出与当时统治者所强调的尊崇程朱不相谐和的音调。

其实,尽管当时文网甚密,但并不是万马齐喑,对学术上的不良风气提出批评者亦不乏其人。冯行在《邓潜谷先生传》一文中说:"而近世学者,牵滞闻见,既迷离于原本,其师心自用、競口实于六经注脚之语,蔑典籍而不事,吾深病之。"③以一诸生,同样表现出对学术现状的忧虑。金匮学者秦蕙田,"不欲居讲学之名,乃与同志三四人,为读经之会,每旬有余日,则一会于所谓味经窝者,会则出其所得而商榷之。尝曰:'先圣之蕴,具于六经,舍六经安有学哉?'"所为文,"非六经之法言不陈,非六经之疑义不决"。④亦有意绕开程朱对儒家经典的传注,强调在经书本文的研讨上下功夫,无疑是对时髦于当时的"程朱之言,即六经也"⑤之说法并不认可。这恰恰说明,宋明理学家侈谈义理的空寂学风,越来越为人们所不满,而从儒家经典本身寻求理道或治世理身之方,则成了多数人的共识。看起来这似乎是问学途径的改变,其实不然。它反映了当时读书人学术的自觉与理性的唤起。他们已不满足于剿袭旧说,拾人牙慧,亦步亦趋,依傍他人,而主张用自己的眼睛去发现儒家经典的精蕴,摆脱了以程朱之是非为是非的窠臼,体现出独立思考的学术精神,应当视作为方法的革命。钱维城的《春秋论》,便借论述春秋笔削大义,透露出自己对是非评判标准的思考:

---

① 钱大昕:《处士陈先生墓表》,《清文汇》中册,北京出版社,1996年,第1774页。
② 田兰芳:《魏方穆传》,《清文汇》中册,北京出版社,1996年,第1188页。
③ 《清文汇》中册,北京出版社,1996年,第1292页。
④ 钱大昕:《味经窝类稿序》,《清文汇》中册,北京出版社,1996年,第1773页。
⑤ 阎循观:《文士诋程朱论》,《清文汇》中册,北京出版社,1996年,第1934页。

> 今夫是非何定乎？其出于一人之言者，虽古昔圣贤言之，而后世不能无疑。其出于天下之言也，虽愚夫妇之言，而圣人不能易。故有一人之是非，有天下之是非，有万世之是非。天下万世之是非，非可以一人定，与天下万世共定之而已。①

字里行间，仿佛能寻觅到晚明以来进步社会思潮的格调风致。

同样，阳明心学及其后学，以其矫枉过正、蔑经裂道而遭到后人的指责。王学末流中出现的"离行言知，外事言学"②的空疏学风，表现为"只以讲说为事"，而走向禅学的空虚境界，致使"学"与"用"相脱节，"知"与"行"不相关。以其空谈误国，无补时用，故有人称之为"伪王学"③。明清之际的一些学者，针对这一不良学风，先后发表了许多批评意见，在补偏救弊方面做了大量工作。明末朱舜水强调，为学一应有益于自己身心，一应有益于天下国家，而反对"纸上空谈"、"掉弄虚脾"，论学以能否实用为标准，认为："处之危疑而弗能决，投之艰厄而弗能胜，岂儒者哉？"④有开国儒宗之誉的顾炎武，对朱熹在研究儒家经典方面的基础工作如诠释、训诂、考订时有肯定，但对其理学思想的地位却评价甚少。他曾称："理学之名，自宋人始有之。古之所谓理学，经学也，非数十年不能通也。……今之所谓理学，禅学也。不取之五经而但资之语录，校诸帖括之文而尤易也。又曰：'《论语》，圣人之语录也。'舍圣人之语录而从事于后儒，此之谓不知本矣。"⑤

很明显，顾炎武在这里指出了学术研究上的另一条路径，即绕开理学门径，寻本究源，直接从儒家经典中汲取有益于世道的营养，大有以经学家之识见来改造理学的况味。在他看来，侈谈义理，忽视当世之务，"以明心见性之空言，代修己治人之实学"⑥，必将误身误国。所以，他力图以经世致用之实学，挽救晚明以来"束书不观，游谈无根"之空疏

---

① 钱维城：《春秋论一》，《清文汇》中册，北京出版社，1996年，第1616页。
② 黄宗羲：《明儒学案》卷二五"南中王门学案·薛方山纪述"，《黄宗羲全集》第七册，浙江古籍出版社，2005年，第689页。
③ 郑鹤声、郑鹤春：《中国文献学概要》，上海书店，1983年，第139页。
④ 朱之瑜：《答古市务本书五首》之二，《舜水先生文集》卷八，日本正德二年刻本。
⑤ 顾炎武：《亭林文集》卷三《与施愚山书》，《亭林诗文集》，四部丛刊景清康熙本。
⑥ 顾炎武著、黄汝成集释：《日知录集释》，岳麓书社，1994年，第240页。

学风,于广博中求专深,在治经史上下功夫。考古断今,是为了济世安民,著述的目的在于有助于世用。王夫之也说:"若近世李贽、钟惺之流,导天下于邪淫,以酿中原衣冠之祸,岂非逾于洪水、烈于猛兽者乎?"①将明之灭亡,亦归罪于王学左派诸人,称"明之亡不亡于朋党,不亡于寇盗,而亡于阳明之学术"②,的确有些骇人闻见。这说明王学末流流布至这个时段,的确是失去了应有的传播市场,心学之变革势在必然。

生当明清之交的黄宗羲,为学亦意在经济,强调"穷经"是为了"经世",而"经世"重在"读史",学"必证明于史籍而后足以应务"。他既不满意理学家的固守"经生之章句",见识浅陋,也不满意心学家的"无事乎读书穷理",空谈性理。曾强调指出:"明人讲学,袭语录之糟粕,不以六经为根柢,束书而从事于游谈,故受业者必先穷经。经术所以经世,方不为迂儒之学,故兼令读史。又谓读书不多,无以证斯理之变化,多而不求于心,则为俗学。"③这显然是针对当时的学术研究实际而发。

宋、元以来,"濂、洛、关、闽之学,不究礼乐之源,独标性命之旨,义疏诸书,束之高阁,视如糟粕,弃等弁髦,盖率履则有余,考镜则不足也。元明之际,以制义取士,古学几绝,而有明三百年,四方秀艾困于帖括,以讲章为经学,以类书为博闻,长夜悠悠,视天梦梦,可悲也夫"!④ 以汉学派人士评判当时为学之情景,下语或许过激,但毕竟道着一些学者滞于所习、仅记诵语录而不考究五经原旨之弊。全祖望在《二老阁藏书记》中也感叹道:"有明以来,学术大坏,谈性命者,迂疏无当;穷数学者,诡诞不精;言淹雅者,贻讥杂丑;攻文词者,不谙古今;自先生(按:指黄宗羲)合理义象数名物而一之,又合理学气节文章而一之,使学者晓然于九流百家之可以返于一贯。"⑤非常概括地揭示了学术各派之流弊,在论及黄氏之"藏书"即其"学术所寄"的同时,充分肯定了他在学风转变

---

① 王夫之:《读通鉴论》卷末"叙论三",中华书局,1975年,第953页。
② 江藩:《国朝宋学渊源记》卷下,中华书局,1983年,第180页。
③ 全祖望:《梨洲先生神道碑文》,《鲒埼亭集内编》卷一一,《全祖望集汇校集注》上册,上海古籍出版社,2000年,第219页。
④ 江藩:《国朝汉学师承记》卷一,中华书局,1983年,第4页。
⑤ 全祖望:《鲒埼亭集外编》卷一七,《全祖望集汇校集注》中册,上海古籍出版社,2000年,第1064页。

中的关键作用。黄氏之学,意在纠偏救弊,以使学术研究朝着"穷经"以"经世"的健康方向发展。

宗羲学出蕺山,蕺山又秉承王阳明之旨。博览百家,注重对经史之学的研究。他于书无所不读,同里钮氏世学楼、祁氏澹生堂、金陵黄氏千顷堂、吴中钱氏绛云楼等处藏书,均曾饱览。穷年搜讨,孜孜矻矻,著有《明儒学案》(六十二卷)、《宋元学案》(未成书,清人全祖望续成之)、《明史案》(二百四十四卷,已佚)、《南雷文定》(五集)等。所著《明夷待访录》,收有《原君》、《原臣》、《原法》、《置相》、《学校》、《建都》、《方镇》、《胥吏》、《取士》、《阉宦》、《田制》、《兵制》、《财计》等,凡二十一篇,系统地阐述了他的政治思想。指斥君主,"以我之大私为天下之公","视天下为莫大之产业,传之子孙,受享无穷"①,致使"天下人民"也成了"人君橐中之私物"②,并声称:"天子之所是未必是,天子之所非未必非,天子亦遂不敢自为非是,而公其非是于学校。"③尤其是在为学思路上,力图别开蹊径,尝称:"今之言心学者,则无事乎读书穷理;言理学者,其所读之书,不过经生之章句,其所穷之理,不过字义之从违……封己守残,摘索不出一卷之内"④,显然有排闼而出、另觅出路之意。

王夫之注重经史研究,但其意亦在"经世",曾在《读通鉴论》一书中称,探究历史,不是为了堆砌史实,而是为了资用于当世,"所贵乎史者,述往以为来者之师也。为史者记载徒繁,而经世之大略不著,后人欲得其得失之枢机以效法之无由也,则恶用史为"⑤。司马光所撰《资治通鉴》,其意"非知治知乱而已也,所以为力行求治之资也"⑥,是以史为鉴,补益于现实。在对帝王的评判上,与黄宗羲所言如出一辙,认为天下不是一人之私产,"以天下论者必循天下之公,天下[非夷狄盗逆之所可尸,而抑]非一姓之私也"⑦。顾炎武则主张理学即经学,离开经书的探

---

① 黄宗羲:《明夷待访录·原君》,《儒学精华》下册,北京出版社,1996年,第1901页。
② 黄宗羲:《明夷待访录·原臣》,《儒学精华》下册,北京出版社,1996年,第1902页。
③ 黄宗羲:《明夷待访录·学校》,《儒学精华》下册,北京出版社,1996年,第1904页。
④ 黄宗羲:《南雷诗文集上》杂文类《留别海昌同学序》,《黄宗羲全集》第十册,浙江古籍出版社,2005年,第645页。
⑤ 王夫之:《读通鉴论》卷六,中华书局,1975年,第135页。
⑥ 王夫之:《读通鉴论》卷末"叙论四",中华书局,1975年,第955页。
⑦ 王夫之:《读通鉴论》卷末"叙论一",中华书局,1975年,第950页。

究,理学何来?"以明心见性之空言,代修己治人之实学",岂不是成了禅学?故为学强调"经世致用"、"救民以事",而不是徒发空言的"空虚之学"。① 他"历览《二十一史》、《十三朝实录》、天下图经、前辈文编、说部,以至公移、邸抄之类,有关于民生之利害者,随录之,旁推互证,务质之今日所可行,而不为泥古之空言"②,撰成《天下郡国利害书》。尝称:"文不关于经术、政理之大,不足为也。"③他对儒家经典的研究,或诠释经文,新意自出,或辨正名物训诂,以补诸笺注之疏漏,往往持论明通,辞有根据,意在以古鉴今,正所谓"取古今民情之利病,代为之斟酌,而今之兴利以除害者在矣"。④ 其研究古学的动机显然可见。他们对心学、理学两派为学之现状,均不满意。心学家的读书不广、知识面偏窄,理学家的寻章摘句、自我封闭,无疑是读经研理的最大障碍,认为"必证明于史籍,而后足以应务,元元本本,可据可依"⑤,故强调博览经史,开拓视阈,在更大知识范围内寻求学术发展之出路,追索经、史何以"经世"这一为大多数学者所忽略的严肃命题。

上述诸人重视考据、追求经世致用的治学路径,对清代学风的形成起到很大作用。正如王国维在《沈乙庵先生七十寿序》一文中所说:

> 顺康之世,天造草昧,学者多胜国遗老,离丧乱之后,志在经世,故多为致用之学。求之经史,得其本原,一扫明代苟且破碎之习,而实学以兴。雍乾以后,纪纲既张,天下大定,士大夫得肆意稽古,不复视为经世之具,而经史小学专门之业兴焉。……亭林之学,经世之学也,以经世为体,以经史为用。东原、竹汀之学,经史之学也,以经史为体,而其所得往往裨于经世。盖一为开国时之学,一为全盛时之学,且涂术不同,亦时势使之然也。⑥

---

① 顾炎武:《亭林文集》卷三《与友人论学书》,《亭林诗文集》,四部丛刊景清康熙本。
② 全祖望:《亭林先生神道表》,《鲒埼亭集内编》卷一二,《全祖望集汇校集注》上册,上海古籍出版社,2000年,第227页。
③ 同上书,第231页。
④ 王夫之:《读通鉴论》卷末"叙论四",中华书局,1975年,第955页。
⑤ 全祖望:《甬上证人书院记》,《鲒埼亭集外编》卷一六,《全祖望集汇校集注》中册,上海古籍出版社,2000年,第1059页。
⑥ 王国维:《观堂集林》,河北教育出版社,2003年,第574页。

尽管当时讲求性理的宋学与重视考据的汉学、王学与朱学势难两立，"为王学者遂视朱子为仇雠，朱子之徒又斥陆、王为异端。而攻击者并文成之事功亦毁之"①，"汉学昌明，遍于寰宇，有一知半解者，无不痛诋宋学"②。但有一点是相同的，即自清初以来的不少学人，在读经与致用关系的理解上，都趋于冷静，都比较认同学以致用，反对"学"与"行"的背离。所谓"一为文人，便无足观，亦薄其徒侈才藻、骛雕章琢句之为，其行义不可闻也"③，正是这一现象的最好注脚。

二　厚重踏实的吴地学风

清代一些学人，最常述及的话题乃是"通经致用"。这则说明，经学的研究应落实到"用"，已成为那一时段不少学者的共识。然而，"通经致用"是一个内涵丰富的学术命题，操作起来并非易事。什么是"用"？如何"用"？人们对这一问题的回答，似乎大都含混不清。更多的人却慑于文字狱的压力，把目光投入经学，做起"考镜源流，辨章学术"的文章来。"为避时忌，聊以自藏"，将经世之学引入纯学术的路径，为考据而考据，抛弃宋明理学的哲学思辨，重蹈汉代经学之故途，以致形成在中国学术史上颇具影响的乾嘉学派。

道光年间，两广总督阮元选辑刊行的《皇清经解》（一称《学海堂经解》），收清代学人解经之作188种，凡1408卷。光绪间，江苏学政王先谦又辑《皇清经解续编》，刊行于江阴南菁书院，凡209种，1430卷，可谓集经学研究之大成。在书中所收众多的经学研究家中，尤以乾、嘉时人居多。当时的学者，吴中一带人又居多数，如顾炎武、徐乾学、顾祖禹、黄仪、惠氏三世、沈彤、余古农、江声、褚寅亮、王鸣盛、钱大昕、王昶、庄存舆、庄述祖、孙星衍、洪亮吉等，皆是。他们各擅专长，博览群书，于一言一事，必求其征，于史书诸事，转相证明，耻于轻信，笃于深求，涵养出

---

① 江藩：《国朝宋学渊源记》卷下，中华书局，1983年，第180页。
② 江藩：《国朝宋学渊源记》卷上，中华书局，1983年，第154页。
③ 桑调元：《大梁书院建五贤祠碑》，《清文汇》中册，北京出版社，1996年，第1408页。

扎实深厚的学术之风。且范围涉猎甚广，举凡经史子集、文字训诂、校雠辨伪、音韵乐律、天文历算、释道典籍、地理沿革，均为当时学人所探究，的确是将学术研究推向了鼎盛局面。然而，这一学风发展到后来，自然也走向极端，以琐碎考证为"实事求是"之学，严重脱离了生活现实，将学术研究引向死胡同。诚如有人所言：

> 当时举子为攫取科第而墨守高头讲章，不复知有其他学问，鄙陋固已甚矣。然扩充而观之，则自乾、嘉以来拘泥古义、死守汉学藩篱之所谓专门经学，亦何尝非姝姝暖暖遵一先生之言以自蔽哉！……汉儒拘墟胶执之习，乃重见之于清代儒林矣。①

为学虽言言有据、字字有考，"争以专门名家相期勖"，援据群籍，"肆意稽古"，然将学问已"不复视为经世之具"，成了为用而用、为考证而考证的"专门之业"。②

乾隆间学人周春，曾在《答同年钱竹汀少詹书》中这样论述道：

> 自八股兴而人才衰，高头讲章出而经学绝。前明三百年，名为遵奉程朱，实则荒经蔑古，此宗宋元者之流弊，不得不以汉唐之学药之。匹如大虚之证，急宜峻补，其势然也。今则不然，自陆清献（陇其）、汤文正（斌）、李文贞（光地）、张杨园（履祥，号杨园）诸公昌明正学，顾亭林（炎武）、朱竹垞（彝尊）、汪尧峰（琬）、毛西河（奇龄）诸公崇尚经术，固已风气大开，不复空疏寒陋，所患久而滥觞，歧途杂出。五尺童子，皆知剽窃定宇（惠栋）、持扯萧客（余古农）；村塾学究，莫不妄袭朏明（胡渭）、谬沿百诗（阎若璩），甚至以骨董谈经，可资捧腹。此又宗汉唐者之流弊，不得不仍以宋元之学药之。③

短短一段文字，一下网罗进十数名硕学鸿儒。此为周春与著名学者钱大昕（号竹汀）讨论问学之道，流露出对学术前景的忧虑。在他看来，宋元之学，持扯儒家经典语句而大谈性理之学，不顾经典的本来之意，自

---

① 张舜徽：《清人笔记条辨》，华中师范大学出版社，2004年，第263页。
② 王国维：《观堂集林》，河北教育出版社，2003年，第574页。
③《清文汇》中册，北京出版社，1996年，第1766页。

然是"荒经蔑古"、"空疏寒陋",故应以汉、唐之学予以救治。而汉学复兴,根柢深浅不一的各类书生,不论是否具备做学问的基本素养,也一味东施效颦,大搞考据、校勘之学,未免将学术庸俗化,故又不得不以宋、元之学救治。文中所谓"滥觞",语出《荀子·子道》,谓:"昔者江出于岷山,其始出也,其源可以滥觞。"意指江河发源地,水极浅且量小,仅能浮起酒杯,后借以比喻事物之发端。但此处却误用做泛滥、蔓延。这段表述,恰反映出周春有意折衷汉、宋之争之意,也从侧面透露出当时学术风气之盛,以致浸淫至"五尺童子",所说不为无据。

瓯北所生活的乾、嘉之时,在苏州、常州、无锡一带,一直有着浓郁的学术氛围。江藩在《国朝汉学师承记》中写道:

> 经术一坏于东、西晋之清谈,再坏于南、北宋之道学,元明以来,此道益晦。至本朝,三惠之学盛于吴中,江永、戴震诸君继起于歙,从此汉学昌明,千载沉霾一朝复旦。①

此处所称"三惠",即指惠周惕、惠士奇、惠栋祖孙三人。他们是乾嘉学派中吴派的代表人物,为江苏吴县人。惠周惕(字元龙),康熙间人,曾任密云知县等职。从徐枋、汪琬游,工诗古文词,后广交当代名士,为朱彝尊所识赏,是吴派经学的导源者。惠士奇,字天牧,晚号半农老人,曾任翰林院编修、侍读学士等职。奋志为学,晨夕不辍,博通经史,且能成诵。谓经之义存乎训,只有识字审音,方能知其意,强调由古训以明经义,并引周、秦诸子以证之,认为唐、宋经师之说,去古甚远,"不能尽通",不可凭依。学者称其为红豆先生。惠栋,字定宇,一字松崖,亦笃志向学,博览群书,为吴派奠基人。经史子集、释道二藏,无不探究。为学推崇汉儒,强调恪守古训家法,著有《后汉书补注》《九经古义》《周易述》《古文尚书考》等。钱大昕尝谓:

> 宋、元以来,说经之书盈屋充栋。高者蔑弃古训,自夸心得;下者剿袭人言,以为己有。儒林之名,徒为空疏藏拙之地,独惠氏世

---

① 江藩:《国朝汉学师承记》卷一,中华书局,1983年,第5—6页。

守古学,而先生所得尤深。①

同一流派者尚有余萧客、江声(号艮庭)、钱大昕、王鸣盛、江藩、沈彤(字果堂)、王昶(字述庵)等人,大多为惠氏弟子,皆兼通文史。其间不少人,如钱大昕、王鸣盛、王昶,皆与瓯北有交。而皖派导源于江永(字慎修),而成就于戴震。戴氏"读书一字必求其义"②,"其学长于考辨,立一义,初若创获,及参互考之,确不可易"③,强调治经从《尔雅》始,"必由字以通其辞,由辞以通其道","虽一事,必综其全而核之",④影响所及,有郑牧、方矩、程瑶田、汪龙、王念孙、王引之、段玉裁、邵晋涵、任大椿、洪榜、汪元亮、孔广森、卢文弨等多人。皖派的治学方法与思路,与吴派有所不同。皖派代表人物戴震,"公开表明要用原典的'真理',摧毁宋儒的'假理'",实则是向"雍正以来'以理杀人'的文化传统挑战"。⑤ 如此一来,经学研究便超出了纯学术的范畴,而带有对现实人生真切关注的意味。

瓯北所生活的常州一带,文学氛围、学术氛围皆甚浓郁。"自明以来,仕宦多贵人……其士人多知乘时,或逾于都会广聚之区,习使之然也。"⑥恰道出该地文士识时达变的特点。因常州文化积蕴深厚,为文人辈出之地。明代唐宋派的代表作家唐顺之,其学"得之龙溪(按:即王阳明弟子王畿)者为多",强调顺情适性,听凭"天机","此心天机活泼,自寂自感,不容人力,吾惟顺此天机而已",⑦"吾心天机自然之妙,而非人力之可为。……学者往往欲以自私用智求之,故有欲息思虑以求此心之静者矣,而不知思虑即心也;有欲绝去外物之诱而专求诸内者矣,而不知离物无心也"⑧。为文初学空同,及至篇篇成诵,刻意摹仿,后则取道欧、曾,崇尚本色,有所建树,提倡"直写胸臆"、"开口见喉咙",在嘉靖

---

① 江藩:《国朝汉学师承记》卷二,中华书局,1983年,第29页。
② 江藩:《国朝汉学师承记》卷五,中华书局,1983年,第85页。
③ 同上书,第86页。
④ 同上书,第88页。
⑤ 朱维铮:《音调未定的传统》,辽宁教育出版社,1995年,第335页。
⑥ 姚鼐:《惜抱轩全集》,中国书店,1991年,第33页。
⑦ 黄宗羲:《明儒学案》卷二六"南中王门学案二·襄文唐荆川先生顺之",《黄宗羲全集》第七册,浙江古籍出版社,2005年,第693页。
⑧ 黄宗羲:《明儒学案》卷二六"南中王门学案二·荆川论学语",同上书,第699页。

八才子中负盛名。瓯北的"向来嫌理学"以及诗歌创作上的执意求新，受乡贤唐顺之的启发当很多。其他如理学名家薛应旂、与顾宪成同主东林讲席的钱一本、为刘宗周所推重的孙慎行、以身殉国的金铉等，均生活于此。

入清，见于各类方志记载的当地文士不下千人，可谓文人荟萃。如康熙间文士邵长蘅（号青门山人），与施闰章、汪琬、陈维崧、朱彝尊等均有交往，有"今之震川"之誉，学识广博，著述颇丰。被雍正帝斥为"名教罪人"的钱名世，所著《四藩本末》、《吴耿尚孔四王合传》，记清初史事，至今尚存。其他还有以经史见长的恽鹤生，"晚任金坛教谕，诫弟子以经世为务，勿徒以文字为能。其学由格致以迄治平，非空谈性理者可比"。① 生当明清之交的恽日初，"论学重知行并进，以格物为先，而防检精密，大旨不离慎独。与刘孝子汋删定念台（刘宗周）诸遗书，复编粹言曰《刘子节要》"，以其"践履笃实，出处皎然"，被誉为"刘氏功臣"。一时学人董玚、陶自悦、杨宗发、杨昌言、龚士荐、蒋金式等，皆从其学，其著作有《中庸问答》、《论语解》、《见则堂语录》、《不远堂诗文集》等。②

当时，常州学派声名虽未大彰，但庄氏一门之学术，已为人所知。庄存与（1719—1788），字方耕，常州今文经学派的创始人。他为官清廉鲠介，在其典试浙江期间，"巡抚馈以金，不受；遗以二品冠，受之。及途，从者以告曰：'冠顶真珊瑚也，直千金。'"存与大惊，"驰使千余里而返之"。且潜心学术，然"自晦其学，欲以借援古今之事势"，③"有所补益时务"④，故人称其"生平践履笃实，于《六经》皆能阐发奥旨，不专事笺注，而独得先圣微言大义于语言文字之外"。⑤ 所著《春秋正辞》，乃常州学派奠基之作。梁启超在《清代学术概论》中谓：

> 今文学启蒙大师，则武进庄存与也。存与著《春秋正辞》，刊落训诂名物之末，专求所谓"微言大义"者，与戴、段一派所取途径，全

---

① 《江苏艺文志·常州卷》，江苏人民出版社，1994年，第308页。
② 汤修业：《恽先生日初传》，钱仪吉纂《碑传集》第十册，中华书局，1993年，第3762页。
③ 龚自珍：《资政大夫礼部侍郎武进庄公神道碑铭》，《龚定庵全集类编》，中国书店，1991年，第297页。
④ 同上书，第296页。
⑤ 徐世昌等编纂：《清儒学案》卷七三《方耕学案上》，中华书局，2008年，第2793页。

然不同。其同县后进刘逢禄（按：庄氏之外孙）继之，著《春秋公羊经传何氏释例》……亦用科学的归纳研究法，有条贯，有断制，在清人著述中，实最有价值之创作。①

此后，其学大昌，龚自珍、魏源、戴望、凌曙等，皆属此派。梁启超又称："今文学运动以公羊为中心，开出晚清思想界之革命，所关尤重。"②该派"想在乾、嘉间考证学的基础之上建设顺、康间'经世致用'之学"③，足见影响之大。

瓯北与庄氏族人多有交往，如与庄映（晚号学晦，1718—1801）、庄炘（字虚庵，一字似撰，1735—1818）、庄绳祖（字萤英，晚号乐闻居士，1717—1791）、庄勇成（字勉余）、庄通敏（字亭叔，号迂甫，1737—1810）、庄茂良等经常诗酒往还。庄炘和庄存与，为同族同宗，论辈分析还高于存与，而年龄则小存与很多。庄绳祖辈分长于庄炘。庄学晦和存与六代祖为同一人，二人乃兄弟班行。庄炘与洪亮吉、孙星衍、张惠言等倡为汉学，深于声音训诂之学，校刊、著述有《一切经音义》、《师尚斋诗集》等书，江藩列其入汉学一派。庄绳祖与瓯北同年，中年始完婚，有惧内之习，故瓯北调侃曰："食是书中粟，归无俸外钱。曾嫌折腰苦，偏折镜台边。"④庄通敏即存与次子，培因（字本淳）之侄，小瓯北十一岁。通敏身死，瓯北赋《庄亭叔中允挽诗》以凭吊，中有"独惜我当垂暮岁，里闾征逐更谁依"⑤之句，足见交往之深。庄氏家族的问学之风，当会影响到瓯北的思想。

三 宏博贯通的扬州学术

瓯北曾两度掌教事的扬州，也是文人乐于逗留之地，学术风气同样

---

① 梁启超：《梁启超论清学史二种》，复旦大学出版社，1985年，第61页。
② 梁启超：《中国近三百年学术史》，《梁启超清学史二种》，同上书，第315页。
③ 同上书，第119页。
④ 赵翼：《庄萤英同年索诗戏赠》，《瓯北集》卷二七，《赵翼全集》第六册，凤凰出版社，2009年，第475页。
⑤ 赵翼：《瓯北集》卷五二，同上书，第1067页。

很浓。扬州乃盐业重镇,江北著名商埠。《清稗类钞》"扬州鹾商好客"条谓:

> 扬州为鹾商所萃,类皆风雅好客,喜招名士以自重,而小玲珑山馆主人马秋玉(曰琯)、佩兮(曰璐)昆仲尤为众望所归。时卢雅雨(见曾)任运使,又能奔走寒畯,于是四方之士辐辏于邗,而浙人尤多。①

马氏弟兄,好学博古,"所与游皆当世名家。四方之士过之,适馆授餐,终身无倦色"②。曾为朱彝尊刻《经义考》,为蒋衡装潢所写《十三经》,又刻许氏《说文》及《玉篇》、《广韵》、《字鉴》等书,以致有"马板"之称。曰璐所筑别墅街南书屋、小玲珑山馆,有看山楼、红药阶、透风透月两明轩、藤花书屋、丛书楼、觅句廊等十来处,丛书楼前后二楼,藏书百橱,后朝廷开四库馆搜访遗书,进书达七百七十六种。著名学人全祖望、杭世骏、厉鹗、钱苍佩等,均曾寄居于此。"性度高廓,不拘小节"的卢雅雨,在官两淮转运使期间,"日与诗人相酬咏",③一时节,戴震、鲍皋、惠栋、吴玉搢、严长明、朱稻孙、汪棣、王昶、钱大昕、王鸣盛、郑燮、赵文哲、钱载、金兆燕等文士,皆曾汇聚于此。当时,盐务总商江春的康山草堂,也延揽了许多名士,"海内名流至邗江者必造焉","诗社文坛,盖极一时之盛"。加之安定书院及梅花书院的人才养育、鼓荡风习,使扬州带有特殊的地域文化风貌。

然而,在述及学术流派时,人们常常论及的有昆山派(顾炎武、徐乾学)、元和派(即吴派,惠氏三世)、婺源派(即皖派,江永、戴震、段玉裁等)、常州派(庄存与等)、高邮派(王念孙、王引之父子)、南雷派(黄宗羲、万斯大等),甚至还有夏峰学派(孙奇逢)、二曲学派(李颙)、桴亭学派(陆世仪)、杨园学派(张履祥)、程山学派(谢文洊)、睢州学派(汤斌)、安溪学派(魏裔介)、平湖学派(陆陇其)、江阴学派(杨名时)、无锡学派(顾世泰)、白田学派(王懋竑)、闽中学派(李光坡)、广东学派(胡方)、山

---

① 徐珂编撰:《清稗类钞》第八册,中华书局,1986年,第3609页。
② 李斗:《扬州画舫录》卷四,中华书局,1960年,第88页。
③ 李斗:《扬州画舫录》卷一〇,中华书局,1960年,第228页。

左学派(阎循观、颜元)、八旗学派(仪亲王德沛)等,然独不见扬州学派。即使后出之《辞海》、《中国大百科全书(哲学卷)》、《哲学大辞典(中国哲学史卷)》、《社会科学辞典》等,亦均未列此目。

较早述及扬州学派的,虽说是东方树的《汉学商兑》一书,但那是在斥责汪中时以嘲讽的口吻连带叙及的,真正将"扬州学派"当作"学派"来研究的,当是梁启超。他在《中国近三百年学术史》中,于论述吴派、皖派后,谓:"此外尚有扬州一派,领袖人物是焦里堂循、汪容甫中。他们研究的范围,比较的广博。"①还在论及焦循(按:循,字理堂,晚号里堂老人)《易章句》等书的价值时,从侧面回答了之所以称扬州学派的原因:"里堂之学,不能叫作汉学,因为他并不依附汉人",且对"汉人所纠缠不休"的问题"一一辨斥",有"摧陷廓清之功","他靠这种学问做帮助,而从本经中贯穴钩稽,生出妙解"。②

其实,论及扬州学派,似应从王懋竑叙起。懋竑(1668—1741),字予中,号白田,宝应人,康熙戊戌(1718)进士,授安庆府教授。雍正癸卯(1723),特召入直内廷,改翰林院编修,未久,以老病辞归。回乡后,闭门著书,笃志经史。懋竑性耿介恬淡,少时曾说:"老屋三间,破书万卷,平生志愿,于斯足矣。"尝从叔父式丹(号楼村)学。懋竑为学,长于考据。前人所作《朱子年谱》,"惟主于铺张褒赠,以夸讲学之荣,殊不足道"。懋竑在婺源洪氏续本、建宁朱氏新本、武进邹氏正讹本的基础上,根据朱氏《语录》、《文集》,订补舛漏,并备列其去取之故,"于朱子平生求端致力之方,考异审同之辨,元元本本,条理分明"。③ 所著《白田杂著》(八卷),在考证上"反复研索,参互比校",用功甚深,"为宋元以来儒者之所未发"。尤其是对朱子之书,"一字一句,皆沉潜以求其始末,几微得失,无不周知。故其言平允如是,非浮慕高名借以劫伏众论,而实不得其涯涘者也"。④ 诗文则未能过人,然坦然自陈,不加遮饰,"所谓人

---

① 梁启超:《梁启超论清学史二种》,复旦大学出版社,1985年,第115页。
② 同上书,第297页。
③ 永瑢等:《四库全书总目》卷五七"史部十三·传记类一",中华书局,1965年,第517页。
④ 永瑢等:《四库全书总目》卷一一九"子部二十九·杂家类三",中华书局,1965年,第1030页。

之知我，不如我之自知，亦足见其学问之笃实也"。① 且视野开阔，不人云亦云，而有着自己的独到见解。如宋儒强调，修身以静其本，而懋竑则认为"人之有动静也，犹其有呼吸也。静则必动，动则必静。论循环则有互根之妙，论其时节则有各致之功……专言静则偏矣"②，无疑带有不迷信权威的独立思考的色彩。其认真刻苦、厚重笃实的学风，不拘成说、勇于探索的进取精神，在扬州一带产生很大影响，对扬州学派的形成起到铺垫的作用。因其治学颇有特色，后人归之于"白田学派"，然治学类白田者较少，难以"派"称之，故将其视作扬州学派的奠基者之一，倒更合适些。因为他的治学途径与思路，毕竟给当时的扬州学人以很大启发。

扬州学派之博，首先表现在涉足算学研究，兼顾医学，关注地方文献、社会风俗。焦循参纂由阿克当阿主编的《扬州府志》，山川、忠义、孝友、笃行、隐逸、艺术、释老、职官等门，由其负责编纂，"职官一门莫不叹其精核详备，为扬州前志所未有"③。汪中的《广陵通典》，被誉为"此书极佳，实一部有断制之扬州史"④。焦循的《扬州足征录》，"不限于乡邦人所作，而凡文章有关乡邦掌故皆最录之"⑤。焦氏另有《北湖小志》、《邗记》等书，均为保存地方文献、考稽社会风俗，积累了珍贵的资料。更值得注意的是，他对戏曲研究的开拓。梁启超称，"以经生研究戏曲者，首推焦里堂"，并评价道："(焦循)《剧说》六卷，虽属未经组织之笔记，然所收资料极丰富，可助治此学者之趣味。"⑥当然，其意义远不止此。该书卷首所出示的"引用书目"，即达166种，且多罕见珍本。《剧说》一书对史料的辑录，不仅为戏曲研究提供了便利，且在保存戏曲文献上亦功莫大焉。另一著作《花部农谭》，是历史上首次将鄙俚不足道的隶属花部的京腔、秦腔、弋阳腔、梆子腔、罗罗腔、二簧调等地方戏曲置于经学家的视野，并予以论述，对近世戏曲研究无疑具有积极的开拓

---

① 永瑢等：《四库全书总目》卷一八四"集部三十七·别集类存目"，中华书局，1965年，第1672页。
② 钱大昕：《王先生懋竑传》，钱仪吉纂：《碑传集》第四册，中华书局，1993年，第1338页。
③ 《江苏艺文志·扬州卷》上册，江苏人民出版社，1994年，第242页。
④ 梁启超：《中国近三百年学术史》，《梁启超论清学史二种》，复旦大学出版社，1985年，第452页。
⑤ 同上书，第455页。
⑥ 同上书，第520页。

意义。焦氏对这一艺术新芽予以关注，恰反映出他在学术方面的独特的识力。其他还涉及诗话、词话、堪舆、文章评选、诗词曲创作等多个领域。

焦循治学，主张兼通。他将学人治经方法，归纳为"通核"、"据守"、"校雠"、"摭拾"、"丛缀"五种，而认为"通核"能够"主以全经，贯以百氏，协其文辞，揆以道理，人之所敝，独得其间"，最为关键。当然"五者兼之则相济"①。对宋儒的以性为善、以欲为恶颇有微词。后人强调治学途径之法曰：以经证经，以史证经，以子证经，以汉人文赋证经，以《说文解字》证经，以汉碑证经，实则所强调的也是为学兼通。②

当然，扬州学派中人物，尚远不止此三人。据相关学者统计，大致在二十人以上。这里，仅就其代表人物的治学特征略加论述。至于王念孙、王引之、段玉裁诸人是否应属于该派，恐一时难以定论。因为王氏父子及段玉裁所用力者，在于经学及文字、音韵、方言、训诂，治学方法与皖派相近。梁启超《清代学术概论》在论及"全盛运动之代表人物"时谓：(戴震)"教于京师，子弟之显者，有任大椿、卢文弨、孔广森、段玉裁、王念孙。念孙以授其子引之。玉裁、念孙、引之最能光大震学，世称戴、段、二王焉"。③ 所言不为无据。所以，他们能否归入扬州学派，大概还须作进一步探究。

扬州学派之所以能够成就其独特的学术风格，除了学者自身的博通经史、刻苦努力等主观条件外，还与这里特殊的学术环境有关。当时的扬州，交通便利，商业发达，山水相依，风景秀美。南来北往的文人学士，无不于此流连忘返，"少驻征程"，或寄寓扬州，借以为谋生之地。如此一来，扬州的文化即呈现出开放的多元共存的趋势，不拘囿于固有之成规，吸纳多方之优长，构建新的为学之机制，与名闻天下的淮扬菜一样，融汇各地之精粹，形成自己的独特风貌。

就上述各学术流派而言，吴派汉学家"为考据而考据，琐碎饾饤，'扞格于经义'、'未知尊旨所在'，使你看不出经书中有什么义理。这种

---

① 焦循：《雕菰集》卷八《辨学》，清道光岭南节署刻本。
② 参看徐珂编撰：《清稗类钞》第八册"经有六证"条，中华书局，1986年，第3805—3807页。
③ 梁启超：《梁启超论清学史二种》，复旦大学出版社，1985年，第4页。

做法的客观意义在于改变经学的思维方式,中断'通经致用'的传统。它提出这样一种可能:通经不必致用,致用不必通经"①。然而,他们尽管以"六经尊孔孟,百行法程朱"相标榜,力图将学问一途从政治运行轨道上滑逸出来,但骨子里仍与统治者表彰理学的倡导保持一致。从另一角度来看,这种对学问的执意求索与追寻,在某种意义上是"从根基上动摇了中世纪经典的神圣地位,从而为中国文化由中世纪向近代的过渡准备了条件"②。而常州学派,庄存与研究《春秋》,虽说意在探求语言文字之外的"微言大义",认为其意旨关系到国家治乱、礼法纲常,但由于特殊的生活环境及他本人遭际的原因,对这类"大义"的表述又显得幽隐、曲折,至刘逢禄始大张其军,意旨渐为显豁,加之龚自珍、魏源的鼓吹,始引发近代思想界革命。而皖派"以求是为标帜",与"以信古为标帜"③的吴派不同,虽作考证,但亦探觅"义理",不是为考证而考证,为经学而治经学,故一般认为,皖派的成就高于吴派。至于扬州学派,张舜徽在《扬州学记》中,从不同层面概括了该派治学的特点,即"对待学术问题采取求同存异的态度","运用变化、发展的观点分析事物","推广了求知的领域","突破了传注重围","不从事声气标榜","肯承认自己短处",④强调"一人有一人之能,不能以己能傲人之不能也","不强人以从己,也不屈己以就人。各尊所闻,不相排斥"。所论较梁启超《中国近三百年学术史》为全面。他还将该派置于当时特定的学术背景下作比较研究,谓:"吴、皖两派学者所走的路,是比较窄的。特别是惠栋,盲目崇拜汉人,无原则地把汉师旧说看成至宝。由好古、信古乃至佞古、媚古。这种弊病,也只有扬州学者能够大胆提出批判……戴震治学范围比较惠栋宽阔些,方法也比较缜密,有实事求是的精神。他的优点全被扬州学者们继承了,并且发展了","扬州诸儒,承二派以起,始由专精汇为通学"。又谓:"余尝考论清代学术,以为吴派最专,徽学最精,扬州之学最通。无吴、皖之专精,则清学不能盛;无扬州之通学,则清学不

---

① 姜广辉:《走出理学:清代思想发展的内在理路》,辽宁教育出版社,1997年,第88页。
② 朱维铮:《音调未定的传统》,辽宁教育出版社,1995年,第333页。
③ 梁启超:《中国近三百年学术史》,《梁启超论清学史二种》,复旦大学出版社,1985年,第115页。
④ 张舜徽:《张舜徽学术论著选》,华中师范大学出版社,1997年,第340—343页。

能大。"①可谓有识之论。

四　地域风尚与瓯北治学倾向的确立

　　清代是历史上学术风气甚盛的时代，江南的苏、锡、常一带又有着厚重的向学习尚和文化积蕴。赵翼自幼生活在这样的文化氛围中，耳濡目染，积渐有自，对他人生道路的选择，则有一种潜移默化的作用。故而，他回归故里后，把人生坐标定在了以著述立身上，即所谓"书有一卷传，亦抵公卿贵"②。在数十年的辛勤笔耕中，他勇于探索，孜孜以求，写下了许多影响深远的著作。

　　在史学研究方面，瓯北除著有《廿二史劄记》（三十六卷）③外，尚有《皇朝武功纪盛》（四卷），包括《平定三逆述略》等八种，皆是据史直书，不加遮饰，对平叛将军的滥杀无辜亦摄入笔底。还参与编撰纲目体史书《历代通鉴辑览》（一百二十卷）以及《国朝宫史》。考据著作有《陔余丛考》（四十三卷），其内容涉及经史考订、历史掌故、节令风俗、文体作法、职官科举、名讳称谓、神仙怪异、婚丧礼仪、方言俗语等许多门类，杂著有《檐曝杂记》（六卷，另有《续》一卷），既有史实、掌故、轶闻之载述，亦有杂事、偏方之记录，风格近于明清学人之笔记。在诗歌创作方面，《瓯北集》乃编年体诗集，凡五十三卷，收诗5800余首，牵涉到五古、七古、五律、七律、五绝、七绝、六言、九言等多种体式。另有《瓯北诗钞》（二十卷），乃是在《瓯北集》的基础上"分体重编"，"删存旧刻十之五六"，文字上亦作了润饰加工。另有诗学批评著作《瓯北诗话》（十二卷），就文学史上具有代表性的名家而论之，兼论及杂体诗，颇具特色。④

---

① 张舜徽：《张舜徽学术论著选》，华中师范大学出版社，1997年，第285页。
② 赵翼：《偶书》之一，《瓯北集》卷二三，《赵翼全集》第五册，凤凰出版社，2009年，第387页。
③ 关于赵翼的《廿二史劄记》和《陔余丛考》，清人李慈铭《越缦堂日记》先后于同治九年（1870）七月初五日、同治十二年（1873）十月二十七日两次提到非赵翼所作。笔者《赵翼评传》（南京大学出版社2002年版）曾于第十一章列专节"《廿二史劄记》著作权辨正及其他"，对这一观点作出辨析，限于本书篇幅，此不赘述。
④ 按：瓯北的各类著作，版本甚多，卷数亦不一。此处仅以清嘉庆湛贻堂刊本《瓯北全集》及近年出版排印本为例，略之。

由上述可知，瓯北的著述与当时的文化氛围有着千丝万缕的联系。约略说来，主要体现在以下几个方面：

首先，就其史学研究而论，未尝不是对前人为学传统的继承。在古代社会，人们受传统的文学观念的制约，往往重史、重经而轻诗文，视六经为"天下之至文"。至于"史"，职在"彰善瘅恶，树之风声"，"实圣文之羽翮，记载之冠冕也"，正所谓"史之为任，乃弥纶一代"。① 直至明代，尚有人称："当留意六经，暇则观两汉诏令，诗小技，不足为也。"②所以，历代文人，哪怕是以诗名家者，也往往喜谈古论史，或怀古伤今，有的则借史以标榜己作，抬高诗文之身价，皆似乎对"史"有特殊的情结。

唐代诗人胡曾，一人就曾写有怀古绝句百首，汪遵也写有五十多首。其他如罗隐、杜牧、孙元晏、唐彦谦、李商隐等，均写有许多同类诗作，不论其主观动机如何，大都流露出对史事的眷恋与追思。至清，涉足史学者大有人在。如王夫之的《读通鉴论》、谷应泰的《明史纪事本末》、马骕的《绎史》、孙楷的《秦会要》、尤侗的《看鉴偶评》、阎若璩的《尚书古文疏证》、毛奇龄的《古文尚书冤词》以及惠栋的《古文尚书考》、《左传补注》、《后汉书补注》，沈钦韩的《汉书疏证》、《后汉书疏证》、《春秋左氏传补注》，侯康的《三国志补注》、《后汉书补注续》，陈景云的《三国志校误》、《通鉴胡注校误》、《两汉订误》，钱大昕的《汉书辨疑》、《后汉书辨疑》、《续汉书辨疑》等皆是，或专注于一史，或订正旧史之讹误，均为史学研究的深化做出了努力。就史事而发论者则更多，如顾炎武《郡县论》、徐枋《封建论》、吴炎《留侯论》、查继佐《郑当时论》、万应隆《安刘必勃论》，还有顾景星《秦论》、《隋论》以及朱一是《苏秦论》、《张良论》等。有的是借题发挥，抒写个人的政治主张；有的是从史的角度，探寻明王朝兴衰败亡的教训。孔尚任《〈桃花扇〉小引》谓："场上歌舞，局外指点，知三百年之基业，隳于何人，败于何事，消于何年，歇于何地？不独令观者感慨涕零，亦可惩创人心，为末世之一救矣。"③虽说出自剧作家之口，

---

① 刘勰：《文心雕龙注释》，人民文学出版社，1981年，第171—172页。
② 张廷玉等：《明史》卷一四八《杨士奇传》，《二十五史》第十册，上海古籍出版社、上海书店，1986年，第8204页。
③ 孔尚任：《桃花扇》，人民文学出版社，1982年，第1页。

但却道出了明末清初诸多文士的共同心理。顾炎武、王夫之等人之治史,其潜在动机亦在于此。后来治史竟形成一时之风气,则是他们始料未及的。

当然,乾嘉之时的治史者,如王鸣盛、钱大昕、惠栋、沈彤、朱筠、江永等人,对明王朝兴衰原因的探求已失去了热情,所考虑的多是史书编撰的技术层面或史实与文字的校订。而在有的学者看来,"整辑排比,谓之史纂;参与检讨,谓之史考,皆非史学",真正的史学应"切合人事","史学所以经世,固非空言著述也"。当时的学术现状却是"舍今而求古,舍人事而言性天",故"不足言史学"。① 此等言论,确实击中了清中叶考据学的要害。而瓯北之治史,既不同于吴派之整辑排比、参互检讨,也不同于皖派的字斟句酌、讲求古义,也无意于借研史以扬名,而是继承顾炎武治学之途径,将治史作为手段,其重心在于致用,从大的方面着眼,寻觅历代治乱之故,以史为鉴,裨益于当今之治理。

其次是瓯北为学,每每能体现出一种理性的自觉。晚明之时,学术界往往为浮躁之风所充斥,空谈性理者多,苦读经史者少,正所谓"百余年以来之为学者,往往言心言性,而茫乎不得其解也",其失在于丢失了"博学而笃志"、"切问而近思"的优秀为学传统,"置四海之困穷不言"② 而空谈心性。至清初,由于顾炎武、王夫之、黄宗羲诸人的呼吁和倡导,使学风得以好转,由晚明的"束书不观,游谈无根",转而为关注"四经之指"、"当世之方"。清政权稳固后,既大兴文字狱,对读书人施行政治高压,又鼓励人们尊孔读经,以学问为务。阎若璩的学问知名于当时,"世宗在潜邸手书延至京师,握手赐座,呼'先生'而不名。索观所著书,每进一篇,未尝不称善",以学问受"特达之知"。③ 此类很有诱惑力的举止,自然使得不少读书人心旌摇摇,在学问之途上一试身手,以期发达有日。故而,才产生"五尺童子,皆知剽窃定宇、捃扯萧客;村塾学究,莫不妄袭胐明、谬沿百诗"之局面。即使著名的吴、皖两派,虽说治学方法、途径各有侧重,但由于受汉学的影响,为学过于尊信前人,甚而将学

---

① 章学诚著、叶瑛校注:《文史通义校注》上册,中华书局,1994年,第524页。
② 顾炎武:《与友人论学书》,《清文汇》上册,北京出版社,1996年,第6页。
③ 江藩:《国朝汉学师承记》卷一,中华书局,1983年,第10页。

问引入诗文创作之途,每"作诗古文,必先罗列满前,考核精细,方伸纸疾书","动笔一次,展卷一回"。① 有的则过于求专精。据载,"姚姬传比部尝仿作词。嘉定王太常鸣盛语休宁戴太史震曰:'吾昔畏姬传,今不畏之矣。彼好多能,见人一长,辄思并之。夫专力则精,杂学则粗,故不足畏也。'姚闻之,遂不作词。且多所舍弃,以古文名世"②。学求专精,"一字未定,必反复讲求,不归于至当不止"③,固然反映了当时学者严肃认真、实事求是的治学态度,然事事以学问为趋,不论其为学之价值,且无视对相关学术领域知识的了解与探究,自然是作茧自缚,将自己推入狭而窄的问学之途。尤其是吴派,发展到后来,则"拘于传注","唯汉是求,而不求其是",走的是以古证古的纯学术道路,远离了社会人生。

处在这一特殊的社会条件下,瓯北选择了一条既做学问、又不使学问流于空虚无用的独特治学路径。这说明他在问学方面虽然推服王鸣盛、钱大昕诸吴派学人,但并不盲从,而是根据本人的条件和追求,而决定自己做何等学问,怎样做学问。所以,无论是史学研究,还是章句考证、诗学探究,他更多关注的是有用于世、有益于人,即使诗歌创作,所思考的也是以文字"补时阙"。能做到这一点,是十分难得的。

再次是为学途径的拓展。当时影响甚大的吴、皖两派,前者在哲学、政治学、历史学的史料搜集方面用力较多,惠氏祖孙,均在《周易》研究方面颇有建树,并涉及《春秋》、《尚书》;后者研究领域,则包括文字、音韵、数学、舆地、声律、礼仪等诸多层面,侧重于问学之途的基本功训练与实际操作。从大的方面而论,当时的学者多是"自广衢趋于狭径,弃磊落而注虫鱼"④。而瓯北的治学,对吴、皖两派之长均有所吸纳,但与任何一派又不尽相同,形成了自己的风格。他更注重对纷繁史料的理性思辨,并以之启迪于现实人生,即便考据之学,也使之带有能为一般人所接受的大众化色彩。如《陔余丛考》对方言俗语的阐释、节令风习的考述等,均能说明这一点。

---

① 陆以湉:《冷庐杂识》卷五"为学之道",清咸丰六年刻本。
② 同上。
③ 洪亮吉:《邵学士家传》,《卷施阁文》甲集卷九,《洪亮吉集》第一册,中华书局,2001年,第192页。
④ 张舜徽:《清人笔记条辨》,华中师范大学出版社,2004年,第116页。

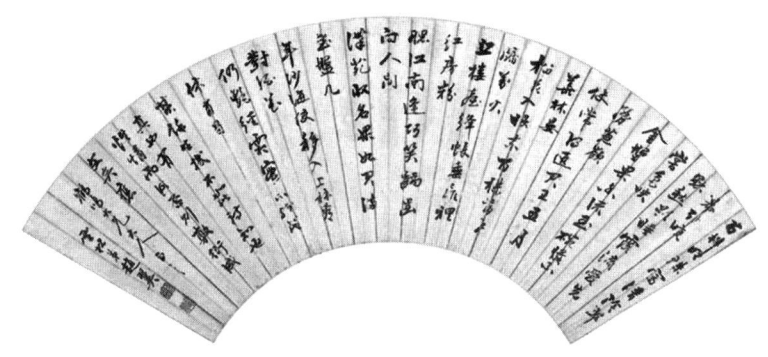

赵翼书法扇面（一）

同时，瓯北为学，还受到扬州学人的启发。瓯北在扬州生活期间，虽说与焦循、汪中等未必有什么交往，但扬州独特的人文环境对他的影响是不言而喻的。他在扬州时的新雨旧知，至少有数十人。其中有著名藏书家汪启淑，有对经史颇有研究的秦䌷、秦恩复父子，以及"赀甲于扬州，家有梨园最擅名"的张坦（字松坪），还有商界巨子江鹤亭，有"散馆后不仕，家富于财"的吴以镇（涵斋），有掌教梅花书院的张珏（并山），诗人王嵩高（少林）、汪端光（剑潭）、谢溶生（未堂）、蒋宗海（春农），以及学有专长的李保泰、金兆燕、沈业富等，可谓极一时之盛。学人之间的频繁交往，各类人等身世、经历的不同，审视事物的视野、角度，自然也会有很大差别，学术上的交流以及不同观点的碰撞，则势所难免。与商人及其出身商家之文士的接触，也会影响瓯北对不同价值观念的接纳与评判。因为商人不受传统礼法约束的思维定势，对周围朋友毕竟会有所波及。瓯北治学涉猎范围广，取法途径宽，当与特定地域文化、习尚的熏染有关。

这里，仅就瓯北为学与清代学风之关系略加申述，至于他在史学、哲学、考据学、戏剧学、诗学及诗歌创作方面的成就，将于以下各章详细论之。

第九章 瓯北对戏曲艺术的接纳与思考

江苏历来以文化大省著称,而江苏的戏曲文化更是为人们所推重。如果说元代杂剧的发展重镇基本集中在北方,分布在元代京师大都(今北京)以及山西平阳(今山西临汾)、山东东平(今山东东平)这三个地域的作家群,代表了元代戏曲创作的主要成就,那么,在明清传奇戏的创作上,江苏籍的作家则占据着无可争议的主流地位。

江苏的戏曲文化发展,体现着自身的鲜明特色:一是戏曲作家的群体性;二是戏曲流派的丰富性;三是戏曲艺术的创新性;四是演出市场的拓展性;五是研究阵容的严整性。这些特点,对中国戏曲的发展均产生深远影响。中国戏曲由成熟向发展、繁荣过渡的节点,就体现在江、浙一带尤其是江苏的戏曲文化上。

具体而言,在戏曲声腔变革上产生深远影响的昆山腔,就发源于苏南的昆山一带。南戏的余姚腔,早在明代中叶就流传至苏北的徐州等地,引发了当地戏曲声腔的形成。据明隆庆间刊《丰县志》记载,嘉靖间丰县城隍庙内即建有戏楼。早在清代的康熙初年,由南戏声腔弋阳腔演化而来的罗罗腔,就已在苏北的徐州沛县一带演唱。南京附近高淳的乡间,至今尚有多处古戏台,有的则建于元代。至今,古老的戏曲声腔——青阳腔,仍活跃于当地的民间。恰说明戏曲演出在江苏南、北各地均十分活跃。清代戏曲名著《桃花扇》与《长生殿》的创作或演出,均与江苏有很深的内在联系。花部的形成与发展,与扬州地域文化又息息相关。较早的一部戏曲总目——黄文旸所编《曲海目》(又称《曲海总目》),就产生于江苏扬州。

在明、清戏曲发展史上,为前人述及且被当今学者认可的戏曲流派,不过吴江派、临川派、昆山派、骈绮派、越中派、苏州派等数家而已,这其中的吴江派、昆山派、苏州派、骈绮派皆产生于江苏。1935年由上海商务印书馆出版的卢前《明清戏曲史》一书,专列"明清剧作家之时地"一章,共开列戏曲作家234人。其中江苏籍作家105人,占44.9%;而浙江则次于江苏,凡81人,占34.6%;而山西、陕西、湖北、湖南、四川、福建、贵州、河南、河北、山东、广东等地,多者四五人,少者仅一人。尽管这一统计肯定不完全,但江苏一地剧坛之繁荣,则可以想见。我们完全可以有理由说,一部明清戏曲史,江苏占了大半边江山。这是无可争议的史实。难怪卢前在书中感叹:这一时段的戏曲作家,"若论籍贯,以吴人为多,浙人次之","可知二代作者,实以江南为盛"。① 刘水云所著《明清家乐研究》(上海古籍出版社2005年版),附有"明清家乐情况简表",收有412个家班,其中江苏有187个,占所收家班总数的45%。入清后,第一个将戏曲艺术产品与商品捆绑发售之事,就发生在江苏。②

赵翼自幼生活在地处江南的常州阳湖,后又在戏曲演出甚是活跃的北京、扬州等地生活,受戏曲文化濡染甚多,不同程度地影响了他思想观念、审美价值、道德追求的转换,以致在作品中记载下许多与戏曲文化相关的重要史料。

一 瓯北著述中的戏曲史料

赵翼是清代乾嘉之时的著名诗人,又是一位享誉中外的史学家。在他的各类著述中,竟然收录有不少与戏曲相关的史料,殊为难得。笔者在搜集清代散见戏曲史料时,辑得其相关诗作六十余题,近百首,有关戏曲本事考据、字词溯源、演出状况的载述二十余则,内容不可谓不丰富。因此,有必要作一系统梳理。总体来看,瓯北笔下的戏曲史料之

---

① 卢前:《明清戏曲史》,《卢前曲学四种》,中华书局,2006年,第8页。
② 参看赵兴勤:《江苏戏曲文化史论纲》,江苏省委宣传部编:《大众文艺:百名专家千场讲座精选》,江苏凤凰文艺出版社,2016年,第295—296页。

价值,约略有如下几点:

一是有关歌舞技艺、各种戏曲的演出

瓯北生活在戏曲活动十分兴盛的苏南一带。虽说早年为进取功名而孜孜矻矻、埋头苦读经书,但自幼习见舞衫歌扇,戏曲文化对他的浸润实有迹可循。常州城北原有一官宦所居的青山庄,占地一百四十余亩,其间"层岚迭翠,水木明瑟,凉房燠馆,曲折回环"①,亭台楼阁,相映生辉,为风景绝胜处。此处原为明时吴姓所筑,此人乃晚明大学士周延儒妇翁,后家道中落,归徐氏所有,再归户部尚书张玉书之孙张括(字叔度),皆极一时之盛。瓯北游此地时,青山庄早已衰败不堪,但他却在《青山庄歌》中写道:"园林成后教歌舞,子弟两班工按谱。法曲犹传菊部筝,新腔催打花奴鼓。反腰贴地骨玲珑,擎掌迎风身媚妩。"②写此诗时,瓯北年方二十一,竟然对歌舞表演如此熟悉,连折腰舞都写入诗中。这当然不是凭空想象,其间羼杂进个人生活经验的积累。北上京都、谋求出路之时,他有幸得见皇太后六十大寿之时,京师张灯结彩、簪缨满途的热闹场景,尤其是"每数十步间一戏台,南腔北调,备四方之乐,侲童妙伎,歌扇舞衫,后部未歇,前部已迎"③的各类技艺的精彩表演,令他大开眼界,仿佛跻身蓬莱仙岛、琼楼玉宇,以致左顾右盼,应接不暇。后来,瓯北身登仕途,随驾秋狝至热河,又赶上乾隆帝诞辰大庆,才得以观赏内府戏班为祝寿而连续十天所搬演的宫廷大戏。他激动之余,在《檐曝杂记》中记下了这一平常人难得一见的动人场景:

> 内府戏班,子弟最多,袍笏甲胄及诸装具,皆世所未有,余尝于热河行宫见之。……所演戏,率用《西游记》、《封神传》等小说中神仙鬼怪之类,取其荒幻不经,无所触忌,且可凭空点缀,排引多人,离奇变诡作大观也。戏台阔九筵,凡三层。所扮妖魅,有自上而下者,自下突出者,甚至两厢楼亦作化人居,而跨驼舞马,则庭中亦满焉。有时神鬼毕集,面具千百,无一相肖者。神仙将出,先有道童

---

① 金武祥:《粟香随笔》粟香二笔卷七,清光绪刻本。
② 赵翼:《瓯北集》卷一,《赵翼全集》第五册,凤凰出版社,2009年,第10页。
③ 赵翼:《檐曝杂记》卷一"庆典",中华书局,1982年,第10页。

十二三岁者作队出场,继有十五六岁、十七八岁者。每队各数十人,长短一律,无分寸参差。举此则其他可知也。又按六十甲子扮寿星六十人,后增至一百二十人。又有八仙来庆贺,携带道童不计其数。至唐玄奘僧雷音寺取经之日,如来上殿,迦叶、罗汉、辟支、声闻,高下分九层,列坐几千人,而台仍绰有余地。①

礼亲王昭梿的《啸亭杂录》,虽然叙及宫廷大戏《月令承应》、《清宫奏雅》、《劝善金科》、《鼎峙春秋》、《忠义璇图》、《九九大庆》、《昇平宝筏》诸名目,但并未提到表演状况。姚元之的《竹叶亭杂记》,叙及圆明园的同乐园为帝王赐群臣观剧之所,以及园中设买卖街供大臣入内消费的情景,然亦不涉及演剧。李斗的《扬州画舫录》,所叙主要是扬州一地的戏曲演出。以资料搜集宏富著称的徐珂《清稗类钞》,在"戏剧类"中设"颐和园演戏"一目,谓:"颐和园之戏台,穷极奢侈,袍笏甲胄,皆世所未有。(俞润仙初次排演《混元盒》,其一切装具多借之内府。)所演戏,率为《西游记》、《封神传》等小说中神仙鬼怪之属。"②其实,乃赵翼《檐曝杂记》"大戏"一段文字的迻录,仅改开头数字而已。是将热河行宫演剧情状的描写,来了个偷梁换柱,移花接木,改作"颐和园演剧",的确是张冠李戴,张皇应对。但是,这一现象,却从侧面说明宫廷演剧史料的不易搜访,足见其珍贵。

这则史料,具有很高的认识价值。首先是揭举了宫中每每搬演神仙鬼怪之事的潜在因素——"取其荒幻不经,无所触忌"。暗示出乾隆之时严酷的文字狱重压对内廷戏剧创作内容的制约。其次是从表演的角度来看,排演《西游记》、《封神传》之类的神仙鬼怪戏,"可凭空点缀、排引多人,离奇变诡作大观",容易形成多个看点,迎合了内廷王公贵族、后宫妃嫔空虚心理的需要。第三是对舞台制式与格局的描述。舞台凡三层,可升可降,利于表现神怪或腾上九霄、或探幽地狱种种怪诞之举。尤其是舞台阔大,可"列坐几千人",便于表现情节复杂、人物众多的连台本戏。第四是论及表演情状,数十百人作队出场,面具各异,

---

① 赵翼:《檐曝杂记》卷一"大戏",中华书局,1982年,第11页。
② 徐珂编撰:《清稗类钞》第十一册,中华书局,1986年,第5042页。

趋走俯仰,毫无参差。除戏曲演出外,还有跨驼、舞马诸戏以娱人耳目,极为壮观。这一记载,为后人的宫廷戏曲艺术表演研究,提供了鲜活的史料。

同时,瓯北还论及京师西厂的八旗骗马之戏,谓:"或一足立鞍鐙而驰者;或两足立马背而驰者;或扳马鞍步行而并马驰者;或两人对面驰来,各在马上腾身互换者;或甲腾出,乙在马上戴甲于首而驰者,曲尽马上之奇。"①其实,此乃古已有之的舞马技艺。据相关文献记载,大概滥觞于东汉末年,到后来,则有了很大发展。宋人孟元老《东京梦华录》卷七"驾登宝津楼诸军呈百戏",就详细叙及当时盛行的舞马之伎,谓:"或以身下马,以手攀鞍而复上,谓之'骗马'。"②此外,又有"立马"、"弃鬃"(即"献鞍")、"倒立"、"拖马"、"飞仙膊马"、"镫里藏身"、"赶马"、"绰尘"、"豹子马"诸事,极尽马上之技艺。清初查慎行《人海记》"走解"条亦载:"五月五日赐文武官走骠骑于后苑。其制:一人执旗引于前,二人驰马继出,呈艺于马上。或上或下,或左或右,腾跃跷捷,人马相得。如此者数百骑,后乃为胡服臂鹰、走犬围猎状终场,俗名曰走解,而不知所自。岂金元之旧俗欤?今每岁一举,盖以训武也。观毕,赐宴而回。"并注云:"彭时《笔记》。"③彭时,乃明英宗正统十三年(1448)戊辰科状元,江西安福人,曾作有《可斋杂记》(一作《彭公笔记》)。《人海记》所载马伎,当出自该书。另外,明人黄佐《翰林记》亦曾载及,文字与此略同。黄佐(字才伯,号泰泉)乃香山人,正德十六年(辛巳,1521)进士,较彭时为晚,所记载的相关文字,或亦来自彭时笔记。

由上述可知,舞马本为军中技艺,后流传民间,以致有借此以谋生计者,名之曰"走马卖解(读 xiè)"。舞马,非为八旗之专利,乃相沿已久的传统技艺。瓯北很可能初睹此伎,又见是旗人所表演,故惊叹不已。其实,此伎古来已有,只是表演者来自不同地域,其表演形式与技巧可能互有差异,但表演格局总体上当是相似的。

瓯北在著述中,还叙及京师所表演的字舞,谓:"日既夕,则楼前舞

---

① 赵翼:《檐曝杂记》卷一"烟火",中华书局,1982年,第12页。
② 孟元老著、伊永文笺注:《东京梦华录笺注》下册,中华书局,2006年,第688页。
③ 查慎行:《人海记》卷下,北京古籍出版社,1981年,第104页。

灯者三千人列队焉，口唱《太平歌》，各执彩灯，循环进止，各依其缀兆，一转旋则三千人排成一'太'字，再转成'平'字，以次作'万'、'岁'字，又以次合成'太平万岁'字，所谓'太平万岁字当中'也。舞罢，则烟火大发，其声如雷霆，火光烛半空，但见千万红鱼奋迅跳跃于云海内，极天下之奇观矣。"①这同样是对古代舞伎的一种继承与发展。笔者在拙著《中国早期戏曲生成史论》中，曾这样描述隋、唐之时的技艺：

> 此时的舞蹈，不仅从现实生活中吸取营养，将对自然的模拟作艺术上的提炼、加工，转化为舞蹈动作，还将文字嵌入形体动作之中，进而丰富了舞蹈语汇。如《上元圣寿乐》，"(唐)高宗武后所作也。舞者百四十人。金铜冠，五色画衣。舞之行列必成字，十六变而毕。有'圣超千古，道泰百王，皇帝万年，宝祚弥昌'字"。《鸟歌万岁乐》，亦是武太后所造也，"武太后时，宫中养鸟能人言，又常称万岁，为乐以象之。舞三人。绯大袖，并画鹳鸰，冠作鸟像"。玄宗所造《光圣乐》，"舞者八十人。鸟冠，五彩画衣，兼以《上元》、《圣寿》之容，以歌王迹所兴"②。其他还有《圣寿乐》，舞者能"回身换衣，作字如画"③。④

很显然，"太平万岁"之字舞，是由唐代舞蹈技艺演化而来，而"红鱼奋迅跳跃于云海"之图景，则是清代在前人字舞基础上的丰富与发展。在京师，赵翼还欣赏过飞鞋变鸟、石头成羊、瓶中开花、鱼游瓦盆之类戏法表演，口技、杂剧、歌唱、平话等各类技艺的搬演，也时常得以领略。

正因为有这段生活经历，才逐渐涵育出瓯北对民间技艺的浓厚兴趣。所以，无论是宦游在外，还是闲居乡里，他不像有的士大夫那样，对戏曲表演等民间技艺一概采取排斥、贬抑的态度，或"生平不听戏"⑤，或

---

① 赵翼：《檐曝杂记》卷一"烟火"，中华书局，1982年，第12页。
② 《旧唐书》卷二九《志第八·音乐二》，《二十五史》第五册，上海古籍出版社、上海书店，1986年，第3612页。
③ 《旧唐书》卷二八《志第七·音乐一》，同上书，第3612页。
④ 赵兴勤：《中国早期戏曲生成史论》，北京大学出版社，2015年，第161页。
⑤ 赵翼：《哭洪稚存编修》(之一)诗自注，《瓯北集》卷五一，《赵翼全集》第六册，凤凰出版社，2009年，第1047页。

"门内不许演戏"①,而是顺势从俗,不时观赏。初任广州知府之时,赵翼在《太恭人同舍弟夫妇及内子辈到官舍》(之一)中写道:"莫笑寒官作豪举,梨园两部画栏东。"②则明言其母亲及眷属由家乡来广州,府衙曾设两部梨园演剧称贺,然未叙及"梨园两部"之名目。至《戏书》(之一)一诗"官阁窃闻铃卒笑,冷如隔巷教官衙"句下小注:"府衙旧有梨园一部,名'红雪班',今皆散去"③,始言及戏班名称。红雪班,大概是较早出现于广州的有名戏曲班社。《(宣统)番禺县续志》卷四四引《荷廊笔记》,叙及"外江班"、"本地班",并谓:"嘉庆季年,粤东鹾商李氏家蓄雏伶一部,延吴中曲师教之。舞态歌喉,皆极一时之选。"④并未追记此前广州戏曲演出情况,瓯北所述红雪班,可补地方志记载之不足。在广州府署园内,宴请刘、福二位将军,也曾"梨园小部奏清商"⑤以侑觞,并称"新翻焰段须听遍"⑥。"焰段",又称"艳段",按照宋杂剧演出惯例,"先做寻常熟事一段,名曰'艳段'"⑦,是放在正杂剧演出之前的短小剧目,后遂以"艳段"指称短剧。由此可知,当时的广州戏班,时有新编小戏上演。遗憾的是,此类"新翻焰段",究竟是何剧目,却不得而知。在贵州黎平这一边远之地,瓯北竟然也能欣赏到杂剧表演。在贵州贵阳,依然可以看到昆腔戏班活动的身影,并得以观赏《琵琶记》的演出。赵翼写道:"解唱《阳关》劝别筵,吴趋乐府最堪怜。一班子弟俱头白,流落天涯卖戏钱。"并于句下注曰:"贵阳城中昆腔只此一部,皆年老矣。"⑧昆腔流播于贵阳,且坚持演出多年,这为昆腔流播史的研究提供了一个有力佐证。

---

① 赵翼:《哭缄斋侄》(之二)诗自注,《瓯北集》卷四五,《赵翼全集》第六册,凤凰出版社,2009年,第922页。
② 赵翼:《瓯北集》卷一六,《赵翼全集》第五册,凤凰出版社,2009年,第269页。
③ 赵翼:《瓯北集》卷一七,同上书,第284页。
④ 赵兴勤、赵韡编:《清代散见戏曲史料汇编(方志卷·初编)》下册,台湾花木兰文化出版社,2016年,第411页。
⑤ 赵翼:《宴刘总戎福副戎于署园即事》,《瓯北集》卷一七,《赵翼全集》第五册,凤凰出版社,2009年,第281页。
⑥ 同上。
⑦ 吴自牧:《梦粱录》卷二○《妓乐》,三秦出版社,2004年,第312页。
⑧ 赵翼:《将发贵阳开府图公暨约轩笠民诸公张乐祖饯即席留别》之四,《瓯北集》卷二○,《赵翼全集》第五册,凤凰出版社,2009年,第330页。

辞官归里后，瓯北接触戏曲演出的机会则更多，"戏场到处逐笙歌"①。在苏州，他看过花部《小姑贤》的演出，还得以目睹苏州伶人用北曲演唱元杂剧。他于《虎邱绝句》（之七）中写道："旧曲翻新菊部头，动人焰段出苏州。近来新曲仍嫌旧，又把元人曲子讴。"②这一记载非常珍贵，由此可知，直至清乾隆中后叶，北曲的唱法仍得以延续。即便苏州的戏曲艺人，为动人耳目也蓄意翻新，经常"把元人曲子讴"。由此可知，黎平王太守宴席上所演杂剧，说不定就是北曲杂剧。赵翼在贵阳所观看的《岳阳楼》，也当是元剧《吕洞宾三醉岳阳楼》。同是这一戏班，亦演唱昆腔的《琵琶记》。这又说明，当时的昆腔艺人，南、北曲皆擅，有似人们常说的"花雅同台"、"昆乱不挡"。借此可见，北曲的演唱方法，很可能消泯于花部盛行的嘉道之后。在扬州，瓯北不仅观看了多种戏曲的演出，还与戏曲艺人有一定的交往。在杭州，他不光看戏，还欣赏过盲女王三姑的弹词演唱。在赵翼八十诞辰之时，儿孙为他暖寿，连续演戏三日，以作庆贺。在镇江，除观看王文治的家班演出外，他还曾观赏过民间都天会上的技艺表演。作为封建时代长期受正统思想熏染的一名官绅，对戏曲之类的表演技艺表现出如此大的热情，还是比较难得的。

二是对家庭戏班、戏剧创作相关史料的载述

有清一代，尽管对戏曲演唱多所查禁，但蓄养戏班者仍大有人在。瓯北的一些著述，就时常涉及这方面的内容。如文士夏秉衡（字平子，一字香阁，号谷香）家班。夏氏为清中叶剧作家，作有《八宝箱》、《诗中圣》、《双翠园》三种，均存。后一种写成于乾隆三十二年（1767）。大概在乾隆三十九年（1774），寓吴门秋水堂之时，写成《诗中圣》传奇。乾隆四十五年（1780），瓯北以事往苏州，夏秉衡设宴款待，并出家乐演《窦娥冤·法场》一折，令观者潸然泪下。还有无锡嵇兰谷家班。瓯北曾题赠兰谷一诗扇，家伶演出时，兰谷以此扇交付歌郎恽华权充道具，持之上场演出。

---

① 赵翼：《舟过无锡兰谷留饮观剧即席醉题》之一，《瓯北集》卷二六，《赵翼全集》第五册，凤凰出版社，2009年，第456页。
② 赵翼：《瓯北集》卷二一，同上书，第352页。

至于张坦(1723—1795),乃乾隆十七年(1752)二甲第六十九名进士,与钱载、蒋和宁、吴以镇、翁方纲、顾光旭、秦黉、蒋宗海、万廷兰等同榜。坦,"字芭田,号松坪、莲勺、拙娱老人。'先世著籍临潼,以筹盐策侨江都。与仲兄馨同举于乡,三十成进士,一试中书,再任编修,一典湖南乡试。年甫逾强仕,归休平山。卒于乾隆六十年,寿七十有三'(章学诚《为毕制军撰翰林院编修张君墓志铭》,《章氏遗书》卷一六)"①。瓯北在《松坪前辈枉和前诗再叠奉答》(之二)中称,"一堂兄弟两词林",并于句后注曰:"令兄秋芷,乙丑馆选。"②还在本诗中注曰:"赀甲于扬州","家有梨园,最擅名。"③秋芷乃张馨字(一字琢圃)。张馨,乾隆九年(1744)解元,乾隆十年(1745)进士,与钱维城、庄存舆、吴檠、谢溶生、邵齐烈等同榜。历官编纂、御史、户科给事中。这一对以文名于世的兄弟,各家对其事迹的记载大都缺略,而从瓯北文集记载中得知,其家颇为富有,甲于一方,且蓄有梨园一部,享盛名于当时。赵翼两次在张家聚饮,并得以观赏其家班伶人的精彩表演,"歌翻曲部擅新奇"④,并在《松坪招饮樗园适有歌伶欲来奏技遂张灯演剧夜分乃罢》一诗中写道:"乐事真成办咄嗟,宾筵忽漫集筝琶。张灯直压团圆月,征曲如移顷刻花。人柳长条春旖旎,官梅疏影夜横斜。乞浆得酒真非望,今岁欢场第一家。"⑤

还有淮安的程吾庐家班。瓯北写有《程吾庐司马招饮观剧赋谢》诗,谓:"淮水秋风暂泊船,敢劳置酒枉名笺。翻因误入桃源洞,又荷相招菊部筵。(去岁因访晴岚,误造君宅,遂成相识。)玉树一行新按队,(歌伶皆童年。)《霓裳》三叠小游仙。殷勤最是留髡意,别后犹应梦寐悬。"⑥司马,本为掌管军事的官吏,明清之时,亦称府同知为司马。另《题程吾庐小照》二首云:"买宅淮阴郭外村,手营别墅足邱樊。高情偏忆先畴好,不写新园写故园。"诗末注曰:"君歙人而家于淮,画乃其故乡

---

① 赵兴勤:《赵翼年谱长编》第三册,台湾花木兰文化出版社,2013年,第551页。
② 赵翼:《瓯北集》卷二八,《赵翼全集》第六册,凤凰出版社,2009年,第504页。
③ 赵翼:《松坪前辈枉和前诗再叠奉答》之一,《瓯北集》卷二八,同上书,第504页。
④ 赵翼:《松坪前辈枉和前诗再叠奉答》之一,《瓯北集》卷二八,同上书,第504页。
⑤ 赵翼:《瓯北集》卷三六,同上书,第675页。
⑥ 赵翼:《瓯北集》卷三〇,同上书,第553页。

岑山景也。""丝竹中年兴不孤,教成歌舞足清娱。可应添写梨园队,补作花间撅笛图。"诗末注曰:"家有梨园小部最擅名。"①由上述可知,程吾庐本为安徽歙县人,曾任府同知,而寄居淮安萧湖,与瓯北同年程沅毗邻,家有歌伶一部,皆童伶,即后世所称"髦儿班"。然演技精湛,擅名于当时。诗中小注叙及"岑山",当是"硔山",因音近而讹误。据《新安志》"山川","硔岭,在歙县北二十里。"②则证明其为歙县人无疑。淮安程氏家班,从无人提及,可补诸家记载之阙。

更值得一提的是王文治家班。王文治(1730—1802),字禹卿,号梦楼,江苏丹徒人。少年时即以文章、书法驰名。乾隆十八年(1753)拔贡,廷试入都,与诸名士唱和。全侍讲魁、周编修煌曾奉使琉球,邀与俱往。至则坐观其演剧,"乐工十余人,俱着红帕,伶童数十人,皆戚臣子弟俊秀者习之,衣彩衣,着红绫袜,先演无队,作一老人登场,唱起神歌,歌罢,退,小臣齐唱太平歌,乐工引声和之,皆侏僳不可解,大抵皆颂圣及神人共喜之语。次笠舞,次花索舞,次花篮舞,次竹拍舞,次武舞,次狮球舞,次杆舞,次演杂剧,悉其国中故事。凡舞皆以提琴、三弦、短笛、小锣鼓和之。小童只演科白,唱则乐工"③。回归后,举乾隆二十五年(1760)进士,授编修,出为云南临安知府,以事镌级去位,不复为官,"买僮教之度曲,行无远近,必以歌伶一部自随。其辨论音律,穷极要眇。客至,张乐共听,穷朝暮不倦。海内求书者,岁有馈遗,率费于声伎"④。所蓄歌妓有素云、轻云、绿云、鲜云等,年俱十二三,皆善歌舞。其中尤以轻云、宝云最为出色。然而,王文治究竟怎样指导家伶学曲,当时人记载多不详。瓯北与梦楼关系较好,早在京师时,梦楼出守云南临安,瓯北赠以《送王梦楼侍读出守临安》诗,并激励其"男儿素志雅不凡,得官岂为取快适?儒林循吏二传间,位置必须争一席","声名要称翰林官,康济莫辞贤者责"⑤。出语如此直截,足见关系不同一般。辞官归里

---

① 赵翼:《瓯北集》卷三三,《赵翼全集》第六册,凤凰出版社,2009年,第615页。
② 《永乐大典方志辑佚》第二册,中华书局,2004年,第1057页。
③ 李调元著,詹杭伦、沈时蓉校正:《雨村诗话校正》,巴蜀书社,2006年,第111页。
④ 李元度:《国朝先正事略》卷四二"文苑·袁简斋先生事略",岳麓书社,2008年,第1213页。
⑤ 赵翼:《瓯北集》卷一〇,《赵翼全集》第五册,凤凰出版社,2009年,第158—159页。

后,瓯北又多次造访,并亲眼看到梦楼是如何训练雏伶的。赵翼在《京口访梦楼听其雏姬度曲》一诗中写道:"廿载清斋礼佛香,翻将禅悦寄红妆。花鬘十六天魔舞,另是僧家一道场。"(之一)"手剔银釭画烛明,爱留客坐听新声。人间何限《霓裳曲》,出自家姬觉有情。"(之二)"焰段新翻指点劳,要令姿致极妖娆。自家忘却便便腹,只管教他学柳腰。"(之三)①看来,梦楼对诸伶的训练,并不仅仅是"教之度曲",还教以身段、舞步、动作,否则,何以有"自家忘却便便腹,只管教他学柳腰"之语？以一躯体硕大的年迈老者,亲自指点幼伶的身段表演,并不时作点示范,诚非易事。王文治若非熟谙场上调度、表演技巧、手眼身法,又岂能"焰段新翻指点劳"？这一记载,恰可补诸家之不足。

王梦楼喜爱戏曲,自幼而然,尤其是对汤显祖的《牡丹亭》情有独钟,谓:"予童子时,爱读此记,读之数十年",称此作"荟天地之才为一书"、"欲真知其佳,且尽知其佳,亦不易言矣"。②世传《冰丝馆重刻〈还魂记〉叙》,后缀"快雨堂叙",此乃出自王文治之手。清姚鼐《快雨堂记》曰:"禹卿作堂于所居之北,将为之名,一日得尚书书快雨堂旧楄,喜甚,乃悬之堂内,而遗得丧,忘寒暑,穷昼夜为书自娱于其间,或誉之,或笑之,禹卿不屑也。"③据此可知,快雨堂,乃王文治所居书室之榜号。正因为王梦楼自幼喜好阅读戏曲作品,所以,后来才有点评冰丝馆重刻《玉茗堂还魂记》之举,就该剧遣词用韵、格律法度、艺术技巧发表了较为中肯的意见。友人叶堂(字广平,号怀庭居士)编纂《纳书楹曲谱》,梦楼"为之详审音节,点定后盛行海内"④。另外,王文治在乾隆帝第五次南巡(乾隆四十五年,1780)之前,还应浙江地方官之约请,往杭州编创迎銮新曲。清人梁廷枏《曲话》(卷三)记载道:

> 乾隆中,高宗纯皇帝第五次南巡,族父森时服官浙中,奉檄恭办梨园雅乐。先期命下,即以重币聘王梦楼编修文治填造新剧九折,皆即地即景为之,曰《三农得澍》,曰《龙井茶歌》,曰《祥征冰

---

① 赵翼:《瓯北集》卷三五,《赵翼全集》第六册,凤凰出版社,2009年,第662页。
② 徐扶明编著:《牡丹亭研究资料考释》,上海古籍出版社,1987年,第74页。
③ 姚鼐:《惜抱轩全集》"文集卷十四·记",中国书店,1991年,第168页。
④ 何绍章:《(光绪)丹徒县志》卷三三,清光绪五年刊本。

茧》,曰《海宇歌恩》,曰《灯燃法界》,曰《葛岭丹炉》,曰《仙酝延龄》,曰《瑞献天台》,曰《瀛波清宴》。选诸伶艺最佳者充之,在西湖行宫供奉。每演一折,先写黄绫底本,恭呈御览,辄蒙褒赏,赐予频仍。①

对此,瓯北也曾约略载及。他的《陈望之观察招同袁子才王梦楼顾涑园张谔庭燕集即席赋呈》(《瓯北集》卷二五)一诗,即叙及与王梦楼等人聚饮于杭州官署之事。他的《西湖杂诗》第三首"三四寓公觞咏处,西湖也觉更风流"句后注曰:"子才、梦楼、竹初更番治具,连日泛湖。"②第十二首"手翻乐府教梨园,可是填词辛稼轩。唱到曲中肠断句,眼光偷看客销魂"诗后自注曰:"梦楼在杭制新曲教梨园。"③瓯北此次来杭,大概是乾隆四十四年(1779)三月间。而乾隆帝的南巡,是次年的正月十二日从北京启程,三月上旬始抵杭州。这则说明,王梦楼最起码是提前一年来到杭州编创新曲。这为我们考察迎銮新曲的创作过程又提供了依据。

此外,还有江春戏班。《扬州画舫录》卷五记载:"郡城自江鹤亭征本地乱弹,名春台,为外江班,不能自立门户,乃征聘四方名旦如苏州杨八官、安庆郝天秀之类。而杨、郝复采长生之秦腔,并京腔中之尤者如滚楼、抱孩子、卖饽饽、送枕头之类,于是春台班合京秦二腔矣。"④江春乃扬州总商,以盐策起家,富甲一方。在他总理盐务的四十年中,乾隆帝六次南巡,他每次都参与迎驾事宜。乾隆帝第六次南巡,江春与程谦德率同淮南北总散各商欲捐银一百万两以助其事。据李斗《扬州画舫录》记载,江春起初住在扬州的南河下街,建随月读书楼。又移家观音堂,"家与康山比邻,遂构康山草堂。郡城中有'三山不出头'之谚,三山谓巫山、倚山、康山是也。巫山在禹王庙,倚山在蒋家桥,今茶叶馆中康山,即为是地,或称为康对山读书处"⑤。他广泛结纳四方文士,钱陈群、曹仁虎、蒋士铨、金农、方贞观、郑燮、戴震、沈大成、吴烺、金兆燕等,均

---

① 中国戏曲研究院编:《中国古典戏曲论著集成》第八册,中国戏剧出版社,1959年,第265页。
② 赵翼:《瓯北集》卷二五,《赵翼全集》第五册,凤凰出版社,2009年,第431页。
③ 同上。
④ 李斗:《扬州画舫录》卷五,中华书局,1960年,第131页。
⑤ 李斗:《扬州画舫录》卷一二,中华书局,1960年,第274页。

曾是其座上客。①袁枚曾在其秋声馆观赏伶人上演蒋士铨新编《秋江》及女优幻术表演。《扬州秋声馆即事寄江鹤亭方伯,兼简汪献西》之二谓:"梨园人唤大排当,流管清丝韵最长。刚试翰林新制曲,依稀商女唱浔阳。"诗后注曰:"苕生太史新制《秋江》一阙,演白司马故事。"之五谓:"后堂杂戏影横陈,覆鼠笼鹅伎更新。记得空空传妙手,幻人原是女儿身。"②即述其事。

瓯北供教职于扬州安定书院时,与江春时有过往,他经常观赏江氏春台班(即外江班)的演出。在《冬至前三日未堂司寇招同鹤亭方伯春农中翰奉陪金圃少宰夜燕即事二首》(之二)中写道:"沉沉弦索到三更,灯倍鲜妍月倍明。敢叹鬓丝逢短至,久拚肉阵设长平。(歌者郝金官色艺倾一时,有坑人之目,故云。)美人变局非红粉,乐府新腔有素筝。(是日演梆子腔。)惹得老颠风景裂,归来恼煞一寒檠。"③则明言所演乃梆子腔。而《扬州画舫录》却称:"本地乱弹只行之祷祀,谓之台戏。迨五月昆腔散班,乱弹不散,谓之火班。后句容有以梆子腔来者,安庆有以二簧调来者,弋阳有以高腔来者,湖广有以罗罗腔来者,始行之城外四乡,继或于暑月入城,谓之赶火班。"④郝金官乃郝天秀,来自安庆,非本地乱弹艺人。但称其"行之城外四乡,继或于暑月入城",或未必然。瓯北此诗写于乾隆五十年(1785),则明言梆子腔在农历的十一月中旬,已演唱于士大夫的杯酒盘桓之际了。郝天秀在扬州演出最为活跃的时段,大概是在乾隆四五十年之间,此亦可补各家著述之不足。赵翼还写有《康山席上遇歌者王炳文沈同标二十年前京师梨园中最擅名者也今皆老矣感赋》,谓:"燕市追欢梦已赊,近游欣此度红牙。岂期重听何戡曲,恰是相逢剧孟家。歌舞夜阑看北斗,江湖身远忆东华。当年子弟俱头白,忍不飞腾暮景斜。"⑤一方面反映出当时戏曲艺人舞台生涯的漫长,同时,也从另一层面透露出,他们为觅出路而四处寻找演出市场的艰辛经历,

---

① 参看赵兴勤:《赵翼年谱长编》第三册,台湾花木兰文化出版社,2013年,第597页。
② 袁枚:《小仓山房诗集》卷二三,《袁枚全集》第一册,江苏古籍出版社,1993年,第476页。
③ 赵翼:《瓯北集》卷二九,《赵翼全集》第六册,凤凰出版社,2009年,第530页。
④ 李斗:《扬州画舫录》卷五,中华书局,1960年,第130—131页。
⑤ 赵翼:《瓯北集》卷三〇,《赵翼全集》第六册,凤凰出版社,2009年,第549页。

对于研究戏曲传播颇有助益。

三是有关伶人生平遭际以及场上表演技艺的描写

戏曲艺人，在封建时代往往被视为"下九流"，备受鄙视。有人称，"优伶多诙谐以悦人，最可耻也。"①甚至还编制歌谣曰："昆弋吹腔并二簧，五音六律尽乖张；梨园实是无良地，作俑宣淫詈老郎。"②戏曲艺人，借助场上的精湛表演，给人们带来欢乐，本是一件好事。但在卫道者看来，却成了"实是无良"的"最可耻"之举。故而，入清以来，屡行禁止，声称："民间妇女中有一等秧歌脚堕民婆及土妓流娼女戏游唱之人，无论在京在外，该地方官务尽驱回籍。若有不肖之徒，将此等妇女容留在家者，有职人员革职，照律拟罪。其平时失察，窝留此等妇女之地方官，照买良为娼，不行查拿例罚俸一年。"③"城市乡村，如有当街搭台悬灯唱演夜戏者，将为首之人，照违制律杖一百，枷号一个月；不行查拿之地方保甲，照不应重律杖八十；不实力奉行之文武各官，交部议处。"④甚至强调，一般平民子女，"沿门选择俊秀子弟"，可就近入社学读书。然而，"惟娼优隶卒之家不与"。⑤不仅优伶自身受到种种贬抑，连其子女读书的权利也被野蛮剥夺，实在是匪夷所思。然而在当时，此等舆论却大行其道，有的还被写进法律条文。

而赵翼，受家乡浓郁的戏曲文化濡染，加之晚明以来，为戏曲艺术正名的呼声不绝于耳，所谓"移风易俗，莫善于乐"，是在借古训而为戏曲的合法存在寻找理论依据。明代大儒王阳明则认为，若"要民俗反朴还淳"，应借戏场感染百姓，以辅助教化。曾与刘宗周同讲席，并发起证人之会的学人陶奭龄亦曾指称，戏曲艺人的场上演出，感人最为直截，

---

① 汪正：《先正遗规》卷下，王利器辑录：《元明清三代禁毁小说戏曲史料（增订本）》，上海古籍出版社，1981年，第265页。
② 《梨园粗论》，王利器辑录：《元明清三代禁毁小说戏曲史料（增订本）》，上海古籍出版社，1981年，第361页。
③ 《钦定吏部处分则例》卷四五《刑杂犯》，王利器辑录：《元明清三代禁毁小说戏曲史料（增订本）》，上海古籍出版社，1981年，第20页。
④ 《大清律例》卷三四，王利器辑录：《元明清三代禁毁小说戏曲史料（增订本）》，上海古籍出版社，1981年，第18页。
⑤ 黄佐：《泰泉乡礼》卷三《乡校》，王利器辑录：《元明清三代禁毁小说戏曲史料（增订本）》，上海古籍出版社，1981年，第186页。

"每演戏时,见有孝子、悌弟、忠臣、义士,激烈悲苦,流离患难,虽妇人牧竖,往往涕泗横流,不能自已,此其动人最恳切、最神速,较之老生拥皋比讲经义、老衲登上座说法,功效百倍。至于《渡蚁》、《还带》等剧,更能使人知因果报应,秋毫不爽,杀盗淫妄,不觉自化,而好善乐生之念油然而生,此则虽戏而有益者也"①。入清以来,有些人尽管不时叫喊禁戏,但也不得不承认戏曲在移风易俗方面的特殊作用,如主白鹿书院讲席的汤来贺就曾称:"夫歌舞之感人心也,有不知其然而然者。尝见幼童,一睹梨园,数月之后,犹效其歌舞而不忘;至于妇女,未尝读书,一睹传奇,必信为实,见戏台乐事,则粲然笑,见戏台悲者,辄泫然泣下,得非有感于衷乎?"②对于此类思想,瓯北同样有所表述,并且对戏曲艺术以及伶人的场上演出也比较关注。

扬州是沿江的重要商埠,也是各类戏曲的荟萃之所。瓯北从教于此,得以结识各类戏曲艺人。如郝天秀,据《扬州画舫录》载,此人"字晓岚,柔媚动人,得魏三儿之神,人以'坑死人'呼之"③。瓯北《冬至前三日未堂司寇招同鹤亭方伯春农中翰奉陪金圃少宰夜燕即事二首》(之二)诗"久拚肉阵设长平"句后注曰:"歌者郝金官色艺倾一时,有坑人之目,故云。"④知其又名金官,可补李斗记载之不足。《扬州画舫录》虽然叙及郝天秀"柔媚动人",得魏长生之神,但演技究竟如何,未得其详。而瓯北的《坑死人歌为郝郎作》,则极力渲染郝天秀以男子反串旦角演技之绝佳:"乃知男色佳,本胜女色姣。扬州曲部魁江南,郝郎更赛古何戡。出水夭莲初日映,临风绪柳淡烟含。广场一出光四射,歌喉未启人先憨。铜山倾颓玉山倒,春魂销尽酒行三。遂令天下父母心,不重生女重生男。"⑤何戡,乃唐代长庆间著名歌者。大诗人刘禹锡作有《与歌者何戡》诗,谓:"二十余年别帝京,重闻天乐不胜情。旧人唯有何戡在,更与殷勤唱渭城。"⑥以何戡比拟郝天秀,以见其名声之大。"出水夭莲"、"临

---

① 王利器辑录:《元明清三代禁毁小说戏曲史料(增订本)》,上海古籍出版社,1981年,第305—306页。
② 同上书,第302—303页。
③ 李斗:《扬州画舫录》卷五,中华书局,1960年,第131页。
④ 赵翼:《瓯北集》卷二九,《赵翼全集》第六册,凤凰出版社,2009年,第530页。
⑤ 赵翼:《瓯北集》卷三〇,同上书,第540页。
⑥ 《全唐诗》卷三六五,上海古籍出版社,1986年,第912页。

风绪柳",是以出水的明艳荷花、临风的丝丝柳枝,形容他妆饰淡雅、身姿优美、腰肢柔细、容颜娇媚。所以,一旦出场,光彩四射,虽未张口演唱,但已将全场镇住。听众如饮醇酒,一品即带有醉意,真有"阳城下蔡俱风靡"①之概。作者调动笔墨,从不同层面烘染了郝金官场上曼舞之姿、体态之美,使人如闻如见。若非对戏曲艺术由衷热爱,岂能描绘出这样如闻如见的画面?这一郝金官,就是大盐商江春为"自立门户"而"征聘四方名旦"之时,由安庆来扬州的。他当时和来自苏州的杨八官都是学魏长生之秦腔,并揣摩其动作、神情,还选取京腔中最动听之腔韵,以丰富自己的唱腔,进而取得演出的极大成功。

赵翼还在《康山席上遇歌者王炳文沈同标二十年前京师梨园中最擅名者也今皆老矣感赋》一诗中,记下了名伶王炳文、沈同标在扬州剧坛的身影。《扬州画舫录》载其事迹曰:"大面王炳文,说白身段酷似马文观,而声音不宏。……二面姚瑞芝、沈东标齐名,称国工。东标蔡婆一出,即起高东嘉于地下,亦当含毫邈然。"②瓯北诗中之沈同标,即沈东标。"同"与"东"音近而致讹。当以《扬州画舫录》所载为准。两相对比可知,王、沈二伶,二十年前在京师献艺时,已声名甚著。而后来赴扬州投靠江春的春台班,虽年事渐高,但说唱、身段,仍不减当年。

嘉庆初年,瓯北还在扬州观赏过计五官的戏曲表演,也熟知清初名伶王子玠(紫稼)"善为新声,人皆爱之","所演《会真》红娘,人人叹绝",以致"席间非子玠不欢"。③ 然而,自其被地方官李森先处死之后,"百年曲部黯无光"④,直至计五官出,才为剧坛又增添亮色。他在《计五官歌》一诗中,称五官"家近虞山黄子久"。黄子久即黄公望,字子久,乃元代常熟人(一作富阳人),幼有神童之目,擅绘事,自成一家,被推为画中逸品。且通音律。诗人将一优伶与著名画师相比论,足见其对该伶的喜爱。据袁枚《邗江雅集诗》(《小仓山房诗集》卷三六)、王文治《邗江雅集

---

① 苏轼:《续丽人行》,《苏东坡全集》"前集"卷九,中国书店,1986年,第136页。
② 李斗:《扬州画舫录》卷五,中华书局,1960年,第127页。
③ 王家祯:《研堂见闻杂记》,赵兴勤、蒋宸编:《清代散见戏曲史料汇编(笔记卷·初编)》上册,台湾花木兰文化出版社,2017年,第87页。
④ 赵翼:《计五官歌》,《瓯北集》卷三八,《赵翼全集》第六册,凤凰出版社,2009年,第726页。

戏纪绝句五首同随园前辈作》(《梦楼诗集》卷二四)、秦瀛《扬州杂诗十首(之三)》(《小岘山人集》诗集卷一六)等小注,知计五官乃吴江人,初名赋亭,后为赋闲官吏谢溶生改名为赋琴,色艺独冠扬州。吴江在苏州南,而常熟则在苏州北的数十里处,而诗人偏将他的籍贯与有神童之称的黄公望家乡连在一起,若非误记,当别有用意。然后,则竭力称赞他面容姣好、腰肢柔软、动作灵巧、双眸有神,尤其着重写其场上表演时娇媚之态,"偶然斜睇眼波横,勾尽满堂魂不守。座中耆宿也发狂,帘内婵娟自嫌丑"①,足见其艺术表演之魅力。继而,将活跃于扬州的著名伶人陈大宝、郝金官推出,称尽管这些优伶在当时的扬州剧坛享有盛名,然而,当计五官一出场,却都退避三舍,藏匿不出。计五官不仅善歌,能唱古曲《金缕曲》,而且,场上之舞蹈也足以夺人。尤其是古典舞蹈技艺的表演,更是得心应手,飘逸风流,极尽潇洒之致。计五官,《扬州画舫录》未载,又可补古籍载述之不足。

赵翼书法扇面(二)

在赵翼看来,这类伶人的"红粉递当场",以精湛的演技给人们带来快乐,理应得到尊重,"马湘寇白旧平康,名字流传齿尚香"②。马湘,即马湘兰,能歌善舞,善画兰,作有传奇剧《三生传》,已佚。寇白,即寇湄,字白门,能度曲,也善画兰,且以侠称。二人皆为明代秦淮名妓,事迹分

---

① 赵翼:《计五官歌》,《瓯北集》卷三八,《赵翼全集》第六册,凤凰出版社,2009年,第726页。
② 赵翼:《陈绳武司马招同春农寓斋燕集女乐一部歌板当筵秉烛追欢即事纪胜》之四,《瓯北集》卷三〇,同上书,第557页。

别见于钱谦益《列朝诗集小传》及余怀《板桥杂记》。这里，瓯北以马湘、寇白指代女乐。那些为正统文士所鄙视的歌儿舞女、场上优伶，而在瓯北看来，"名字流传齿尚香"，表现出对处于社会底层优伶的由衷敬重，还是很难得的。对那些为谋生计漂泊异地的伶人，也表现出很大同情。在贵阳城，他看到吴门歌伶已步入老年，仍流落边远而"卖戏"，遂在诗中写道："解唱《阳关》劝别筵，《吴趋》乐府最堪怜。"① 在欣赏戏曲表演的同时，更关注其身世遭际、生活处境，同样十分可贵。如此之类，为后世的戏曲研究、优人生活史探究，提供了鲜活、生动的史料。

二 瓯北对戏曲价值的估价

赵翼所生活的时代，应该是有清一代文化禁锢最为严酷的一个历史时段。清代的重大文字狱，大多发生于乾隆三十七年（1772）《四库全书》纂修肇始之后这段时间内。乾隆皇帝巡视贡院时，口称"从今不薄读书人"②，却心不应口，对读书人多有戒心，时而在其文集中抓住某些碍眼字句不放，动辄按"大不敬"论罪，且牵连甚多，凡接收、发卖、刻字、刷印、投寄者，及为某禁书作序、提供素材、协同参订者，逐一严办，或抄没家产，或流放荒寒之地，或施以酷刑，杖之几死。唯恐他们的言语或著述扰乱人心，进而动摇国柄，以致人们写家书也得紧闭房门，以防偶有不慎，被人告发。文化生态环境的恶劣可以想见。

直至嘉庆朝，即使击鼓鸣锣、扬幡赛会诸民俗活动，也在禁止之列，对为首之人，责成地方官"严拿惩办"，更何谈戏曲演出？故而，一般读书人，对戏曲文本或演出活动，大多持有偏见，谓："小说、南北剧，开人疏狂靡丽荒诞淫哇之习，为厉不浅。"③优伶"万万不可自蓄，荡心败德，

---

① 赵翼：《将发贵阳开府图公暨约轩笠民诸公张乐祖饯即席留别》之四，《瓯北集》卷二〇，《赵翼全集》第五册，凤凰出版社，2009年，第330页。
② 乾隆官修：《清朝文献通考》卷五〇《选举考》，浙江古籍出版社，2000年，第5325页。
③ 周召：《双桥随笔》卷一，《景印文渊阁四库全书》本。

坏闺门，诱子弟，得罪亲友，其弊无穷"①，并禁止城内、城外创建戏园。对待戏曲等通俗民间艺术的态度，往往能检测某人艺术观念的新旧、思想开放的程度，也是验看某一时代的社会风气是开放宽松还是禁锢封闭的试金石。而瓯北的戏曲观，却体现出与当时的文化政策、社会氛围迥然有别的风貌。大致说来，主要表现在如下几个方面：

首先，充分肯定戏曲存在的合理性

不论是官绅富贾的家庭戏班，还是四处奔波、流动演出的"路歧"，或是唱弹词的盲女、说书的秃叟，瓯北都同等看待，从无轻贱之意，并写诗予以讴歌。在他看来，"戏中故事本荒唐"②，往往与史实相差甚远，但无须大惊小怪，只要它能给人们带来快乐，使人"笑口能开"，受到启迪，同样有其自身的价值。在论及诗之功用时，他曾以花为喻，在诗中写道：

> 两间无用物，莫若红紫花。食不如橡栗，衣不如纻麻。偏能令人爱，燕赏穷豪奢。诗词亦复然，意蕊抽萌芽。说理非经籍，记事非史家。乃世之才人，嗜之如奇葩。不惜钵肺肝，琢磨到无瑕。一语极工巧，万口相咨嗟。是知花与诗，同出天菁华。平添大块景，默动人情夸。虽无济于用，亦弗纳于邪。花故年年开，诗亦代代加。③

大意是说，天地间最无用的，大概没有什么比得上各种颜色的花了。既不能吃，也不能穿，但是不能忽视，它"偏能令人爱"，给人们带来喜悦，又能点缀生活，使人生更有情趣。诗词创作亦是如此。它"说理非经籍，记事非史家"，但文士仍"嗜之如奇葩"，而且"不惜钵肺肝，琢磨到无瑕"，原因何在？是因为"花"与"诗"，都是大自然的产物，是采撷天地间精华而成就自身，"平添大块景，默动人情夸"。虽说没有衣、食那么实用，但同样能唤起人们的美感，引导人们向善良方向发展。瓯北对诗、

---

① 申涵光：《荆园小语》，程不识编注：《明清清言小品》，湖北辞书出版社，1993年，第265页。
② 赵翼：《宴刘总戎福副戎于署园即事》，《瓯北集》卷一七，《赵翼全集》第五册，凤凰出版社，2009年，第281页。
③ 赵翼：《静观二十四首》之二十四，《瓯北集》卷四三，《赵翼全集》第六册，凤凰出版社，2009年，第873页。

花的存在,就采取了一个相当客观、宽容的态度。在对待戏曲艺术方面,他同样采取了这一观察事物的方法,不是就事论事,也不拘囿于种种成见,而且透过事物的表象,抓住了所观照对象的审美价值之所在。既然是"戏",首先应当使人快乐,以缓解社会生活给人们身心带来的压力。优戏务在博人一笑,此观点由来已久。《左传》"襄公二十八年"有"陈氏、鲍氏之圉人为优"之句,孔颖达《疏》引《正义》曰:"优者,戏名也。"又引史游《急就篇》云:"倡优、俳笑,是优、俳一物而二名也。今之散乐,戏为可笑之语,而令人之笑是也。"①史游,乃汉元帝(前48—前33在位)时黄门令,说明汉初对优戏功能的认识已相当清晰。瓯北充分肯定戏之演出能使人笑口常开,显然是避开了清代强加于戏曲的种种莫须有的指斥,而直接继承了古代的这一价值观念,应予肯定。当然,戏曲的价值不仅仅在于博人一笑,还有涵育道德、匡正风俗的社会功用。

正由于对戏曲的热爱,爱屋及乌,赵翼对戏曲中人物也表现出由衷赞许。他在《扬州观剧》(之四)诗中写道:"今古茫茫貉一邱,恩雠事已隔千秋。不知于我干何事,听到伤心也泪流。"②在他看来,戏曲文本的编撰,未必尽采自史书,而小说中的情节与故事,搬上戏场则更热闹,更耐看,更容易引发接受者的兴趣。如《水浒传》中的打虎英雄武松、唐人小说中急人之难的昆仑奴,诸名不见经传者之事迹,不是和历史英雄关羽、张飞一样,随着场上的搬演而得以流播吗?正所谓"故事何须出史编,无稽小说易喧阗。武松打虎昆仑犬,直与关张一样传"③。这里,瓯北将小说中人物与史上英雄相提并论,且皆给予很高评价,则反映出他进步的文学观。

其次是强调戏曲演出应以真情感人

瓯北述及戏曲时,每每以"动人"来称道场上的演出效果。在贵阳,他观赏古典名剧《琵琶记》,深为其哀婉凄怆的曲调所感染,悲凉意绪油然而生。在苏州,他得以领略杂剧搬演,盛赞"动人焰段出苏州"④。在

---

① 《十三经注疏》下册,中华书局,1980年,第2000页。
② 赵翼:《瓯北集》卷三七,《赵翼全集》第六册,凤凰出版社,2009年,第703页。
③ 赵翼:《扬州观剧》之三,《瓯北集》卷三七,《赵翼全集》第六册,凤凰出版社,2009年,第703页。
④ 赵翼:《虎邱绝句》之七,《瓯北集》卷二一,《赵翼全集》第五册,凤凰出版社,2009年,第352页。

夏秉衡处观看《窦娥冤》的演出,又潸然泪下,还曾在诗中谓:"明识悲欢是戏场,不堪唱到可怜伤。假啼翻为流真泪,人笑痴翁太热肠。"①看来,他是以"动人"来衡量戏曲演出效果的。

其实,关于"动人"的戏曲审美追求,乃由来已久,自古就有"乐人易,动人难"②之说。"乐人",仅是戏曲场上搬演功能的一般要求,而"动人",才是社会赋予这一艺术形式的深层使命。当然,二者不能偏废。"乐人",是戏曲艺术赢得欣赏群体热爱并得以存在的基本条件,而"动人",则是对戏曲艺术如何贴近百姓生活、百姓心理以唤起其强烈共鸣并进而受其感染所提出的更高要求。对此,不少卓有识见的思想家早已意识到这一点。明代大儒王守仁在《传习录》中曾说:

> 今之戏子,尚与古乐意思相近。未达,请问。先生曰:"《韶》之九成,便是舜的一本戏子;《武》之九变,便是武王的一本戏子。圣人一生实事,俱播在乐中,所以有德者闻之,便知他尽善尽美与尽美未尽善处。若后世作乐,只是做些词调,于民俗风化绝无关涉,何以化民善俗?今要民俗反朴还淳,取今之戏子,将妖淫词调俱去了,只取忠臣孝子故事,使愚俗百姓人人易晓,无意中感激他良知起来,却于风化有益。"③

视百姓为"愚俗",自然反映了他阶级的偏见,但借场上演出"感激他良知起来"以有助风化,这却是对戏曲艺术所担当的社会角色的殷切期许。后来,人们不断对此有所发挥。在晚明剧作家孟称舜看来,诗词虽贵在"传情写景",但"所为情与景者,不过烟云花鸟之变态,悲喜愤乐之异致而已"。而戏曲则不然,却"极古今好丑、贵贱、离合、死生,因事以造形,随物而赋象;时而庄言,时而谐谑,狐末靓狙,合傀儡于一场,而征事类于千载;笑则有声,啼则有泪,喜则有神,叹则有气","一语之艳,令

---

① 赵翼:《观剧即事》之二,《瓯北集》卷二五,《赵翼全集》第五册,凤凰出版社,2009年,第443页。
② 高明:《蔡伯喈琵琶记》第一出,王季思主编:《全元戏曲》第十卷,人民文学出版社,1990年,第133页。
③ 王守仁:《阳明传录录》卷三,上海古籍出版社,1992年,第100页。

人魂绝；一字之工，令人色飞"。① 能令接受者感激无任，目动神飞，手舞足蹈，不能自已，无过于戏曲的场上演出。晚明祁彪佳也曾说过："而能道性情者，莫如曲。曲之中有言夫忠孝节义、可听可敬之事者焉，则虽呆童愚妇见之，无不击节而忭舞；有言夫奸邪淫慝、可怒可杀之事者焉，则虽呆童愚妇见之，无不耻笑而唾詈。自古感人之深而动人之切，无过于曲者也。"②

即使场上之优伶，也深谙此理。康熙末年，有姑苏名部在兖州府署上演《节孝记》，台上两优童所扮演的母子，"情事真切"，"假悲而致真泣"，以致泪滴氍毹，观者"指顾称叹有欲涕者"。人们问其落泪之故，伶童答曰："伎授于师，师立乐色，各如其人，各欲其逼肖。逼肖则情真，情真则动人。且一经登场，己身即戏中人之身，戏中人之啼笑即己身之啼笑，而无所谓戏矣。此优之所以泪落也。"③

"动人"一词，虽说平实无华，且主要表述的是接受者在观赏戏曲演出时而产生的一种心理状态、精神活动，并没有多少玄机可言，理论色彩也不浓，但它却反映出不同层面的丰富内容。作为戏曲传播主体的优伶而言，若要使场上的演出打动观众，首先自身要深入体会剧情，准确把握剧中人物的身份处境、性格特点，务使"各如其人，各欲逼其肖"。设身处地揣摩剧中人之心理，用真情去演，设想"己身即戏中人之身"，当会自然流露真情，"唱到可怜伤"，"情真则动人"。当然，演者执意求真，才会在演技上精益求精，不敢懈怠，表演动作才能做到精准、到位，准确传示剧中人心理情态。而就观者而言，也不能将场上所演绎的悲欢离合，简单视作逢场作戏。因场上所搬演的，乃是现实人生中的某一生活断面的浓缩。在场上某些人物的行止中，观者或能发现个人境遇的某一侧影，所以前人称："戏犹戏非戏，戏寓世态，观看戏节知世态；曲似曲不曲，曲寄人情，聆听曲调识人情。"④ 只有将自身融入戏场，深刻体

---

① 孟称舜：《古今名剧合选·自序》，蔡毅编著：《中国古典戏曲序跋汇编》第一册，齐鲁书社，1989年，第444页。
② 祁彪佳：《孟子塞五种曲·序》，蔡毅编著：《中国古典戏曲序跋汇编》第四册，齐鲁书社，1989年，第2745页。
③ 金埴：《不下带编》卷四，中华书局，1982年，第76页。
④ 解维汉编选：《中国戏台乐楼楹联精选》，陕西人民出版社，2008年，第45页。

味场上演绎的故事、人物所传示的生活情理，内心才会为台上的精湛表演所感动，以致潜移默化地接受剧中所蕴含的人格追求、伦理启迪。

再次是戏曲演出与文化知识的普及推广

戏曲是来自民间生活的综合表演艺术，自能为广大普通民众所接受，故贵在通俗易懂，"话则本之街谈巷议，事则取其直说明言"①。"戏文做与读书人与不读书人同看，又与不读书之妇人小儿同看"，"能于浅处见才，方是文章高手"。② 缘此之故，戏曲艺术适应面很广，百姓喜闻乐见，有着广阔的传播场域。加之古戏多采自历代史书、唐宋传奇及后世小说，追求"无奇不传"的创作风格，故能博得相当多中下层人们的欢迎。

在封建时代，许多穷苦百姓读书识字的权利被剥夺，那么，看戏曲演出便成了他们获取文化知识的主要渠道。题于山西平定县某戏台的一幅戏联曾这样写道："寓褒贬别善恶，实录春秋廿二史；载治乱知兴衰，分明俗说十三经。"③而题在通城县白马庙戏台的对联则谓："太白诗、羲之字、韩柳文章，借梨园子弟演来，一见才情一见景；马融笛、王褒箫、轩辕琴瑟，将盛世元音谱出，半入秋风半入云。"④舞台上搬演的内容相当丰富，涉及朝代更替、两军鏖战、忠奸斗争、家庭纠纷、邻里冲突、公案侠义、烟粉灵怪、发迹变泰等多方面的社会内容，表现"忠孝至情，儿女痴情，豪暴恣情，富贵薄情"⑤等各类情感。上演老子、庄子、孔子、孟子、大官小官、清官浊官、王侯将相、市井走卒、三姑六婆等各类人物，使普通百姓对历史故事、人物轶事、诗文掌故、俏言妙语有了形象而真切的接受与理解。对此，瓯北深有感触，他曾在《里俗戏剧余多不知问之僮仆转有熟悉者书以一笑》一诗中写道："焰段流传本不经，村伶演作绕梁音。老夫胸有书千卷，翻让僮奴博古今。"⑥作为文史兼擅的赵翼，能

---

① 李渔：《闲情偶寄》卷一"词曲部·贵显浅"，中国戏曲研究院编：《中国古典戏曲论著集成》第七册，中国戏剧出版社，1959年，第22页。
② 李渔：《闲情偶寄》卷一"词曲部·忌填塞"，中国戏曲研究院编：《中国古典戏曲论著集成》第七册，中国戏剧出版社，1959年，第28页。
③ 解维汉编选：《中国戏台乐楼楹联精选》，陕西人民出版社，2008年，第21页。
④ 同上书，第145页。
⑤ 同上书，第41页。
⑥ 赵翼：《瓯北集》卷五二，《赵翼全集》第六册，凤凰出版社，2009年，第1078页。

敏锐地意识到,地方戏曲的搬演在开启民智、普及知识、了解历史等方面的独特作用,还是很了不起的。不仅如此,他还有意仿效僮仆,对戏曲掌故也津津乐道。村剧中曾演及,邓尚书在吃酒时戒家人有乞诗文者不许通报一事。他将这个情节,作为一事典写入诗中,谓:"老怕嚣尘费往回,蓬门无事不轻开。乞诗文者俱相拒,或有佳招我自来。"①诙谐多趣,给该诗增色不少,也表现出他开放的文学观。稍晚于瓯北的扬州学人焦循,也认为花部之类的地方小戏,"其词直质,虽妇孺亦能解;其音慷慨,血气为之动荡"②,并记述下当地百姓闲暇之时,喜谈戏曲掌故的情状,谓:"天既炎暑,田事余闲,群坐柳阴豆棚之下,侈谭故事,多不出花部所演。"③又印证了江苏戏曲繁盛对普通百姓思想行为的影响,可与瓯北诗对读。僮仆靠"里俗戏剧"而"博古今",无疑有助于提升其文化品位。戏曲的这一功能,在当时很少有人提及,瓯北能透过一件细微小事,看到观戏与民生之间的微妙关系这一深层问题,眼光是很独到的。

三 瓯北的戏曲考证

江苏乃人文荟萃之地,问学之风甚盛。清初,顾炎武、阎若璩诸大儒,为学"酌古通今,旁推互证,不为空谈"④,"遇有疑义,反复穷究,必得其解乃已"⑤,为江苏一带考据学风的形成奠定了坚实的基础。赵翼虽不以考据名家,但他所生活地域的考据学风,则无形中对他的问学取向产生不少影响。

瓯北对戏曲的考证,主要表现在对相关剧作本事的追索。元代

---

① 赵翼:《村剧有邓尚书吃酒戒家人有乞诗文者不许通报惟酒食相招则赴之余近年亦颇有此兴书以一笑》之一,《瓯北集》卷五二,《赵翼全集》第六册,凤凰出版社,2009年,第1079页。
② 焦循:《花部农谭》,中国戏曲研究院编:《中国古典戏曲论著集成》第八册,中国戏剧出版社,1959年,第225页。
③ 同上。
④ 江藩:《国朝汉学师承记》卷八,中华书局,1983年,第131—132页。
⑤ 江藩:《国朝汉学师承记》卷一,中华书局,1983年,第10页。

纪君祥的《赵氏孤儿》杂剧,乃中国戏剧史上难得的一部大悲剧。以屠岸贾的搜孤、害孤与程婴、公孙杵臼的藏孤、救孤为矛盾焦点,展开了惊心动魄的情节推进,塑造出坚忍不拔、临危不惧、舍生取义的程婴、公孙杵臼等英雄形象,同题材的剧作《赵氏孤儿》、《八义记》以及当今尚流行于舞台的《搜孤救孤》,都在叙述这一故事。一般认为,此作"本事出《春秋左传》及《史记》,并见刘向《新序·节士篇》,及《说苑·复恩篇》,叙述较详。所谓孤儿即赵武。晋灵公时,屠岸贾尽灭赵朔族,更求其孤儿。赵客公孙杵臼、程婴百计藏匿,护之成人,卒报父仇"①。《史记·赵世家》曾详载其事,谓晋景公三年,大夫屠岸贾欲诛赵氏,诬赵后谋逆,遂擅自主张率兵杀害赵朔、赵同、赵括、赵婴齐,皆灭其族。文中记载曰:

> 赵朔妻成公姊,有遗腹,走公宫匿。赵朔客曰公孙杵臼,杵臼谓朔友人程婴曰:"胡不死?"程婴曰:"朔之妇有遗腹,若幸而男,吾奉之;即女也,吾徐死耳。"居无何,而朔妇免身,生男。屠岸贾闻之,索于宫中。夫人置儿绔中,祝曰:"赵宗灭乎,若号;即不灭,若无声。"及索,儿竟无声。已脱,程婴谓公孙杵臼曰:"今一索不得,后必且复索之,奈何?"公孙杵臼曰:"立孤与死孰难?"程婴曰:"死易,立孤难耳。"公孙杵臼曰:"赵氏先君遇子厚,子强为其难者,吾为其易者,请先死。"乃二人谋取他人婴儿负之,衣以文葆,匿山中。程婴出,谬谓诸将军曰:"婴不肖,不能立赵孤。谁能与我千金,吾告赵氏孤处。"诸将皆喜,许之,发师随程婴攻公孙杵臼。杵臼谬曰:"小人哉程婴!昔下宫之难不能死,与我谋匿赵氏孤儿,今又卖我。纵不能立,而忍卖之乎!"抱儿呼曰:"天乎天乎!赵氏孤儿何罪?请活之,独杀杵臼可也。"诸将不许,遂杀杵臼与孤儿。诸将以为赵氏孤儿良已死,皆喜。然赵氏真孤乃反在,程婴卒与俱匿山中。②

---

① 庄一拂编著:《古典戏曲存目汇考》上册,上海古籍出版社,1982年,第72页。
②《二十五史》第一册,上海古籍出版社、上海书店,1986年,第213页。

十五年后,景公与韩厥谋立赵氏孤,"召而匿之宫中"①,此即孤儿赵武。未几,即"召赵武、程婴遍拜诸将,遂反与程婴、赵武攻屠岸贾,灭其族"②。但在瓯北看来,此记载不可信。他在将《史记》"赵氏家"这段文字与《春秋》、《左传》以及《史记》"晋世家"对读时发现端倪,认为《春秋》所载,晋杀赵同、赵括之事,乃发生在鲁成公八年(前583),《史记·晋世家》谓此事发生在景公十七年(前583),也就是鲁成公八年。这在时间上是吻合的。但《左传》记载,赵同、赵括等人被杀,是因为赵婴齐与赵朔之妻有奸情,赵同、赵括遂将婴齐放逐于齐,庄姬怀恨在心,乃进谗言于景公,遂杀同、括。屠岸贾之名并未出现,且也未提赵朔遇害之事,与《史记》所载内容显异。他在相关历史文本的对读中,发现了各史书记载的内容不一以及《史记》的"自相矛盾",认为司马迁的《史记》"独取异说"而自相抵牾,"信乎好奇之过"。③ 而这种凡事务求其真的治学态度,正是当时考据学风濡染所致。

明人汪廷讷的传奇剧《狮吼记》,是根据苏轼《寄吴德仁兼简陈季常》一诗"忽闻河东狮子吼,拄杖落手心茫然"等载述创作而成的一部讽刺喜剧,以其诙谐多趣,一直活跃于舞台,至今《梳妆》、《跪池》、《游春》、《三怕》等出仍不时上演。由此,陈慥惧内之事几乎人所共知。但在赵翼看来,此故事为传奇家附会而成。他借助苏轼相关诗作,证明陈妻并非如此恶劣。当然,瓯北对此或许有些苛求。要知道,戏曲创作非历史人物传记,而允许作家虚构与夸饰,若照搬史实,场上之"戏"又由何来?早年游宦贵阳时,他曾看过《吕洞宾岳阳楼》一戏的搬演,后来,对八仙故事遂作稽考,从《宣和画谱》、《夷坚志》、《潜确类书》、《丹铅录》、《明皇杂录》、《独醒志》、《续通考》、《酉阳杂俎》、《仙传拾遗》等三十余种文献中,逐一搜寻出八仙的来历,为较早作八仙出处考证的文字,很有参考价值。

又如明末清初剧作家李玉所作传奇《洛阳桥》,业已散佚,今仅存升平署抄本《神议》、《戏女》、《下海》三出。而瓯北在《檐曝杂记》(卷四)

---

① 《二十五史》第一册,上海古籍出版社、上海书店,1986年,第213页。
② 同上。
③ 赵翼:《陔余丛考》卷五《赵氏孤之妄》,《赵翼全集》第二册,凤凰出版社,2009年,第82页。

中,自称幼时曾观看此剧。这说明直至雍正年间,该剧尚活跃于江南舞台,为我们研究该剧的传播、存留提供了依据。继而,又详细考证了剧中曾述及的造桥一事的来龙去脉,以及如何以"洛阳"名桥的原因所在。李玉还写有一部《清忠谱》剧作,叙晚明苏州市民颜佩韦、杨念如等人反对阉党事。而瓯北以史学家的敏锐目光,从前人笔记《寓园杂记》①中搜寻得中官王敬来苏州搜刮江南珍玩,遭生员王顺等群殴事,以证明"苏州击阉不始于颜佩韦"②,有助于人们研究视野的拓展。

尤为难能可贵的是,赵翼对花部戏曲之本事也有考证。《小姑贤》是一部反映家庭婆媳关系的喜剧作品,因其贴近生活、紧扣封建时代家庭最常出现的一系列矛盾而生发,故深受观众欢迎,二百余年来久演不衰。但对其本事,人们所知甚少。瓯北却于《虎邱绝句》(之五)中称:"欲访芳祠迹已消,《小姑贤》曲久寥寥。棠梨花下真娘墓,多少游人把酒浇。"并于诗后注曰:"元人宋裒有《小姑贤》诗,自注:'虎邱南地名。有姑欲逐其妇,以小姑谏而止,邻人祀之于此。'"③据此,知该故事发生于古时的苏州虎丘一带,其年代不会迟于元,为花部剧作的深入研究提供了有力佐证。笔者据此撰《〈小姑贤〉的前世今生》(《寻根》2013年第4期)一文,弥补了《小姑贤》本事研究的缺憾。

赵翼对戏曲舞台常用语也时有考证。如:"戏本凡官员自称,皆曰下官。"④这是戏曲舞台上常见之现象,一般人不会追究其来龙去脉。瓯北则不然,他运用大量史料,系统梳理了"下官"一词的源起与流变,认为,"下官"虽起源于汉代,但并不用作官员自称,只是就官吏"罢软不胜任者"⑤而言,而高士奇《天禄识余》认为"始于梁武帝改称臣为下官"⑥,乃是错误的。继而,引用《晋书》中许多实例证明,晋时,官吏以"下官"

---

① 王锜《寓圃杂记》卷一〇载及妖人王臣、中官王敬事。瓯北所言《寓园杂记》,或应为《寓圃杂记》。《四库全书总目》卷一四三"子部五十三·小说家类存目一"谓:"《寓圃杂记》十卷,浙江范懋柱家天一阁藏本。明王锜撰。锜字符禹,别号梦苏道人,长洲人。是书载明洪武迄正统间朝野事迹,于吴中故实尤详。然多撼拾琐屑,无关考据。"
② 赵翼:《陔余丛考》卷二〇,《赵翼全集》第二册,凤凰出版社,2009年,第346页。
③ 赵翼:《瓯北集》卷二一,《赵翼全集》第五册,凤凰出版社,2009年,第351页。
④ 赵翼:《陔余丛考》卷三七"下官",《赵翼全集》第三册,凤凰出版社,2009年,第709页。
⑤ 同上。
⑥ 同上。

自称乃习见之事,至"五代时尚相沿有此称也"①。而发展至后来,"仕途中不复称下官,凡知府自称卑府,府以下皆称卑职"②,至明清依然如此。这一考据,已逸出了字、词诠释的本意,而带有浓郁的文化意味,若非熟谙历史、视野开阔,是难以做到的。人们评论顾炎武治学"博赡而能贯通,每一事必详其始末,参以证佐,而后笔之于书"③。瓯北为学之途径,受顾氏启迪不少。梁启超在《中国历史研究法补编》中曾说:"有许多历史上的事情,原来是一件件的分开着,看不出什么道理;若是一件件的排比起来,意义就很大了"④,"历史家的责任,贵在把种种事实摆出来"⑤,进而探究其文化的变迁,是非常有价值的。其他如"寡人"、"小生"、"晚生"、"官人"、"娘子"、"小姐"、"奴才"、"冤家"等词汇,亦为戏曲舞台所习见。瓯北在《陔余丛考》中,几乎用了三卷的篇幅,逐一对上述词汇作了考证,所运用的方法也是类比,其意义却在社会文化、风俗变迁的追索上得以凸显。

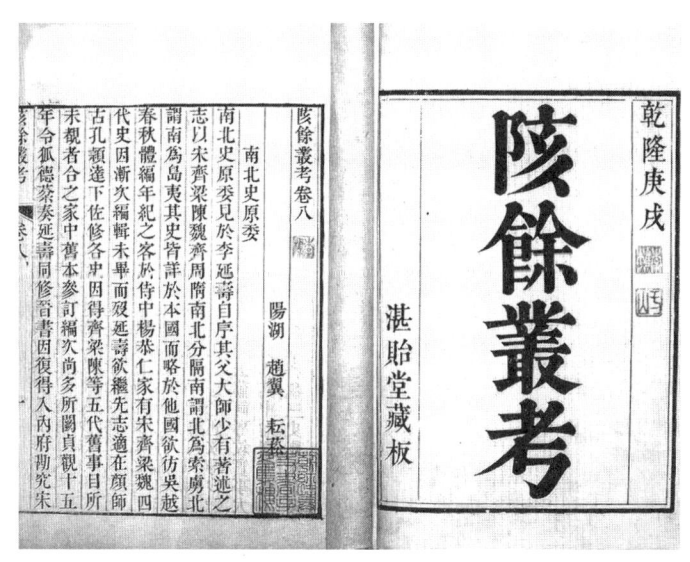

湛贻堂刻本《陔余丛考》

---

① 赵翼:《陔余丛考》卷三七"下官",《赵翼全集》第三册,凤凰出版社,2009年,第710页。
② 同上。
③ 永瑢等:《四库全书总目》卷一一九"子部二十九·杂家类三",中华书局,1965年,第1029页。
④ 梁启超:《中国历史研究法补编》,中华书局,2010年,第9页。
⑤ 同上书,第12页。

第十章　瓯北治史的理性自觉

清代学者为时代风气所浸染,潜心史学研究者不乏其人,著述亦纷纷传世。清代中叶,在史学研究方面成就最突出的,当属赵翼、王鸣盛、钱大昕三人。他们名声相侔,旗鼓相当,也是时相过从的好友。然而,他们的历史研究,侧重点又略有不同。台湾学者李宗侗在《中国史学史》"清代的史学"一节中说:"钱氏所注重多在事实之考订,年月之辨正;而赵氏则较扩充范围,将相类之事实,或相连之事实,比附参证,以得一代之特征。"而钱氏之书性质介于赵、王之间。"以实情论,王氏学问不如钱,故其考证稍欠精密;而其综合能力不如赵,故对一代特征常不能详列并举。"①近代学者梁启超,在评价瓯北《廿二史劄记》时亦说:"此书虽与钱大昕、王鸣盛之作齐名,然性质有绝异处。钱、王皆为狭义的考证,赵则教吾侪以搜求抽象的史料之法。昔人言'属辞比事,《春秋》之教'。赵书盖最善于比事也。"②二者看法颇为相近,但仍是从史学研究的方法着眼,尚未揭出问题的本质。其实,在他们不同的学术个性的背后,却深蕴有不同的文化内涵。

一　治史不傍门户

古人为学,往往重家法之承继,学问之渊源。此风由来已久。自汉

---

① 李宗侗:《中国史学史》,台湾华冈出版有限公司,1979年,第165—166页。
② 梁启超:《中国历史研究法》,华东师范大学出版社,1995年,第35页。

"专门之学兴,命氏之儒起,《六经》、《五典》,各信师承,嗣守章句,期乎勿失"①。"汉儒重师承,无师说者不敢强为之解"②。宋明之时,为宋学者不仅对汉儒大加挞伐,抑且同室操戈,为朱子之学者攻陆象山,为陆子之学者攻朱熹。"至明姚江之学兴,尊陆卑朱,天下士翕然从风。"③入清之后,"为王学者遂视朱子为仇雠,朱子之徒又斥陆、王为异端。而攻击者并文成之事功亦毁之,甚至谓明之亡不亡于朋党,不亡于寇盗,而亡于阳明之学术"④。这一议论,虽可能带有个人感情的因素,有言过其实之嫌,但毕竟道出当时学界因门户不同而产生分歧的某些真相。

王鸣盛、钱大昕、赵翼等人,生活在这样一种学术背景下,其治学不可能不受到当时风气的浸染。乾嘉之时,为学标榜汉儒,推崇郑(玄)、许(慎),崇尚考据。为时所盛称的汉学两大流派,虽说以惠栋为首的吴派"好博而尊闻",以戴震为首的皖派"综形名,任裁断",各有自己的特色,但在"谨守"家法、"笃信汉儒"方面则是基本一致的,以致在当时形成"凡古必真,凡汉皆好"、"古训不可改也,经师不可废也"⑤之问学风气。

王鸣盛(1722—1797),嘉定人,四岁从祖父读书于丹徒学署,日识数百字,为县令冯咏目为神童。12岁时,为《四书》文已有名家风度。17岁补诸生,以屡试第一,才名籍籍,被江苏巡抚陈大受招入苏州紫阳书院,先后得到院长吴大绥、工峻的赏识。乾隆十二年乡试,以五经中式,会试不第,客游苏州,其诗为致仕礼部侍郎沈德潜称赏。又曾与吴江沈彤(字冠云,一字果堂)、吴县惠栋(字定宇,一字松崖)切磋学问。沈彤曾就学于何焯(字屺瞻,号茶仙,世称义门先生)。焯为学长于考据,名重一时,尝"访购宋元旧椠及故家善本细雠正之,丹黄积数十过,所校定两汉书、《三国志考证》尤精核",且"为文才思横溢,天性耿介,廉于财,视千金犹土芥,晨饮未具,不计也"⑥。有《义门读书记》。沈彤为

---

① 江藩:《国朝汉学师承记》卷一,中华书局,1983年,第3页。
② 江藩:《国朝经师经义目录》,中华书局,1983年,第138页。
③ 江藩:《国朝宋学渊源记》卷上,中华书局,1983年,第153页。
④ 同上书,第180页。
⑤ 梁启超:《清代学术概论》,《梁启超论清学史二种》,复旦大学出版社,1985年,第26页。
⑥ 叶衍兰、叶恭绰编:《清代学者象传》,上海书店出版社,2001年,第124页。

其诸弟子中最知名者,"行谊卓绝,经传洽孰"。方苞"见其所疏三经,谓得圣人之精奥,读其文,又谓气格直似韩子"。① 曾参与修《三礼》及《大清一统志》。归里后,闭户治经,矻矻穷年。曾著有《周官禄田考》、《仪礼小疏》、《尚书小疏》、《春秋左传小疏》等。惠栋则"三世传经,其学必求之《十三经注疏》暨《方言》、《释名》、《释文》诸书,而一衷于许氏《说文》,以洗宋元来庸熟鄙陋"。② 二人皆博通经史,学有渊源。鸣盛与其交往,"知训诂必以汉儒为宗",乃精研《尚书》,成《尚书后案》。并以该书与清初阎若璩《古文尚书疏证》、惠栋《古文尚书考》相比并,俨然有鼎足而三之势,以吴派后劲自拟。惠栋长鸣盛二十五岁,且学问又优。鸣盛向其"执经问难,以师礼事之"③,倒在情理之中。至于后来鸣盛否认他们之间有师承关系,径称松崖为"吾友"、"亡友",一则与其一向不大服膺于人的个性有关,一则或因惠栋终老布衣的缘故。然而,惠栋承袭家学,"专宗汉说","终身学汉人之学"。④ 鸣盛亦"一以汉人为师,郑玄、许慎,尤所墨守"⑤,推崇"汉儒说经必守家法",认为"自唐贞观撰诸经义疏而家法亡","故所撰《尚书后案》以郑、马为主……而唐宋诸儒之说,概不取焉"。⑥ 二者间的承袭关系则显而易见。鸣盛中进士后,为编修,曾协助刑部侍郎秦蕙田修《五礼通考》,为掌院学士蒋溥所重。后又任侍讲学士、内阁学士兼礼部侍郎,以事左迁光禄寺卿。寻丁内艰归,卜居苏州阊门,以著述为事。

钱大昕(1728—1804),亦嘉定人,出身寒家,幼慧,喜读书。10岁后,曾先后随祖父王炯、父桂发,在所授徒之塾馆就读。15岁补博士弟子,有神童之目。鸣盛之父赏其才,将女儿顺瑛许之为妻,大昕遂为鸣盛妹婿。紫阳书院院长王峻崇尚汉学,曾官御史,著有《汉书正误》,有声于时。曾向鸣盛询嘉定人才。鸣盛遂推举大昕。王峻转告巡抚雅尔哈善,文檄召至院中,试以《周礼》、《文献通考》两论。大昕下笔千言,悉

---

① 钱仪吉纂:《碑传集》第十一册,中华书局,1993年,第3978—3980页。
② 王昶:《詹事府少詹事钱君大昕墓志铭》,钱仪吉纂:《碑传集》第四册,中华书局,1993年,第1397页。
③ 江藩:《国朝汉学师承记》卷二,中华书局,1983年,第29页。
④ 陈黄中:《惠征君栋墓志铭》,钱仪吉纂:《碑传集》第十一册,中华书局,1993年,第3982—3983页。
⑤ 王昶:《王鸣盛传》,钱仪吉纂:《碑传集》第四册,中华书局,1993年,第1171页。
⑥ 江藩:《国朝汉学师承记》卷三,中华书局,1983年,第40页。

中典要。当时,沈彤、惠栋皆以经术称吴中,大昕受其影响,"乃精研古经义声音训诂之学"①,"举生平所阅经史子集,证其异同得失"②。为官后,曾奉敕撰修《热河志》、《续文献通考》、《续通志》、《大清一统志》等。归里后,一直从事经史研究,故学养深厚、功力扎实。

赵翼出身贫寒,加之早年丧父,使他过早承担起家庭生活的重担。其学无师承,加之性格、情趣、爱好等方面的原因,似乎对当时盛行的考据并未表现出太大的兴趣。后入京师求官,寄寓汪由敦府数年,不仅得以饱览汪氏家中藏书,而且,日与由敦交谈,"情同骨肉亲,诲极言论说"③,所受教益必多,兴奋点多集注于文章的写作,这由汪氏《瓯北初集序》可知。由敦"学问淹贯,于书无所不窥",娴于历代掌故,"遇事有识,默定于中,不以议论捷给相尚。当群言纷沓,徐出一语,闻者厌心,以为不可及也"④。且为人老成持重,为学亦主张"经世之用","各出其智能材谞,求效用当世"⑤,并批评"拘迂之士,当官以流品相矜尚,稍有缓急,腾空言而无济实用,长才无以自见,事以偾败,而疲民因之益困"⑥。瓯北的《廿二史劄记》议论精辟,时有超人之见,且主张"通经致用",除受清初顾炎武等人影响之外,汪由敦的思想、行为对其治学倾向的形成,当有着潜移默化的作用。

还有,瓯北对由敦之师王懋竑也十分推崇。汪由敦乃懋竑雍正二年(1724)任顺天乡试同考官时所取士,而瓯北又是由敦门生。有此两世师生之谊,故瓯北读王予中《白田存稿》倍感亲切,称:"吾师汪文端公,尝出先生门。古人以亲受业者为弟子,弟子所转授者为门人。余与先生,渊源故有自也。"极力称赞予中"下帷穷《六经》,插架辨诸史",乃

---

① 江藩:《国朝汉学师承记》卷三,中华书局,1983年,第41页。
② 王昶:《詹事府少詹事钱君大昕墓志铭》,钱仪吉纂:《碑传集》第四册,中华书局,1993年,第1397页。
③ 赵翼:《五哀诗·故吏部尚书汪文端公》,《瓯北集》卷四○,《赵翼全集》第六册,凤凰出版社,2009年,第793页。
④ 钱维城:《加赠太子太师吏部尚书谥文端汪由敦传》,钱仪吉纂:《碑传集》第三册,中华书局,1993年,第897—898页。
⑤ 汪由敦:《赠中宪大夫太仆寺卿衔范府君毓麟墓表》,钱仪吉纂:《碑传集》第四册,中华书局,1993年,第1173页。
⑥ 同上书,第1175页。

"折尽才华士"的"真大儒",并以倚墙"小桃李"自居。① 其实,瓯北所言的确真实可信。据王箴听《文林郎翰林院编修予中王公行状》载,予中幼即聪颖过人,九岁能点阅《史鉴》。与人交"以德义相劝勉,不徒于文字逞奇"②,真诚待人,"然于义有不可,则毫发无所假借",一生"固穷自守,未尝丝毫妄取"。③ 在任安庆府学教授时,教诸生"反之身心,真实体验","于日用寻常行事处,仔细检点,不一毫放过",④强调学以致用,"空言全不济事"。有人混迹官场,为保禄保命,禁约自己"不言朝廷利害"。他斥责道:"若已出仕,受国恩,而视朝廷州县如秦越人之渺不相关,岂理也哉?"⑤他在寄给方苞的信中称:为学"而不能有所建明改易,登斯民于衽席之上,措国家于泰山磐石之安,则生平所学为无用矣"⑥。故而,他后来虽在林下,但"凡所撰著纪传论议,皆卓然有关于世道人心"⑦。"穷经论史,不由师传,能揭其蕴奥。"⑧"于诸史考其缺漏,正其讹谬,而因以寻其理乱兴衰之迹,皆识其大者,不徒以博雅自名。"⑨钱大昕在《王先生懋竑传》中亦说他:"于诸史皆有考证,实事求是,不为抑扬过当之论。"⑩王懋竑虽说"笃信朱子之书,一字一句,皆沉潜以求其始末",但并不盲从。对朱熹《四书集注》等著述"多所拾遗补阙"。⑪ 瓯北为学,不迷信权威、名家,善于发现问题,并敢于发表自己的见解,也受到王予中的启发。而他治史侧重于"古今风会之递变,政事之屡更,有关于治乱兴衰之故者"⑫,上与顾炎武"凡文不关于六经之旨,当世之务者,一切不为"的经世致用主张一脉相承,又与王予中治史强调"寻其理乱兴衰之迹"声息相通,其间的承继关系是显而易见的。

---

① 赵翼:《瓯北集》卷三九,《赵翼全集》第六册,凤凰出版社,2009年,第749页。
② 钱仪吉纂:《碑传集》第四册,中华书局,1993年,第1340页。
③ 同上书,第1351页。
④ 同上书,第1343页。
⑤ 同上书,第1347页。
⑥ 同上书,第1348页。
⑦ 同上书,第1351页。
⑧ 同上书,第1340页。
⑨ 同上书,第1353页。
⑩ 同上书,第1338页。
⑪ 永瑢等:《四库全书总目》卷一一九"子部二十九·杂家类三",中华书局,1965年,第1030页。
⑫ 赵翼:《〈廿二史劄记〉小引》,《廿二史劄记校证(订补本)》上册,中华书局,1984年,第1页。

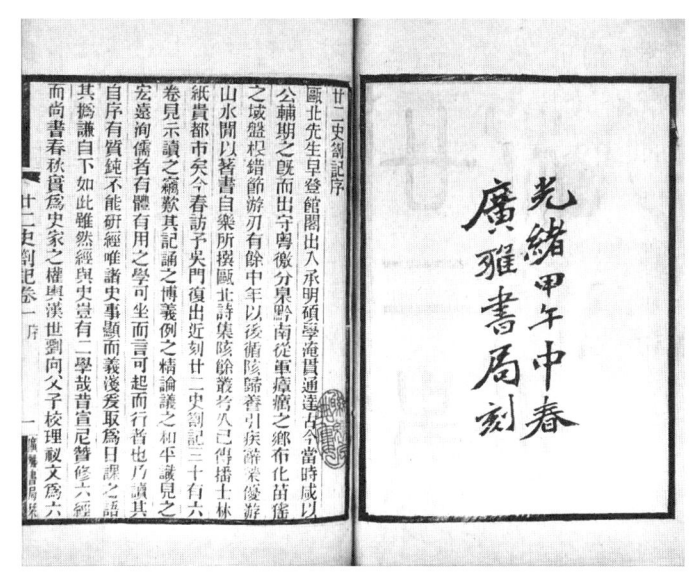

广雅书局刻本《廿二史劄记》

二 注重涵养史识

王鸣盛、钱大昕二人,幼即沉潜于经史,且受到严格的正规训练,又有名师指教、朋侪切磋点拨,故打下良好的治学基础。踏上仕途之后,又基本没有脱离书生本业,往往任翰林编修、侍讲学士、侍读学士之类与经史密不可分的文官。所以,他们辞官归里后,积极从事史学与经学之研究,乃是顺理成章之事,且都不同程度地受到惠栋等吴派学者的影响,但在具体操作上,又具有自己的学术个性。就惠栋而论,其为学之着眼点,除经书外,重在《左传》、《后汉书》之类早期史作。而王、钱则不然。他们有感于"自惠、戴之学盛行于世,天下学者但治古经,略涉三史,三史以下茫然不知"①,遂潜心于中国古代通史的研究,力图开拓史学研究的空间,做经史兼通的"通儒"。王鸣盛治史,涉及文字、方志、职官、典章、谱系等多个领域。钱大昕则"研精经史,因文见道。其学于经

---

① 江藩:《国朝汉学师承记》卷三,中华书局,1983年,第49页。

义之聚讼难决者,皆能剖析源流。文字、音韵、训诂、天算、地理、氏族、金石,以及古人爵里、事实、年齿,无不了如指掌。古人贤奸、是非疑似难明者,典章、制度昔人不能明断者,皆有确见"①。对史书研究,下力尤勤。他深知,《元史》编撰者既乏史才,又"不谙掌故,于蒙古语言文字素所未习,所以动笔即讹",故对《元史》细加探究,用力甚多。本欲重修《元史》,"后恐有违功令,改为《元诗纪事》"。② 所撰《补元史艺文志》、《补元史氏族表》,"可据之资料极贫乏,而能钩索补缀,蔚为大观","凡此皆清儒绝诣,而成绩永不可没者也"。③ 故人称:大昕"不专治一经而无经不通,不专攻一艺而无艺不精","学究天人,博综群籍,自开国以来,蔚然一代儒宗也"。连皖派代表人物戴震,对他也深为敬服,曾对人说:"当代学者,吾以晓徵为第二人。"④

相比之下,赵翼却远没他们幸运。早年家贫,无钱购书,故偶读《论衡》之类书,便视为秘籍,足见阅读面不够开阔。入京后,寄寓汪由敦时晴斋,始有幸接触汪氏"插架书万卷","因是见闻日扩,益得肆力于古"。⑤ 应该说,瓯北的学问功底,远不如王、钱厚实,经书亦读不甚多,故至78岁还称:"一编重展西窗《易》,白首犹惭未问津"⑥,并在《廿二史劄记》中坦然承认,经学研究非己所长。他的史学研究,起步于20岁时。乾隆十一年所写《古诗二十首》,其中涉及对范蠡、西施、诸葛亮、于谦、仲长统、潘岳、关羽、严光、李泌、郭崇韬等历史人物的评价,亦论及私家著史与史局编史之区别,但意见却时有偏颇。他认为,私家著史,"但求文之工,好逞臆见独。是非或多谬,往往得祸酷"。司马迁、左丘明、班固、陈寿、范晔、魏收、崔浩等史家,皆因"用笔曲"而"获报显",而朝廷构建史局以编史,"成之非一手,属之有众目。记载较可凭,略少冤鬼哭"。⑦ 实际上,事实恰恰与瓯北所言相反。历史上任何一个封建王

---

① 叶衍兰、叶恭绰编:《清代学者象传》,上海书店出版社,2001年,第202页。
② 江藩:《国朝汉学师承记》卷三,中华书局,1983年,第50页。
③ 梁启超:《中国近三百年学术史》,《梁启超论清学史二种》,复旦大学出版社,1985年,第429页。
④ 江藩:《国朝汉学师承记》卷三,中华书局,1983年,第50页。
⑤ 佚名编:《瓯北先生年谱》,赵兴勤、蒋宸、赵韡编:《赵翼研究资料汇编》下册,台湾花木兰文化出版社,2013年,第446页。
⑥ 赵翼:《自遣》,《瓯北集》卷四六,《赵翼全集》第六册,凤凰出版社,2009年,第944页。
⑦ 赵翼:《古诗二十首》之十八,《瓯北集》卷一,《赵翼全集》第五册,凤凰出版社,2009年,第4页。

朝编撰史书，都是为其现实政治服务的，且始终贯串了当代统治阶级的思想意识和政治企图。即以《明史》而论，张廷玉在《上明史表》中口称："发凡起例，首尚谨严；据事直书，要归忠厚"①，却隐瞒了清朝贵族入关前曾从属于明那段重要史实，便很能说明问题。早在唐代，彭城刘知几在《史通》中就曾痛斥过设馆修史之弊。再说，据史料记载，左丘明是先失明后著史书，故《史记·太史公自序》称："左丘失明，厥有《国语》。"司马迁则是因"遭李陵之祸，幽于缧绁"，受了腐刑，不是因撰《史记》而造成。班固晚年的被捕，是因受窦宪政治上失势并被迫自杀一事的牵累。陈寿的被放，也非因《三国志》的撰写。范晔的"就戮"，亦与修《后汉书》无直接关系。由此可知，瓯北所论，多与史实不符。还有，私人著史，是件留名千古的大事。一般说来，作者必须对笔下所写人或事负责，对后人负责，在可能的条件下，最大限度地搜集资料，予以甄别筛选，尽量反映历史的本来面貌。且独家撰史，外来因素尤其是政治因素的干扰相对较少，又没有监修、总裁之类"恩幸贵臣"时掣其肘，便于发挥其主观能动性与创造性，能较为客观地再现历史。如此看来，瓯北早年虽曾论史，但无论是其阅历、知识面，还是史识，都还嫌薄弱。

瓯北的史学活动，正式起始于乾隆十四年（1749）其入京之后，协助总宪刘统勋编撰《国朝宫史》之时。此书乾隆七年（1742）奉敕撰修，三十四年（1769）始告竣，凡三十六卷，分六门，首曰训谕，载录列朝圣训，皇上谕旨；次曰典礼，备著内廷仪节规制，冠服舆卫之度；次曰宫殿，按次方位，详列规模；次曰经费；次曰官制，具载内臣员品及其职掌与功罪赏罚；次曰书籍，对穷理致治之作编目提要。瓯北参与此事时，尽管该书的编撰已接近尾声，但他毕竟有幸接触不少内廷秘籍，为以后的史学研究积累了不少丰富的素材和工作经验。他在刘府仅一年左右，日理万机的刘统勋竟称：云崧字迹虽烧灰亦可认，并对其文风十分熟悉，足见瓯北在编撰《宫史》时，做了大量工作，许多文字当出自其手。

另外，瓯北在初入翰林院期间，还曾被推荐为方略馆纂修官，修《平定准噶尔方略》。当时，对瓯北之才甚为赏识的观保，为翰林院掌院学

---

① 张廷玉等：《明史》第二十八册，中华书局，1974年，第8630页。

士,军机大臣傅恒又主持《平定准噶尔方略》的编撰事宜,瓯北得以入方略馆参与其事,则在意料之中。他后来回忆道:"昔直军机处,正当平定准夷、回部之时,睹记最为亲切。兹撮叙《方略》,益得印证,故所记较详赡,庶不徒铺述粗迹。"①在这里,他接触到大量当代第一手史料,为以后的史学研究打下了坚实的基础,故而,瓯北后来始能写成《皇朝武功纪盛》(凡四卷)一书。此书包括卷一的《平定三逆述略》、《平定朔漠述略》,卷二的《平定准噶尔前编述略》、《平定准噶尔正编述略》,卷三的《平定缅甸述略》,卷四的《平定两金川述略》、《平定台湾述略》、《平定廓尔喀述略》。所记史事,不少是得自亲闻亲见。如平定准噶尔时,瓯北正值军机处,"时西陲用兵,军报旁午,凡汉字谕旨及议奏军需事件,悉先生(按:指赵翼)具草"②,对事件之始末了解必多。金川之役,恰瓯北在贵西兵备道任,时常承担筹措军需物资,迎送过往将士的任务,对战争状况亦了然于心。征缅之役,乃其亲身经历,所得史料更为真切。平定台湾,又佐李侍尧幕年余,《平定台湾述略》乃是其幕中所记。事皆与《四库全书》中《台湾纪略》相符。有如此扎实的史料基础,故《皇朝武功纪盛》一书,"其事则详,其文则约,其颠末曲折,无不朗若列眉"。所以,著名学者卢文弨在《皇朝武功纪盛序》中,称赞此书纲目清晰,条理秩如,"驭繁以简,举重若轻,深得《史》、《汉》之义法"③。

然而,据瓯北称,他所撰此书,许多材料却来自《四库全书》。查《四库全书总目》"史部·纪事本末类",收有《平定三藩方略》(六十卷)、《亲征朔漠方略》(四十卷)、《平定金川方略》(三二卷)、《平定准噶尔方略》前编(五四卷)、正编(八五卷)、续编(三三卷),以及《平定两金川方略》(一五二卷)、《台湾纪略》(七十卷)等多种,凡四五百卷。《四库全书》的第一部修成于乾隆四十六年(1781)年底,然而,直至乾隆五十二年(1787)六月,始将七部书全部抄竣,前后参加缮写者凡3800余人。不

---

① 赵翼:《皇朝武功纪盛》卷二《平定准噶尔正编方略》,《赵翼全集》第三册,凤凰出版社,2009年,第30页。
② 佚名编:《瓯北先生年谱》,赵兴勤、蒋宸、赵韡编:《赵翼研究资料汇编》下册,台湾花木兰文化出版社,2013年,第446—447页。
③ 赵兴勤、蒋宸、赵韡编:《赵翼研究资料汇编》上册,台湾花木兰文化出版社,2013年,第207页。

料,乾隆帝又从已修竣的《四库全书》中接连查出违碍内容,下令抽毁、挖补,故而,直至乾隆五十八年(1793),此项大型编撰工作才完全结束。为让南方士子读到这一大内秘书,乾隆帝下令在江、浙建三阁以贮之,便于士子就近誊录阅读。文汇阁藏书,向世人开放,不会早于乾隆五十七年(1792)。据李斗《扬州画舫录》卷四载,文汇阁建在扬州天宁寺(即乾隆行宫)中大观堂之侧,原为御书楼,贮有《古今图书集成》全部,后乾隆赐楼名文汇阁,"壬子(乾隆五十七年,1792)间,奉旨江、浙有愿读中秘书者,如扬州大观堂之文汇阁,镇江口金山之文宗阁,杭州圣因寺之文澜阁,皆有藏书。著四库馆再缮三分,安贮两淮。……文宗阁江都汪容甫管之,文汇阁仪征谢士松管之。"①李斗熟悉扬州掌故,所言当不谬,而瓯北的《皇朝武功纪盛》,恰恰成书于这一年。也正是在此年,瓯北辞去扬州安定书院教习,从此不再应聘。

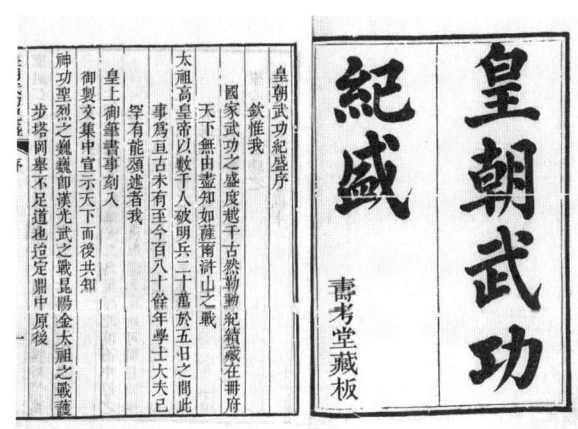

寿考堂刻本《皇朝武功纪盛》

按照惯例,瓯北往往是凡大事必赋之于诗,但偏偏在这段时间内,无一诗叙及去文汇阁或文宗阁查阅图书,亦无一首与汪中或谢士松酬赠之作。然而,他却在呈给时任刑部侍郎的友人王昶的密信中称:"附上近刻诗钞,以博一笑。另有《皇朝武功纪盛》一本,系从四库书方略内摘叙者,恐或有关碍,故未刷印送人。特先密呈,乞为鉴定,倘或可存,

---

① 李斗:《扬州画舫录》卷四,中华书局,1960年,第103—104页。

并乞赐序一篇,以近时诸战,大人俱亲在戎行,尤觉甘苦备尝也,如不可示人,则不必赐序矣。专俟指示到日再定。"①明言《皇朝武功纪盛》是由"四库方略内摘叙"。但他在同书卷四《平定台湾述略》中又称:"台湾之变,总督钦斋李公赴闽,道过常州,邀余偕行,佐其幕事,凡一年有余,此编即幕中所记也,事皆与《方略》合,故不复删改。"可知,书中一些篇目,此前已有成稿,他之所以特别将"从四库方略内摘叙"标出,不过是躲避文字狱陷害的掩饰之辞。这说明瓯北已清楚地意识到,此书若问世,可能会带来严重后果,故心有疑惧,求身居高位的王昶明示。但因此书涉及每次平乱前后朝廷中的种种内幕、地方官对百姓百般朘剥的真实情况及官兵滥杀无辜的罪恶行径,"关碍"之处,所在必有,故王昶最终未给此书写序。

瓯北撰写此书,虽意在张扬清王朝之武功,但毕竟渴望"甲兵全消",希望统治者"疏节阔目,顺其俗而抚治之"②,以使天下太平,百姓安居乐业,客观上反映了人民群众的愿望。而王鸣盛的《十七史商榷》,涉猎范围"上起《史记》,下迄《五代史》"。钱大昕的《廿二史考异》所研究的对象,乃是除《五代史》、《明史》之外的所有重要史籍。他们连清初官修史书《明史》都不愿涉及,更何谈当代史事?钱大昕还涉及辽、金、元等容易触及清廷忌讳的史学领域,而王鸣盛则眼光盯在五代之前,即使偶发议论,也不会带来麻烦。相比较之下,可以看出,瓯北治史,更注重对现实人生的观照。要知道,在文网甚为严酷的清代,以当代人写当代史事,是需要有一定的胆魄与勇气的。若果如瓯北所言,《皇朝武功纪盛》乃由四库方略中摘出,那么,从文汇、文宗阁图书准许借阅,到瓯北投书故人以求作序,充其量不到半年,根本不可能一下子写出如许高质量的史作。而且,此作所涉及的均为入清之后的重大题材,熟悉史传撰写规则的瓯北,根本不可能草率脱稿,且欲梓行天下。这恰说明,他在此之前已将所掌握材料做了大量的整理与编撰工作,只是对叙述的分

---

① 吴长瑛:《清代名人手札甲集》,转引自杜维运:《赵翼传》,台湾时报文化出版事业有限公司,1985年,第189页。
② 赵翼:《皇朝武功纪盛》卷二《平定准噶尔正编方略》,《赵翼全集》第三册,凤凰出版社,2009年,第29页。

寸把握不准,不敢贸然出手而已。钦定《四库全书》的对外开放,给他提供了如何叙述此等事件的文本参照,故而才出现求王昶作序之事。

还有,瓯北于乾隆二十九年(1764)秋,由"奉掌院派撰文"改任《历代通鉴辑览》纂修官,直至三十一年(1766)冬离京赴镇安任,前后凡两年。《历代通鉴辑览》,乃清代中叶官修纲目体史书。叙事起自上古,下至明弘光王朝灭亡,一百十六卷,末附载述唐、桂二王事迹四卷。① 乾隆帝每事必踵武乃祖,在编纂史书上,也是如此。自朱熹著成《资治通鉴纲目》后,疏通其义旨、笺释其名物、考证其事实、辨正其传写之误者不乏其人,然"大抵循文敷衍,莫敢异同"。至明成化间,商辂等奉敕编《续资治通鉴纲目》,万历间,又有南轩《纲目前编》。明末,往往将三书合刻,其间以陈仁锡刊本流传最广。陈氏在编刻此书时,将金履祥《资治通鉴前编》稍变其体例,改题为《通鉴纲目前编》,以取代南轩《纲目前编》。康熙帝"独契尼山笔削之旨,因陈仁锡刊本亲加评定"②,此即所谓《御批通鉴纲目》。乾隆帝既有意追步乃祖,故亦从事史书批点,乃据明李东阳等所撰《历代通鉴纂要》重新编订,纠正其"褒贬失宜、纪载芜漏"等处,"斥彼偏私,著为明训",编成《历代通鉴辑览》。乾隆帝谓:"《通鉴辑览》之书,非一时之书,乃万世之书"③,并在该书《序》中称:"观是书者,凛天命之无常,知统系之应守,则所以教万世之为君者,即所以教万世之为臣者也。"意在崇奖忠贞,为"世道人心之大劝","立纲常名教之大防"。④ 乾隆帝在此书中,有批语 1900 余条,近 15 万字,对"春秋笔法"、"微言大义"多所标榜。当时,担任本书正、副总裁的朝中重臣有傅恒、尹继善、刘统勋、阿里衮、阿桂、刘纶、于敏中等人,著名学者彭元瑞、赵翼、朱筠、程晋芳、翁方纲、谢启昆、纪昀、蒋良骐、阮葵生、陆锡熊等皆参与编校等事宜。瓯北推重"春秋笔法",与他治史的特殊经历有关,既然康熙帝"独契尼山笔削之旨",乾隆帝又对"春秋笔法"推崇有加,瓯北

---

① 按:《四库全书总目》(中华书局 1965 年版)、《中国历史大辞典·史学史》(上海辞书出版社 1983 年版)、中华书局《中国史学史纲要》(中华书局 1997 年版),均称此书附录三卷,然据武英殿珍藏本所附唐、桂二王始末,实乃四卷,与《国朝宫史续编》卷八九《书籍十五·史学二》所载相符,兹从之。
② 永瑢等:《四库全书总目》卷八八"史部四十四·史评类",中华书局,1965 年,第 755 页。
③ 庆桂等:《国朝宫史续编》卷八九,北京古籍出版社,1994 年,第 865 页。
④ 《御批历代通鉴辑览》,吉林人民出版社,1997 年,第 2 页。

供职于史馆、沉潜于史籍数年,对此自是了然于心。在文网甚密的历史条件下,即使有新的想法,也不可能公然与大清帝王唱反调。明白了这一点,对他此举便不难理解了。

当然,瓯北虽推重"春秋笔法",但重心却不在"笔削",而更多关注的则是借助史事评述以寄寓褒贬。难能可贵的是,他在对历史人物评价上的许多观点,与乾隆帝的"御批"并非那么谐和。《御批历代通鉴辑览》卷七七,叙宋神宗熙宁三年,河北安抚使韩琦请罢青苗法,王安石称疾不出。"帝谕执政罢青苗法,赵抃请俟安石出。安石求去,帝命司马光草答诏,有'大夫沸腾,黎民骚动'之语。安石抗章自辩,帝为巽辞谢之。"乾隆帝从维护封建帝王之专制独裁出发,批曰:"安石抗章,神宗巽谢,成何政体?即安石果正人,犹尚不可,而况不正乎?……至赵抃素称骨鲠,宁不知新法病民,何未闻出一言以救正?"同卷又叙,进士叶祖洽,于策论中对新法多所推崇。乾隆批曰:"祖洽明知新法出于执政,对策巧为阿谀,以希进取,其心术已不可问甚。敢斥祖宗之政为'因循苟简',悖妄极矣。律以大义,实宪典所不容。"①且一再在批语中斥安石"朋比为奸"、"骛虚名而无实济"、"父子济恶,固君子之所弃"、"伪为名高"、"相倾相轧"等等,足见乾隆帝其人对新法的仇视以及对王安石的贬抑。

而瓯北则不然。他在《廿二史劄记》中称,王安石为官廉洁,推行青苗法,非为一己之私利,"犹为富国强兵起见也"②。安石"初知鄞县时,贷谷与民,立息以偿,俾新陈相易,民甚便之。安石操履廉洁,亲施之于一县,民自有利而无害"。至于后来,青苗法推行天下,由于神宗急功近利,"干进者以多借为能,而不顾民之愿否,不肖者又借以行其头回箕敛之术,所以民但受其害而不见其利"。是因此法在推行过程中出了偏差,百姓才产生怨言的。由此,他推论,"古来未尝无良法,一经不肖官

---

① 《御批历代通鉴辑览》,吉林人民出版社,1997年,第1157页。
② 赵翼:《廿二史劄记》卷二五《南宋取民无艺》,《廿二史劄记校证(订补本)》下册,中华书局,1984年,第539页。

吏,辄百弊丛生,所谓有治人无治法也"①,"人皆咎安石为祸首",实欠公允。据情而论,"则非安石之误帝,实帝一念急功名之心自误也"②。他还在《咏史》(之五)一诗中称:"荆公变祖法,志岂在荣利?盖本豪杰流,欲创富强治。高可追申商,苏绰乃其次。及思法必行,势须使指臂。群小遂竞进,流毒不可制。推原其本怀,固与权奸异。"③就其主观动机与客观效果发表了颇为中肯的意见,且将批判的矛头直指帝王,径称由青苗法引发出不良后果,乃宋神宗"一念急功名之心"所致,与乾隆帝批语中观点则大相径庭,体现出瓯北于总结历史经验教训时,力图在理论上打破传统偏见的可贵勇气。李大钊在《史观》一文中曾深刻指出:"实在的事实,是一成不变的,而历史事实的知识,则是随时变动的;纪录里的历史是印板的,解喻中的历史是生动的。历史观是史实的知识,是史实的解喻。……同一史实,一人的解释与他人的解释不同;一时代的解释与他时代的解释不同;甚至同一人也,对于同一史实的解释,昨日的见解与今日的见解不同。"④赵瓯北对王安石的评价,不仅注意观照其行为的结果,而且还顾及其行为的初衷及其实施过程中的各个环节及诸多制约因素,在分析事物消极一面的同时,也准确捕捉到其中所蕴含的积极的一面。他这一对"史实的解喻",是符合辩证法的,能还历史的本来面目。乾隆帝出于维护"祖宗之政"、封建独裁之目的,对王安石大加挞伐,恰犯了"睹其一而遗其他"的错误,带有严重的主观唯心主义倾向。

古人在从事史书的整理与研究时,往往多注重其政治功用。唐代史学家刘知几曾称:"盖史之为用也,记功司过,彰善瘅恶,得失一朝,荣辱千载"⑤,"史之为务,申以劝诫,树之风声"⑥,明确强调治史的深刻用意。司马光编撰《资治通鉴》,"专取关国家兴衰,系生民休戚,善可为

---

① 赵翼:《廿二史劄记》卷二六《青苗钱不始于王安石》,《廿二史劄记校证(订补本)》下册,中华书局,1984年,第563页。
② 赵翼:《廿二史劄记》卷二六《王安石之得君》,同上书,第561页。
③ 赵翼:《瓯北集》卷三〇,《赵翼全集》第六册,凤凰出版社,2009年,第549页。
④ 李大钊:《李大钊诗文选集》,人民文学出版社,1981年,第244页。
⑤ 刘知几:《史通·内篇·曲笔》,《史通通释》,上海古籍出版社,1978年,第199页。
⑥ 刘知几:《史通·内篇·直言》,《史通通释》,上海古籍出版社,1978年,第192页。

法,恶可为戒者"①,目的在于"鉴于往事,有资于治道",动机则更为显豁。至于清康熙帝对《通鉴纲目》的批点,乾隆帝的《御批历代通鉴辑览》,无不是这一史学思想的体现。曾为内廷史书编纂官的瓯北,既受明末清初以来"学以致用"思潮的影响,也为史学传统所濡染,接纳并认可了以史"资于治道"的史学思想。与王鸣盛、钱大昕相比较,王、钱关注更多的是史学文本的自身,如校勘、纠谬、正误等学术细节,而瓯北以其学术经历的不同,再加之有出任边远地带地方官的特殊经历,对百姓疾苦、国事日衰有着较多的深刻感受,故在治史上更注重文本所深蕴的正、反两方面的经验教训,更看重"资治"的一面。其史识则高出一等。

三 研史"博采汇参"

清代中叶,门户之见往往充斥于学术领域,尤其是"汉学"与"宋学"之争,则直接制约了当时学人的治学态度。汉学的主要特征是重实学,尚考据,如被王鸣盛奉为楷模的郑玄,有"质于辞训"、"宏览博物"之誉。然而,所注《三礼》、《诗》等儒家经典,"通人颇讥其繁",即使被清人皮锡瑞称许为"文简义明"的《礼》之注文,有不少已超过本文。这一现象,至后世则愈演愈烈。章学诚在《文史通义》中,对这一繁琐考证、脱离实际的状况一再提出批评,曾称:古人的旁通曲证,比事引义,苦心考索,意在"有所为",而今人则征实太多,发挥太少,执形迹之末,铢黍较量,嚣然纷争,是为学术而学术,严重脱离现实人生,根本无济于实用。而宋学,则主要是言性理,尚议论。皮锡瑞在《经学通论》中称:"宋以后乃舍郑(玄)从王(肃),排斥注疏",恰说明繁琐考据为后人所冷落。这一学派,虽说摒弃了繁琐考证一途,然而,将学术与现实隔离,"舍今而求古,舍人事而言性天","空言德性,空言学问","惟腾空言而不切于人事",②同样背离了学以致用的治学传统,与清初之学风有着很大不同。清初

---

① 司马光:《进资治通鉴表》,《资治通鉴》下册,中州古籍出版社,1994年,第2751页。
② 章学诚著、叶瑛校注:《文史通义校注》上册,中华书局,1994年,第524页。

(顾)"亭林志在经世,于历代典章因革、政教利弊,了如指掌。凡所考证,皆引古以筹今,留意民瘼,不忘当代。乾嘉诸儒,则知古而不知今,为考证而考证。专意精研,转成无用"①。王鸣盛、钱大昕、赵翼,生活在这一学术蜕变之时,既对顾炎武等人为学路径了然于心,又受当时为学风气的影响,自在情理之中。

首先,他们在学术研究上,都本着实事求是的态度。王鸣盛一再称:"盖学问之道,求于虚不如求于实。议论、褒贬皆虚文耳。作史者之所记录,读史者之所考核,总期于能得其实焉而已矣。外此,又何多求耶?"又云:"读史者不必以议论求法戒,而但当考其典制之实,不必以褒贬为与夺,而但当考其事迹之实,亦犹是也。""猥以校订之役,穿穴故纸堆中,实事求是,庶几启导后人"。在他看来,无论是治经,还是治史,有一点是共同的,即"总归于务求切实之意"。② 钱大昕治学亦力主"实事求是",曾在《严久能娱亲雅言序》中称:"自宋沈存中(括)、吴虎臣(曾)、洪景卢(迈)、程泰之(大昌),孙季昭(奕)、王伯厚(应麟)诸公穿穴经史,实事求是,虽议论不必尽同,要皆从读书中出,异于游谈无根之士,故能卓然成一家言,而不得以稗官小说目之焉。"③ 王鸣盛治学讲究"求于实"、"得于实",钱大昕则反对"游谈无根"之学,主张见解"从读书中出",以"实事求是","成一家言",与王氏所论显然有相通之处。而赵翼所撰《廿二史劄记》,"持论斟酌时势,不蹈袭前人,亦不有心立异,于诸史审订曲直,不撑其失,而亦乐道其长"④,同样反映了他实事求是的治学态度。

然而,细细比较,他们的治学态度又有着诸多差异。王鸣盛崇信汉儒,但两汉之学却不尽相同,"西汉之时,多言师法,东汉多言家法。师法者溯其源,家法者衍其流也"⑤。先有师法,而后始成一家之言。传经者必须严守师法,不得杂糅异说,随意更改。对此,王鸣盛似乎有会于

---

① 张舜徽:《清人笔记条辨》,华中师范大学出版社,2004年,第3页。
② 王鸣盛:《十七史商榷序》,《十七史商榷》,中国书店,1987年,第1—3页。
③ 钱大昕:《潜研堂文集》卷二五,《嘉定钱大昕全集》第九册,江苏古籍出版社,1997年,第405页。
④ 赵翼:《廿二史劄记序》,《廿二史劄记校证(订补本)》下册"附录二",中华书局,1984年,第886页。
⑤ 郑鹤声、郑鹤春:《中国文献学概要》,上海书店,1983年,第71页。

心,曾称治学"但当善守汉人家法"。他认为,西汉时,为经书作传注者蜂起,然"人专一经,经专一师",至东汉郑玄,始"择善而不守家法",网罗众家,别通诸经,成一代通儒,很值得人尊奉。故而,他以"守郑氏家法者"自许,将好发议论的戴震等人直斥为不识家法为何物的狂徒。① 王鸣盛的宗郑(玄),"只问是否符合郑义,而不问郑义之是非,必然形成严重的偏见,但其工作态度认真,在不涉及偏见时,则能深有所见"②。钱大昕虽然亦崇尚汉儒,曾称:"训诂必依汉儒,以其去古未远"③,但同时又指出,"以古为师,师其是而已矣,夫岂陋今荣古异趣以相高哉?"④他既反对"空谈名理"、排斥传注的空疏学风,又对宋儒解经的"各出新意"给予一定程度的肯定。相比较而言,他的治学取径似更为宽泛。赵瓯北在治学上,虽然也追踪汉儒,曾以郑玄所居通德里喻己之桑梓,但他的经学底蕴毕竟不如王、钱厚实,以致连汤若望是何时人都没有搞清楚。昭梿曰:"至赵瓯北《檐曝杂记》,以汤若望、南怀仁至乾隆中犹存,其言直同呓语,未审老叟何以昏懵若此。"⑤为学之粗疏可知。故所著《陔余丛考》仅有四卷牵涉到对经书的校订,且公然自称"资性粗钝,不能研究经学"⑥,又在《杂书所见》(之二)谓:"吾友三四人,俱早辞尘网。绩学推王、钱,工词数袁、蒋。去官事著述,冥心纵孤往。"⑦对自己的薄弱之处毫不掩饰,坦然自陈,而对友人的优点与长处,则竭力推许,不遗余力,同样反映了他谦虚好学、实事求是的治学态度。他在观察事物、分析史事上,还强调"凡事须目察,真伪乃不错"⑧。但与王、钱不同的是,王、钱为学,是从治经入手,故往往对校勘、训诂诸琐细之处关注较多,而瓯北在学问方面,一直着意于史学领域中重大现象,"不喜专论一人之贤否,一事之是非,惟捉住一时代之特别重要问题,罗列其资料而

---

① 参看王鸣盛《蛾术编》卷二《刘焯、刘玄会通南北汉学亡半其罪甚大》、卷四《光被》等。
② 王树民:《中国史学史纲要》,中华书局,1997年,第169页。
③ 钱大昕:《潜研堂文集》卷二四《臧玉林经义杂识序》,《嘉定钱大昕全集》第九册,江苏古籍出版社,1997年,第375页。
④ 同上。
⑤ 昭梿:《啸亭续录》卷二"考据之难",中华书局,1980年,第428页。
⑥ 赵翼:《廿二史劄记小引》,《廿二史劄记校证(订补本)》上册,中华书局,1984年,第1页。
⑦ 赵翼:《瓯北集》卷三〇,《赵翼全集》第六册,凤凰出版社,2009年,第555页。
⑧ 赵翼:《罗浮纪游十首》之八,《瓯北集》卷一七,《赵翼全集》第五册,凤凰出版社,2009年,第292页。

比论之"①。

在对待史料的态度上,如前所述,王鸣盛认为,只要史实考证清楚,条析无疑,天下自有公论,读史者不必"横生意见,驰骋议论",重在"考其典制事迹之实"。②钱大昕的态度则与王鸣盛相近,认为治史应重在"袪其疑"、"指其瑕"、"订讹规过",而不能"不叶年代,不揆时势"妄加褒贬。并称:"夫良史之职,主于善恶必书,但使纪事悉从其实,则万世之下,是非自不能掩,奚庸别为褒贬之词"③,史书的职能就在于全面、真实地反映历史的真实面貌,不必学春秋笔法。

而瓯北论史,既强调"直书其事"、"文直事核",否定讳饰,讲究实事求是,推崇春秋笔法,却不赞成以曲笔歪曲或掩盖事实真相。根据当代史学研究者的诠释,《春秋》笔法的特点是通过谨慎的用字来表现作者的立场观点,达到"惩恶扬善"的目的。在这一编撰原则下,作为史家,不仅应注意比较遥远的过去,更应关注目前,应通过成文的历史,在当代树立起符合自己理想的楷模,谴责不符合统治者根本利益的人和事。④ 这一阐释,还比较符合我国古代史学的实际。瓯北从春秋笔法中所吸取的,不是"笔削",而是"褒贬",是以史为鉴,昭示将来,儆戒当代。

同时,瓯北在治史时还善于向诸史家学习。当时,史馆中聚集了许多学问之士,其中不乏老成前辈。瓯北厕身其中,与他们互相切磋,这为其日后史学研究积累了经验,也在《历代通鉴辑览》的编纂中进一步熟悉了治史的方法与编撰体例。如《历代通鉴辑览·凡例》称:"史法固宜简要,而纪载实贵详明。今自三代以前,皆上本六经,旁稽诸子。秦汉而后,事迹滋繁,从本史以迄外乘、稗官,无不博采汇参,以衷至是。其或异同互见之处,并加案语考定,弗蹈两歧。"又称:"唐宋而后,野史渐伙,增饰流传,殊难依据……异说滋多,尤当剖晰是非,以昭定论。"⑤而瓯北《廿二史劄记小引》谓:"间有稗乘脞说与正史歧互者,又不敢遽

---

① 梁启超:《中国近三百年学术史》,《梁启超论清学史二种》,复旦大学出版社,1985年,第431页。
② 王鸣盛:《十七史商榷序》,《十七史商榷》,上海书店出版社,2005年,第2页。
③ 钱大昕:《潜研堂文集》卷一八《续通志列传总叙》,《嘉定钱大昕全集》第九册,江苏古籍出版社,1997年,第285页。
④ 参看尹达主编《中国史学发展史》(中州古籍出版社1985年版)第二章"商周以来的记述与史书"。
⑤ 《御批历代通鉴辑览》,吉林人民出版社,1997年,第2页。

诧为得间之奇。……是以此编多就正史纪、传、表、志中参互勘校,其有抵牾处,自见辄摘出,以俟博雅君子订正焉。"二者均反映出作者对史料取舍的慎重态度。他们尽管认为,稗官野史,"与正史歧互","殊难依据",但不完全排斥野乘在史学研究中的特殊作用,而是"博采汇参"、"参互勘校",与司马光编撰《资治通鉴》时所强调的"遍阅旧史,旁采小说"①,当是一致的。瓯北的《廿二史劄记》,在研究前四史时,多以史证史,至于对元、明之史的探究,则时采《草木子》、《辍耕录》、《庚巳编》、《林居漫录》诸笔记别乘,沿用的则是《历代通览辑览》之基本套路。《历代通鉴辑览·凡例》还称:该书的编写,"依据正史,博稽群籍,悉正抵牾之旧,以臻完善之观。"瓯北论史,常用归纳、比较之法,当与此有关。

其实,史学在萌发之初,就非常注重"疏通知远"的功效。古时记事之史——《志》,有"使知废兴者而戒惧焉"之功;记言之史——《语》,亦可"使明其德,而知先王之务用明德于民也"②。至于孔子修《春秋》,其意在于"道名分"、"绳当世"、"拨乱世反诸正",而为后世之法。古人曾称:"教之《春秋》,而为之耸善而抑恶焉,以戒劝其心。"③司马迁编撰《史记》,是在"述往事,思来者","网罗天下放失旧闻,考之行事,稽其成败兴坏之理"。④ 搜罗旧闻,考其异同,其着眼点并不仅仅在于保存古代文献,而在于从历代兴衰败亡的典型事例中,吸取有助于现实政治的经验教训,指导于当代,启示于将来。北魏高允亦谓:"夫史籍者,帝王之实录,将来之炯戒,今之所以观往,后之所以知今。是以言行举动,莫不备载,故人君慎焉。"⑤将史籍仅视作"帝王之实录",这固然反映了封建史家的偏见,但"观往"、"知今"云云,无疑与司马迁所称"述往事,思来者"一息相通。后世学者亦称,史书的编撰在于"览前王之得失,为在身之龟镜"⑥、"引古筹今亦吾儒经世之用"⑦,均在强调治史的意义及社会功用。

---

① 司马光:《进资治通鉴表》,《资治通鉴》下册,中州古籍出版社,1994年,第2751页。
② 左丘明:《国语》卷一七《楚语上》,岳麓书社,1988年,第151页。
③ 同上。
④ 《汉书》卷六二《司马迁传》,《二十五史》第一册,上海古籍出版社、上海书店,1986年,第618页。
⑤ 《魏书》卷四八《高允传》,《二十五史》第三册,上海古籍出版社、上海书店,1986年,第2292页。
⑥ 李昉等:《太平御览》卷六〇三"文部一九·史传上",中华书局,1960年,第2715—2716页。
⑦ 顾炎武:《亭林诗文集》亭林文集卷四《与人书八》,四部丛刊景清康熙本。

由此可知，瓯北治史侧重于"有关于治乱兴衰之故者"，实是对借史明义、"史学所以经世"之传统的继承，同时，亦深受唐代史学家刘知几思想的影响，连分析事物的方法，观察事物的视角，皆与之相似。如，刘知几《史通·内篇·言语》谓："夫天地长久，风俗无恒，后之视今，亦犹今之视昔。而作者怯书今语，勇效昔言，不其惑乎？"①"后之视今，亦犹今之视昔"，曾分别见于《汉书·京房传》、《晋书·王羲之传》。刘氏借以说明，在史书撰写上，不应掇拾古人陈言，矜远漫近，取赝遗真，失却自己的真面目。瓯北受此启发，在诗中称："后视今犹今视昔，岂胜俯仰感残檠"②，认为古人若想使己之著述传之不朽，就必须超越古人，"能胜大敌始称勇，岂就矮人乃见长"③，表现出蓬勃欲发的昂扬之气。刘氏还称："世异则事异，事异则备异"④、"时移事异"⑤，认为随着时代的推移与变化，社会发展自然具有其新的时代特点，今不一定不如古，古亦可能不如今，若"以先王之道，持今世之人"⑥，则无异于"守株待兔"。《韩非子·五蠹》称"世异则事异"、"事异则备变"，《淮南子·齐俗训》亦谓"世异则事变，时移则俗异"，皆是以发展的眼光看待客观现实，含有唯物的因素，刘知几的思想即由此而来。

赵翼书法扇面（三）

---

① 刘知几著、浦起龙通释：《史通通释》，上海古籍出版社，1978年，第153页。
② 赵翼：《有以明人诗文集二百余种来售余所知者乃不及十之二三深自愧闻见之陋而文人仰屋著书不数百年终归湮没古今来如者何限既悼昔人亦自叹也感成四律》之一，《瓯北集》卷三五，《赵翼全集》第六册，凤凰出版社，2009年，第652页。
③ 赵翼：《连日翻阅前人诗戏作效子才体》，《瓯北集》卷三五，同上书，第654页。
④ 刘知几：《史通·内篇·模拟》，《史通通释》，上海古籍出版社，1978年，第221页。
⑤ 刘知几：《史通·内篇·六家》，《史通通释》，上海古籍出版社，1978年，第23页。
⑥ 刘知几：《史通·内篇·模拟》，《史通通释》，上海古籍出版社，1978年，第221页。

瓯北治学，无固定师承，很少受旧套路的束缚。他既肯定汉儒治经的纠谬刊误之功，又推许后儒"读古人之书，揣当今之务"的经世之学，既不像王鸣盛那样"严守家法"，趋于保守，也不像钱大昕那样拘谨，"训诂必依汉儒"，在枝节问题上投入精力过多，而是以比较开放的目光，抓住历史上突出的问题予以深入探究，对琐细的章句之学，却不过多留意。在治史上，刘知几强调才、学、识三长，所撰《史通》，"贯穿古今，洞悉利病"[①]。瓯北以卓越之识见，描述"风会盛衰"，点评"时政得失"，"斟酌时势，不蹈袭前人"，显然是深受刘知几启示与影响。

四 论断斟酌时事

古代典籍，如汗牛充栋。治学究竟从何入手，有着不同思想和接受不同教育的人，所采取的方法和途径自然会有所不同。

王鸣盛的治学，重在考证。在学术研究上，则是由史入经，又出经入史，所走的是外部形态呈"圆"状的曲折道路。他为何治经之"古传注"不敢"凭己意"融贯，而对史之"正文"却敢放意"针砭"，且由"治经"转而研史？这既有王氏本人学术兴趣转移的原因，也有着多方面的社会因素。

首先，朱子之学大受清代统治者推崇，康熙帝曾称道朱子的"注释群经"，"皆明白精确，归于大中至正，经今五百余年，学者无敢疵议。朕以为孔孟之后有裨斯文者，朱子之功，最为宏巨。"[②]还称，"非先王之法不可用，非先王之道不可为。……至于朱夫子，集大成而继千百年绝传之学，开愚蒙而立亿万世一定之规，穷理以致其知，反躬以践其实，释《大学》则有次第，由致知而平天下，自明德而止于至善，无不开发后人而教来者也。"[③]"虽圣人复起，必不能逾此。""全是天地之正气，宇宙之大道"，"非此不能治万邦于衽席，非此不能仁心仁政施于天下，非此不

---

① 永瑢等：《四库全书总目》卷八八"史部四十四·史评类"，中华书局，1965年，第751页。
② 王先谦：《东华录》康熙八十九，清光绪十年长沙王氏刻本。
③ 鄂尔泰、张廷玉等：《国朝宫史》，北京古籍出版社，1994年，第621—622页。

能外内为一家。"①朱注经书成了不可触动毫发的极具权威性的著作,使经学研究趋于凝固化,陷入举步维艰的尴尬境地。

其次,王鸣盛在学术研究上的出经入史,从更深层次看,未尝不含有规避风险的主观动机。程、朱理学尽管被统治者尊奉为官方哲学,但在顾炎武等人看来,"舍经学以言理学",恰是对经学研究的背离。故强调治经必须从音韵、训诂入手,"据遗经以正六朝、唐人之失,据唐人以正宋人之失"②。此处所谓"宋人",当然包括程、朱。有人曾这样描述当时的学术状况,"盖自元明以来,儒者务为空疏无益之学,六书训诂,屏斥不谈,于是儒术日晦,而游学坌兴"。即使间有能读书者,亦是"非果于自用,即安于作伪,立论往往不足依据"。③ 由此可知,顾炎武所论,有着很强的针对性,他的纠正前人之疏漏,根究经书之本义,意在将不切实际的空谈义理,引入经世致用的轨道。王鸣盛治史,"主于校勘本文,补正讹脱,审事迹之虚实,辨纪传之异同",未尝不是对顾氏学风的继承。如此看来,清代的考据,它不仅仅是治学方法、途径的变革诸技术层面的问题,在追索儒家经典本义、重构经学研究格局方面,也具有特殊意义。至于考据派末流的"为著述而著述"、"考核一字,累数千言不能休",则失去了初始的"致用"之旨,沦入文字堆砌之恶道。

再次,"自朱子定著《四书》,由元明以至国朝,悬为程式之令甲,家弦户诵,几以为习见无奇"④。讲《四书》必推朱子,已成为一般读书人的行为习惯。加之后世儒生,"笃信朱子之名,遂不求其端,不讯其末,往往执其一语,奉若六经","读朱子之书者,不问其真赝是非,随声附和"⑤。风习既是如此,时人则大多随风俯仰,人云亦云,而极少创见。鸣盛既不愿拾人牙慧,然又难拗时俗,故转而治史。

再者,殆与当时严酷的文字狱有关。雍正时,御史谢济世因注释《古本大学》,被诬为毁谤程朱、颠倒是非,几至被军前正法。至乾隆初,

---

① 《国朝宫史》,第622页。
② 全祖望:《顾先生炎武神道表》,钱仪吉纂:《碑传集》第十一册,中华书局,1993年,第3868页。
③ 洪亮吉:《洪亮吉集》第一册,中华书局,2001年,第192页。
④ 永瑢等:《四库全书总目》卷三六"经部三十六·四书类二",中华书局,1965年,第303页。
⑤ 永瑢等:《四库全书总目》卷九四"子部四·儒家类",中华书局,1965年,第797页。

还下令将他的《论语注》《孝经注》《中庸疏》《诗经注》《书经注》等八部经学研究著作全部销毁。有此前车之鉴,王鸣盛不能不心生戒惧,故在《序》中一再声称:"治经断不敢驳经",哪怕对宋儒传注,亦不敢"僭越"。而对史书则不然,即使著名史学家司马迁、班固"苟有所失",亦照样"针而砭之"。因针砭史家,一般不会招致飞来横祸,故略可放意而为。他还在《序》中,一再申明不"横生意见,驰骋议论",不"强立文法,擅加与夺以为褒贬","不必以议论求法戒",既反映了他学术上实事求是的一面,同时,也不能排斥复杂的社会现实给他的学术研究带来的阴影。

王鸣盛在《十七史商榷·序》中又称:"好著书不如多读书,欲读书必先精校书。校之未精而遽读,恐读亦多误矣;读之不勤而轻著,恐著且多妄矣。"①强调在博览群书的基础上再著书立说,足见其治学态度之严肃。他治史侧重于校勘与考证,重在"改讹文,补脱文,去衍文,又举其中典制、事迹诠解蒙滞,审核踳驳",更注重考证这项基础工作在史学研究中的作用。考证史书上所载"典制之实,俾数千百年建置沿革了如指掌",考证古史上"事迹之实,俾年经事纬、部居州次、记载之异同、见闻之离合,一一条析无疑,而若者可褒,若者可贬,听诸天下之公论焉,可矣"。同时,他还注意搜罗杂史、稗官、野乘、山经、地志、谱牒、簿录以及诸子百家、小说笔记、诗文别集、释老异教、钟鼎碑碣等文献、文物资料,取以与史书"参伍错综,比物连类以互相检照"②,以考证"典制事迹之实"。

王鸣盛的史学论著,虽说强调靠史料说话,反对褒贬人物,认为"议论、褒贬皆虚文",不赞成春秋笔法,但在《十七史商榷》中,对有些人物却屡加褒贬、责斥,如称王安石"诚妄人也",责骂王导"庸鄙无耻甚矣"。不过,所骂者一般皆为古人,且系与当时政治无关碍者,不会给自己带来麻烦,所议论也多为史书编写体例和撰写方法,很少由此引发对现实人生的感慨。王鸣盛的史学,介于钱、赵之间,更接近于钱,既曾对两汉

---

① 王鸣盛:《十七史商榷·序》,上海书店出版社,2005年,第2页。
② 王鸣盛:《十七史商榷·序》,上海书店出版社,2005年,第1—2页。

至五代的地理、职官详加考据,还对史书的取材、编写体制、语言运用及作者态度等逐一评述,并时而涉及历史上统治者的成败得失与民心向背问题。当论及王叔文改革时,他充分肯定了革新派的历史作用,认为叔文"黜聚敛之小人,褒忠贤于已往,改革积弊,加惠穷民,自天宝以至贞元,少有及此者"①。既然此举"内抑宦官,外制方镇","上利于国,下利于民;独不利于弄权之阉宦,跋扈之强藩",②叔文何罪之有?"何宋祁但以成败论人乎"?"叔文之用希朝,举贤为国,可谓忠矣,斥为小人,直是自相矛盾"。③ 然而,在述及此类问题时,他往往是就史论史,却不敢稍加发挥。有人称,王氏继承了前代史家把治史与关心社会总是联系起来的传统。其实,在所发议论的针对性、尖锐性上,他是无法与赵瓯北相比拟的。

钱大昕曾称:"有文字而后有训诂,有训诂而后有义理,训诂者义理之所由出,非别有义理出乎训诂之外者也。"④故而,他的治史,亦是从考证、校勘入手。所运用的方法,也多为比较推理、综合考证、专题研究等。考证是为了"拾遗规过"、"发微指隐"和"明体以致用",而有益于当世。

人称,钱大昕尽管对清王朝有不满之处,但无论在政治生涯中,还是在历史研究上,总是忍耐而不发怒,考古而不论今。钱大昕本人亦称"纪事悉从其实","奚庸别为褒贬",并对春秋笔法时有微词。然而,他在论古之时,亦时而影影绰绰地流露对现实政治的感慨。如在论及北宋元祐间党派之争时,议论道:"夫摭语言文字之失,陷人于罪,纵使幸而得逞⋯⋯犹为士论所薄。"⑤所述虽说比瓯北指斥朱元璋"动生疑忌"、"以文字疑误杀人"委婉含蓄得多,但在文字狱非常严酷的清代,细心者毕竟能体味出个中的意味。当谈及南北朝梁亡之教训时,他慨叹:"治国之道如养生,然养生者不能保身之无病,而务求医以药之;治国者不

---

① 王鸣盛:《十七史商榷》卷七四《顺宗纪所书善政》,上海书店出版社,2005年,第640页。
② 王鸣盛:《十七史商榷》卷七四《顺宗纪所书善政》,上海书店出版社,2005年,第641页。
③ 王鸣盛:《十七史商榷》卷八九《王叔文谋夺内官兵权》,上海书店出版社,2005年,第803页。
④ 钱大昕:《潜研堂文集》卷二四《经籍纂诂序》,《嘉定钱大昕全集》第九册,江苏古籍出版社,1997年,第377页。
⑤ 钱大昕:《潜研堂文集》卷二《洛蜀党论》,《嘉定钱大昕全集》第九册,第32页。

能必政之无失,而务纳谏以救之","讳疾而不慎者,身虽强必夭","拒谏而自矜者,国虽安必亡。"①乾隆帝晚年骄奢自矜,拒纳谏言,并作《十全记》以自相标榜,与此处所论似暗相关合。钱大昕还不止一次抨击官场腐败现象,并剖析造成吏治黑暗的根源,谓:"大吏无以自给,则取之小吏,小吏无以自给,则仍取之民,虽不加赋,较之加赋,殆有甚焉。""上不多取于下,则下不觊觎于上,上下各安其欲而无自利之心,吏不贪残,国无奸盗。"②还直接谴责"今之官吏,其好利犹昔也,堤防日增,决溢屡告,竭海内之膏脂,饱若辈之囊橐,赏重罚轻,有损无益,其何能淑载胥及溺,深可虑也"③。此等议论,无疑是有感而发,皆切中时弊。他还对君主专制发表了看法,谓:"以一人治天下,不若使天下各自治其身,故曰与国人交,天子之视庶人犹友朋也,忠恕之至也。"④黄宗羲在《明夷待访录·原臣》中,曾将君与臣比喻为"前者唱邪,后者唱许"的"共曳木之人",称他们是共治天下的"师友",并进而否定"君为臣纲"之封建教条,强调君主应问政于民。大昕此处所论,虽远不如黄氏直截、激烈,但分明也有新的思想意识隐约其间。赵瓯北在诗中盛赞孙策与周瑜"名已君臣定,情真骨肉同"⑤,与大昕提倡"天子"应视"庶人"为"友朋",亦有颇多相似之处。

由此可见,大昕思想尽管趋于保守,但明末清初以来的反封建传统,已或多或少地影响到他对现实世界的看法。所以,钱氏对历史的考据,已超出了以事论事、以史证史的传统治学范畴,而不时融进他对吏治腐败、君主专制、封建礼教、士风日下的申斥和揭露。然而,此类思想,在他的史学专著《廿二史考异》中毕竟流露太少,而大多见于他其他著作中。这说明,大昕治史的确是重在考据,所列专题亦侧重于评论史书义例、版本异同、人物传记之优劣,而缺乏系统分析,有博古而不通今之嫌。他所强调的"明体致用",虽说较王鸣盛的就史论史略胜一筹,而

---

① 钱大昕:《潜研堂文集》卷二《梁武帝论》,《嘉定钱大昕全集》第九册,第29页。
② 钱大昕:《潜研堂文集》卷二《大学论下》,《嘉定钱大昕全集》第九册,第23页。
③ 钱大昕:《十驾斋养新录》卷一八《河防》,《嘉定钱大昕全集》第七册,第499页。
④ 钱大昕:《潜研堂文集》卷二《大学论上》,《嘉定钱大昕全集》第九册,第22页。
⑤ 赵翼:《舒城有感于周公瑾道南推宅事》,《瓯北集》卷三四,《赵翼全集》第六册,凤凰出版社,2009年,第643页。

已与清初黄宗羲、顾炎武所提倡的"经世致用"相去甚远,恐亦不能与同时之赵瓯北相比。

赵、王、钱三人时有来往,他们在思想上的互相影响是可以想见的。如刘知几《史通·言语》有"后之视今,亦犹今之视昔"语,瓯北以此为思维方法,用之于体察人生。王鸣盛则以"今之所以观往,后之所以知今"①来论证"通古今"之重要性。再如,钱大昕曾在70岁时,写有《潜研老人自题像赞》,中云:"官登四品,不为不达;岁开七秩,不为不年;插架图籍,不为不富;研思经史,不为不勤。"而瓯北则于74岁时写有《自题小照》,曰:"官至四品不为小,富过千金不为少,寿逾七秩不为夭。此亦书生之极,乃犹不免抚心自悼者,则以出无可纪之绩,处无可传之稿。竟与屠沽辈流,同冉冉以终老。"②此诗写作时间迟于大昕所作近四年,当是受钱氏影响无疑。正因为他们交往比较密切,故而,在史学研究上,所采用的方法也较为近似,都曾以"例证、分析、比较、推理、综合和专题考证等方法",来辨析、探讨史书之内容。当然,他们又各自有着自己的学术个性。张舜徽曾比较三家之异同说:

> 乾、嘉诸儒,专心力以治经训小学,鲜能究心乙部,故其时通读全史者,殆无几人。如钱氏之为《廿二史考异》,王氏之为《十七史商榷》,赵氏之为《廿二史劄记》,贯通诸史,博考详稽,已如祥麟威凤,不可数睹。然扬榷言之,有史学、有史考。若此三家所从事者,乃史考耳。而亦各有偏重:钱氏重在校勘文字,王氏重在稽核典制,赵氏重在综比史实。用力不同,俱归有用。故后之治史者,俱奉为枕中之祕,而不复措意于根原之地。③

所言比较中肯。

如其所言,瓯北治史,在考证异同、参互校核上与王、钱同,但在专题研究方面,王、钱所关注的多是史籍文本自身的许多细节问题。瓯北的《廿二史劄记》则多从历代政治、政策、社会风气、制度沿革等大的方

---

① 王鸣盛:《十七史商榷》卷六七《通古今》,上海书店出版社,2005年,第563页。
② 赵翼:《瓯北集》卷四一,《赵翼全集》第六册,凤凰出版社,2009年,第814页。
③ 张舜徽:《清人笔记条辨》,华中师范大学出版社,2004年,第351页。

面着眼,涉及范围很广。如论及五代史时,瓯北称:"五代乱世,本无刑章,视人命如草芥,动以族诛为事。……不问罪之轻重,理之是非,但云有犯,即处极刑,枉滥之家莫敢上诉,军吏因之为奸,嫁祸胁人,不可胜数。"①加之朝廷威令不行,王纲不振,大权旁移,藩帅恃功自傲,劫掠钱财,以致形成"下凌上替,祸乱相寻"的混乱局面。天下民怨沸腾,人心思乱。宋王朝建立,鉴于五代"贪吏恣横,民不聊生"的历史教训,"以忠厚开国",刑罚从轻,令民苏息,"独于治赃吏最严","诏诸职官以赃论罪,虽遇赦不得叙,永为定制","以塞浊乱之源",并果断地处治了一批中上层官吏,澄清了吏治,使社会风气大为好转。

然而,至宋神宗时,姑息赃官之风渐起,"反以庇奸养贪为善政,其于不肖官吏之非法横取",亦不予深究,造成了"贪污嗜利之人,倚法侵牟,不知纪极"的严重社会后果。因"怨痛结于民心",终于酿成动乱四起,官吏往往被"断截肢体,探取肺叶,或熬以鼎油,或射以劲矢,备极惨毒"。南宋孝宗乾道、淳熙年间,吏治又一度好转,"有位于朝者以馈赂及门为耻,受任于外者以苞苴入都为耻"。② 此二语,非瓯北自拟。据明何元朗《四友斋丛说》"史五"引明张志淳《南园漫录》,乃为宋人语,唯将"凡仕于朝者"改作"有位于朝者"而已,足见瓯北论事有凭有据,经得起推敲。

当然,这里所描述的良好风气,并未维系太久,至后来,因军需繁急,官吏则乘机勒索百姓,"输米则收耗利,交钱帛则多收糜费,幸富人之犯法而重其罚,恣胥吏之受赃而课其入"③,"于是民力既竭,国亦随亡"④。

在瓯北看来,宋王朝灭亡的原因,除吏治腐败、贪官饕餮之外,还有制度上的原因:一是施恩太滥。朝廷于郊祀时,随意赏赐群臣,每次缗钱达五百余万,"因百官之滥恩,而朘万民之财力。立制抑何谬耶"⑤?

---

① 赵翼:《廿二史劄记》卷二二《五代滥刑》,《廿二史劄记校证(订补本)》下册,中华书局,1984年,第478—479页。
② 赵翼:《廿二史劄记》卷二四《宋初严惩赃吏》,同上书,第525—526页。
③ 赵翼:《廿二史劄记》卷二五《南宋取民无艺》,同上书,第540页。
④ 赵翼:《廿二史劄记》卷二五《南宋取民无艺》,同上书,第541页。
⑤ 赵翼:《廿二史劄记》卷二五《宋郊祀之费》,同上书,第533页。

"恩逮于百官者惟恐其不足,财取于万民者不留其有余,此宋制之不可为法者也"①。"班仅庶僚,非有殊绩,亦被横赐。甚至魏震因温州进瑞木,作赋以献,遂赐银二千两,毋亦太滥矣。"②二是荫子过滥。"荫子固朝廷惠下之典,然未有如宋代之滥者。……一人入仕,则子孙亲族俱可得官,大者并可及于门客医士,可谓滥矣。"③如此,"非惟开幸进之门,亦徒耗无穷之经费,竭民力以养冗员,岂国家长计哉"④? 三是冗员太多。"宋开国时,设官分职,尚有定数,其后荐辟之广,恩荫之滥,杂流之猥,祠禄之多,日增月益,遂至不可纪极。真宗咸平四年,有司言减天下冗吏十九万五千余人。所减者如此,未减者可知也。"⑤四是军律之弛。北宋太宗、真宗以后,"不复有驭将纪律"。雍熙间,刘廷让与契丹战于君子馆,李继隆不发一兵救援,致使刘一军尽没。本应以军法治继隆罪,但太宗却下诏自悔,释继隆而不问。如继隆等"拥重兵,坐视裨将之覆军丧命而不顾,军政如此,尚何以使人? 此宋之所以不竞也"⑥。

如此之类,均反映出一个卓越的史学家那独特的识见。如此去总结宋王朝衰亡的经验教训,绝非一般的史考论著可比。瓯北是在反思历史事件的同时,给当代统治者提供借鉴,警切时事,"阅世谙新局,翻书得古方"⑦,欲从"历历兴衰"之历史典籍中,寻觅拯世之"古方",以挽救封建末世之危亡。他所论及的,不少是自两汉至明代一千八百年间曾发生的重大事件或重要举措,而较少在琐碎的考据之学上花太多工夫。他的治史,如同梁启超所言,"是借历史事实说明政治应该如何,讲出历代的兴衰成败治乱的原因,令后人去学样"⑧,"是把史实罗列起来,看古人如何应付事物,如何成功,如何失败,指出如何才合理,如何便不

---

① 赵翼:《廿二史劄记》卷二五《宋制禄之厚》,《廿二史劄记校证(订补本)》下册,中华书局,1984年,第534页。
② 赵翼:《廿二史劄记》卷二五《宋恩赏之厚》,同上书,第537页。
③ 赵翼:《廿二史劄记》卷二五《宋恩荫之滥》,同上书,第535—536页。
④ 赵翼:《廿二史劄记》卷二五《宋恩荫之滥》,同上书,第537页。
⑤ 赵翼:《廿二史劄记》卷二五《宋冗官冗费》,同上书,第538页。
⑥ 赵翼:《廿二史劄记》卷二五《宋军律之弛》,同上书,第541—542页。
⑦ 赵翼:《门人穆凌烟癸未捷礼闱今年始补廷试仍以需次归里作诗送之》之三,《瓯北集》卷一二,《赵翼全集》第五册,凤凰出版社,2009年,第191页。
⑧ 梁启超:《中国历史研究法补编》,中华书局,2010年,第199页。

合理"①,是大刀阔斧地治中国史。瓯北在订讹规过、音释训诂、史料考据方面,可能不如王、钱细密,但在"持论斟酌时势"上,其识见,其胆力,其参与现实政治的热忱与激情及那种欲以"文章报国"的不凡志向,当为王、钱所不及。

当然,赵、王、钱的史学研究,都受到当时考据学风的影响。就传统史学而言,往往讲求微言大义,于褒贬之中,蕴含有为尊者隐的倾向。所谓"史氏有事涉君亲,必言多隐讳,虽直道不足,而名教存焉",即是此意。自宋代胡安国的《春秋传》、朱熹的《通鉴纲目》之后,更强化了史书扶纲常、植名教的功利色彩,使本来应该清晰的某些史实,也变得有些扑朔迷离起来。而清代学者,将考据学运用到治史上,恰是在史学研究方面力图另觅出路的一种尝试,对于还原历史的本来面目、深化历史研究起到积极的推动作用。在这一意义上说,实证史学,乃是近代史学的重要特征,是对传统治史思想、方法的一次颠覆。

但是,若细细分析,他们在治学上又各有特点。王、钱二人,在史学研究方面,考据精密、订正讹舛,"审事迹之虚实,辨纪传之异同,多有创获,超迈时流",在当时产生很大影响,被誉为学术兼通,"确有定见","援引之博,核订之精,议论之名通,皆卓绝古今"。平心而论,其影响当时的确是远在赵翼之上。瓯北因不师专门,亦无意于琐细考据,所以,他的史学研究在当时不大为人所关注,也不是以学问名家。但是,若从另一角度来看,王、钱的治史途径,更多沿袭的是汉儒的治学套路,所强调的是考"史"之"典制之实"、"事迹之实",一般不加议论、褒贬。其主要贡献在于,给后人提供一个较接近古史本来面目的文本。

而赵翼《廿二史劄记》书中所举,"皆属一代大事,而能列举多证,娓娓而谈,以明其事之因果嬗变,尤合近代治学之方法"。他受清代学者"以经证经"之法的启发,推而广之,运用到史学研究,时常"以本书证本书,或以其他正史证某一正史",而事半功倍,"其识见尤其高人一等"。②所以,越到后来,他的史学研究越为人所关注。即主题研究而论,就很

---

① 梁启超:《中国历史研究法补编》,中华书局,2010年,第199页。
② 金毓黻:《中国史学史》,河北教育出版社,2003年,第287页。

能说明问题。所谓"主题研究","即取古今或一代之事,析为若干主题,各个而讨论之之谓也"。① 瓯北《廿二史劄记》中所谓"西汉外戚之祸"、"东汉尚名节"、"五代滥刑"、"宋世闺门无礼"、"明代宦官"、"明祖用法最严"、"明祖重儒"、"明朝米价贵贱"等,均应属此例。故金毓黻说:"前贤能采用主题研究方法,得有新断案者,无过于赵翼之《廿二史劄记》,其中所立各题,悉能采撷多量史料,以归纳法而得新断案。"②就此而言,赵翼提供给后人的,并非仅仅是史学研究方面的创见,还有方法上的创新、思想上的启迪。这正是作为思想家的赵翼,超出一般经生之处。其影响之大,波及当今,目下史学界、文学界,仍有不少学者热衷于主题研究,且有方兴未艾之势,便很能说明问题。

---

① 金毓黻:《中国史学史》,河北教育出版社,2003年,第346页。
② 金毓黻:《中国史学史》,第346页。

第十一章　瓯北借古察今的治史理路

　　清代中叶,是一个学问之风甚盛的时代。在封建统治残酷的政治高压下,读书人慑于文网甚密的现实,大多不敢也不愿过多地过问政治,而过起躲进书斋、皓首穷经的冷寂生涯。所谓"闭门自有陈编在,不对今人对古人"①,"贳酒每为无事饮,称诗相戒不平鸣"②,恰是当时许多文人处世行为的写照。

　　而瓯北则在史学研究方面,选择了一条与清初顾、黄诸人意脉相通的治学道路,精力集中在"把陈编按时事"。在他看来,"文章报国儒者事","通经致用果非迂"。所以,他的治史,既有受当时问学风气、时代思潮浸染的一面,也有其主观上的原因。瓯北有着丰富的生活阅历,早年游宦京师数载,既曾目睹皇室贵族挥金如土、为所欲为、豪侈成风的顽劣恶习,又与京师大僚频繁接触,对统治阶层争权夺利、互相倾轧的种种丑行耳熟能详。后又多次出任地方官,既对官吏士绅敲诈勒索、巧取豪夺、腐化堕落的罪恶行为无比憎恶,又为下层百姓饥寒交迫、流落无依、饿填沟壑的悲惨遭际甚是同情。现实生活中的污浊浪潮,猛力冲撞着他那难以封闭的心扉,使他始终无法平静,时而痛苦反思:是什么原因造成目下社会的诸多灾难与畸变?现实中种种荒谬悖伦之事何以产生?如何才能补苴这千疮百孔的天之罅漏?他在"闲阅青史"中发现,历史上竟有许多惊人相似之处,"古方今病辙相循"。他深知,"以古

---

① 赵翼:《出军机仍直内阁》之二,《瓯北集》卷六,《赵翼全集》第五册,凤凰出版社,2009年,第94页。
② 赵翼:《送悼其南还时方成进士以需次归里》之二,《瓯北集》卷九,同上书,第130页。

为鉴,可知兴替","鉴于往事,有资于治道",故选择了治史这条学术之路,决计在载述"历历兴衰"的"史册"中,寻觅起衰救弊之药方。故而,他的治史,不同于当时的其他史家,无意于琐细考证,而重在对历史上政治得失、制度成败的宏观考察,意在"寻旧事发新思",总结兴衰败亡的历史教训,欲以"春秋书法"来微言大义,给统治者以警醒,希图挽救日趋颓败的国家时局,借评说史事这根古老的琴弦,来弹奏起衰拯死之方,委婉地表述自己的政治主张。这正是其避开经书不治,而专门究心史学的深层原因。

那么,瓯北究竟是如何"从棋谱论新局",借评述史事而申明自己的政治主张的呢?

一 开放文禁

清代文字之祸,骇人闻见,瓯北早在京师时就已耳闻目睹。姑先以戴名世《南山集》案为例略述之。戴名世字田有,一字褐夫,自号忧庵,后人又称其为宋潜虚先生,乃桐城著名文士。生于顺治十年(1653),早年以教读为生,负有文名。康熙四十四年(1705)应顺天乡试,中举,康熙四十八年(1709),以一甲第二名进士及第,授翰林编修,虽说是得第较迟,但担任"词人本分官",总算了其夙愿。且此时,已距清王朝建立六七十年之久,他根本算不上明遗民。然而,研习经史,乃文人痼疾。戴名世有感于"终明之世,三百年无史"这一事实,唯恐随着时代的迁徙,史料"沦散放失",以致后人研究失据,"毁誉失实"[1],故"好问当世事"[2],并发愿编写明史书。时乡先辈方孝标,故翰林,失职游滇中,陷而归,著有《钝斋文集》,集中《滇黔纪闻》[3]叙南北之事较详。名世"留心有明一代史事,网罗放失,时访明季遗老,考求故事,兼访求明季野史,参

---

[1] 戴名世:《与余生书》,《戴名世集》卷一,中华书局,1986年,第2页。
[2] 同上书,第3页。
[3] 按:中华书局1984年标校本《清稗类钞》第1032页"戴名世南山集案"条,将《钝斋文集》与《滇黔纪闻》并列以为两书,误。

互考订,以冀后来成书"。"有舒城余湛字石民者,偶与释氏犁支相晤,谈桂王时事。"犁支本宦者,后因桂王败亡,遂皈依释氏,改名犁支。名世闻知,载笔前往访问,然犁支已去,不及相见。名世遂嘱余湛"将所闻于犁支者一一书示"①,以与《滇黔纪闻》对读,证其异同,借以考察南明王朝成败得失、流离播迁之情状,补"文献无征"之阙失,以"示于后世"。据载,戴名世所著《南山集》曾收有《与弟子倪生》一文,论修史之例,有"本朝当以康熙壬寅为定鼎之始,世祖虽入关十八年,时三藩未平,明祀未绝,若循蜀汉之例,则顺治不得为正统"②之语,今中华书局出版的王树民编校《戴名世集》未收此文,然另收有《倪生诗序》。倪生,即倪山堂,乃戴氏侨居吴门时所交往的青年后生。此人出身贫穷而"志不甘汩没于世俗","弟子倪生"云云,或即其人。加之方孝标《滇黔纪闻》,不仅叙及桂王时事,且涉及永历等年号,戴名世《孑遗录》亦有晚明弘光年号,大干厉禁。因"当顺治、康熙之间,凡明季遗老及当时文人著述,凡有涉明季三藩之事及年号者,均有干厉禁"③。

康熙五十年(1711)十月,左都御史武进赵申乔据《南山集》参奏,斥其"妄窃文名,恃才放荡","私刻文集,肆口游谈,倒置是非,语多狂悖,逞一时之私见,为不经之乱道"。④ 康熙帝下旨严查,刑部议定:戴名世以律凌迟处死,其弟平世斩决。其祖父父子兄弟、异姓伯叔兄弟之子,俱解部立斩。其母女妻妾、伯叔父兄弟之子,给功臣为奴。方孝标虽已身故,仍应剉骨,财产入官。其子方登峄、方云旅,孙方世樵,以律斩决。孝标族人,不论服已尽未尽,一律发放黑龙江。为《南山集》作序的汪灏、方苞等人,知有此书而不出首的刘岩、余湛,为之捐资刊行的尤云鹗、方正玉等,均判重刑,以谤论罪绞。尚书韩菼、侍郎赵士麟、御史刘灏、淮扬道王英谟、庶吉士汪份等三十二人,并别议降谪,一时牵累三百余人。康熙帝可能有感于此案牵涉面太广,影响过大,故在量刑方面略有斟酌,方苞等人始得免死。

---

① 《记桐城方戴两家书案》,《戴名世集》"附录",中华书局,1986年,第479页。
② 徐珂编撰:《清稗类钞》第三册,中华书局,1984年,第1032页。
③ 《记桐城方戴两家书案》,《戴名世集》"附录",中华书局,1986年,第482—483页。
④ 《记桐城方戴两家书案》附注〔三〕,《戴名世集》"附录",中华书局,1986年,第483页。

文网渐严,告讦之事时有发生,或"挟睚眦之怨,借影响之词,攻讦诗书,指摘字句。有司见事风生,多方穷鞫,或致波累师生,株连亲故,破家亡命",故云南道监察御史曹一士,曾上疏道:

> 井田、封建,不过迂儒之常谈,不可以为生今反古;述怀咏史,不过词人之习态,不可以为援古刺今。即有序跋,偶遗纪年,亦或草茅一时失检,非必果怀悖逆,敢于明布篇章。使以此类悉皆比附妖言,罪当不赦,将使天下告讦不休。士子以文为戒,殊非国家义以正法、仁以包蒙之意。①

可谓切中时弊。然当道依然我行我素,文字狱仍接连发生,给读书人带来心理重压,使得人人自危、忧惶不安,"事事谨饬,即作家书寄儿子,亦必闭门具草"②。

面对这一政治高压,瓯北不可能不怀有疑惧心理,故只能委婉曲折地表达对这一问题的看法。可能正是出于这样一种特殊的社会原因,他在《廿二史劄记》卷三二专列"明初文字之祸"一节。文中称:"明祖通文义,固属天纵,然其初学问未深,往往以文字疑误杀人,亦已不少。"然后,分述《朝野异闻录》所载时人以文字被杀数事,如浙江府学教授林元亮,为海门卫作《谢增俸表》,以表内有"作则垂宪"被杀;北平府学训导赵伯宁,为都司作《万寿表》,以中有"垂子孙而作则"诛;尉氏县教谕许元,为本府作《万寿贺表》,以"体乾法坤、藻饰太平"诛;德安府学训导吴宪,为本府作《贺立太孙表》,以"永绍亿年,天下有道,望拜青门"遇害。并进而分析道,造成文字之狱迭出的原因,"盖'则'音嫌于'贼'也;'生知'嫌于'僧'也;'帝扉'嫌于'帝非'也;'法坤'嫌于'发髡'也;'有道'嫌于'有盗'也;'藻饰太平'嫌于'早失太平'也"。又引《闲中今古录》谓:杭州教授徐一夔贺表,有"光天之下,天生圣人,为世作则"等语,帝览之大怒曰:"生者,僧也,以我尝为僧也。光则剃发也,'则'字音近'贼'也。"遂斩之。礼臣大惧,因请降表式,帝乃自为文播天下。又,僧来复

---

① 《清史稿》卷三〇六《曹一士传》,《二十五史》第十二册,上海古籍出版社、上海书店,1986年,第9972页。
② 洪亮吉:《洪亮吉集》第四册,中华书局,2001年,第2291页。

谢恩诗，有"殊域及自惭，无德颂陶唐"之句。帝曰："汝用'殊'字，是谓我'歹朱'也。又言'无德颂陶唐'，是谓我无德，虽欲以陶唐颂我而不能也"，遂斩之。瓯北认为，"文字之祸起"，是因为明太祖朱元璋"览天下章奏，动生疑忌"所致。

明初用索隐法制造文字冤狱，与清代统治者的深文周纳何其相似。据称，徐述夔的《一柱楼编年诗》，多咏明代时事。《正德杯》云："大明天子重相见，且把壶儿搁半边。"又有"明朝期振翮，一举去清都"之句。"乾隆戊戌，东台令上其事，廷旨谓：'壶儿'即'胡儿'，含诽谤意；借朝夕之'朝'作朝代之'朝'，且不言到清都而言去清都，显有兴明朝去本朝之意。余语亦多悖逆，实为罪大恶极。时述夔已卒，乃并其刊刻遗诗之子怀祖皆戮尸。"①其孙徐良田、徐良书问斩。又如，乾隆二十二年(1757)，胡中藻诗钞之狱，也多类此。胡中藻《坚磨生诗钞》中有"一把心肠论浊清"之句，被弘历斥为"加浊字于国号之上是何肺腑"。又，诗中谓"老佛如今无病病，朝门闻说不开开"。弘历称："朕每日听政，召见臣工，何乃有朝门不开语。"又云："天所照临皆日月，地无道里计西东。诸公五岳诸侯渎，一百年来俯首同。"弘历批曰："盖谓岳渎蒙羞，俯首无奈而已，谤讪显然。"以"肆其悖逆讪怨望"、"丧心病狂"、"违天逆道"罪，将胡中藻处死。② 其他如，沈德潜作《黑牡丹》诗，中有"夺朱非正色，异种也称王"之句，似有影射清王朝以异族夺得朱明政权之嫌，被开棺戮尸。此类事例，《文字狱档》多有载述。文人于现实生活中，偶有感慨，发之于诗，是很正常的事情，即使有所讽谕，也不应血腥镇压。再说，"吟诗作赋北窗里"，乃文人之惯伎。

诗是文人倾诉思想与心志，同外界进行精神交流的一种特殊形式，"当人们处于困苦无聊状态之际，吟咏诗歌，可以荡涤怫郁之怀，陶冶身心；写作诗歌，可以一吐激愤之情，平复心灵的创痕"③。文之写作，也是如此。司马迁在《太史公自序》中谓，孔子作《春秋》，屈原著《离骚》，左丘著《国语》，"大抵圣贤发愤之所为也。此人皆意有所郁结，不得通其

---

① 徐珂编撰：《清稗类钞》第三册，中华书局，1984年，第1063页。
② 同上书，第1050—1054页。
③ 赵兴勤：《中国古典戏曲小说考论》，吉林教育出版社，2004年，第254页。

道也,故述往事,思来者"。本是一种正常的现象,若视此为罪过,岂非钳天下人之口? 瓯北显然对这一"文字之祸"深表不满。

朱元璋的以文字杀人,是唯恐因自己出身低贱而为士大夫所鄙视,而清代文字狱的形成,却与当时帝王对汉族读书人的不信任有关,且与明人相比,有过之而无不及。生活在政治高压下的赵瓯北,自然不敢对当时频频出现的文字狱轻易议论,而是借议论史事而发表了对此等事件的看法。朱元璋既是以疑忌而枉杀无辜,那么,对清王朝借文字之狱以震慑人心当如何看,读者自会体味。这正是瓯北"春秋笔法"的奥妙之处。

二 废止株连

族诛之法,瓯北称"本起于秦"。此话不确。《书·泰誓上》即有"罪人以族"之说。孔安国《传》曰:"一人有罪刑于父母、兄弟、妻子。"至秦则有"以古非今者族"之法,故人称:"秦政酷烈,违牾天心,一人有罪,延及三族。"①所谓族,《尔雅》称:内宗曰族,母妻则曰党。可知,古代所称族,是专指同姓而言。然而,后世遂以父族、母族、妻族为三族,或扩展至外祖父母、从母子及妻父母、姑之子、姊妹之子、女之子。如此一来,倘若一人犯罪,受株连者则越来越多。瓯北在《廿二史劄记》卷一四《后魏刑杀太过》中称:后魏道武帝杀人成性,讨伐刘卫辰后,"收其子弟宗党,无少长五千余人,尽戮死。末年,每朝臣至前,追其旧恶辄杀之。其余或以颜色动变,或以喘息不调,或以行步乖节,或以言辞失措,皆以为怀恶在心,变见于外,乃手自殴击,死者皆陈天安殿前"。崔浩编撰史书,以用直笔,无所隐讳,被囚而受尽侮辱后灭族,"清河崔氏无远近,及范阳卢氏、太原郭氏、河东柳氏,皆浩之亲党,尽夷其族,甚至僮吏亦夷五族,同修史者亦族诛。……然自先世以来,冤死者已不可数计矣"。又曰:"一人有罪,害及无辜,秦、汉以来,以此法枉杀者,不知凡几",实"益惨酷无人理"。在北魏统

---

① 《后汉书》卷七八《杨终传》,《二十五史》第二册,上海古籍出版社、上海书店,1986年,第944页。

治的一百多年间,魏道武帝与太武帝,还称得上是较有作为的皇帝。他们为结束十六国长期混战局面,统一中国北部,均作出了积极的贡献。然而,瓯北对此却不作追述,独对族诛之法考索甚详,尤其将崔浩以撰史得祸一事,特特拈出,叹喟再三,似有言外之意。

清代顺康间发生的庄廷鑨之明史案,与崔浩以修史得罪致死相比,似乎更为惨酷。湖州人庄廷鑨,家极豪富,目双盲,不甚通晓古今,因司马迁有"左丘失明,厥有国语"之说,遂发愤著书,想以史学名世。其邻为故明阁辅朱国桢家。朱究心明史多年,曾录明朝史实及公卿志状疏草,凡数十帙,未成书身亡。于是,他以高价购得朱氏未刊稿,请来不少文人整理润饰,并增写天启、崇祯两代史事,成《明史辑略》一书,凡百余帙,并冠己名于上。廷鑨死,无子,家赀有万金。其父允诚为刊其书。吴江青年学子吴炎、潘柽章皆高才绝学,有志于史。庄氏慕其盛名,引以为重,列于参阅姓名中。因书中有"建夷"、"夷寇"等清廷忌讳语及满清入关前史事,浙人购得此书者,往往借以敲诈。

归安令吴之荣,以赃系狱,遇赦得出,谋以告讦为功,借此作起复地。先将此事告于将军松魁,松魁移交巡抚朱昌祚,朱又交督学胡尚衡办理。庄氏出重金四处贿赂得免,并改动原书违碍处重印。吴之荣见计不得逞,便购得初刊本,并从中摘取忌讳语入京上告,大狱遂起。廷鑨虽死,仍戮其尸,家属十八人均处极刑。原礼部侍郎李令皙曾作序,亦被诛并累及其四子。吴之荣曾向富户朱佑明敲诈钱财未得逞,便将书中的"朱史氏"论赞,硬攀为出自朱佑明之手,佑明及其五子无一幸免。松魁及幕僚程维藩被逮往京师,魁削职,维藩就戮于燕市。朱昌祚、胡尚衡委过于归安、乌程两学官,两学官均被斩首。湖州太守谭希闵,刚上任半月,即发生此事,与推官李焕,皆以隐匿罪至绞。苏州浒墅关榷货主事李尚白,听说阊门书坊出售此书,派仆役前去购买。恰值书商外出,仆役即在书坊一朱姓邻居家坐等。待买回书时,李尚白已入京办事,但仍以购逆书罪判斩刑。书商与仆役亦被斩于杭州。① 名士陆

---

① 参看《清朝野史大观》卷三"清朝史料·庄廷鑨史稿之狱"、顾炎武《亭林文集》卷五《书吴、潘二子事》。

圻、查继佐、范骧三人，在一无所闻的情况下，亦被列入"参阅"者刻入书中，同样几乎遭到杀头之祸，幸而闻信较早，匆忙呈报学道，才免于一死。尽管如此，查、范、陆三人仍被递解入京，家庭被查封，三姓家属176人均被拘禁。① 据说，因庄史案受牵连者有七百家，遇害者至少在一千人上下，被发配者更不知凡几。

在《廿二史劄记》中，瓯北将北魏时崔浩史案重提，恐不是无意间的巧合，显然寄寓有对清廷借文字狱而滥杀无辜之行为的不满。正所谓："视人命如草芥，动以族诛为事"，"凡罪人之父兄妻妾子孙并女之出嫁者，无一得免。非法之刑，于兹极矣。"② 所以，他在"后魏刑杀太多"条末尾特注一笔："落笔不可不慎也"。同时，他还在《廿二史劄记》卷二六《秦桧文字之祸》中称："秦桧赞成和议，自以为功，惟恐人议己，遂起文字之狱，以倾陷善类。因而附势干进之徒承望风旨，但有一言一字稍涉忌讳者，无不争先告讦，于是流毒遍天下。"继而，他列举史实说，王庭珪因作诗送爱国志士胡铨，坐讪谤停官，李孟坚因念诵其父李光所撰私史，语涉讪谤，诏送大理寺。安诚坐文字讪谤，惠州编管。黄岩令杨炜，因诽谤除名。赵汾之狱，累及当时名士53人。程瑀因著有《论语说》得罪，作序者洪兴祖，锓版者魏安行皆罹祸。当时"禁野史，许人首告，并禁民间结集经社"，"语言文字稍触其忌，即横遭诬害，更不可数计矣。"动辄以"语涉讪谤"、私撰野史大兴文字狱，与清代统治者利用文字制造的冤案何其相似！作者在这里借史事发感慨，显然又是在"寻旧事发新思"。

三 澄清吏治

吏治澄清与否，是关系国家政权能否稳固的大问题，是事业成败的关键。出身寒家的明太祖朱元璋，对此明了于心。"太祖起闾右，稔墨

---

① 参看陆莘行《老父云游始末》，见江畲经编：《历代小说笔记选·清（一）》（上海书店1983年版）。
② 赵翼：《廿二史劄记》卷二二《五代滥刑》，《廿二史劄记校证（订补本）》下册，中华书局，1984年，第478页。

吏为民害，尝以极刑处之。然每旌举贤能，以示劝勉，不专任法也。"①可见，朱元璋在即位之初，是采取了奖与惩两手，对贤良者及时奖掖，风示天下，对贪虐者严惩不贷，以儆效尤，"故一时吏治多可记"。当天下府州县官来朝时，朱元璋告诫他们说："天下初定，百姓财、力俱困，如初飞之鸟，不可拔其羽，新植之木，不可摇其根，在安养生息之而已。惟廉者能约己而利人。"所言颇含深意。于是，瓯北借史书语议论道："洪武以来，吏治澄清者百余年，当英宗、武宗之际，内外多故，而民心无土崩之虞，由吏鲜贪残故也。"而嘉、隆以后，"吏治日偷，民生日蹙，而国亦遂以亡矣"②。

瓯北在这里似乎在考述史事。然而，《明史》班班可查，何必费此周折？其深层的用意，是在以史为训，给当时统治者提供借鉴。他认为，吏部的考察，若仅做官样文章，徒具虚文，就会助长贪污之风的形成，"举劾惟贿是视，而人皆贪墨以奉上司"③。官吏的任用与否，要看民心之向背，不能取决于皇帝或吏部长官等少数人之好恶。句容令徐九思为巡抚所劾，吏部尚书熊浃知其贤，特为留用。徐彦诚等人因事下狱，当地百姓列政绩以闻，朱元璋令复其官，堪称"知人能任"。当然，为了杜绝地方官的弄虚作假，"邀吏民保留"，还必须严格考核制度，经常派廉直能臣巡行地方，访察民情，"考州县吏廉墨以闻"。后因"考察久不举行，故吏多贪虐，民不聊生"，他进而申述道："盖承平日久，吏治玩弛，遣大臣严考核以黜陟之，固亦整饬吏治之一法也。"④一旦查出奸贪之吏，务必要严惩。"明祖严于吏治，凡守令贪酷者，许民赴京陈诉，赃至六十两以上者，枭首示众，仍剥皮实草。"这虽说"用法太严"，但对于"革前元姑息之政，治旧俗污染之徒"，⑤毕竟起到一定震慑作用。同时，他还叙及，"宋初严惩赃吏"，"所以塞浊乱之源也。"⑥

---

① 张廷玉等：《明史》卷一四〇魏观等传后"赞曰"，《二十五史》第十册，上海古籍出版社、上海书店，1986年，第8191页。
② 赵翼：《廿二史劄记》卷三三《明初吏治》，《廿二史劄记校证(订补本)》下册，中华书局，1984年，第760页。
③ 赵翼：《廿二史劄记》卷三三《明初吏治》，同上书，第760页。
④ 赵翼：《廿二史劄记》卷三三《遣大臣考察官吏》，同上书，第763页。
⑤ 赵翼：《廿二史劄记》卷三三《重惩贪吏》，同上书，第764页。
⑥ 赵翼：《廿二史劄记》卷二四《宋初严惩赃吏》，同上书，第525页。

瓯北如此评述古代整饬吏治业绩,显然又是有感而发。有清一代,恰与宋初情况相反,对那些违反当时政令的行为和不满言论,一概实行残酷镇压,而只要忠于清廷,纵有贪污受贿之事,亦网开一面。清代贪污之风愈演愈烈,屡禁不绝,均与朝廷的纵容与庇护有关。据昭梿《啸亭杂录》卷一"优容大臣"条记载,康熙厚待儒臣,遇事优容,"枉法诸臣,苟可宥者必宽纵之。如明相虽贪擅,上念其筹画三逆之功,时加警策,终未置之极典。徐健庵乾学昆仲与高江村比昵,时有'九天贡赋归东海,万国金珠献淡人'之谣,上知之,惟夺其官而已。尝谕近臣曰:'诸臣为秀才,皆徒步布素,一朝得位,便高轩驷马,八驺拥护,皆何所来赍?可细究乎!'"①缘皇帝之纵容,大学士明珠,招权纳贿,势焰益赫。他的招延才俊,并非为国家延揽人才,不过借以固权树党而已。"当时士夫趋者如市,四方货赂辐辏私邸,珍异之积拟于天府。"②朝臣佛伦、余国柱均为其党羽。他们内外勾结,背公营私。阁中票拟皆出明珠之意,国柱承其风旨,即有舛误,同官无人敢驳正。对朝廷密旨,任意附益,夸大己能,市恩立威,以邀结群心,挟取货赂。每当督抚藩臬员缺,国柱等展转征贿,必满欲而后止,甚至出现按职论价之怪事。明珠表面上和气可亲,对人"柔颜甘语,百计款曲,而阴行鸷害,意毒谋险"③,或称大学士汤斌之死与其有关。而高士奇(字淡人)则结纳权贵,揽事招权,谄附大臣,以图分肥,与王鸿绪等表里为奸,植党营私,在地方各级官吏中安插亲信,寄以心腹,收取贿赂,成千累万,奸贪坏法,全无忌惮。横行京师的光棍俞子易,为逃避法律严惩,将虎坊桥价值八千金的六十余间瓦房送给了高士奇。士奇又在家乡置田产千顷,在杭州西湖大兴土木,广置园宅,所筑西溪山庄,康熙帝曾临幸题字。京师顺城门外斜街各处房屋,令心腹出名置买,寄顿贿银至四十余万。难怪人称:"以觅馆糊口之穷儒,忽为数百万之富翁。试问金从何来?无非取给于各官。官从何来?非侵国帑,即剥民膏。是士奇等真国之蠹民之贼也。"然而,康熙却

---

① 昭梿:《啸亭杂录》,中华书局,1980年,第7页。
② 印鸾章著:《清鉴纲目》卷五,岳麓书社,1987年,第211页。
③ 《清史稿》卷二六九《明珠传》,《二十五史》第十二册,上海古籍出版社、上海书店,1986年,第9906页。

说:"士奇无战阵功,而朕待之厚,以其裨朕学问者大也。"对这类"豺狼其性,蛇蝎其心,鬼蜮其形"的赃官却未作任何惩治,不过是"令解任修书"而已。①

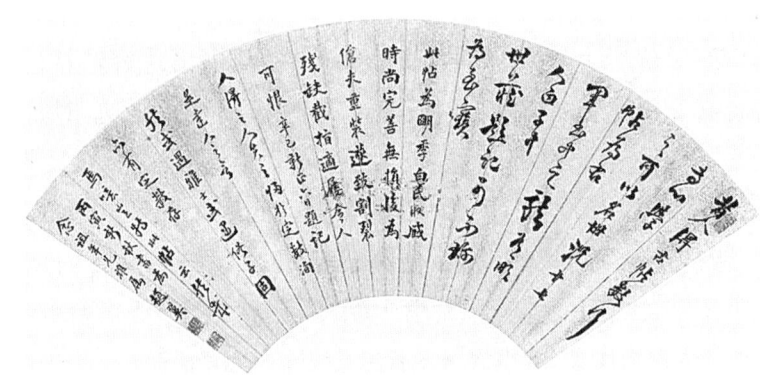

赵翼书法扇面(四)

朝中大僚既廉耻不顾,唯利禄是趋,地方官吏更有过之而无不及。据汪景祺《读书堂西征随笔》记载:"吏治之坏,莫甚于陕西。数十年来,督抚藩臬皆以满洲人为之,目不知书,凡案牍批答第责之幕客,官方贤否,但委之堂官,虽判日亦假手于人。吏治民生,皆不过而问焉。惟以刻剥聚敛,为恒舞酣歌之计而已。……上官既无善类,俗吏朘民以奉之,加征杂派,苛政日增。间有自好之士,不竭膏血为馈遗,即不能保其位,且有破家亡身者。"大臣张鹏翮以清流自命,来陕赈灾,照样"饱橐而归","帑金皆为贪吏瓜分,而责灾黎偿还,其祸较旱魃尤烈"。② 各省驻防官兵,也巧取豪夺,侵害百姓,恃威肆行,强占民产,种种为害,所在时有。瓯北多年任地方官,且与以贪贿著称、又时而为乾隆帝所庇护终得善终的李侍尧有交往,对清廷上下吏治自然是明了于心,但又慑于文字狱的重压,不敢明白道出,故借评判史事,婉转道出心曲,用心可谓良苦。

---

① 《清史稿》二七一《高士奇传》,《二十五史》第十二册,上海古籍出版社、上海书店,1986年,第9908页。
② 江畲经编:《历代小说笔记选·清(一)》,上海书店,1983年,第252页。

四 荐贤以公

瓯北对明代初期的"择人而任"的良好风气称道不已,谓:"朝廷既以吏治为重,中外大臣亦无不留意人才"①,"故为守令者无不洁己爱民,耻干清议"。他举例说:"杨荣当国时,其家人犯法,邑令鲁穆严惩之,荣反以为贤而荐于朝。其时朝臣之汲引如此,在外大吏亦多持心公正。如叶宗人为钱塘令,人呼为'一叶清'。其死也,按察使周新哭之。田铎知蓬州,巡按御史过其境,无一讼者,知其下无冤民,遂荐之,擢广东佥事。"吏部考察官吏,"尤以奖廉黜贪为要"。② 同时,还派遣给事中、御史巡行天下,"有司奸贪者逮治",以严法纪。又称,明初洪武、宣德以来,大臣之荐贤,往往皆"采人望、核才品而后上闻"。吉水周忱,有经世才,然浮沉郎曹二十年,无知之者。当时,天下财赋管理不善,江南尤甚,仅苏州一郡,便拖欠粮食八百万石。朝廷欲遣得力重臣前往整治,杨荣遂荐周忱,忱"以工部侍郎巡抚江南,果兴利除弊,为名臣"。杨士奇本不认识陈继,"夏原吉治水苏、松,得其文,归示士奇,士奇才之,即荐为博士,改翰林"。一代名臣于谦,屡得重用,数任要职,也是因三杨举荐的缘故。由此可知,"三杨等之荐人,皆出于至公,非如后世市恩植党之为也"。③ 不仅如此,在当时,君臣之间也互相信任,朝廷对大臣"倾心信用",不加猜忌。他举例说,永乐中,朝廷择耆儒教皇太孙读书,杨士奇、蹇义举荐仪智。太子嫌其老。士奇称他明理守正,堪为此任,帝闻其言,即用仪智。"宣宗尝论朝士贪纵,士奇曰无逾刘观,帝问谁可代者,士奇以顾佐对,即以为左都御史。"④"廉正刚直","果敢有为,权势莫能挠"⑤的地方大吏年富,"为人所中伤,英宗知其先由杨溥

---

① 赵翼:《廿二史劄记》卷三三《明初吏治》,《廿二史劄记校证(订补本)》下册,中华书局,1984年,第759页。
② 赵翼:《廿二史劄记》卷三三《明初吏治》,同上书,第760页。
③ 赵翼:《廿二史劄记》卷三三《大臣荐举》,同上书,第766页。
④ 赵翼:《廿二史劄记》卷三三《大臣荐举》,同上书,第767页。
⑤ 张廷玉等:《明史》卷一七七《年富传》,《二十五史》第十册,上海古籍出版社、上海书店,1986年,第8267页。

荐,遂不听。群臣之相信如此,宜乎正人端士布列中外,成当日大法小廉之治也。盖一人之耳目有限,若虑大臣荐引易开党援门户之渐,而必以己所识拔者用之,恐十不得一二,但能择老成耆硕十数人,置之丞弼之任,使各举所知,则合众贤之耳目为一人之耳目,自可各当其用,所谓明目达聪也"①。

根据瓯北所言,在官吏任命与使用上,须坚持这样几条原则:一是应"采人望,核才品"。其本人的能力、才干固然是能否为官的必要条件,但是,更应考虑他在百姓心目中是否具有一定的威望,以及自身品德能不能为人所认可。有才无德者不可用。一是荐贤举能,必须秉之公心,胸中有全局,不能为一己私利,援引亲信,培植党羽,破坏国家之法度。一是用人不疑,疑人不用。既用且疑,互相猜忌,自会产生无尽止的内耗,不仅无补于方针大计之实施,反而容易引发各类矛盾的激化。一是君臣之间,应互为信赖。尤其是君主,必须善于倾听周围富有经验的大臣的意见,集思广益,选取真才,始有益于国是。在这里,瓯北并非在考订史事。因上述诸事,均详载于《明史》。他之所以将这些世人较熟悉之事逐一排比罗列,无非是想借史事以发议论,为当代统治者提供借鉴。

反观有清一代之吏治,与此处所论大相径庭。康熙之时,天下初定,统治阶级内部矛盾则日趋突出。内外诸臣,各树朋党,互相攻讦。大学士明珠之党、皇族噶礼之党,皆在当时声威甚盛。噶礼在任山西巡抚期间,就纵吏虐民,太原知府赵凤诏是其心腹,专用酷刑搜刮民财。噶礼本人则贪赃枉法,不择手段,使山西百姓叫苦不绝,民命不堪。又以补偿大同、临汾国库亏损为借口,下令全省于应缴钱粮外加损耗十之二,他本人将四千余万金归入私囊,又以修解州祠宇名义,逼迫百姓捐款。还令家伶赴平阳、汾州、潞安三府,胁迫富民馈送钱物,并包庇纵容汾州同知马遴、洪洞知县杜连登、平遥知县王绶等贪官。平遥县民郭明奇往京城控告,巡城御史袁桥条疏上达。结果,明奇等反而被下刑部治

---

① 赵翼:《廿二史劄记》卷三三《大臣荐举》,《廿二史劄记校证(订补本)》下册,中华书局,1984年,第767页。

罪,袁桥也受到罢职的处分。贪官噶礼却安然无恙,依然故我。他升任江南江西总督后,越发恣意而为,培植亲信,排斥异己。江苏巡抚于准、布政使宜思恭、按察使焦映汉,均被弹劾罢职。苏州知府陈鹏年,素以伉直著称,每忤噶礼,所作《重游虎丘》诗,有"代谢已怜金气尽,再来偏笑石头顽。楝花风后游人散,一任盟鸥自往还"诸句。"总督噶礼务欲尽去僚属之异己者,以两诗为诽谤,逐句旁注而劾奏之,摘印下狱。圣祖谕曰:'诗人讽咏,各有寄托,岂可有意罗织,以入人罪?'"①事遂罢。江南巡抚张伯行,为官"实不要钱",有"天下清官第一"之誉。他见总督噶礼大张威福,为所欲为,对"廉谨奉职"但"不便于己"的官吏,遂"撼事劾去之",虎噬狼贪,使人人不寒而栗。至苏后,首先下榜文严禁属员馈送,称:"一黍一铢,尽民脂膏。宽一分,民即受一分之赐;要一文,身即受一文之污。虽曰交际之常,于礼不废,试思仪文之具,此物何来?"念念不忘的却是"目下穷黎乏食,米价未平,何以拯之;民力未足,逋赋恒多,何以筹之","鳏寡孤独,何以遂其欲而给其求? 衙蠹土豪,何以革其心而易其辙"? 如此一来,却大大得罪了两江总督噶礼。而噶礼,"自履任后,所辖两省文武属员,逢迎趋附者,虽秽迹昭彰,亦可包荒藏垢;守正不阿者,虽廉声素著,难免吹毛索瘢"。② 康熙五十年(1711)秋,江南乡试副考官赵晋,与总督噶礼及监临、提调等官广鬻关节,揽卖举人,以致所取士有不通文字者。榜发哗然,苏郡士子抬财神入文庙以示抗议。正主考左必蕃不自安,遂检举知县王曰俞、方名所荐吴沁、程光奎不通文理。据说,噶礼见状,声称"要银五十万两保全无事"。朝廷委员令审此案。审案者从书办李启口中得知,布政使家人轩三曾参与出重金行贿等事,且事涉督臣。噶礼恐露出马脚,竟欲夹断李启胫骨以钳其口。后来,科场舞弊虽查实,但噶礼却反咬一口,诬陷张伯行,称戴名世"《南山集》刻板在苏州印行,伯行岂得不知? 进士方苞以作序连坐,伯行夙

---

① 吴翌凤:《逊志堂杂钞》,中华书局,1994年,第35页。
② 费元衡:《诰授光禄大夫礼部尚书加二级赠太子太保谥清恪敬庵张先生行状》,钱仪吉纂:《碑传集》第二册,中华书局,1993年,第509—511页。

与友,不肯捕治"。① 结果,康熙却对二人各打五十大板,并命解任。

大学士明珠与索额图同柄朝政,互植私党,互相倾轧。索额图与麻尔图、额库礼、温代、邵甘、佟宝等,朋比徇私,结党妄行,贪黩骄纵,"有不附己者显斥之"。康熙帝反称其"勤敏练达"。② 明珠平素示人以谦和,以结纳新进为心腹,而广结党羽,培植亲信,佛伦、格斯特、富拉塔、锡珠、余国柱等,皆由其援引而至高位。朝中大政,也往往为他们所把持。"凡奉谕旨或称善,明珠则曰:'由我力荐';或称不善,明珠则曰:'上意不喜,我从容挽救。'且任意附益,市恩立威,因而要结群心,挟取货贿。""异己者以阴谋陷之","最忌者言官,惟恐发其奸状,考选科道,辄与订约,章奏必使先闻"。③

当然,私结党羽者不仅有满族贵族,汉族大臣中也不乏其人。如徐乾学、高士奇、王鸿绪、陈元龙诸人,"皆自以高文硕学通籍词馆,遂互相标榜,以猎取声誉,依附权贵,而以徐乾学为之魁。乾学兄弟三人,长即乾学,次元文,次秉义,皆以鼎甲致位通显,时号昆山三徐。鸿绪亦兄弟三人,长九龄、次顼龄、次鸿绪,与士奇并称徐、王、高三家。一时学士大夫,非出三家之门者,辄不为世所重"④。三家互为表里,招权纳贿,党布中外。即以高士奇而论,他早在供奉南书房时,对权贵便日思结纳,百计谄附,揽事招权,以图分肥。后羽翼渐多,便自立门户,与王鸿绪表里为奸,结为死党。给事中何楷是其结义兄弟,与翰林陈元龙称叔侄关系,与鸿绪兄顼龄结为子女姻亲。他们植党营私,互为声援,奸贪坏法,全无顾忌。有如许贪官把持朝政,致使"畏势者既观望而不敢言,趋势者复拥戴而不肯言"⑤。对上层统治者中这种"彼此倾轧,伐异党同,私怨相寻,牵连报复"、"分树党援,飞诬排陷"的混乱局面,连康熙皇帝也不得不为之深忧,慨叹道:"今在廷诸臣,自大学士以下,惟知互相结引,徇私倾陷,凡遇会议,一二倡率于前,众附和于后,一意诡随。廷议如

---

① 《清史稿》卷二七八《噶礼传》,《二十五史》第十二册,上海古籍出版社、上海书店,1986年,第9919页。
② 《清史稿》卷二六九《索额图传》,同上书,第9905页。
③ 《清史稿》卷二六九《明珠传》,同上书,第9906页。
④ 印鸾章著:《清鉴纲目》卷五,岳麓书社,1987年,第214页。
⑤ 《清史稿》卷二七一《高士奇传》,《二十五史》第十二册,第9908页。

此,国是何凭?"①至雍乾两朝,交通货贿,援引私人,不顾廉耻,求认门生者仍比比皆是。对此,瓯北更了然于心。雍正即位之初,恐流言摇动国柄,曾广布侦探,严加逻察,朝野细故,无不上报,搞得人人自危,如履薄冰。尽管如此,诸王及朝臣,仍各树党羽,自植气势。乾隆朝之权臣和珅,更是擅权自重,拉帮结派,贪纵营私,胡作非为。由此可知,清王朝之吏治腐败,用人唯亲,君臣猜忌,互为欺骗,实由来已久。

诚然,明中后叶政治之堕落,与清中叶之前相较,有过之而无不及。万历帝由于后来二三十年不问朝政,使得"台省空虚,诸务废堕",政局失去了控制,朝臣则人心懈怠,无心于国是,却纷纷卷入争权夺利的斗争漩涡。物议横生,党祸继作,"是非瞀乱,贤否混淆,群相敌仇,罔顾国是"②,致使"庙堂考课,一切以虚文从事,不复加意循良之选,吏治既已日偷,民生由之益蹙"③。尤其是熹宗天启间,魏阉当政,其党遍布要津,以致有"五虎"、"五彪"、"十狗"、"十孩儿"、"四十孙"之号。"自内阁、六部至四方总督、巡抚,遍置死党"④,"宵小希进干宠,皆陷善类以自媒"⑤,以致使"衣冠填于狴犴,善类殒于刀锯"⑥。人称:"媢嫉倾轧之害,历代皆有,而明季为甚。公家之事,置若罔闻,而分树党援,飞诬排陷,迄无虚日。"⑦对此,瓯北却无意多引述,独对明初较为开明的吏治津津乐道,显然是有感而发,以春秋笔法,透现其对当代政治的批评。用意之深曲,非仔细寻绎难窥其底里。《论语·为政》称:"君子周而不比,小人比而不周。"在瓯北看来,"市恩植党",乃小人之所为。植党必然营私,且会导致吏治的腐败,实为国家之大蠹。举贤任能,秉之以公心,始能澄清吏治,杜绝私门,"不领人情好做官"。官吏"洁己爱民",始能维系国家的安定和平。

---

① 《清史稿》卷二六九《明珠传》,《二十五史》第十二册,第 9906 页。
② 张廷玉等:《明史》卷二一九张四维等传后"赞曰",《二十五史》第十册,第 8392 页。
③ 张廷玉等:《明史》卷二八一《循吏传》,同上书,第 8557 页。
④ 张廷玉等:《明史》卷三〇五《宦官三·魏忠贤传》,同上书,第 8627 页。
⑤ 张廷玉等:《明史》卷三〇六《阉党》,同上书,第 8632 页。
⑥ 张廷玉等:《明史》卷三〇六《阉党》,同上书,第 8629 页。
⑦ 《清史稿》卷二七一《王鸿绪传》,《二十五史》第十二册,第 9908 页。

五 广开言路

古人称:"言路之通塞,关君德之盛衰。"历史上的贤明之君,必能广开言路,从谏如流,改过自新,以成就帝王之业。而昏聩庸君,则刚愎自用,任性而为,拒谏饰非,闭塞言路,终导致天下的丧失。熟谙历史的瓯北,对前者自然是多所称道。他在《廿二史劄记》卷三五,专就明代"言路习气"发表意见,谓:"明制,凡百官布衣,皆得上书言事。邹缉等传赞谓,太祖开基,广辟言路,中外臣僚建言,不拘职掌。草野微贱,亦得上书。沿及宣、英,流风未替。虽升平日久,堂陛深严,而缝掖布衣,刀笔椽吏,朝陈封事,夕达帝阍,所以广聪明防壅蔽也。"他还胪列《明史》各传所述,如练纲以监生言事,范济以谪戍人言事,贺炀以布衣老人言事等,来说明明初政治休明,言路大开,深得民心。试观《明史·邹缉传》,永乐间,邹缉上疏直揭时弊,称:"贪官污吏,遍布内外,剥削及于骨髓。朝廷每遣一人,即是其人养活之计。虐取苛求,初无限量。有司承奉,惟恐不及。间有廉强自守、不事干媚者,辄肆谗毁,动得罪谴,无以自明。是以使者所至,有司公行货赂,剥下媚上,有同交易。"①语言不可谓不尖刻,但朝廷并未加罪,反对其略加提拔,以示奖励。由此可知,瓯北所言,并非无据。

继而,瓯北又云:

> 而科道之以言为职者,其责尤专,其权尤重。《职官志序》谓,御史,天子之耳目,凡大臣奸邪,小人构党者劾;凡百官猥茸贪冒者劾;凡上书乱成宪者劾;遇考察,则同吏部司黜陟;大狱重囚会鞫于外朝,则同刑部、大理平谳之。政事得失,军民利病,皆得直言无隐。又有六科给事中,凡制敕有失则封驳,至廷议大事,廷推大臣,廷鞫大狱,皆得预。此可见言官之职掌也。然统观有明一代建言者,先后风气亦不同。自洪武以至成化、弘治间,朝廷风气淳实,建

---

① 《二十五史》第十册,上海古籍出版社、上海书店,1986年,第8237页。

> 言者多出好恶之公,辨是非之正,不尽以矫激相尚也。①

很显然,瓯北对明代前期监察制度的较为健全,还是充分肯定的。

清代的都察院,虽承袭明制,"掌察核官常,参维纲纪,率科道官矢言职,率京畿道纠失检奸,并预参朝廷大议。凡重辟,会刑部、大理寺定谳。祭祀朝会,经筵临雍,执法纠不如仪者"②,但与明代都察院"凡政事得失,军民利病,皆得直言无避"③相比,监察职能削弱许多。且六科衙门,在明,本是一独立的办事机构,"掌侍从、规谏、补阙、拾遗、稽察六部百司之事。凡制敕宣行,大事覆奏,小事署而颁之;有失,封还执奏。凡内外所上章疏下,分类抄出,参署付部,驳正其违误"④。六科各掌有一定的实权。如吏科的掌科(即都给事中,正七品),当吏部引选时,他可以偕同吏部长官,"同至御前请旨","外官领文凭,皆先赴科画字"。"主德阙违,朝政得失,百官贤佞,各科或单疏专达,或公疏联署奏闻"。⑤ 至清雍正间,六科则归属于都察院,虽有言官之名,但其职权不过是传达圣旨、处理文卷而已,权力范围缩小许多,更不敢封驳皇帝诏旨。专制皇权的高度集中,使得监察机关形同虚设,有名无实。尽管康熙帝曾告诫监察官,对贪虐不法、交相比附、倾轧异己的王公贵戚,中外大臣,理应纠举,务必打破情面,据实指参,"一切利害有关百姓者,不妨事事奏闻"⑥。然而,响应者寥寥。或偶尔有人入奏,但"深切时弊,从实直陈者"却微乎其微。

乾隆即位之初,左都御史孙嘉淦曾上《三习一弊疏》,"大旨以为人君耳习于所闻,则喜谀而恶直;目习于所见,则喜柔而恶刚;心习于所是,则喜从而恶违。自是之根不拔,则机伏于微,而势成于不可返,黑白可以变色,东西可以易位",并希望"皇上时时事事常存不敢自是之

---

① 赵翼:《廿二史劄记》卷三五《明言路习气先后不同》,《廿二史劄记校证(订补本)》下册,中华书局,1984年,第804页。
② 《清史稿》卷一一五《职官志二》,《二十五史》第十一册,第9231页。
③ 张廷玉等:《明史》卷七三《职官志二》,《二十五史》第十册,第7968页。
④ 张廷玉等:《明史》卷七四《职官志三》,《二十五史》第十册,第7972页。
⑤ 张廷玉等:《明史》卷七四《职官志三》,《二十五史》第十册,第7972页。
⑥ 王先谦:《东华录》康熙四十一,清光绪十年长沙王氏刻本。

心"。① 乾隆帝当即采纳,曾称"用人行政或有阙失,宜直言"②,似有广开言路之意。然而,时过几年,真正敢直言进谏者依然很少。乾隆帝禁不住感叹:"科道为朝廷耳目之官……乃数年中条奏虽多,非猥琐陋见,即剿袭陈言,求其见诸施行,能收实效者为何事乎?且近日科道官敷奏亦属寥寥,即间有条陈,多无可采。"③依此而论,朝廷似乎希冀臣下"随事谏正",时时有采纳嘉言之意。其实未必然。"自古帝王多任情喜怒,喜则滥赏无功,怒则滥杀无罪"④,进谏能否奏效,还要看帝王情绪如何。

雍正间,河南巡抚田文镜,"以严厉刻深为治","苛刻搜求,属吏竟为剥削","民重受其困"。⑤御史谢济世疏论田文镜"营私负国,贪虐不法,列举十罪"。然而,雍正帝却以为文镜"秉公持法,实心治事",决不会贪赃坏法。反而认为,济世此论,是"听人指使,颠倒是非,扰乱国政,为国法所不容"。并称:"朕岂不知诛戮谏官史书所戒?然诛戮谏官之过小,酿成人心世道之害大。"刑部尚书励杜纳审问谢济世:弹劾田文镜是何人指使?济世则答:"孔、孟。"还说:"读孔、孟书,当忠谏;见奸弗击,非忠也。"⑥结果,他因直言极谏,几乎掉了脑袋。

乾隆末年,有的督、抚触犯刑律,理当受到惩处。然而,朝廷却令其缴罚钱款贷罪,依然委以要职。内阁学士尹壮图以为此非政体,在上疏中谓:"督、抚自蹈愆尤,圣恩不即罢斥,罚银若干万充公。……是罚银虽严,不惟无以动其愧惧之心,且潜生其玩易之念,请永停此例。"弘历尽管称壮图所论"不为无见",但又令他就督、抚"以措办官项为辞,需索属员"之事"指实覆奏"。尹壮图称:"各督抚声名狼藉,吏治废弛。臣经过地方,体察官吏贤否,商民半皆蹙额兴叹。各省风气,大抵皆然。"不料,文过饰非的弘历听后,大为光火,责问道:"至称经过诸省,商民蹙额兴叹,竟似居今之世,民不堪命。此闻自何人?见于何处?"并令户部侍郎庆成同壮图赴山西等处查访仓库亏空之事。然而,每到一处,庆成却

---

① 昭梿:《啸亭杂录》卷七"孙文定公",中华书局,1980年,第189页。
② 《清史稿》卷二九〇《魏廷珍传》,《二十五史》第十二册,第9941页。
③ 王先谦:《东华续录(乾隆朝)》乾隆十一,清光绪十年长沙王氏刻本。
④ 吴兢:《贞观政要》卷二"求谏第四",岳麓书社,1996年,第62页。
⑤ 《清史稿》卷二九四《田文镜传》,《二十五史》第十二册,第9948页。
⑥ 《清史稿》卷二九三《谢济世传》,《二十五史》第十二册,第9946页。

"游宴数日",故意拖延时间,使各仓亏空均得及时填补,奸弊终未查出。结果,尹壮图反被斥为"挟诈欺公,妄生异议",差一点受到重处。①

又据印鸾章《清鉴纲目》(卷八)载述,乾隆有意步武乃祖康熙,也搞六次南巡,因供亿烦苛,给沿途百姓带来很大负担。翰林编修杭世骏在论时事中,曾称:巡幸所至,有司一意奉承,其流弊皆及于百姓。乾隆帝大怒,欲处以重典,幸侍郎观保力谏,始得免。还有,尹会一任江苏学政,任满回京,奏称百姓苦不堪言,怨声载道。乾隆帝斥责道:"汝谓民间疾苦,试指出何人疾苦。怨声载道,试指明何人怨言。"同样,侍读学士纪昀,也曾以"东南财力竭矣,上当思所以救济之",劝阻南巡。乾隆帝怒叱道:"朕以汝文学尚优,故使领四库书馆,实不过倡优蓄之,汝何敢妄谈国事?"②如此一来,内外诸臣,皆相与结舌吞声,谁还敢直言进谏?瓯北对这种万马齐喑的局面,显然是不满意的。他只能借评判史事,来表述对当时政治的看法。

同时,他还以汉代"上书无忌讳",反衬目下的以言构祸,动辄得咎。谓:贾谊在《治安策》中断言,文帝必早崩于太后之前;谷永谓成帝"违道纵欲,轻身妄行,积失君道,不合天意";刘向直斥成帝"国祚移于外家"。在逐一排列史实后,评论道:"此等狂悖无忌讳之语,敌以下所难堪,而二帝受之,不加谴怒,且叹赏之,可谓盛德矣。"③与清代雍正、乾隆二帝的拒谏饰非,形成鲜明的对比。对当下政治虽未发一语,但褒贬之意则显而易见。又在《廿二史劄记》卷二"上书召见"条谓,汉代东方朔上书,自言具有文韬武略,"勇若孟贲,捷若庆忌,廉若鲍叔,信若尾生",可为天子大臣。然后,评议道:"其狂肆自举如此,使在后世,岂不以妄诞得罪?乃帝反伟之,而令待诏金马门,遂以进用。史称武帝招英俊,程其器能,用之如不及,宜乎兴文治,建武功,为千古英主也。"又称:"帝之度外用人如此,而当时禁网疏阔,怀才者皆得自达,亦于此可见矣。"疏阔之禁网与脱颖而出之人才,进言之无忌讳与文治武功之局面形

---

① 《清史稿》卷三二二《尹壮图传》,《二十五史》第十二册,第 10006 页。
② 印鸾章著:《清鉴纲目》卷八,岳麓书社,1987 年,第 374 页。
③ 赵翼:《廿二史劄记》卷二《上书无忌讳》,《廿二史劄记校证(订补本)》上册,中华书局,1984 年,第 48 页。

成,正互为因果。在两相对举中,恰透现出瓯北对当时政治的批评态度。乾隆帝好大喜功、心高气傲,曾在《元旦试笔》(乙巳,1785)中谓:"七旬登寿凡六帝,五十纪年惟一人。汉武却非所景仰,宋家高孝更非论。"很自豪地声称,历史上为帝者,年登七旬者凡六人,然在位达五十年者仅汉武帝一人。在他看来,"汉武帝虽尚称有为之主,然失德颇多,非吾所羡。若宋之高宗、孝宗,国仇未复,而遽图逸身,未老而称太上皇,游宴西湖,益堪鄙薄,吾岂为之哉?"①且不论宋代高、孝,就连被司马迁许为"雄材大略"的汉武帝,也被贬为"失德颇多"、非所景仰,足见心气之高。而瓯北却对汉武帝推崇有加,以"千古英主"许之,评价是如此大相径庭。若没有冲破传统思想牢笼的勇气,是难以抒发这般大胆、直截的议论的。

六　抑制豪绅

在封建时代里,穷苦百姓除受各级官府、胥吏层层盘剥外,地方豪绅的大肆掠夺、横行霸道,也给他们带来沉重灾难。长期生活在江南水乡的赵瓯北,从他的切身经历及耳闻目睹中,已深刻地体悟到这一点。他在《廿二史劄记》卷三四"明乡官虐民之害"条中说:"前明一代风气,不特地方有司私派横征,民不堪命,而缙绅居乡者,亦多倚势恃强,视佃民为弱肉,上下相护,民无所控诉也。"继而,他举例说:大学士杨士奇之子杨稷,在家乡居住,经常"侵暴杀人",言官纷纷揭发,朝廷因士奇官居台辅,且年纪高迈,对其子未加处置。武宗朝,朝中重臣梁储之子次摅为锦衣百户,在家乡因与杨端争民田,遂杀端家二百余人。朝廷以梁储故,仅将其子发往边卫立功。延绥巡抚董国光子董二,居乡横暴,民不聊生,百姓受逼勒不过,纷纷从白莲教举事。明末,权臣王应熊之弟应熙横行乡里,乡人至京击登闻鼓,列其罪状480余条,赃170余万两。地方士绅的恃势横行,常常激起民变。昆山顾秉谦,初依附魏忠贤,得

---

① 庆桂等:《国朝宫史续编》卷一二《典礼六》,北京古籍出版社,1994年,第113页。

登高位,势败后居于家,百姓焚掠之。正统间邓茂七聚众造反,陷二十余州县,亦是因"激"生"变"。瓯北在本节中,既陈述了许多豪强依势横行的史实,并建议"长民者禁势家之欺凌",又罗列了百姓不堪重压、铤而走险的真实事件,强调缓和矛盾,"两得其平,不至滋事"。二者若联系起来考察,其中分明蕴含有作者对大清王朝前景的隐忧。这依然是有感而发。

据清蒋良骐《东华录》记载,康熙盛世亦并非净土,豪绅恃势横行者比比皆是。刑部尚书徐乾学,事先曾在乡试、会试中做手脚,"门生亲戚、有名文士各与关节,务期中式"。苏州府贡生何焯,深悉其弊,特作会试墨卷序文,寄寓讽刺。乾学还以权经商,交盐商项景元十万两本银,往扬州贸易,一次便得利六万两。其门生李国亮得任江苏按察使,是缘徐乾学代为料理。事后,他即送乾学银一万两。乾学在京师购买房舍多所,价值数万两银,且苏州、太仓、昆山、吴县、长洲、常熟、吴江等州县,俱有他家房屋田地。他还与亲家高士奇朋比为奸,招摇纳贿,故当时人称:"去了余秦桧(余国柱),来了徐严嵩(徐元文),乾学似庞涓,是他大长兄。"因贪赃狼藉,不能自掩,遂引咎自退,回归故里。然而,他与子侄门生仍朋比为奸,施威一方,以官职为生理,公然受贿,扰害地方。徐元文升任大学士,总督洪元杰除送金字匾额、旗杆外,另送贺银一万两,均由其子弟代收。洪元杰因触犯刑律,应治以重罪,后从轻发落,元文、乾学称系自己代为斡旋之力。洪感恩戴德,随即送两万两银以致谢。阊门外钦姓居民,彼此争讼,徐元文之子树敏,见钦家富裕,嘱托巡抚,唆使人捏造罪名诬告,从中诈得白银千两。元文之侄徐树屏,与光棍徐长民狼狈为奸,吓诈长民仇家黄中坚金四千两,田抵六百两。徐家子侄树本、树声仗恃权势,大放高利贷,"重利尅剥,贫民不能偿还,即差家人打骂。贫民难受,致将妻子典卖,畏其势力,不敢告理"。徐乾学、元文还将子侄田地,寄于别人名下,拒纳钱粮,官府不敢过问,致使多人罢官而去。他们"招摇权势,恐吓通省官民,颠倒是非,得受银钱。又纵放如虎如狼子侄家人,出入大小衙门,扰害地方。又复唆使争讼,重利累民,收恶徒为羽翼,世世相扶以图富贵"。而地方大臣,又"趋炎附势,为献媚应付,有司皆畏,无不逢迎"。① 百姓怨声载道,苦不堪言。此与明代乡绅的虐民害物相比,有过之而无不及。

同样,金王朝的章宗中后叶,武夫悍卒"恃势夺田",逼得许多善良百姓倾家荡产一事,亦为瓯北所关注,并在《廿二史劄记》卷二八"金末种人被害之惨"条中详述其事,还揭示了由此而带来的严重恶果。其实,清代初年的圈地,就与金时的强夺民田以赏赐兵将颇为相似。清兵入关之后,因"东来诸王、勋臣、兵丁人等,无处安置",统治者遂下令"凡近京各州县民人无主荒田及明国皇亲、驸马、公、侯、伯、太监等,死于寇乱者,无主地甚多……尽行分给东来诸王、勋臣、兵丁人等"②。据戴逸《简明清史》载述,最初,清统治者只是下令圈占"无主荒田",后来,则不论有主与否,一律圈取;先是,圈占范围大致在京畿三百里以内,后则蔓延至五百里外。原来圈占主要在顺、永、保、河四府,后来扩展到直省九府七十七州县,广袤二千余里,甚至房舍也被圈占。他们"所至村庄,相度畎亩,两骑前后,牵部颁绳索,以记周四围而总积之。每圈共得几百十垧。……圈一定,则庐舍场圃悉皆屯有"③。圈地给百姓带来沉重灾难,连官吏也不得不承认,称:"盖尝观天下之民贫苦皆同,而北方为甚;北方之民贫苦皆同,而直隶八府为甚,顺、永、保、河四府为尤甚。良以圈拨之后,民多失业,饥寒愁苦,日益无聊,以致柔善者转死于沟壑,其巧黠者则卖身为庄头家人,若强梁者则起而为'盗贼',昔苏轼有言,民冒法而为盗则死,畏法而不盗则饥。饥寒之与弃市均是死亡,而赊死之与忍饥,祸有迟速,相率为盗,正理之常。"④由圈地所造成的严重阶级对立显而易见。由此可知,瓯北对史事的探究,并非信手拈来,率意而为,而是往往包融进对当代经验教训的总结以及对历史的沉痛反思,颇给人以启示与警醒。

瓯北自辞官归里后,几乎一直生活在乡间,且与当地百姓有着较广

---

① 蒋良骐:《东华录》卷一五,清乾隆刻本。
② 王先谦:《东华录》顺治三,清光绪十年长沙王氏刻本。
③ 姚文燮:《圈占记》,《无异堂文集》卷七,民国五石斋钞本。
④ 中国人民大学清史研究所等编:《康雍乾时期城乡人民反抗斗争资料》上册,中华书局,1979年,第1—2页。

泛的接触。他既看到过常州百姓"噪起戕巨室"的骇人耳目的场面,目睹过"男拖棒,女挈筐,过江南下逃灾荒"①的惨不忍睹的情景,也感受过此起彼伏的农民起义斗争对清王朝的巨大震撼,还曾经历"白虎青龙一口吞"的艰苦生活的经历,并抒发过"人物芸芸总并生,如何等级不公平"②的感叹。他深知,地方士绅为中饱私囊而肆意蹂躏乡里,将意味着什么。所以,他借详述史事而告诫当道,为封建国家长治久安起见,必须"禁势家之欺凌","惩奸民之凶悍"。表面看去,瓯北对"拒官倡乱"之"奸民"与"恃强虐民"之乡官,似乎同样仇视。但细细寻绎,似未必然。作者是将百姓的"拒官倡乱"纳入"乡官虐民之害"题下的。依此而论,先是有剥削阶级的重压,以后才有百姓的铤而走险,其间似蕴含有一定的因果关系,意在凸现官逼民反。

瓯北史学著作所体现出的政治思想,有着丰富的社会内容,且涉及范围极为广泛,远远超过上述内容。在以往的论著中,人们对瓯北在史学研究中所流露出的政治主张极少论及,与此相反,对其著述中史料摘引的疏漏及考据的欠精却关注较多,尽管研究空间开拓不够,但毕竟解决了许多瓯北史学研究方面的重要问题。至于有人诋毁瓯北"识见浅陋,全不知著书之体"③,其实是曲解了他编撰此书的刻苦用心。瓯北在《廿二史劄记小引》中早已声明:"家少藏书,不能繁征博采。"其意不仅仅在于史事考订,而主要是欲通过考察"古今风会之递变,政事之屡更",总结"治乱兴衰"的历史教训,以资用于当时。"笑把陈编按时事,层层棋谱在揪枰"④。这正是他通经致用思想在史学研究领域的反映,是在以古史之"方药"治当世之病。难怪有人称:"瓯北致力于克服中国史学之传统缺陷,能触及使近代史学家真正感兴趣之问题,能超越孤立之繁琐事实之上以观察,自其中归纳出社会史与制度史发展趋势之通则",而不"局促于狭义之考证"⑤,所言颇中肯綮。

---

① 赵翼:《逃荒叹》,《瓯北集》卷四七,《赵翼全集》第六册,凤凰出版社,2009年,第979页。
② 赵翼:《见河岸龁草牛感赋》,《瓯北集》卷四〇,同上书,第789页。
③ 李慈铭:《越缦堂读书记》,赵兴勤、蒋宸、赵韡编:《赵翼研究资料汇编》下册,台湾花木兰文化出版社,2013年,第275页。
④ 赵翼:《感事》,《瓯北集》卷三六,《赵翼全集》第六册,凤凰出版社,2009年,第695页。
⑤ 杜维运:《赵翼传》,台湾时报文化出版事业有限公司,1985年,第370页。

第十二章 瓯北对史书编撰原则的检讨

瓯北尝称:"盖作史之难,不难于叙述,而难于考订事实、审核传闻,故不能速就耳。"①这说明,瓯北对如何"作史",有着冷静而审慎的思考。"考订事实、审核传闻"云云,仅是聊举一二例而已。其实,他所理解的"良史"、他所强调的"史裁之正",其内涵要远比此处所说广泛、丰富得多。概括而言,赵翼所强调的史书编撰原则,大致包含如下几方面的内容。

一 严格体例　谨慎去取

作史,就要遵循史学传统,参照相沿成习的史家格范。那么,瓯北所强调的体例、格范,究竟具备何等内容?这还应从他的史学著作中寻找答案。

《廿二史劄记》卷一"各史例目异同"谓:"古者左史记言,右史记事,言为《尚书》,事为《春秋》。其后,沿为编年、纪事二种。记事者,以一篇记一事,而不能统贯一代之全。编年者,又不能即一人而各见其本末。司马迁参酌古今,发凡起例,创为全史。本纪以序帝王,世家以记侯国,十表以系时事,八书以详制度,列传以志人物,然后一代君臣政事,贤否得失,总汇于一编之中。自此例一定,历代作史者遂不能出其范围,信

---

① 赵翼:《陔余丛考》卷七《梁、陈二书》,河北人民出版社,1990年,第125—126页。

史家之极则也。"①意思是说，古代的记言体、记事体史书，尽管在当时曾起到一定的作用，但均有缺失，它们都难以统贯一代之人物、事迹。至司马迁撰写《史记》，始总结前人经验，创为以本纪、世家、表、书、列传总记一代"君臣政事"之史书。《史记》中的"本纪"，以人为中心，追述历代帝王事迹，"原始察终，见盛观衰"，"稽其成败兴坏之理"。"世家"所列，乃关系天下兴亡者，"非天下所以存亡"者不收。"表"，编织进复杂的历史内容，可与"纪"、"传"互补，各表的排列、编次，亦能体现笔法、义例。"书"，分类编排，各自独立，对同类史事予以叙述。列传，载述各类人物、民族、国家等相关的事迹。在瓯北看来，《史记》最得《春秋》之法，且又创获颇多，堪称"史家之极则"。

瓯北评价后世之史书，往往以《史记》为参照。自"本纪"体设立，《汉书》、《后汉书》、《三国志》、《唐书》、《宋史》、《金史》等，皆沿其例。然既"用其体以叙述帝王"，"吴任臣《十国春秋》为僭大号者皆作纪，殊太滥矣"，"《新唐书》武后已改唐为周，故朝政则编入后纪，宫闱琐屑事仍立后传，较有斟酌"，《三国志》有《魏纪》，而吴、蜀二主皆不立纪，是因为"以魏为正统故也"。"世家"，"用之以纪王侯诸国，《汉书》尽改为列传。传者，传一人之生平也。王侯开国，子孙世袭，故称世家。今改作传，而其子孙嗣爵者又不能不附其后，究非体矣"。述及"表"，谓《史记》作表"昉十周之谱牒"②，与纪、传相为出入。凡列侯、将相、三公、九卿，功名表著者，既为立传，此外大臣无功无过者，传之不胜传，而又不容尽没，则于表载之。作史体裁，莫大于是"。对于《汉书》删除《史记》中"无与于汉"的《三代世表》等，表示认同，认为"增《百官公卿表》，最为明晰"，而"《古今人表》，既非汉人，何烦胪列？且所分上下亦非定评，殊属赘设也"。表现出对材料去取的慎重。而《辽史》立表最多，"表多则传可省，此作史良法也"③。

---

① 赵翼著、王树民校证：《廿二史劄记校证（订补本）》上册，中华书局，1984年，第2—3页。
② 顾炎武《日知录》卷二六"作史不立表志"谓："盖表所由立，昉于周之谱牒。"而顾氏又取自《史记·太史公自序》"年纪不可考，盖取自谱牒旧闻"。瓯北语本此。
③ 赵翼：《廿二史劄记》卷一《各史例目异同》，《廿二史劄记校证（订补本）》上册，中华书局，1984年，第3—4页。

刘知几《史通·内篇·二体》称，《史记》之"纪"，能"包举大端"；"传"，则"委屈细事"；"表"，"谱列年爵"；"志"，则"总括遗漏"，但亦有一事多出、时段错置之不足。所以强调，编年体与纪传体，"各有其美，并行于世"，不必"唯守一家"。① 此观点比较客观。同样，瓯北既对司马迁所创义例十分推许，又不赞成一成不变地照搬，而主张在学习与继承的同时，亦应根据时代、形势的变化而有所变通，而不是胶柱鼓瑟。如班固在《汉书》中，将《史记》中的《项羽本纪》改作"列传"，瓯北就认为比较得体。司马迁开创的"纪朝章国典"的"书志"，"《汉书》因之作十志"，又增《刑法》、《五行》、《地理》、《艺文》四志。班固所增补的"书志"，有不少已成了"历代史皆不能无"的重要内容，如《律历》、《礼乐》、《天文》、《地理》、《刑法》等，皆是。对于"专记一人为一传"的列传，瓯北则强调不必拘于成例，"无其人不妨缺，有其事不妨增。至外夷传，则又随各朝之交兵、通贡者而载之，更不能尽同也"②。

尽管史料来源非一，复杂纷繁，"文诰案牍之类次，月日记注之先后，不胜扰扰"，但作为史家，应"明述作之本旨，见去取之从来"。③ 故而，修史者在原材料的去取上必须谨慎。鉴于此，瓯北强调，"一代之臣甚多，自非大奸大忠，原不能悉载"，然而"宜载"者亦不能"反遗漏"，④ 既入传，就应当据实而书，而不能"详于记善，略于惩恶"⑤。材料的去取，应以能真实反映传主本来面目为标准，文章内容的多寡，应视此而定。如《史记·扁鹊仓公传》，连"淳于意答文帝诏问之语，所治何人，所疗何症"，均一一载入。在瓯北看来，此"必当时有此现成文字而钞入者，使史迁为之，必不如此琐屑"⑥，显然是批评其缺乏剪裁之功。而《汉书》所叙"垓下之战"，"《史记·高祖纪》叙韩信、孔将军、费将

---

① 刘知几著、浦起龙通释：《史通通释》，上海古籍出版社，1978年，第28—29页。
② 赵翼：《廿二史札记》卷一《各史例目异同》，《廿二史札记校证（订补本）》上册，中华书局，1984年，第5页。
③ 章学诚著、叶瑛校注：《文史通义校注》上册，中华书局，1994年，第237—238页。
④ 赵翼：《廿二史札记》卷二四《宋史列传又有遗漏者》，《廿二史札记校证（订补本）》下册，中华书局，1984年，第513页。
⑤ 赵翼：《廿二史札记》卷二九《元史》，同上书，第650页。
⑥ 赵翼：《廿二史札记》卷一《褚少孙补史记不止十篇》，《廿二史札记校证（订补本）》上册，中华书局，1984年，第9页。

军等战颇详。《汉书·高纪》但撮叙数语。然杀项羽是汉王一大事,《汉书》略之,殊失轻重"。①《晋书》"姚兴载记","叙西胡梁国儿作寿冢,每将妻妾入冢谯饮,升灵床而歌。此于兴有何关系而拉杂及之",②盖与当时修史者"好采诡谬碎事,以广异闻"③有关。又称,《宋书》征引过多,内容繁杂,并举例说:"《邓琬传》虽无书疏,而专叙浓湖、赭圻之战至一二万字,竟似演义小说,又如记功册籍,宜乎卷帙之多也。《南史》于此等处一概删削,有关系者则隐括数语存之,可谓简净,得史裁之正矣。"④

又如,《南史》较《梁书》多有增补,瓯北一一开列:《元帝纪》,增元帝性猜忌,"人有胜己,必加毁害",并鸩杀刘之遴之事。《徐妃传》,增因元帝眇一目,妃以半面妆待之,后为帝逼死。《临贺王正德传》,增出正德横行无忌、劫掠行路,并奸占其妹长乐公主等事。在瓯北看来,此等增补,"而多有关于人之善恶,事之成败者"⑤,殊为"得体"。《南史》与《北史》,所叙两国间之交战,多较简略,且记载也互有出入。因二书皆出于唐初李延寿之手,瓯北分析道:"盖延寿叙事专以简括为主,固不能一一详书,且南北交兵,各自夸胜讳败,国史固各记其所记,延寿则合南北皆出其手,惟恐照本钞誊,一经核对,则事迹多不相符故也。……两国交涉处,一经校对,辄多罅隙,宜乎延寿之不敢详书也。"⑥"此又见延寿之意存斟酌,不尽以删节为能者。"⑦在瓯北看来,"一代修史,必备众家记载,兼考互订,而后笔之于书。观各史《艺文志》所载各朝文士著述,有关史事者何啻数十百种,当修史时,自必尽取之,彼此校核,然后审定去取。"⑧面对纷繁芜乱的史料,谨慎去取,确为修史之良法。梁启超《中国历史研究法》谓:"考证者,所以审定史料之是否正确,实为史家求征

---

① 赵翼:《廿二史劄记》卷一《史汉互有得失》,《廿二史劄记校证(订补本)》上册,中华书局,1984年,第18页。
② 赵翼:《廿二史劄记》卷七《晋书二》,同上书,第153页。
③ 赵翼:《廿二史劄记》卷七《晋书二》,同上书,第152页。
④ 赵翼:《廿二史劄记》卷一〇《南史删宋书最多》,同上书,第205页。
⑤ 赵翼:《廿二史劄记》卷一〇《南史增梁书有关系处》,同上书,第220页。
⑥ 赵翼:《廿二史劄记》卷一三《南北史两国交兵不详载》,同上书,第275页。
⑦ 赵翼:《廿二史劄记》卷一〇《南史删梁书处》,同上书,第216页。
⑧ 赵翼:《廿二史劄记》卷一《史汉不同处》,同上书,第14页。

信之要具。"①所云亦是此意。

二　下语斟酌　切于时势

瓯北为学,受明清之际思想家顾炎武等人影响,追求经世致用。这一思想,同样渗透进他的史学研究。在《廿二史劄记》卷二"汉书多载有用之文"中,他针对晋人张辅论《史记》、《汉书》之优劣,特将司马迁与班固这两位著名史家作一比较,谓:"迁喜叙事,至于经术之文,干济之策,多不收入,故其文简。固则于文字之有关于学问,有系于政务者,必一一载之,此其所以卷帙多也。今以《汉书》各传与《史记》比对,多有《史记》所无而《汉书》增载者,皆系经世有用之文,则不得以繁冗议之也。"②

那么,瓯北所称"经世有用之文",究竟是何等文字？他举例说:在《史记》中,贾谊与屈原同传,因他也有才高被谪的遭际,与屈原经历相似,所作《吊屈原》、《鹏鸟赋》被列入传纪,而未收《治安策》。在瓯北看来,"此策皆有关治道,经事综物,兼切于当日时势,文帝亦多用其言,何得遗之？"③而《汉书》本传却全载。文帝之时,天下初定,制度疏阔,匈奴犯边,边陲不靖,诸侯僭拟,叛乱时起,文帝却"不问苍生问鬼神",而谄谀之臣,只知逢迎,于进言中称颂天下"已安已治矣"。贾谊作为一个政治家,却出人意表地声称,天下"事势","可为痛哭者一,可为流涕者二,可为长太息者六",一针见血地指出目下"抱火厝之积薪之下而寝其上"的严重形势,揭示出那些潜藏于朝廷内外的一触即发的种种危机,并就如何销乱于未萌提出了一系列建设性的意见。后来,"孝文玄默躬行以移风俗,谊之所陈略施行矣"。故而,刘向认为,"贾谊言三代与秦治乱之意,其论甚美,通达国体,虽古之伊、管未能远过也。使时见用,功化

---

① 梁启超:《中国历史研究法》,华中师范大学出版社,1995年,第31页。
② 赵翼著、王树民校证:《廿二史劄记校证(订补本)》上册,中华书局,1984年,第30页。
③ 赵翼:《廿二史劄记》卷二《汉书多载有用之文》,《廿二史劄记校证(订补本)》上册,中华书局,1984年,第30页。

必盛"。① 此类文章自然是"切于世事",且有助于后人对当时政治背景、社会形势的了解,若不采入本传,自然是一憾事。

又谓:"《晁错传》载其《教太子》一疏,《言兵事》一疏,《募民徙塞下》等疏,《贤良策》一道,皆有关世事国计。"②在《言兵事》中,晁错强调,"安边境,立功名,在于良将,不可不择也",又主张,两军交战,"一曰得地形,二曰卒服习,三曰器用利"。时当匈奴每每犯边,故上此疏,自是很有针对性。他还在"守边备塞、劝农力本"方面,有着很好的建议,提出徙民屯戍的主张,谓:"令远方之卒,守塞一岁而更,不知胡人之能。不如选常居者,家室田作,且以备之,以便为之高城深堑,具蔺石(雷石)、布渠答(铁蒺藜)",以御犯敌。"民之欲往者,皆赐高爵,复其家,予冬夏衣,禀食能自给而止","其亡夫若妻者,县官买予之,人情非有匹敌,不能久安。其处塞下之民禄利不厚,不可使久居危难之地",从人情事理出发提出此建议,具有很强的可操作性。又建议"削诸侯",并以此得罪王侯贵戚,被杀身死。晁错"锐于为国远虑"而不顾自身安危,受到班固赞誉,③所上疏亦多"切于世事"。其他如,《路温舒传》载《尚德缓刑书》,《贾山传》载其《至言》,《邹阳传》载其《讽谏吴王濞邪谋》一文,《枚乘传》载其《谏吴王谋逆》等,不下数十通,"所载文字,皆有用之文"④。

又如《晋书·刘实传》载《崇让论》,以"见当时营竞之风也";《裴頠传》收入《崇有论》,"见当时谈虚之习也";《刘毅传》、《李重传》载论九品之害,"见当时选举之弊也";《陆机传》载《辨亡论》,"见孙皓之所以失国也";《傅玄传》载兴学校、务农功等疏,"固切于时政也";《郭璞传》不载《江赋》、《南郊赋》,而独收《刑狱》一疏,"见当时刑罚之滥也"。⑤ 此类奏疏,对当时政治制度、文人心态、社会风尚、礼仪规制等

---

① 《汉书》卷四八《贾谊传》,《二十五史》第一册,上海古籍出版社、上海书店,1986年,第577页。
② 赵翼:《廿二史劄记》卷二《汉书多载有用之文》,《廿二史劄记校证(订补本)》上册,中华书局,1984年,第30页。
③ 《汉书》卷四九《晁错传》,《二十五史》第一册,上海古籍出版社、上海书店,1986年,第579—580页。
④ 赵翼:《廿二史劄记》卷二《汉书多载有用之文》,《廿二史劄记校证(订补本)》上册,中华书局,1984年,第31页。
⑤ 赵翼:《廿二史劄记》卷七《晋书二》,同上书,第152—153页。

方面的研究，均有参考价值，有助于人们对史实的解读。当然，人物传记所收疏奏，亦不能太泛。《晋书·刘颂传》收其所上封事至七八千字，则有喧宾夺主之嫌，"殊觉太冗"。

至于《唐书》的修撰，后晋天福二年(937)始动议，时值"五代纷乱之时，唐之遗闻往事，既无人记述，残编故籍，亦无人收藏，虽悬诏购求，而所得无几，故《旧唐书》援据较少"。至宋仁宗朝，太平已久，《新唐书》之修纂，所参阅旧籍，"无虑数十百种，皆《旧唐书》所无者"，较《旧唐书》增出部分，不少皆"有关于当日之事势，古来之政要，及本人之贤否"。① 如《新唐书·房玄龄传》，增出帝问创业、守成孰难，玄龄谓创业难，魏徵谓守成难。帝曰："玄龄从我定天下，徵与我安天下，故所见各异。然创业之事往矣，守成之难，当与公等共之。"瓯北称："此正见太宗之图治也。"同书《许敬宗传》增：高宗欲立武后，敬宗曰："田舍翁多收十斛麦，尚欲更故妇，天子富有四海，立一后何不可。"瓯北评点曰："此正见其逢君之恶。"②《裴宽传》增：宽为润州参军，人有馈鹿肉者，不可却，则受而埋之于后圃。为刺史韦诜楼上所见，问知其故，遂以女妻之。宽衣碧，瘠而长，人呼为碧鹳雀。裴宽为官之廉，韦诜之知人，均借此得见。③《卢坦传》增：杜黄裳谓坦曰："某家子与恶人游，将破产，盍戒之?"坦曰："凡官廉者必不积财，积财者皆剥下以致之。如子孙善守，是天富不道之家也，不若听其不道以散人。"卢坦所言，一语破的，足以令为官者警醒。④《刘晏传》据陈谏论刘晏语而加大篇幅，中有"晏大指在使民得安耕织，常岁则敛之，凶年则蠲之"云云，"《新书》独详载之，以其有益于荒政也"。"《新书》诸传，较《旧书》多大同小异，不过删其芜词，而补其未备"。⑤ 对《旧唐书》中奏疏当存者，"皆节而存之"，重要奏疏"仍一字不删"。亦有《旧唐书》所无而《新唐书》增补者，如《张九龄传》载其"重守令"一疏，"见当时重内轻外之弊也"，《宗楚客传》所收"陈命符"疏，"以

---

① 赵翼：《廿二史劄记》卷一七《新书增旧书处》，《廿二史劄记校证(订补本)》上册，中华书局，1984年，第358页。
② 赵翼：《廿二史劄记》卷一七《新书增旧书有关系处》，同上书，第359页。
③ 赵翼：《廿二史劄记》卷一七《新书增旧书琐言碎事》，同上书，第368页。
④ 赵翼：《廿二史劄记》卷一七《新书增旧书琐言碎事》，同上书，第369页。
⑤ 赵翼：《廿二史劄记》卷一七《新书立传独详处》，同上书，第370页。

见其求媚也"。《张廷珪传》"谏袭回鹘"、"买藩马"两疏,"以其有关于边备也"。《崔涣传》载其劾元载一疏,"所以著载之恶、涣之直节也"。如此之类,"皆有关国计利害,民生休戚",①适当增入,则丰富了史作内容,有助于人们多侧面、多角度了解当时历史,足见修史者"斟酌至当"。

三 悉心核订 推敲事理

瓯北论史,主张修史者应对既有史料"悉心核订",并反复推敲事理,力求做到"立论持平,褒贬允当",以恰切地反映历史的本来面目。

在论及《三国志》一书时,他既对编撰者陈寿的过多运用回护法时有微词,又不时地称道此书的优长之处,曰:"其体例则已开后世国史记载之法"②,作史"不惑于异说"③,能"主持公道"④,"编纂亦多详慎"⑤。荀彧是汉、魏之际经历复杂且又很有影响的人物。《后汉书·荀彧传》后论曰:"自迁帝西京,山东腾沸,天下之命倒悬矣。荀君乃越河、冀,间关以从曹氏。察其定举措、立言策,崇明王略,以急国艰,岂云因乱假义以就违正之谋乎?诚仁为己任,期纾人于仓卒也。"⑥《后汉书》将他与孔融、郑太同传,视之为汉臣。《三国志》将其列于夏侯惇、曹仁之后,与荀攸、贾诩同卷,以之为魏臣。对其究竟如何评价,是颇费斟酌之事。在有人看来,荀彧后来"虽以失操意而死",但起初毕竟曾为操卖力,"何得谓之尽忠于汉"?瓯北就此分析道:"献帝遭董卓大乱之后,四海鼎沸,强藩悍镇,四分五裂,彧计诸臣中,非操不能削群雄以匡汉室,则不得不归心于操而为之尽力,为操即所以为汉也。"他之所以"劝操迎天子",乃是"欲借操以匡汉"。故而,瓯北认为,《后汉书》之评价,"实平心之论"。

---

① 赵翼:《廿二史劄记》卷一八《新书详载章疏》,《廿二史劄记校证(订补本)》上册,中华书局,1984年,第381—382页。
② 赵翼:《廿二史劄记》卷六《三国志书法》,同上书,第121页。
③ 赵翼:《廿二史劄记》卷六《三国志书事得实处》,同上书,第127页。
④ 赵翼:《廿二史劄记》卷六《后汉书三国志书法不同处》,同上书,第120页。
⑤ 赵翼:《廿二史劄记》卷六《三国志立传繁简不同处》,同上书,第128页。
⑥ 《二十五史》第二册,上海古籍出版社、上海书店,1986年,第1003页。

陈寿虽说以荀彧为魏臣,但于其传末却云,"彧死之明年,操遂为魏公",实则叙述中寓有褒贬,"亦见彧不死操尚未敢为此也,则又公道自在人心而不容诬蔑者矣"。①

为史者,论及后妃专权,往往将吕、武并称,同等视之。瓯北不赞成这一偏见,并对比分析道:

> 母后临朝,肆其妒害,世莫不以吕、武并称,然非平情之论也。武后改朔易朝,遍王诸武,杀唐子孙几尽,甚至自杀其子孙数人,以纵淫欲,其恶为古今未有。吕后则当高帝临危时,问萧相国后孰可代者,是固以安国家为急也。孝惠既立,政由母氏,其所用曹参、王陵、陈平、周勃等,无一非高帝注意安刘之人,是惟恐孝惠之不能守业,非如武后以嫌忌而杀太子弘、太子贤也。②

并于胪列吕后与"诸姬子"相处或"始终无恙",或"待之如初"后,议论道,吕后所为,"以视武后之改周灭唐,相去万万也","而世乃以吕、武并称,岂公论哉"?③ 在这里,瓯北斥责武后"纵淫欲,其恶为古今未有",是与吕后相比较而言,所针对的是"自杀其子孙数人"、致使"子孙几尽"的残酷暴行。至于对其生活上放荡层面的评价,瓯北还是很宽容的。

又如,《晋书·王导传》后所附"史臣曰",对王导推崇有加。谓:"飞龙御天,故资云雨之势;帝王兴运,必俟股肱之力。……于是,王敦内侮,凭天邑而狼顾;苏峻连兵,指宸居而隼击。实赖元宰,固怀匪石之心;潜运忠谟,竟翦吞沙之寇。乃诚贯日。"并将其比作管仲、孔明,曰:"至若夷吾,体仁能相小国,孔明践义,善翊新邦,抚事论情,抑斯之类也。提挈三世,终始一心,称为仲父,盖其宜矣。"④在瓯北看来,此处"褒贬颇为失中"。王导从弟王敦,起兵入石头,杀害大臣周𫖮、王彬、戴若思,与他的默许有关。渡江之初,王氏弟兄布列中外,势力甚盛,以致当时有"王与马,共天下"之谣。元帝忌之,特用刘隗、刁协、戴若思等人,

---

① 赵翼:《廿二史劄记》卷六《荀彧传》,《廿二史劄记校证(订补本)》上册,中华书局,1984年,第130页。
② 赵翼:《廿二史劄记》卷三《吕武不当并称》,同上书,第59页。
③ 赵翼:《廿二史劄记》卷三《吕武不当并称》,同上书,第60页。
④《二十五史》第二册,上海古籍出版社、上海书店,1986年,第1449页。

排抑豪强,则直接威胁到王氏家族利益。故王敦初起兵,专欲除刁、刘、戴诸人,亦合王导之意。"导之与敦,情好甚密,既不阻其称兵,反欲借敦以诛除异己"①,"安得尚称纯臣也"②。瓯北是在综合各相关传纪史料的基础上,发此议论的,故令人信服。

《陶侃传》谓,当苏峻、祖约反叛时,陶侃不愿发兵勤王,有观望之意,并对其折翼之梦大加讥贬。传末云,侃尝梦生八翼,上天门,至第九重,折翼而坠。后督八州,据上流,握强兵,有觊觎之志,每思折翼之梦,自抑乃止。所附"史臣曰"也称:"潜有包藏之志,顾思折翼之祥,悖矣。"在瓯北看来,侃东征西杀,尽心为国,晚年常怀止足之分,超然于权势,何有觊觎之志?据史臣所论,"是直谓其素有不臣之心,因一梦而不敢也。于导则略其疵累而比之管、葛,于侃则因其一梦而悬坐以无将之罪,岂非褒贬失当乎?"③

为陶侃辩诬者,清代也不乏其人。王懋竑在所作《论陶长沙侃》一文中曾曰:"盖以折翼之梦,为晚年意欲觊觎之证,此真莫须有之辞,有不待辩而明者。"又谓,与侃同时被明帝委以重任者,有王宗、王羕、虞允等人,"皆庾亮所深忌者",宗被诛,允左迁,羕降爵,独侃得以自全。峻反,温峤请侃率兵入援,"而侃方被疑忌,非得诏不敢以出师",岂能责其迟疑、观望?后"侃得书,即戎服登舟,子丧不临,昼夜倍道而进",足见其忠勇为国。故本传所论,足见"史家之无识"。④瓯北与王氏有内世帅生之谊,亦尝读其《白田草堂存稿》,为陶侃辩诬,亦或受其启迪。

瓯北还多次论及《宋史》之"附会"、"错谬处",曾谓:

> 《袁彦传》有刘仁赡降之语,《张保续传》亦有刘仁赡率将卒出降之语。薛居正《五代史》,周显德四年,世宗亲征寿州,刘仁赡上表乞降,是薛《史》原有此语。然薛《史》仅钞实录,而未及详考事实,至欧《史》则已辩明仁赡之不降,实副使孙羽以仁赡病笃诈为其

---

① 赵翼:《廿二史劄记》卷七《王导陶侃二传褒贬失当》,《廿二史劄记校证(订补本)》上册,中华书局,1984年,第154页。
② 赵翼:《廿二史劄记》卷七《王导陶侃二传褒贬失当》,同上书,第155页。
③ 赵翼:《廿二史劄记》卷七《王导陶侃二传褒贬失当》,同上书,第156页。
④ 《清文汇》中册,北京出版社,1996年,第1213页。

书以降者,所以特列仁赡于《死节传》。今《宋史》袁彦等传尚云然,岂元人修史时,并欧《史》亦不检对耶?《韩世忠传》,世忠屯焦山,谓兀术至,必登金山龙王庙观虚实,乃令百人伏庙中,百人伏岸侧,果有五骑闯入庙,兵喜,先鼓而出,仅得二人,逸其三,中有绛袍玉带既坠而驰者,访之,即兀术也。按金山在水中,岂能骑而入,又骑而逃,此必误也。《舆地纪胜》谓伏兵北固山龙王庙,此较近理。乃作传者于此等处亦不订正。①

言张浚:

> 浚一生不主和议,以复仇雪耻为志,固属正人。然李纲入相时,宋齐愈以附逆伏诛,浚为御史,劾纲以私意杀侍从,且论其买马招军之罪。浚又尝荐秦桧可任大事。陈东伏阙上书,已被诛,浚又奏胡珵笔削东书,以布衣挟进退大臣之权,遂追勒编置。盖浚乃黄潜善客,珵则李纲客也。浚又尝与岳飞论吕祉、王德、郦琼兵事不合,飞因解兵奔丧归,浚奏其意在并兵,以去要君,遂命张宗元权其军事。汪伯彦既贬,浚以伯彦旧尝引己,遂与秦桧援郊祀恩起伯彦知宣州。今浚传皆不载。②

均一一将各史或各传比勘、校核,以求其真,恰反映了瓯北认真、严肃的治学态度。

至于《宋史》为何出现此类错误,在瓯北看来,"元修《宋史》,度宗以前多本之宋朝国史,而宋国史又多据各家事状碑铭编缀成篇,故是非有不可尽信者。大奸大恶如章惇、吕惠卿、蔡确、蔡京、秦桧等,固不能讳饰,其余则有过必深讳之,即事迹散见于他人传者,而本传亦不载。有功必详著之,即功绩未必果出于是人,而苟有相涉者,亦必曲为牵合。此非作史者意存忠厚,欲详著其善于本传,错见其恶于他传,以为善善长而恶恶短也。盖宋人之家传、表志、行状以及言行录、笔谈、遗事之类,流传于世者甚多,皆子弟门生所以标榜其父师者,自必扬其善而讳

---

① 赵翼:《廿二史劄记》卷二四《宋史各传错谬处》,《廿二史劄记校证(订补本)》下册,中华书局,1984年,第512页。
② 赵翼:《廿二史劄记》卷二三《宋史各传回护处》,同上书,第502页。

其恶,遇有功处辄迁就以分其美,有罪则隐约其词以避之。宋时修国史者即据以立传,元人修史又不暇参互考证,而悉仍其旧,毋怪乎是非失当也"①。故而,他强调,史书的撰写,固当参照同时或稍后的杂志、别乘之类相关书籍,但又不能"据野史而驳正史"。这是因为,"盖一代修史时,凡稗官丛说,无不搜集,其所弃而不取者,必其无所据依,今反拾其所弃者以驳正史之讹,多见其不知量也"②。足见其治史态度之审慎。

四 善于位置 繁简得当

赵翼行书轴(一)

瓯北所称"善于位置"、繁简得当,其实是指的史书修撰方面须注意的两个层面,一是史料的剪裁与拣选。他认为,同一人出现在不同的史书中,每每"繁简互有不同。大概同作一传,则后人视前人所有者必节之,前人所无者必增之,以见其不雷同钞袭"③,故产生抵牾、错讹。因此,为人物立传,应"善于位置",该详则详之,该略则略之。同时,他又强调:"一传之内,牵连书者辄数十人,盖人各一传则不胜立,而传此舍彼又嫌挂漏,故各从其类,一一附书,既不没其人,又不伤于冗,此史家剪裁法也。"④借助剪裁之法使所载之事繁简相宜,"事多而文省"⑤。此则修史须注意的另一层面。

在论及《三国志》时,瓯北称:

---

① 赵翼:《廿二史劄记》卷二三《宋史各传回护处》,《廿二史劄记校证(订补本)》下册,中华书局,1984年,第500—501页。
② 赵翼:《廿二史劄记》卷二九《元史》,同上书,第652页。
③ 赵翼:《廿二史劄记》卷六《后汉书三国志书法不同处》,《廿二史劄记校证(订补本)》上册,中华书局,1984年,第120页。
④ 赵翼:《陔余丛考》卷一四《〈明史〉多附书》,河北人民出版社,1990年,第249页。
⑤ 同上书,第248页。

《三国志》虽多回护,而其剪裁斟酌处,亦自有下笔不苟者,参订他书,而后知其矜慎也。袁宏《汉纪》,曹操薨,子丕袭位,有汉帝命嗣丞相魏王一诏,寿《志》无之。《献帝传》,禅代时,有李伏、刘廙、许芝等劝进表十一道,丕下令固辞,亦十余道,寿《志》亦尽删之,惟存九锡文一篇,禅位策一通而已,故寿书比《宋》、《齐》、《梁》、《陈》诸书,较为简净。董卓之乱,曹操尚未辅政,故《魏纪》内不能详叙,而其事又不可不记,则于《卓传》内详之,此叙事善于位置也。至甄后之死,本纪虽不言其暴亡,而后传中尚明言文帝践阼,郭后、李、阴贵人并爱幸,甄失志,出怨言,帝怒,遂赐死。是虽讳之于纪,犹载之于传也。①

正所谓"本纪所讳者,恃有列传散见其事"②,藏头露尾,使人于若隐若现中捕捉历史的真实信息,可谓"善于位置"。有些人,旧史中虽曾列传,但"以其无事迹可纪",陈寿不予立传。如"蜀杨戏有《季汉辅臣赞》,并载于《戏传》后,其中有寿所未立传者,则于各人下注其历官行事,以省人人立传之烦"。而重要内容,则不能妄删,如"蜀后主禅将出降,其子北地王谌怒曰:'若理穷力屈,便当父子君臣背城一战,同死社稷!'禅不听,谌哭于昭烈之庙,先杀妻子,而后自杀,事见《汉晋春秋》。此岂得无传?乃寿《志》仅于《后主传》内附见其死节,而王子传内不立专传,未免太略也"。③ 另外有些纪传,因内容需要,则应加大篇幅。如《陆凯传》,增补其谏孙皓二十事一疏。尽管此疏是否出自陆凯之手还有异议,但因"其文切直",又是"指摘皓事,足为后戒"④者,故列于《凯传》之后。

又如,《南史》于《宋书》大概删十之三四,以《宋书》所载章表符檄,本多芜词也。于《齐》不惟不删,且大增补。《王俭传》则增补:"齐高帝为相,俭请间于帝曰:'功高不赏。以公今日地位,欲北面居人臣可乎?'帝正色裁之,而神采内和。俭又言公若小复推迁,恐人情易变,七尺不

---

① 赵翼:《廿二史劄记》卷六《三国志书事得实处》,《廿二史劄记校证(订补本)》上册,中华书局,1984年,第125页。
② 赵翼:《廿二史劄记》卷九《陈书多避讳》,同上书,第197页。
③ 赵翼:《廿二史劄记》卷六《三国志立传繁简不同处》,同上书,第127页。
④ 赵翼:《廿二史劄记》卷六《三国志立传繁简不同处》,同上书,第128页。

能保。帝笑曰:'卿言不无理'"云云。寥寥数语,"此正见俭倾心于齐高,为佐命功臣之处"。① 从另一层面看,文中对齐高帝萧道成那外峻厉而"内和"的令人捉摸不定之神态的描绘以及"卿言不无理"内在心理的披露,无不在说明,他久已有觊觎社稷、问鼎宋室之意。《柳世隆传》凡增三事,其中一则略叙:"世隆性清廉,张绪曰:'君当以清名遗子孙耶?'答曰:'一身之外,亦复何须。子孙不才,将为争府,如其才也,不如一经。'"②《南史》于《梁书》亦时有增补,如《徐勉传》所增:"勉掌选时,奏立九品为十八班,自是贪冒者以财货取通,守道者以贫寒见没矣。"《朱异传》增:"异贪冒财贿,欺罔视听,四方馈饷,曾无推拒。起宅极美丽,退直则酣饮其中,虑日晚台门闭,先令卤簿自家列至城门,城门不敢闭。声势所驱,薰灼内外。"③所载"有关人之善恶",不仅不觉其繁冗,反而丰富了传纪的内容,给人以更多的信息。

在修史方面,瓯北强调文笔省净,以较少的篇幅容纳更多的历史内容,反对行文滞涩、芜杂,亦不赞成"代人作家谱"。他认为,魏收所撰《魏书》,"若一人立传,而其子孙、兄弟、宗族,不论有官无官,有事无事,一概附入",就是"代人作家谱"。④ 如此之附传,无价值可言。有些诏诰、奏章,确有助于"见革易之典故",或全文引用,或节略一二,未尝不可,但不能篇篇"悉载全文,不减一字"。如《宋书》则"过于繁冗,凡诏诰、符檄、章表,悉载全文,一字不遗"⑤,以致造成卷帙浩繁。《南史》"于此等处一概删削",可谓得体。李延寿所作《南史》、《北史》,虽说长处颇多,但"专以博采异闻、资人谈助为能事,故凡稍涉新奇者,必罗列不遗,即记载相同者,亦必稍易其词,以骇观听","欲以奇动人",⑥"转觉行文芜杂"⑦。

瓯北的史学主张,有不少是着眼于史书文本的层面。如内容之考

---

① 赵翼:《廿二史劄记》卷一〇《南史增齐书处》,《廿二史劄记校证(订补本)》上册,中华书局,1984年,第208页。
② 赵翼:《廿二史劄记》卷一〇《南史增齐书处》,同上书,第209页。
③ 赵翼:《廿二史劄记》卷一〇《南史增梁书有关系处》,同上书,第220页。
④ 赵翼:《廿二史劄记》卷一〇《南北史子孙附传之例》,同上书,第203页。
⑤ 赵翼:《廿二史劄记》卷一〇《南史删宋书最多》,同上书,第204页。
⑥ 赵翼:《廿二史劄记》卷一一《南史增梁书琐言碎事》,同上书,第226页。
⑦ 赵翼:《廿二史劄记》卷一一《南史增梁书琐言碎事》,同上书,第227页。

赵翼行书轴（二）

订、叙事之繁简、材料之安排、论断之斟酌、体例之采用。然而，其本意殆远不止此，他更看重的则是史家所必须具备的史学素养及其所应秉持的公心。这是历代史学家所最关注的。唐代刘知几，曾于《史通·曲笔》中称："盖史之为用也，记功司过，彰善瘅恶，得失一朝，荣辱千载。苟违斯法，岂曰能官？"对此，瓯北显然颇为认同。但在特殊的历史条件下，尤其是文字狱每每肆虐的清代，若欲使史官秉笔直书，确乎很难。瓯北有过在翰林院修史的经历，当然对此有深切的认识，故不得不在修史之技术的层面多所着笔。然而，他毕竟是位有着"经世用"之抱负的文士，所以在史学主张的表述上，往往着眼于"切于时势"、"经世致用"。这恰是瓯北较一般沉溺于考证之学者的高明之处。

第十三章　瓯北的治史方法

学人钱穆曾称,"历史乃是人生之记载",又是文化的载体,"真要具体认识文化,莫如根据历史。忽略了历史,文化真面目无从认识,而哲学亦成一番空论"。① 所以在古代,史学研究仅次于经学,历代学人皆看重史学。在当时,史学成了"盛大光昌的学问"②。赵翼受治学传统的影响,也厕身于史学研究的行列。

然而他的治史,主要是遵循了清初以来的"通经致用"的原则,"务使学问与社会之关系增加密度"③,"在善疑、在求真、在创获"上下功夫。这一"由蹈空而变为核实——由主观的推想而变为客观的考察"④的治学方法,显然是比较科学的。而且,瓯北在运用这一方法治史时,又每每不忘对现实人生、社会政治的观照,显然与汉人的章句之学和宋儒的义理之学有很大不同。尽管这一方法的革命是乾嘉学者共同的实践,且它仅仅是"'研究法的运动',非'主义的运动'"⑤,不可能像欧洲文艺复兴运动那样产生如此大而丰的成果,但瓯北用此法治史,探索"治乱兴衰之故"、古今风会递变之迹,毕竟为历史研究如何启示于现实政治开创出一条新途径,给当时醉心于繁琐考据的学术领域,吹进一缕别样的清风,以自己的史学研究实践,实现了对狭义考证的超越。

---

① 钱穆:《中国文化传统中之史学》,《中国现代学术经典·钱宾四卷》下册,河北教育出版社,1999年,第1014页。
② 钱穆:《四部概论》,《中国现代学术经典·钱宾四卷》下册,河北教育出版社,1999年,第929页。
③ 梁启超:《清代学术概论》,《梁启超清学史二种》,复旦大学出版社,1985年,第10页。
④ 梁启超:《中国近三百年学术史》,《梁启超论清学史二种》,复旦大学出版社,1985年,第112页。
⑤ 梁启超:《清代学术概论》,《梁启超论清学史二种》,复旦大学出版社,1985年,第35页。

瓯北对史学的全面探究,既反映了他千秋功罪、从头评说的史家襟怀与胆略,又体现出"动为前人抱不平"的书生良知;既反映出他不拘成见、实事求是的治学态度,又体现出他打破窠臼、执意求新的进取精神;既反映了他以古鉴今、通经致用的拯世情怀,也体现出他借古讽今、针砭现实的冷峻目力。他的《陔余丛考》《廿二史劄记》,正是这一精神的体现。《廿二史劄记》是在《陔余丛考》的基础上扩展而成,但在增删旧稿时,既考虑到时代因素,又顾及作史体例、方法,体现了作者统摄全史的史学家目光,且删去论述《通鉴》的文字而专论正史,则突出了重点,使本书更具特色。下面,仅就瓯北治史方法而略作探讨。

一 枚举法

瓯北所撰《廿二史劄记》,名义上是"廿二史",然书中所论《唐书》与《五代史》,实际上皆将新、旧二书包容其间,就此而论,实为廿四史。如此众多史书,内容庞杂,每部都包括纪、传、志、表等许多内容,若泛泛而论,很难理出眉目,且容易出现顾此失彼之弊。瓯北在治史时,常用枚举之法,即是将具有相近性质的史料,逐一列举,就其共性抒发议论,从而揭示其中规律性的内涵,即所谓"搜集同类或相似之事项综析比较,非求得其真不止"[①],为史学研究拓宽了思路。

如《廿二史劄记》卷廿九"元帝后皆不讳名"条称:"蒙哥殂于蜀,郝经上世祖书,谓蒙哥罕无故进兵于蜀,今已崩逝,大王宜迎蒙哥罕灵舆,收皇帝玺。蒙哥即宪宗也,其时尚未有谥号,故臣下皆以名呼。"又引《曹元用传》:"累朝皇后既崩者,未有谥号,犹各以名呼之。"[②]《逯鲁曾传》载,鲁曾直呼武宗皇后为真哥。世祖太子名真金。元顺帝乃元代末代皇帝,亦名其子为真金。由此可知,"元代帝后生前皆无徽称,臣下得直呼其名,盖国俗淳朴,无中国繁文也。"这不仅为研究古代地处北方的

---

① 梁启超:《中国历史研究法》,华东师范大学出版社,1995年,第90页。
② 赵翼著、王树民校证:《廿二史劄记校证(订补本)》下册,中华书局,1984年,第675页。

少数民族礼俗文化提供了佐证,也从另一个侧面反衬出清代文字狱繁苛,动辄以避讳不慎加罪于人这一严酷现实。

又,同书卷三十五"万历中矿税之害"条谓,万历二十四年后,"矿、税两监遍天下。两淮又有盐监,广东又有珠监。或专或兼,大珰小监,纵横绎骚,吸髓饮血,天下咸被害矣"。太监马堂,为天津税监,兼管临清,"诸亡命从者数百人,白昼手银铛夺人财,抗者以违禁罪之"。州民忍无可忍,纷纷罢市。万余人纵火焚马堂衙署,"毙其党三十七人"。太监陈奉"征荆州店税,兼采兴国州矿砂。鞭笞官吏,剽劫行旅,商民恨刺骨,伺其出,数千人竞掷瓦石击之"。又因奸掠妇女,"士民公愤,万余人甘与奉同死",激起汉口、黄州、襄阳、德安、湘潭等处民变凡十起,并投其党耿文登等十六人于江水中。其他如,"高淮采矿征税辽东,搜刮士民财数十万,招纳亡命,纵委官廖国泰虐民激变"。云南税监杨荣,肆行威虐,百姓恨之入骨,焚税厂,"焚荣第杀之,投火中,并杀其党二百余人"。借助枚举史实,揭示了明代中后期宦官益骄,"所至肆虐,民不聊生,随地激变"的严重社会现实,所称"明之亡不亡于崇祯,而亡于万历",不为无识。①

同书卷四"光武多免奴婢"条,逐一胪列东汉光武帝刘秀于国初所下对奴婢"曲为矜护"诸诏书:"建武二年,诏:'民有嫁妻卖子,欲归父母者,恣听之。敢拘执者论如律。'六年,诏:'王莽时吏人没入为奴婢不应旧法者,皆免为庶人。'七年,诏:'吏人遭饥(乱),为青、徐贼所略为奴婢下妻,欲去留者,恣听之。敢拘制不还者,以卖人法从事。'十一年,诏曰:'天地之性人为贵。其杀奴婢,不得减罪。'又诏:'敢灸灼奴婢论如律,免所灸灼者为民。'又除奴婢射伤人弃市律。十二年,诏:'陇、蜀民被掠为奴婢自讼者,及狱官未报,一切免为庶民。'十三年,诏:'益州民自八年以来被掠为奴婢者,皆免为庶人,或依托人为下妻欲去者,恣听之。敢有拘留者,以掠人法从事。'十四年,诏:'益、凉二州,八年以来奴婢自讼在官,一切免为民,卖者无还直。'"由此议论道:"主借奴婢以供使令,奴婢亦借主以资生养,固王法所不禁,而光武独为之偏护,岂以当

---

① 赵翼著、王树民校证:《廿二史劄记校证(订补本)》下册,中华书局,1984年,第796—797页。

时富家巨室虐使臧获之风过甚,故屡降诏以惩其弊耶。"并援引《汉书·王莽传》所载史实,进而论述刘秀"免奴婢"的社会原因与心理因素:(莽时)"贫富不均,置奴婢之市,与牛马同阑,制于臣民,专断其命,奸人因缘为利,至略卖人妻子,逆天心,悖人伦云云。是莽时奴婢之受害实甚。其后兵乱时,良民又多被掠为奴婢。光武初在民间亲见之,故曲为矜护也。"①对刘秀"人为贵"的施政主张表示赞同。又与清代一旦主仆名分成立,"世世子孙永供役使",且动辄褫衣鞭抽,"每至血流肉绽",形成鲜明对比。

卷五"累世经学"条,先据前、后《汉书》所载,孔门之家学,"自孔圣后,历战国、秦及两汉,无代不以经义为业"、"世以儒术著",为传续"儒学之最久者"。又列伏胜之后,代传其学,"历两汉四百年"。再叙桓荣之子孙,世传其学,"一家三代皆以明经为帝王师,且至于五帝,则又孔、伏二氏所不及"。意在强调家庭环境对子孙成长的重要作用,"盖良冶之子必学为裘,良弓之子必学为箕,所谓世业也。工艺且然,况于学士大夫之术业乎"?②

卷八"清谈用麈尾"条,在罗列诸多六朝谈士清谈用麈尾之事后,指出:麈尾乃"名流雅器,虽不谈亦常执持耳"③,乃一时之风习。又是对史事的文化解读。

运用枚举排比之法研究史学,将内容相近的史料逐次罗列,让其共有特征凸现,即使作者不直接出面议论,读者仍能感悟出其中所蕴含的潜在内容。这种排比方式本身,便构成了一种朴素的解读史书方法。

二 比较法

古人强调,"凡读古书,皆须两本对看",同时又说,"读书有疑,有所见,自不容不立论",但为使立论更准确,应将诸家学说相比并以"求其

---

① 赵翼著、王树民校证:《廿二史劄记校证(订补本)》上册,中华书局,1984年,第89—90页。
② 同上书,第100页。
③ 同上书,第171页。

是"。其实,所谈不过是问学之途上的比较之法。把古人载述的同一件、同一类事,放在一起作比较,事物(或事件)的相似性却借此得以考见。或将前人对某一问题的论述汇集起来,比而较之,往往能得出客观公允的结论。这正是比较之法运用的妙处。瓯北在治史方面,常常运用此法。

如《廿二史劄记》卷二八"金用兵先后强弱不同"条谓,金之初起,代以战斗为事,完颜氏父子兄弟,"每出兵必躬当矢石,为士卒先,故能以少击众,十数年间,灭辽取宋,横行无敌"。到后来,南北通好四五十年,朝廷将相既不知兵,而移入中原的猛安、谋克,初则习于晏安,继则困于饥乏,战斗力大为减弱,一旦与蒙古兵相遇,往往望风奔溃。并引用刘炳疏揭示当时战斗失利原因:"承平日久,人不知兵,将帅非才,既无靖难之谋,又无效死之节,外托持重之名,内为自安之计,择骁果以

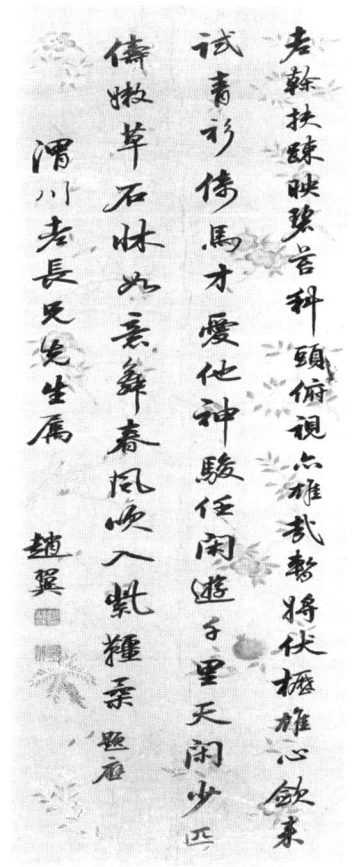

赵翼行书轴(三)

自卫,委疲懦以出战,阵势稍动,望尘先奔。"且虚报战功,谬领奖赏。"唐州之役,丧师七百,主将讹论匿之,而以捷闻",移剌蒲阿遇蒙古游骑,仅获一人,即以捷上报。禹山之战,蒙古兵稍稍退却,将军合达以大捷奏。然而,"不二三日,蒙古兵猝至,悉被杀"。金代后期屡战屡败,皆为讳败报捷、肆意欺瞒所致。

在详加比较"金用兵先后强弱"之后,瓯北议论道:"统前后观之,其始也,以数千人取天下而有余,其后以天下之兵支一方而不足。然则承平之世,安不忘危,搜练军实,振作士气,岂非国家急务哉?"①反观有清

---

① 赵翼著、王树民校证:《廿二史劄记校证(订补本)》下册,中华书局,1984年,第632—633页。

一代,何尝不是如此。在清朝初起之时,将士英勇作战,舍生忘死。萨尔浒战役中,努尔哈赤等人准确把握战机,以数万兵力,一举击溃了前来围剿的明王朝所派遣的四路大军,创下了战略史上以少胜多的范例,为其统治东北地区进而夺取明王朝政权奠定了坚实基础。而至乾隆后期,清军在给养、兵员、武器等方面尽管都占有绝对优势,且先后从十六个省征调兵力,但对付白莲教起义却拖了九年之久,耗费饷银达二万万两,相当于清廷四年财政收入的总和。究其原因,自然也是由于"人不知兵,将帅非才"、"领兵将领,懦弱无能"、"将权不一,互相推诿"、"持重养威"、"军储徒耗",虚报战功,上下欺瞒所致。由此可知,瓯北在这里,尽管没有明言清军"持重养威"、懦弱无能,但是此类内容,却隐约闪现于本段叙述的字里行间,流露出对清代中叶统治阶层居不思危、燕雀处堂行为的不满以及对清王朝前途的隐忧。

瓯北在治史时,不仅将同一朝代不同时期的人物传记所提供的史料相比较,有时还将正史人物传记与见于作家别集中的人物碑传相比较,从而研究政治制度、社会形势、民间世情的变迁或转徙。如《廿二史劄记》卷二八"金末种人被害之惨"条称:"金制,以种人设猛安、谋克分领之,使散处中原。世宗虑种人为民害,乃令猛安、谋克自为保聚,其土地与民犬牙相入者互易之,使种人与汉民各有界址,意至深远也。"而至章宗承安之后,"武夫悍卒,倚国威以为重",肆意侵占民田,"有耕之数世者,亦以冒占夺之"。宣宗南渡后,情势大变,"向之恃势夺田者,人视之为血仇骨怨,一顾盼之顷,皆死于锋镝之下"。并引述元好问所撰张万公碑文为证。元氏《资善大夫吏部尚书张公神道碑铭》谓:"县境多营屯,世袭官主兵,挟势横恣,令佐莫敢与之抗。兵入殴县民,民诉之县,县不决,申送军中,谓之'就被论官司'。民大苦之。"①本文即述及猛安、谋克欺凌百姓之状。又据《平章政事寿国张文贞公神道碑》,章宗时,"主兵者言:'比岁征伐,多至败衄,凡以军事所给之地不足自赡,至有不免饥寒者,所以无斗志。愿括民田之冒税者,分给之,则战自倍矣'"。当时的握兵权者,把与蒙古兵作战失利,归之于将士搜刮不足,且得到

---

① 元好问:《元好问全集》卷二〇,山西人民出版社,1990年,第531页。

了朝廷的认可。

此时,平章政事张万公上疏极论其不可,认为"军旅之后,疮痍未复,百姓抚摩之不暇,何可重扰"?括田"足以增猾吏之敝,长告讦之风",无异于"夺民之田"。若"兵士失于选择,强弱不别,而使之同田而共食,振厉者无以尽其力,而疲劣者得以容其奸",不仅不利于增强将士的战斗力,反而因"夺民而与军""失天下心",其祸不可胜言。然而,朝廷毕竟未采纳他的劝谏。结果,"兵日益骄,民日益困,养成痈疽,计日而溃",且形成百姓与官军的严重对立。① 瓯北于《廿二史劄记》中摘引的即是此文。

在这里,瓯北将正史与文人别集中载述史料相比照,发现"一代敝政,有不尽载于正史而散见于他书者"。又将金代早期与中期政治措施之差异而带来的不同后果相比较,从而总结出"一代得失",颇具政治目光。

三 归纳法

归纳法是史学研究者常用之法,"归纳法最大的工作是求'共相',把许多事物相异的属性剔去,相同的属性抽出,各归各类,以规定该事物之内容及行历何如"②。换言之,即在治史中,"不执单词孤事以论史,每每胪列诸多相类的史实,比而论之,以得一代的特征"③。归纳法与枚举法的相似之处,是都靠丰富翔实的史料说话,将相类的史料排比罗列。所不同的是,枚举法主要凭史料本身,来说明某一事项、制度的基本特征,作者较少直接出面议论。梁启超云:"大抵史料之为物,往往有单举一事,觉其无足轻重,及汇集同类之若干事比而观之,则一时代之状况可以跳活表现。"④这正是与归纳法的区别之所在。归纳法则以所

---

① 元好问:《元好问全集》卷一六,山西人民出版社,1990年,第465—467页。
② 梁启超:《中国历史研究法》,华东师范大学出版社,1995年,第175页。
③ 杜维运:《赵翼传》,台湾时报文化出版事业有限公司,1983年,第220页。
④ 梁启超:《中国历史研究法》,华东师范大学出版社,1995年,第87页。

胪列的史料为基础,进而论述某一方面的问题或某一制度之特征。

瓯北治史,每每胪列相类的史实"比而论之",寄寓褒贬。这一研究方法,很可能受到朱熹《资治通鉴纲目》之凡例的启发,故研治史书,常用归纳法。如《廿二史劄记》卷一二"江左世族无功臣"条称,六朝最重世族,"其时有所谓旧门、次门、后门、勋门、役门之类,以士庶之别为贵贱之分,积习相沿,遂成定制"。举例说:"陶侃微时,郎中令杨晫与之同乘,温雅谓晫曰:'奈何与小人同载。'""侯景请婚王谢,梁武曰:'王、谢门高,可于朱、张以下求之。'一时风尚如此。即有出自寒微,奋立功业,官高位重,而其自视犹不敢与世族较。陈显达既贵,自以人微位重,每迁官,常有愧惧之色。诚诸子曰:'我本志不及此,汝等勿以富贵骄人。'又谓诸子曰:'麈尾是王、谢家物,汝不须捉此。'""齐高在宋,以平桂阳之功,加中领军,犹固让,与袁粲、褚渊书,自称下官常人,志不及远。……可见当时门第之见习为固然,虽帝王不能改易也。然江左诸帝,乃皆出自素族。宋武本丹徒京口里人,少时伐荻新洲,又尝负刁逵社钱被执,其寒贱可知也。"①其他如顾荣、刘牢之、檀道济、王敬则、到彦之、陈庆之、周文育等晋、宋、齐、梁、陈诸朝名将皆为寒门良将,"皆御武戡乱,为国家所倚赖","而所谓高门大族者,不过雍容令仆,裙屐相高,求如王导、谢安,柱石国家者,不一二数也"。在瓯北看来,以门第相高,不思进取,排斥庶人,此乃当时之"极敝"。故而,他在《草花略浇灌辄欣欣向荣乃知贱种尤易滋长也》一诗中写道:"始悟六朝中正品,用寒人转奋功名。"②并在《阅邸抄有感》诗中,以生动的笔触,勾勒出"长乐老人负重望,其子乃习俳优唱。茶陵阁师正台阶,其子花街又柳巷"③的情状,批评豪门世家,对子孙教育不力,致使家风颓败,后继无人。由名宦李东阳之子李兆先个人生活的失检及对其父的调侃嘲戏,已足见家风的颓败。清中叶八旗子弟的游手好闲,懒惰贪馋,百无一能,又与此相类。瓯北在《廿二史劄记》中责斥标榜门第之弊,强调后天教育在子孙成长中的重要作用,显然也是有着丰富的现实生活内容。

---

① 赵翼著、王树民校证:《廿二史劄记校证(订补本)》上册,中华书局,1984年,第253—254页。
② 赵翼:《瓯北集》卷五〇,《赵翼全集》第六册,凤凰出版社,2009年,第1029页。
③ 赵翼:《瓯北集》卷四二,同上书,第838页。

又同书卷二〇"名父之子多败德"条,胪列"房、杜为唐一代名臣,而玄龄子遗爱,如晦子荷,皆以谋反诛"。"狄仁杰子景晖官魏州,以贪暴为民所恶,并毁仁杰生祠。宋璟直声震天下,而其子浑等流荡无行,为物议所薄。"此皆"名父之子而败德坠其家声"者。李世勣濒死之际,为房玄龄等人"辛苦作得门户",却"并遭痴儿破家荡尽"恨恨不已,并告诫亲属,"我子如有操行不伦者,急即打杀"。① 这一对唐代世家子弟多失德败行的认识,来自对正史多种名臣传记的翻检和探究。瓯北在清王朝由盛转衰之际,将此问题揭出,意在引起上层统治者的警醒。在瓯北晚年,的确常常耳闻目睹此类事件。如"盖代忠勋"的故相之子,"偾军败检一年内,荷戈万里双长流"②,即是一例。湖广总督陈辉祖之子山焜,福建巡抚杨景素子炽,皆因其父赃迹累累,其本人官职又是捐纳所得,故被追论夺官,发往伊犁赎罪,亦属此例。瓯北借评述史事,一再强调"世族无功臣","名父之子多败德",显然是在告诫世人,显赫家世不足凭依,如何正确引导下一代,让他们继承长辈风操为国出力,已是刻不容缓之事。在这里,他征引的是古史中资料,关注的却是当今现实,难怪他在《咏史》中称"青史闲翻览昔因,古人辈辈事如新"。③

卷一九"贞观中直谏者不止魏徵"条,谓:"贞观中直谏者,首推魏徵。太宗尝谓徵曰:'卿前后谏二百余事,非至诚何能若是。'又谓朝臣曰:'人言魏徵举止疏慢,我但觉其妩媚耳。'徵以疾辞位,帝曰:'金必锻炼而成器,朕方自比于金,以卿为良匠,岂可去乎?'至今所传十思、十渐等疏,皆人所不敢言,而帝悉听纳之。"④唐太宗的从谏如流,虚怀若谷,为瓯北所称赏。继而,又列举新旧《唐书》史料,谓薛收谏猎,帝即赐金四十铤,高季辅指陈时政得失,帝赐以钟乳。虞世南谏田猎,谏宫体诗不宜作,谏勿以功高自矜,勿以太平自怠,帝曰:"群臣皆若世南,天下何忧不理。"张玄素谏修洛阳宫,至以为甚于炀帝,帝曰:"卿谓我不如炀

---

① 赵翼著、王树民校证:《廿二史劄记校证(订补本)》上册,中华书局,1984年,第437页。
② 赵翼:《阅邸抄有感》,《瓯北集》卷四二,《赵翼全集》第六册,凤凰出版社,2009年,第838页。
③ 赵翼:《瓯北集》卷五二,《赵翼全集》第六册,凤凰出版社,2009年,第1066页。
④ 赵翼著、王树民校证:《廿二史劄记校证(订补本)》上册,中华书局,1984年,第394页。

帝,何如桀、纣?"对曰:"若此役卒兴,同归于乱耳。"①以古之昏君、暴君相比拟,太宗竟不为怒,反而即罢修宫之役且赏赐谏臣。文中连引十数例,说明"其时谏者不止魏徵也"。又认为,这种君臣和谐关系的形成,在于"帝之能受谏"。魏徵尝言:"陛下导之使言,臣所以敢谏。若陛下不受,臣岂敢犯龙鳞?"帝谓群臣曰:"龙有逆鳞,人主亦然。卿等遂能不避触犯,常如此,朕岂虑危亡哉!"瓯北进而分析道:"以太宗之天锡智勇,手定天下,制事决机,动无遗策,宜其俯视一切,臣下无足当意者,乃虚怀翕受,惟恐人之不言,非徒博纳谏之名,寔能施之政事。其故何哉?盖亲见炀帝之刚愎猜忌,予智自雄,以致人情瓦解而不知,盗贼蜂起而莫告,国亡身弑,为世大僇。故深知一人之耳目有限,思虑难周,非集思广益,难以求治,而饰非拒谏,徒自招祸也。"②揭示了唐太宗从谏如流的深层原因。

  当然,瓯北对这位为世所称的明君,并未一味推崇,而是根据史书所提供的资料,分阶段予以重新评估。称太宗即位之初,"导人以言","见谏者悦而从之",后则因"功成志满","勉强受谏而终不平","已不复能好臣其所受教"。并即此而评判道:"惧生于有所惩,怠生于无所儆,人主大抵皆然。若后世蒙业之君,运当清泰,外无覆车之戒,而内有转圜之美,岂不比太宗更难哉。"③此处所称"大抵皆然",当然包括乾隆帝其人。据称,清高宗"性喜夸饰,往往思突过前人,而适滋流弊","特科屡启,颇采虚声,而如杭世骏辈之戆直,乃反不见容纳。康熙朝之迭次南巡,为治黄河故也。乾隆时南服无事,亦复尤而效之,而供亿之侈,驿骚之繁,转十倍于康熙时。海内财赋之殚,民间风俗之坏,实基于是"。④他初即帝位时,倒"勤于政事,每有奏报,立时批示,每夜必遣内侍出问,披衣坐待,动至达旦",而后,享国日久,耄老骄荒,拒纳谏诤,粉饰张皇。"又专任和珅,贪滥掊克,浸酿大乱。清之不竞,珅为罪魁,帝亦不能辞

---

① 赵翼著、王树民校证:《廿二史劄记校证(订补本)》上册,中华书局,1984年,第394—395页。
② 同上书,第395页。
③ 同上书,第396页。
④ 印鸾章著:《清鉴纲目》卷九,岳麓书社,1987年,第403页。

其咎焉。"①上面所引《廿二史劄记》,虽讲唐太宗事,却切中清高宗之弊,的确发人深思。

四 推理法

瓯北治史,还时而用推理之法,即根据史书所提供的信息,加以分析判断,进而推论前人成说是否合乎历史实际。梁启超曾称,"善治史者不徒致力于各个之事实,而最要着眼于事实与事实之间"②,凭借周密、细致的研究、推论,进而弄清"甲事实与乙事实"、"前事实与后事实"之间的关系,论述明白"其来因与其去果"。③对于那些向来被人忽视的史料,只要自己认为"在史上成一问题有应研究之价值者",同样有"彻底精密的研究"的必要,以史实为基础,以合理推论为手段,必然会得出合乎历史客观实际的结论。④ 如《廿二史劄记》卷七"借荆州之非"条,先追溯"借荆州之说"的来源:"《江表传》谓:破曹操后,周瑜为南郡太守,分南岸地以给刘备,而刘表旧吏士自北军脱归者皆投备,备以所给地不足供,从孙权借荆州数郡焉。《鲁肃传》亦谓,备诣京见权,求都督荆州,肃劝权借之共拒操。"史书虽明文记载,但在瓯北看来,借荆州云云,出自吴人之口,不足凭依。他进而论述道:"夫借者本我所有之物而假与人也,荆州本刘表地,非孙氏故物。当操南下时,孙氏江东六郡方恐不能自保,诸将咸劝权迎操,权独不愿,会备遣诸葛亮来结好,权遂欲借备共拒操,其时但求敌操,未敢冀得荆州也。……且欲以备为拒操之主,而己为从矣。亮又曰:'将军能与豫州同心破操,则荆、吴之势强,而鼎足之形成矣。'是此时早有三分之说,而非乞权取荆州而借之也。"⑤还推论借荆州之说产生的原因:"迨其后三分之势已定,吴人追思赤壁之役,

---

① 印鸾章著:《清鉴纲目》卷九,岳麓书社,1987年,第403页。
② 梁启超:《中国历史研究法》,华东师范大学出版社,1995年,第137页。
③ 同上书,第49页。
④ 同上书,第90页。
⑤ 赵翼著、王树民校证:《廿二史劄记校证(订补本)》上册,中华书局,1984年,第139页。

实借吴兵力,遂谓荆州应为吴有,而备据之,始有借荆州之说","吴君臣伺羽之北伐,袭荆州而有之,反捏一借荆州之说,以见其取所应得。此则吴君臣之狡词诡说"。① 所言颇有道理,足以破前人成说。

又同书卷五"东汉尚名节"条,瓯北先考究东汉尚名节风习之由来,谓:"自战国豫让、聂政、荆轲、侯嬴之徒,以意气相尚,一意孤行,能为人所不敢为,世竞慕之。其后贯高、田叔、朱家、郭解辈,徇人刻己,然诺不欺,以立名节。驯至东汉,其风益盛。"瓯北推论,造成这一社会现象的原因,与当时的荐举制度有关,"盖当时荐举征辟,必采名誉,故凡可以得名者,必全力赴之,好为苟难,遂成风俗"。② 瓯北认为,在当时,舍生仗义之侠士的纷纷出现,是时代风气浸染的结果,"盖其时轻生尚气已成习俗,故志节之士好为苟难,务欲绝出流辈,以成卓特之行,而不自知其非也",不太赞成"捐父母遗体","徇友朋私情"。同时又认为:"举世以此相尚,故国家缓急之际,尚有可恃,以撑拄倾危。昔人以气节之盛,为世运之衰,而不知并气节而无之,其衰乃更甚也。"③在他看来,"气节之盛"与"世运之衰",未必就有关联。世人既然追求气节,值国家多事之秋,就自然会急赴国难,扶倾救危。若"并气节而无",连正义感与良知皆泯灭,当突发事起之际,又有谁来为公众或国家挺身而起呢?且道德与气节的沦丧,恰标志着社会的衰败。在这里,瓯北从正反两方面看待历史上的侠义现象,并以古时的"气节之盛"与目下的"并气节而无之"相对照,流露出对现实社会世风不振、道德沦丧的感叹。

同书卷一九"武后纳谏知人"条,既对唐代武则天之"淫恶极矣"多所指责,又称其"纳谏知人,亦自有不可及者"。④ 谓朱敬则尝上书,"直陈其淫秽之丑","揭后之燕昵嬖倖,可羞可耻,敌以下所难堪,而后不惟不罪之,反赐敬则彩百段,曰:'非卿不闻此言'"。⑤ 以此证明其"主持国是,有大过人者"。并称,武则天在用人上,"务取实才真贤","收人心,

---

① 赵翼著、王树民校证:《廿二史劄记校证(订补本)》上册,中华书局,1984年,第140页。
② 同上书,第102页。
③ 同上书,第104页。
④ 同上书,第414页。
⑤ 同上书,第415页。

擢才俊,当时称知人之明,累朝赖多士之用","开元中名臣多出其选","知人善任,权不下移,不可谓非女中英主也"。此等言论,皆由情理推出。至于武则天的行为不检,养面首于深宫,瓯北认为:"人主富有四海,妃嫔动至千百,后既身为女主,而所宠幸不过数人,固亦无足深怪,故后初不以为讳,并若不必讳也。"①意谓男皇帝既然可以妃嫔千百,而女主的有所宠幸,则在意料之中,故无足深怪。评议中透现出难得的宽容。早在明代后期,凌濛初在《二刻拍案惊奇》卷一一的"入话"中,就曾这样议论道:

> 天下事有好些不平的所在,假如男人死了,女人再嫁,便道是失了节,玷了名,污了身子,是个行不得的事,万口訾言。及至男人家丧了妻子,却又凭他续弦再娶,买妾买婢……并没人道他薄幸负心,做一场说话。就是生前房室之中,女人少有外情,便是老大的丑事,人世羞言;及至男人家撇了妻子,贪淫好色,宿娼养妓,无所不为,总有议论不是的,不为十分大害。所以女子愈加可怜,男人愈加放肆。②

则流露出市民阶层追求男女平等的思想。瓯北受新的时代思潮影响,在对世间是非的评判上,往往能跳出传统伦理道德的框架,故出语新奇而精到,能给人以启迪。值得注意的是,瓯北对武则天淫乱宫闱的宽容,是建立在宠幸不过数人的"女主"与嫔妃千百的"男主"对比之上的,其间蕴涵有对男尊女卑封建伦常的不满,体现出瓯北识时达变的思想特色。

瓯北还常以诗论史。他曾写《金川门》诗,抒怀古之感慨。在金川门,他思及明开国帝朱元璋传位于皇太孙朱允炆,以致酿成天下大乱的往事,认为"召乱本由洪武起"。本来,朱元璋起兵凤阳,艰苦创业,算得上一个"豪杰才兼圣贤理"的杰出人物,曾建大本堂,"取古今图籍充其中,征四方名儒教太子诸王,分番夜直,选才俊之士充伴读。帝时时赐宴赋诗,商榷古今,评论文字无虚日"。且对儿辈要求甚严,在嫡长子朱

---

① 赵翼著、王树民校证:《廿二史劄记校证(订补本)》上册,中华书局,1984年,第416页。
② 凌濛初:《二刻拍案惊奇》,江苏古籍出版社,1990年,第220页。

标13岁那年,命他往临濠(今安徽凤阳东)省祖墓,谓:"儿生长富贵,习于晏安。今出旁近郡县,游览山川,经历田野,其因道途险易以知鞍马勤劳,观闾阎生业以知衣食艰难,察民情好恶以知风俗美恶,即祖宗所居,访求父老,问吾起兵渡江时事,识之于心,以知吾创业不易。"①自洪武元年朱标被立为太子后,因当时"军旅未息",每当朱元璋外出,必令太子监国,以锻炼其处理事务的才干,又选名儒以"辅成太子德性"。此类做法,均堪称有识之举。然而,正缘于他受传统思想影响太深,以致在立储上出现过失。按照宗法伦理,帝王驾崩,必须由长子继其位,正所谓"立适(嫡)以长,不以贤;立子以贵,不以长"②。可见,"立嫡以长"、"王有适嗣,不可乱也",在春秋之时,便作为一种宗法伦理模式被固定下来,成为不可逾越的格范。"《周礼》:适子死立适孙为后"③,这又为嫡长子死后由谁继位作了明确规定。

朱元璋出身草莽,"目不知书",但由于他"每就儒生讲经旨",对这一宗法伦理条款还是熟谙于心的。他尽管深知"生长深宫之主,未谙世故",但有感于"立嫡以长"这一"千年成说牢不破",见太子朱标既死,便临终下诏,令皇太孙朱允炆继其位。为防止发生意外,并不准诸王来京哭奠。他本以为,如此安排,必万无一失。岂不料"留弱干制强枝","臂小何能使巨指"? 事隔不久,便祸起萧墙,骨肉相残。燕王朱棣以"靖难"之名,举兵南下,大肆杀戮,烧毁宫室,呈现出"搢绅赤族血流水"的惨局。

在瓯北看来,实施古礼,应有"经"有"权",经权互用,而不能一成不变:"处常无事贵守经,销患未形难据礼"。正如其在《廿二史劄记》卷三二"明正后所生太子"条中所云:"立嫡建储,古今令典,乃时会迁流,有不可以常理论者。"④在大势已定、岁月太平的情况下,可以依循古礼,传位于嫡长。但当隐患未销、乱萌未发之际,朱元璋却将社稷重器交付给

---

① 张廷玉等:《明史》卷一一五《兴宗孝康皇帝列传》,《二十五史》第十册,上海古籍出版社、上海书店,1986年,第8138页。
② 《春秋公羊传·隐公元年》,《十三经注疏》下册,中华书局,1980年,第2197页。
③ 《礼记·檀弓上》孔颖达疏,《十三经注疏》上册,中华书局,1980年,第1273页。
④ 赵翼著、王树民校证:《廿二史劄记校证(订补本)》下册,中华书局,1984年,第752页。

一个后辈,令他以"弱干制强枝",天下岂能不乱? 雄踞北方、手握重兵、智勇兼备的燕王朱棣又岂能俯首听命? 由此看来,在明初那种特定的历史条件下,立储"以长以贤事皆顺","应立燕王为太子",如此始能服天下之心,保长治久安,"屠孙亦得免刀几"。①

对于这段史实,有人称黄子澄、齐泰辈力主削藩,但因"兵事非其所长"、"乏制胜之策",②终酿成天下大乱,还有人说,黄、齐身为大臣,"生事祸国"、"虽寸斩亦终不足以谢天下矣"。③ 瓯北在评述这一历史事件时,并未拘囿于前人成说,而是结合对当时客观形势的具体分析,深入探讨明初动乱的起因,从而得出"召乱本由洪武起"这一令人可信的结论,足见其持论斟酌。同样,瓯北在评价朱元璋功过得失上,也掌握得很有分寸,没有泛泛称颂他"治隆唐宋"功绩,而是结合他的出身经历,揭示了他"豪杰才兼圣贤理"的独特的一面,并进而指出他因拘守古礼、立储不当而贻患后人的"失计"之处,所论入情入理,较为公允。正如有人所说:

> 赵翼运用辩证考史方法,对前人的历史文献或研究成果加以商榷、考信与求真,以理性的意识重新审查前人的史学成果,对中国古代史学的发展作出了新的贡献。首先,赵翼运用辩证方法考证历史,对历史著作或历史人物作了一分为二的评价。他虽然对历代宦官祸国殃民深恶痛绝,但通过客观考证事实发现其中不乏贤者,认为:"后汉宦官之贪恶横肆,固已十人而九。然其中亦间有清慎自守者,不可一概抹杀也。……此皆汉宦官之贤者,可与北魏之仇洛齐、王琚、赵黑,北齐之田敬宣,唐之俱文珍、张承业,明之覃吉、王承恩并观也。"他对于武则天事迹的考证也是如此:"武后之淫恶极矣,然其纳谏知人,亦自有不可及者。……至用人行政之大端,则独握其纲,至老不可扰撼。……然则区区帏薄不修,固其末节;知人善任,权不下移,不可谓非

---
① 赵翼:《金川门》,《瓯北集》卷三五,《赵翼全集》第六册,凤凰出版社,2009年,第665页。
② 张廷玉等:《明史》卷一四一《黄子澄传》,《二十五史》第十册,上海古籍出版社、上海书店,1986年,第8192页。
③ 李贽:《续焚书》卷三《死难诸人》,岳麓书社,1990年,第364页。

女中英主也。"评价历史人物的功过应当分清主次,必须辩证地考察其善恶两方面,才能做到客观公允地评价,不至于苛求古人。其次,赵翼运用辩证的方法重新考察前人的史学批评和历史评论,得出更加符合历史的结论。①

以理性认识重新评定前人成说,而得出接近客观实际的结论,这正是瓯北治史长处之所在。

瓯北治史,有些篇章是专就史书、史法而发论,有的是根据史事而论治理,融进了他以古鉴今、经世致用的积极思想,表现出对现实政治、社会人生的特别关注。所以,梁启超在《清代学术概论》中谓:"清初诸师皆治史学,欲以为经世之用。……乾、嘉以还,考证学统一学界,其洪波自不得不及于史,则有赵翼之《廿二史劄记》、王鸣盛之《十七史商榷》、钱大昕之《廿二史考异》、洪颐煊之《诸史考异》,皆汲其流。四书体例略同,其职志皆在考证史迹,订讹正谬。惟赵书于每代之后,常有多条胪列史中故实,再归纳法比较研究,以观盛衰治乱之原,此其特长也。"②瓯北治史中表现出的经世思想,是与他在诗歌中流露出的"通经致用"一脉相承的。在史学研究方法上,既受顾炎武《日知录》、王夫之《读通鉴论》影响,又从洪迈《容斋随笔》中吸取不少经验。如枚举法、归纳法的运用,大半是受了洪迈的启迪。

瓯北论史,其观点尽管比较客观,但由于种种条件的限制,有时考证却不够精审。台湾学者杜维运,曾花两年时

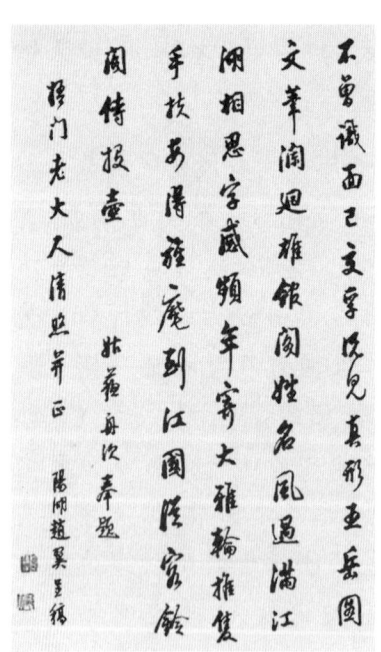

赵翼行书轴(四)

---

① 向燕南等:《中国史学史》第五卷《明清时期(1840年前)·中国古代史学的嬗变》,上海人民出版社,2006年,第273页。
② 梁启超:《梁启超论清学史二种》,复旦大学出版社,1985年,第43页。

间，找出《廿二史劄记》中错误390条，并写成《廿二史劄记考证》一文。又在其所著《赵翼传》第九章第六目"廿二史劄记之误"中，将其错误归为五类，即未细稽原文而误，删节原文不慎而误，照原文抄录不慎而误，望文生义未尝参稽原文而误，以部分概括全体而误。王树民亦曾在《廿二史劄记校证》一书中，逐一订正其错讹、疏漏之处，还在《廿二史劄记评介》一文中指出："《劄记》中记事谬误错乱之处极多，其主要原因出于粗疏散漫。"又称："赵氏摆脱经学的束缚是其取得创造性成就的因素之一，同时也容易流于粗疏散漫，因而产生了许多硬性的失误。"①所言均颇中肯綮。

尽管如此，《廿二史劄记》仍不失为一部具有独特成就的史学研究著作，他的"不喜专论一人之贤否，一事之是非，惟捉住一时代之特别重要问题，罗列其资料而比论之"，教后人以"抽象的观察史迹之法"②，他的治史方法和成就，引起古今许多史学家的重视。著名学者钱大昕，曾称道《廿二史劄记》"记诵之博，义例之精，论议之和平，积见之宏远，洵儒者有体有用之学，可坐而言，可起而行者也"。又称：瓯北"上下数千年，安危治忽之几，烛照数计，而持论斟酌时势，不蹈袭前人，亦不有心立异，于诸史审订曲直，不揜其失，而亦乐道其长"③。评价亦颇得体。瓯北所建构的史学体系，被称为"乾嘉时代甚至中国整个史学发展史上所罕见的史学，而与西方近代的解释史学相接近"④，受到中外史学家的推崇。

赵翼书法对联（一）

---

① 仓修良主编：《中国史学名著评介》第二卷，山东教育出版社，1990年，第478页。
② 梁启超：《中国近三百年学术史》，《梁启超论清史二种》，复旦大学出版社，1985年，第431页。
③ 钱大昕：《廿二史劄记序》，《廿二史劄记校证（订补本）》下册"附录二"，中华书局，1984年，第886页。
④ 杜维运：《赵翼传》，台湾时报文化出版事业有限公司，1983年，第226页。

第十四章　综贯异说　考镜源流

　　清代考据之学甚盛,梁启超曾将清代的考据学与汉代经学、隋唐佛学、宋明理学并举,均名之曰"时代思潮",并强调说,"无考证学则是无清学也"①,还将它誉为"文化昂进之时代"②的产物,的确道出了清代的学术特征。清代的学术研究,博赡而能贯通,呈现出前所未有的局面。尤其到了乾嘉时期,考据学几乎占据所有学术领域,或"各专一书以终身",即使素来崇尚宋学的清室帝王,亦厕身其间,"考证辨订之篇,多马、郑、孔、贾所未及"③,以致有"考据之学,风靡一时,不能为此学者几不得登坛坫"④之说。有人曾这样描述当时的学术形势:"乾、嘉之际,汉学之帜,遂风靡一时,讲求修身、行己、治国、成人者之风,远不如研究音韵、文字、校勘、金石、目录之学者之盛。虽经学有古文、今文、西汉、东汉之区别,然亦承乾嘉之风而演进,仍以汉学相尚,一涉宋明心性之谈,则相率而嗤之矣。相习成风,视为当然。"⑤然大都堕入繁琐考据的泥淖。《汉书·艺文志》"说五字之文,至于二三万言"后,颜师古注引桓谭《新论》云:"秦近君能说《尧典》,'篇目'两字之说至十余万言。但说'曰若稽古'三万言。"⑥"曰若稽古"乃《尚书·尧典》中的一句话,据孔颖达

---

① 梁启超:《梁启超论清学史二种》,复旦大学出版社,1985年,第25页。
② 同上书,第1页。
③ 永瑢等:《四库全书总目》卷一七三"集部二十六·别集类二十六",中华书局,1965年,第1519页。
④ 铢庵:《人物风俗制度丛谈》,上海书店,1988年,第204页。
⑤ 郑鹤声、郑鹤春:《中国文献学概要》,上海书店,1983年,第123页。
⑥《二十五史》第一册,上海古籍出版社、上海书店,1986年,第529页。

《疏》，意谓"能顺考古道而行之"①。"若"，顺；"稽"，考也。简单四字，竟能解释出三万字来，真难以想象。而清代学人的考据，也与之仿佛。人称："当惠（栋）、戴（震）讲汉学专宗许、郑之时，其繁称博引，间有如汉人三万言说'若稽古'者。"②受此风气影响，赵翼在治史之余，"枧缕陈编，钻研旧业"③，亦从事考据，则是很自然的事。当然，瓯北的考据，与腐儒的"一字音训动辨数百言"④的琐屑细碎不同，而是如其治史，借助考证辨明某一文化事项、历史事件的来龙去脉。对此，后文将详加论述。

瓯北的史学考据，前文已详加论述，这里仅就其《陔余丛考》略加评述。《陔余丛考》的写作，据作者于乾隆五十五年（1790）为该书所写的《小引》称："余自黔西乞养归，问视之暇，乃理故业。日夕惟手一编，有所得，辄劄记别纸，积久遂得四十余卷。以其为循陔时所辑，故名曰《陔余丛考》，藏箧衍久矣。……拟更广探经史，增益成书，忽忽十余年，老境浸寻，此事遂废。"⑤由此可知，瓯北由贵西归里后，即着手于本作编撰。至乾隆四十七年（1782），瓯北在所写《即事》（之二）诗"业就敢期传不朽，或同小说比《虞初》"后自注云："方辑《陔余丛考》"。⑥直至嘉庆元年（1796）瓯北七十高龄时，此书仍在增补之中。⑦在此段岁月里，他先后写有《咏史》（食椒能几粒）、《咏史》（汉武擅雄略）六首、《咏古》（翻遍瑶台绿字函）等诗作，内容涉及《汉书》、《史记》、《唐书》、《北史》、《明史》等多部史书，皆是其为编撰史学研究之书而阅读史籍时有感而发。

瓯北在编撰《陔余丛考》的同时，可能意识到治经非己所长，故有意专门治史。再说，寻章摘句，亦非豪者所为，且于世无补，于是就萌生了撰写《廿二史劄记》的念头。翻阅一下《陔余丛考》细目，便可发现，该书开首四卷，乃是对经书之考订，卷五至卷二十，则专门考证史事，其中五

---

① 《十三经注疏》上册，中华书局，1980年，第118页。
② 皮锡瑞：《增注经学历史》，台湾艺文印书馆，2000年，第383页。
③ 吴锡麒：《赵云崧前辈陔余丛考序》，赵兴勤、蒋宸、赵韡编：《赵翼研究资料汇编》上册，台湾花木兰文化出版社，2013年，第216页。
④ 永瑢等：《四库全书总目》卷一"经部一·经部总叙"，中华书局，1965年，第1页。
⑤ 赵翼：《陔余丛考》，河北人民出版社，1990年，第1页。
⑥ 赵翼：《瓯北集》卷二七，《赵翼全集》第六册，凤凰出版社，2009年，第486页。
⑦ 赵翼《瓯北集》卷三八《七十自述》"订罢史编翻自笑，干卿甚事苦增删"句后自注："方辑《陔余丛考》。"

至十四卷,涉及自《史记》至《明史》数代历史典籍。十五至二十卷,乃述及历代典章制度、礼仪时尚、史事辨正、事典溯源诸方面的问题。廿一卷以后,近似于杂撰,涉及门类更广,包括节令风俗、诗文作法、文章辨体、官吏铨选、科考制度、婚丧礼仪、字义辨析、民间禁忌、奇闻逸事、神仙道术、命名称谓、方言俗语等诸多内容,难怪他担心此作"或同小说比《虞初》"。其实,有些内容,如《老妇生子》、《风吹送妻》、《丑女变美》、《童女生子》等,的确近似于小说家言。

然而,不能忽视的是,在长达四十三卷的《陔余丛考》中,毕竟有十六卷论及史书编撰及史法,在全书中占有一定比例。其他各卷中资料,也多从史书中钩稽而出。这为他从事史学研究奠定了基础。他的《廿二史劄记》,大概自乾隆四十七年(1782)起便着手写作,故"比《虞初》"云云,殆指的是《陔余丛考》末二卷的内容,说明此书的编撰已近尾声。瓯北进而转向下一部书的撰述,自在情理之中。

而《廿二史劄记》一书,恰是由《陔余丛考》论史部分扩展而来。如《陔余丛考》卷七"齐书书法"、"齐书原本",《廿二史劄记》卷九有"齐书书法用意处"、"齐书旧本",文字较前者增多,且更具条理性。《陔余丛考》卷一六"元魏百官无俸"、"元魏诛族之法最惨",《廿二史劄记》卷一四则题作"后魏百官无禄"、"后魏刑杀太多",后者增出史料数倍,但删去"然一人犯法,累及门族,仕宦时未必共享其福,诛戮时乃共受其祸,揆诸罪人不孥之义,可痛心也"等议论语句,似缘其文字太直露,慑于文字狱重压而删削,但一经修改,此类内容却借历史人物之口而出之,表意则稍婉曲。《陔余丛考》卷二〇有"青苗钱不始于王安石"一条,《廿二史劄记》有同目,内容扩充不少,所缀议论,又是有感而发,皆切中清代中叶官场之弊。《陔余丛考》卷一三有"宋辽金三史",《廿二史劄记》卷二三有同目,所增内容为追溯宋辽金史料之源,较前文仅列撰史者姓名为确当。此等例子甚多,不一一列举。

《陔余丛考》是一部笔记体的考据著作,既不像李惇《群经识小》、邵晋涵《南江札记》、陈鳣《简庄疏记》等书专论经术,亦与何焯《义门读书记》、卢文弨《群书拾补》、王念孙《读书杂志》等侧重于校勘有所不同。它包罗万象,内容丰赡,对于"古代社会生活习尚、名物制度、语言文字、称谓演变等等","皆综贯异说,考镜源流"。① 其"包括之广,不下于《日知录》"②,故为学界普遍重视。

一 疑"经"与驳"朱"

清王朝建立后,为了控制人们的思想,维护其统治地位,仍沿袭明制,提倡尊孔崇经,规定学校"月课皆用《四书》、《五经》文"③。遴选人才,用八股文取士,"初场《四书》三题,《五经》各四题,士子各占一经。《四书》主朱子《集注》,《易》主程传,《诗》主朱子本义,《书》主蔡传,《春秋》主胡安国传"④。一以"钦定《四书》文为之正鹄",美之名曰"代圣贤言语"。⑤ 而且,康熙帝特别推崇理学代表人物程、朱,谓:"迨程子、朱子出,表章学庸,遂开千古道学之统"⑥,故"凡立说一准于考亭"⑦,"国家列在学宫,著之功令,家有其书,人人传习"⑧。由于统治者竭力提倡,程、朱便成了与孔、孟地位相侔的绝对权威,以致有"宁疑周孔,毋疑程朱"之说。加之清代学者笃信郑康成等汉儒,"凡学说出于汉儒者,皆当遵守,其有敢指斥者,则目为信道不笃也"⑨,认定"古训不可改",专以"古今"论"是非"之标准。⑩ "说经必宗古义,义愈近古,愈可信据。故唐宋以后之说,不如汉人之说,东汉以后之说,又不如汉初人之说,至于说出春秋以前,以经证经,尤为颠扑不破。"⑪如此一来,不仅宋儒的观点不能突破,儒家经典不能突破,即使汉儒为"四书"、"五经"所作传注,也不

---

① 陈祖武:《赵翼与陔余丛考》,《陔余丛考》,河北人民出版社,1990年,第12页。
② 刘叶秋:《历代笔记概述》,中华书局,1980年,第196页。
③《清史稿》卷一〇六《选举一》,《二十五史》第十一册,上海古籍出版社、上海书店,1986年,第9206页。
④ 乾隆官修:《清朝文献通考》卷四七《选举志一》,浙江古籍出版社,2000年,第5300—5301页。
⑤ 同上书,第5299页。
⑥ 鄂尔泰、张廷玉等:《国朝宫史》,北京古籍出版社,1994年,第570页。
⑦ 同上书,第561页。
⑧ 同上书,第560页。
⑨ 梁启超:《清代学术概论》,《梁启超论清学史二种》,复旦大学出版社,1985年,第27页。
⑩ 同上书,第26页。
⑪ 皮锡瑞:《经学通论》卷二《诗经》,中华书局,1954年,第2页。

得稍加逾越。严守"汉人家法",则成为一时之趋向。

　　善于独立思考的赵瓯北,却不愿拾人牙慧。他的《陔余丛考》,卷一至卷四,考论经义,且所论往往超出"圣贤"格范之外。如"仪礼"条谓:"先儒谓《仪礼》文物彬彬,乃周公制作之仅存者,即如聘礼篇末执圭如重、入门鞠躬、私觌愉如等语,与《论语·乡党》相合。晁氏谓定公九年孔子仕鲁,至十三年适齐,其间无朝聘事。则《乡党》所记,未必皆孔子实事,当是门人习礼者,本《仪礼》之旧文而记其语耳。是可见《仪礼》为孔子以前之书,出于周公所作无疑也。"《仪礼》究竟为谁所作,历来存有争议,前人多称周公作。《史记·孔子世家》、《汉书》则谓出自孔子,迄今尚无定论。对此,姑且不论。值得注意的是,文中所引用的晁氏语,应是"其间绝无朝聘往来之事,疑使摈、执圭两条,但孔子尝言其礼当如此尔"①。两相对照,不难发现,"《乡党》所记"云云,乃是瓯北所下断语。早在明代中期,李贽曾在《童心说》中称:"夫六经,《语》、《孟》……则其迂阔门徒,懵懂弟子,记忆师说,有头无尾,得后遗前,随其所见,笔之于书。后学不察,便谓出自圣人之口也,决定目之为经矣,孰知其大半非圣人之言乎。"②瓯北所论,虽远不如李贽激烈,且其意亦并非否定孔丘,但其间所流露的疑经精神却十分可贵。

　　当然,疑经并非瓯北首创。远者且不论,宋儒的疑经就很普遍。欧阳修就曾对《易》等儒家经典表示怀疑:"童子问曰:系辞非圣人之作乎?曰:何独系辞焉。文言说卦而下,皆非圣人之作,而众说淆乱,亦非一人之言也。"③又,《问进士策三首》曰:"自秦之焚书,六经尽矣。至汉而出者,皆其残脱颠倒,或传之老师昏耄之说,或取之冢墓屋壁之间,是以学者不明,异说纷起。"④又称:"若孔子者,可谓学而知之者,孔子必须学","孔子亦尝有过……尧之思虑常有失,舜禹常待人之助",《中庸》所谓"自诚明"(生而知之),乃"虚言高论而无益者欤?"⑤由此可知,李贽所

---

① 朱熹《四书章句集注》卷五《论语·乡党》"旷私觌,愉愉如也"注引,中华书局,1983年,第118页。
② 李贽:《焚书》卷三,岳麓书社,1990年,第99页。
③ 欧阳修:《易童子问》卷三,《欧阳修全集》,中国书店,1986年,第568页。
④ 欧阳修:《居士集》卷四八,同上书,第326页。
⑤ 欧阳修:《居士集》卷四八,《欧阳修全集》,第327页。

云,其来有自。瓯北素服膺欧阳修,从其作品中吸取思想营养,亦在情理之中。此外,疑经者还大有人在,如王安石讥《春秋》为"断烂朝报"①,司马光对孟轲是否为《孟子》作者表示怀疑,朱熹对《古文尚书》的真实性持怀疑态度等等。看上去二者很相似,都富于积极探索的精神,但关键是他们所处的文化背景有着本质的不同。宋儒的疑经,有的是出于政治变革的需要,有的是在为拘守三纲五常的"义理"廓清理论障碍。而且,他们是处在宋朝思想控制相对宽松的政治环境中,疑经尚不至于给自身带来危害。瓯北却生活在最高统治者强调尊孔崇经且文字狱十分严酷的时代,而敢于一扫经书尊严,其胆魄与勇气则十分可嘉。既然《论语·乡党》所论"未必皆孔子实事",其他篇目内容的可信程度自然也得大打折扣。这无疑是对神圣不可侵犯的儒家经典有意或无意地展开挑战。王夫之在《读四书大全说》(卷七)中曾谓:"朱子语录极有参差处,甚难拣取。想来朱子未免掣定随病下药作教法,故彼此异致,乃至屈圣言以伸己说者有之。"②公然指斥朱熹"屈圣言以伸己说"。瓯北的"疑经",也可能从前人处汲取了冲破传统思想束缚的勇气,而直截评量经书之是非,指斥《周官》书"贻后世病",谓"圣贤"亦因循"成式",而不能悬断未来,均与此有相似之处。

"礼为治世之大经"③。《礼记》历来被视作《仪礼》之传注,同样被奉为儒家经典。瓯北针对《礼记·檀弓》所记孔子不知父墓一事不合情理,议论道:"总出于记礼之家,得诸传闻,不暇审订,辄笔之于书,故有此等谬误。"④因此认为,对古书所载,不能"一一信以为真"。"书难尽信常疑孟"⑤,后人注经"愈解而愈支离",关键是盲目信从古书所致。

所谓经,一般训为义理、原则、典范。较早指称儒家书籍为"经"的,当首推《庄子·天道》。中谓:"孔子谓老聃曰:'丘治《诗》、《书》、《礼》、《乐》、《易》、《春秋》六经,自以为久矣。'"⑥《荀子·劝学》亦称:"其数则

---

① 蔡上翔:《王荆公年谱考略》,上海人民出版社,1959年,第173页。
② 张立文主编:《儒学精华》下册,北京出版社,1996年,第2138页。
③ 永瑢等:《四库全书总目》卷二一"经部二十一·礼类三",中华书局,1965年,第172页。
④ 赵翼:《陔余丛考》卷三《五父衢》,河北人民出版社,1990年,第53页。
⑤ 赵翼:《答友》,《瓯北集》卷二四,《赵翼全集》第五册,凤凰出版社,2009年,第422页。
⑥《庄子》,上海古籍出版社,1989年,第82页。

始乎通经,终乎读礼。"①这里所称"经",当指《诗》、《书》、《礼》之类。在瓯北看来,经书的神圣地位,并非完全由其内容所决定,而是出自后人追加。时代不同,人们对何者为经书的认可程度亦有差异。他在《陔余丛考》卷二《〈左氏传〉原委》中说:"秦火之后,汉初惟《左氏传》最先出,然亦惟《左氏》始终不得立学官……然武帝立诸经博士,独遗之。""自贾谊为《左氏》训诂以授贯公,其后贾逵作《训》,服虔作《解》,谢核作《释》,及乎杜预作《集解》后,六朝遂入于经。"然而,"东汉以来攻之者不一"。人们曾指斥《左氏》"不得圣人深意","解义多谬"。② 在这里,瓯北从学术发展史的角度,历述《左传》在不同时代的冷热际遇,剥下后人所加"因圣言以摅意,托王义以流藻"、"渊源深大,沉懿雅丽"诸神圣光环,还其史书之本来面目,无疑对人们正确认识传统文化有着重要的启示作用。

同时,瓯北还对《左传》中的疏漏与错误一并指出。在《〈左传〉叙事氏名错杂》中谓:"《左传》叙事,每一篇中或用名,或用字,或用谥号,盖当时文法如此,然错见迭出,几使人茫然不能识别。"并举例说,在叙述"邲之战"中,同一个荀林父,忽称荀林父,忽称桓子。同一个士会,竟有随武子、士会、随季、士季等多种称谓,其他篇目又以范武子称之。同一韩厥,却有韩厥、韩献子之称。"人数既多,头绪更杂,即姓名一线,尚难了了,况复错综其词如此。使无后人注释,不几于终日回惑而不得其要领耶","令读者何处分析耶,此究是古人拙处"。而拘守旧说的经学家却称,《左传》叙事中所出现的这种称谓的差异,族氏、名字、爵邑、号谥的密布其间,是寄寓褒贬,微言大义,正可见其手法之高明。在瓯北看来,这种牵强附会的解经,是"深求之而转非古人意矣"。氏、名、号、谥错见,充其量不过是一种文法,"有何褒贬"?"即如'邲之战',晋诸大夫忽名忽谥号,一日之间,褒贬顿异,有是理耶"?③ 这无疑是对那些盲目信古者下一针砭。

当然,瓯北对春秋笔法的"微言大义",不仅表示认同,而且还在其

---

① 《荀子》,中国书店,1992年,第2页。
② 赵翼:《陔余丛考》,河北人民出版社,1990年,第44页。
③ 赵翼:《陔余丛考》卷二,河北人民出版社,1990年,第43页。

史学著作中体现这一精神。他所不赞成的是,后人对此推崇太过,甚至将疏漏、讹舛也认作是寄寓褒贬。他认为:"《春秋》一书,孔子既修之后,仍有脱简误字,不一而足,而必于其脱误处曲为之说,毋怪乎益入于穿凿也。"①

瓯北面对学术界"家家许、郑,人人贾、马"、"凡汉皆好"的局面,却一再纠正郑康成注经之误,撰有《郑康成注禘祭之误》、《郑康成注慈母之误》、《三年丧王、郑二说不同》诸条。人称:"吾辈今日学问,只是遵朱子。朱子之意,即圣人之意;非朱子之意,即非圣人之意。"②瓯北却称,"朱子说诗,尽废小序,固未免臆说"。"朱子注《诗》,亦只有另成一家言……及后代尊朱子太过,至颁之学宫,专以取士。士之守其说者遂若圣经贤传之不可违。而其中实有未安者,博学之士遂群起而伺间抵隙。正以其书为家弦户诵,则一经批驳,人人易知也。使朱子《诗》注不入令甲取士,亦只如欧阳说《春秋》、苏氏说《易》之类,不过备诸家中之一说,谁复从而诋諆乎?"③这里明言将朱子"诗注"入令甲取士,是尊之太过,显然与统治者的口吻不相谐和。

在瓯北看来,正缘当道"尊朱子太过",造成"博学之士"的逆反心理,故攻之者甚多。瓯北在论述这一问题时所遵循的思维理路,乃是"物极必反",含有朴素的辩证法思想。在瓯北看来,朱熹的《诗集传》,和欧阳修的《春秋论》、苏轼的《东坡易传》一样,都是普通的学术著作,不过是一家之言,没有什么奇特之处,若有意拔高,反而会弄巧成拙,为有识之士所不满。此处所述,又有否定朱注在官学中的权威之意。他还称:"《四书》经朱子作注之后,固已至当不易,然后人又有别出见解,稍与朱注异而其理亦优者,固不妨两存之,要惟其是而已。"④以对"别出见解"的认可、推许,消解被颁为官方学说的朱注《四书》的至高无上价值,恰体现出瓯北独立思考、执意求真的学术精神及客观公允、实事求是的治学态度。

---

① 赵翼:《陔余丛考》卷二《春王不书正月》,河北人民出版社,1990年,第40页。
② 陆陇其:《松阳讲义》卷一《大学之道章》,《景印文渊阁四库全书》本。
③ 赵翼:《陔余丛考》卷二《诗序》,河北人民出版社,1990年,第28—29页。
④ 赵翼:《陔余丛考》卷四《〈四书〉别解数条》,河北人民出版社,1990年,第63页。

瓯北大胆地向儒家经典提出质疑,并批评后儒对经书所作传注,自然需要冲破传统思想束缚的勇气。梁启超称:"清学家既教人以尊古,又教人以善疑。既尊古矣,则有更古焉者,固在所当尊。既善疑矣,则当时诸人所共信者,吾曷为不可疑之。"①然而,在"教人尊古"与"教人善疑"上,瓯北则更趋向于后者,这是他与同时代学者显著不同的地方。他是以善于怀疑的积极探索精神,去努力发现学术研究领域的"新大陆",去寻找新的学术亮点。不过,他的怀疑,并不是不负责任的无知妄说,而是建立在细密的考据之上,靠从古书中爬梳而来的史料而"求其所以然","罗列事项之同类者,为比较的研究,而求得其公则",②故更显得可贵。

二 自具条理的文化专题考察

清代好学之士,多喜用札记的形式,"每读书有心得则记焉"③,"实一种困知勉行工夫"④,为学又往往"专治一业,为'窄而深'的研究"⑤。在文字学、音韵学、乐律学、史学、方志学、地理学、金石学、算学、经学等领域,均有许多札记之作问世。但是,无论哪一门学科,都大抵与经、史之研究相关联。从积极方面看,清学重考证,重名物制度的训释,且涉猎范围甚广,对明代的"空谈心性"之学是一场革命。然而,思想界"汉学专制"局面的形成,亦与此大有关系,致使有人治一业以终其身。武进臧玉琳,"为诸生三十年,未尝一日不读经。偶有所得,即记录,间附他说。积久成三十卷,名《经义杂说》,大都深于汉唐训诂之说。……先生不求人知,他人亦无知之者"⑥。无锡顾栋高,"少治《春秋》,笃好《左氏》学,昼夜研诵,辄未暂辍。偶有忿懑,家人以《左传》一卷置于其几,

---

① 梁启超:《清代学术概论》,《梁启超论清学史二种》,复旦大学出版社,1985年,第58页。
② 同上书,第39页。
③ 同上书,第51页。
④ 同上书,第52页。
⑤ 同上书,第39页。
⑥ 钱泰吉:《曝书杂记》,辽宁教育出版社,1998年,第5页。

怡然诵之,不问他事。自壮至老,勤勤订述,常若不及。夏月闭户,不见一客,卸衣解袜,据案玩索,膝摇动不止,每仰视屋梁而笑,人知其一通毕矣"①。为学问而学问,"学问即是目的"。即使形式灵活、不拘一格的札记,也往往是考据、学问充斥其间。超脱如袁枚,所著《随园随笔》,亦忘不了考辨《十三经之名不始于前明》、《孔安国献〈古文尚书〉遭巫蛊论》,足见考据问学之风对札记的渗透。

瓯北的《陔余丛考》,虽然也是以考据为主,却不是以学问为目的,而是在考证名物、制度、风习、礼仪的基础上,对种种现象作文化的整体观照。如在第二十八、二十九卷,用三十七条的篇幅专论与科举相关之事。顾炎武《日知录》的卷一六、卷一七亦论科举,前者显然是受后者影响。且二书细目多有相同者,如"举人"、"秀才"、"进士"、"十八房"之类。但是,仔细寻绎,便可发现其侧重点有所不同。同是"秀才"一目,《日知录》着重论述秀才之称在唐与明的本质不同:一为"贡举科目",一为"辟举之名"。而《陔余丛考》则重在探求"秀才"一词的起源及内涵的演变。称:"《礼记》有秀士。《汉书·贾谊传》:河南守吴公闻谊秀才,召置门下。秀才之名始见于此。"②并谓,秀才乃"才之秀者",非"士子之专称",至宋亦然。明清以来,则以"秀才"指称府、县学生员。且生员又有廪膳生员、增广生员、附学生员等名目。至于县学与府学生员人数、生员月廪数等,均有详细叙及。

瓯北此处所论,亦有不尽完善处。如,秀才之名,非始于《汉书》,而见于《管子·小匡》。当然,那时所称"秀才",是指才能优秀之士。至汉,秀才始成为举士之科目。但在论述的周密、完善上,有时又超过《日知录》。《日知录》根据《旧唐书》、《唐登科记》等史料,主要谈唐初停秀才科之前的情况,虽说符合那一阶段历史实际,但毕竟难以概括有唐一代秀才在科目中地位由"重"而"轻"的完整过程。瓯北不仅叙述了唐初秀才声望之"极盛",还探讨了开元年间虽复举此科,但缘主司"不欲奖拔"乃造成"其科遂废"的内在原因,并根据翔实史料,揭出后世"凡乡贡

---

① 徐珂编撰:《清稗类钞》第八册,中华书局,1986年,第3844页。
② 赵翼:《陔余丛考》卷二八,河北人民出版社,1990年,第555页。

怀牒就试于州县而觅举者,皆称秀才"这一事实,显然比顾氏所述更为全面。

再如"举人"一目,《陔余丛考》同样是先溯其源,说:"汉时取士无考试之法,皆令郡国守相荐举,故谓之举人。"并追述了世人称举人为"孝廉"的由来,还论述了唐宋之举人与汉代举人的差别:汉代举人,乃入仕之途;唐宋之举人,若试礼部不中,仍须再应乡举,故有"四魁乡举"者。至明,"乡试中式者为举人,会试中式者为进士,遂与进士分甲、乙科,而举人并可入仕"。则概括描述出举人在不同时代的特定价值,亦是在追本溯源。顾炎武称:"今人以乡试榜谓之举人,会试榜谓之进士。"瓯北谓:"今会试中式者,礼部放榜,但云会试中式举人,必俟殿试后,赐进士及第、出身、同出身,始谓之进士。或有事故不及赴殿试者,尚但是中式举人,不得称进士。"①则纠正了顾氏说法的疏漏,叙述更为严密。

又如"状元、榜眼、探花"条谓:"世称进士廷试第一甲三人为状元、榜眼、探花。按状元之名,唐已有之。自武后初试贡士于殿前,别其等第,门下例有奏状,其居首者因曰状头,亦曰状元。"②而榜眼之名,起于北宋,然第二、第三名均可称榜眼。宋太宗时,朱严以第三名及第,王禹偁赋诗为之送行,称"赁舟东下历阳湖,榜眼科名释褐初",可证。探花之名,本由唐时曲江杏园探花宴而来。探花使以少年英俊者为之,往往是两人。至南宋初,始以殿试一甲第三名为探花,至明清相沿不改。"礼部知贡举"称:"唐初,明经、进士,皆考功员外郎主试事",以其望轻,遭举子诋诃。至开元间,始由礼部侍郎知贡举,有时亦"别命大臣主试"。"读卷官"谓:廷试进士,例点大臣为读卷官,令在御前跪读。皇帝据其所读以定甲乙。宋时王沔善读,故经其所读之试卷,多在高选。至清,虽仍有读卷官之名,但往往由皇帝亲阅,毋烦大臣捧读。其他如殿试或武举起于何年;远省举人赴京会试的特殊待遇;五代时举子应试,许燃烛答卷;乡闱往往用京官作主考;阅卷按诗、书、礼、易、春秋分房批阅;清乾隆间,应试者以试《诗经》者居多等等,均曾叙及。

---

① 赵翼:《陔余丛考》卷二八,河北人民出版社,1990年,第557—558页。
② 同上书,第560页。

在清代的笔记杂乘中,述及科举制度者为数不少,如法式善的《清秘述闻》、《槐厅载笔》,李调元的《制义科琐记》,昭梿的《啸亭杂录》,梁章钜的《制义丛考》,陈康祺的《燕下乡脞录》,王士禛的《池北偶谈》,钱泳的《履园丛话》等。然而,他们所记多是科第名录、遗闻轶事,或侧重于应试之技巧,其间或羼入因果报应之类劝善思想,局限性较大。而科举考试是国家遴选人才和决定一般书生地位升降的重要途径,具有重要的社会影响,与国家政治、民风士习息息相关。它牵动着各级衙门的神经,同时又决定着不同社会阶层人物的流向与走势,反映出中华文化的一个重要层面。瓯北论科举,既有受当时学风影响的一面,注重原始史料的排比与推究,又不拘囿于对科举名目的繁琐诠释,也无意于追述掌故遗闻、场屋旧事,而是站在历史的角度详细探讨科举制度的方方面面内容,寻求其演化之迹及文化依托,亦涉及对其得失成败的剖析,恰反映出他宏阔的文化视野和史学家的独到见识。

《陔余丛考》还于卷三一论及婚姻风俗。《左传·僖公廿三年》称:"男女同姓,其生不蕃。"所谓蕃,据孔颖达《疏》,乃"蕃息昌盛"之意。说明早在春秋之时,我国即有了优生学思想的萌芽。然而,这一富有积极意义的思想,在当时并未被普遍接受。"同姓为婚"条,根据《论语》、《左传》、《国语》等载述,以大量事实证明,"同姓为婚,莫如春秋时最多","至孝文帝始禁之,诏曰:夏殷不嫌一族之婚,周世始绝同姓之娶。皇运初基,未遑厘改,自今悉行禁绝,有犯者以不道论"。以后同姓为婚者渐少,这便为婚姻制度进化研究廓清了疑点。加之对"交婚"、"指腹为婚"、"初婚看新妇"、"撒帐"、"拜堂"等风习的详细考释,便较为全面地勾勒出古代婚俗的不同侧面,为探讨婚姻文化提供了翔实的资料参照。

瓯北的考证,有时并不局限于一个层面,而是通过对某一事件或物事来龙去脉的考索,以透现时事的变迁、审美趋向的差异、文化内涵的不同,已突破一般考据学的范畴。"他在排比史料之后提炼出的结论,已具较普遍的意义,可以帮助读者认识某一历史事实的真相,了解某一类的社会现象的广泛内容。"①在"名帖"条,开头径称:"以纸通名,谓之拜帖。"然后引用刘冯《事始》中说法:"古昔削木以书姓名,故谓之刺,后世以纸书,谓之名帖。"似乎在交代名帖的原委,实则意在引出下文议论、批评的话题:"此说亦有可疑者。"疑在"既削木为刺,则应是未有笔墨以前"。然而,"《六经》及先秦、两汉之书",却未见有此用法。《汉书·高帝纪》:"乃绐为谒,曰贺钱万。"颜师古注曰:"为谒者,书刺自言爵里,若今参见尊贵而通名者也。"在列举多项史料之后,推论道:"若如刘冯所云,则未有纸以前谓之谒,既有纸以后反削木为刺,似非事理然","古人通名,本用削木书字,汉时谓之谒,汉末谓之刺,汉以后则虽用纸,而仍相沿曰刺。"又引《通鉴集览》曰:"唐百官于阁门奏榜子,榜子用纸阔四五寸,书乡邑姓名于其中。刺则用纸阔二三寸,书姓名于纸之前,反卷如箸,以红线要之。凡谒人必先托门者通进,谓之投刺。曰反卷如箸,盖犹存削木遗式也。"在交代唐时"刺"之形状、体式与书写规范的同时,并与榜子(当时用于奏事通谒的公文书)作一比较,给人以明晰印象。并称,刺改称"门状",自唐李德裕时始。

至明,刘瑾用事,"奔竞者则益踵事增华",一改古来门状用白纸的习俗,"悉用红纸,故京师红纸价顿长十数倍"。严嵩当权,趋奉者每谒,竟"用赤金缕姓名缝红绫作柬,嵩以为尊之也"。张居正盛时,"诒之者名帖用织锦,以大红绒为字,而绣金上下格,为蟒龙蟠曲之状"。张居正"独好尊大,故人以此媚之"。明时,亲王投刺,例不称名,或称某王,或书别号。但严嵩当国时,亲王无不称名。至张居正时,竟以门生自称。"即此一事之沿革,亦可以观世风也。"②在这一千五百余字的篇幅中,作者所征引的资料有《汉书》、《史记》、《梦溪笔谈》、《分甘余话》、《香祖笔记》、《资暇录》、《涌幢小品》、《觚不觚录》、《鱼豢典略》、《梁溪漫志》等二十余种。作者正是借助史料的排比,提炼出借名帖以观世风这一主旨。一张小小名帖的考释,竟然浓缩了好几个朝代的风俗习尚,可谓小中见大,对当世亦应有警戒意义。

---

① 周勋初:《当代治学方法的进步》,《当代学术研究思辨》,南京大学出版社,1993年,第122页。
② 赵翼:《陔余丛考》卷三〇《名帖》,河北人民出版社,1990年,第611—614页。

本作的其他部分,尚涉及神话、术数、称谓、礼仪、官制、掌故、年号、语言等各个领域。若独立地看,书中每条皆围绕同一个论题,明辨源流,综贯异说,自具首尾,所解决问题往往细而微,内容相对集中。若把相关各条作为一个整体看,又无疑是在解析某一文化的不同层面。这种编排体例与考证方法,明显有受顾炎武《日知录》影响的痕迹,"每一事必详其始末,参以证佐,而后笔之于书"①。瓯北治学,则步其后尘,反映出他虚心向善的治学态度和较为宏阔的文化视野。

三 "词章"与"事理"并重的考据

梁启超在《清代学术概论》中称,清人治学"最喜罗列事项之同类者,为比较的研究,而求得其公则"②,并充分肯定了这一"科学精神"。瓯北之考证,在排列史料、比而较之的同时,往往还辅之以推理,以"立出自己一种意见",此即所谓"事理"。而不像有的学者局促于狭义的考证,满足于订一字或校一讹。这正是瓯北略胜人一筹之处。

"猖獗"一词,一般多训为"恣横不可制"。在瓯北看来,本词当"更有别义"。他举例说,《三国志·蜀志·诸葛亮传》:"由是先主遂诣亮,凡三往乃见。因屏人曰:'汉室倾颓,奸臣窃命,主上蒙尘。孤不度量力,欲信大义于天下。而智术浅短,遂用猖獗,至于今日。'"又《梁书·陈伯之传》:"寻君去就之际,非有他故,直以不能内审诸己,外受流言,沉迷猖獗,以至于此。""猖獗","皆有倾覆之意,与常解不同"③。在对"猖獗"一词的诠释中,瓯北采取的便是先排比史料,然后根据上、下文内容,以情理推断含义的方法。

又如"折扇"条,先引高士奇《天禄识余》,谓:"今之折叠扇,初名聚头扇。元时高丽始以充贡,明永乐间稍效为之。今则流传浸广,团扇废矣。"后则征引《癸辛杂识》、《容斋随笔》、《篷窗续录》、《客中闲谈》等书

---

① 永瑢等:《四库全书总目》卷一一九"子部二十九·杂家类三",中华书局,1965年,第1029页。
② 梁启超:《梁启超论清学史二种》,复旦大学出版社,1985年,第39页。
③ 赵翼:《陔余丛考》卷二二《猖獗》,河北人民出版社,1990年,第424页。

资料,及苏东坡、金章宗等人题折扇诗、词,称:"折扇非始于元,盖宋、金时已有之。特其时尚未盛行,民间犹多用团扇。是以陆放翁有'生绡裁扇又团团'及'团扇家家画放翁'之诗。直至永乐中始盛行于中国耳。"结论产生于大量史料排列之后,纠正了《天禄识余》记载之误,很有说服力。《资治通鉴》记有南齐褚渊以腰扇障日之事。胡三省注云:"腰扇佩之于腰,今谓之折叠。"瓯北以情理推论道:"此恐误。唐时尚未有折扇,何得六朝已有之。胡三省盖以后世之物,妄为附会耳。"① 可谓有识之论。

可知,瓯北的考证,不仅依靠丰富的史料以求得"公则",还根据所积累的生活经验,揆之以情理,使结论更能服人,与仅在文字中翻跟斗的经生训诂有着很大的不同。梁启超称,清代学者之治学,往往"轻主观而重客观,贱演绎而尊归纳"②,固然道着当时学术研究的主导趋向,但也不能一概而论。瓯北在治学上,就既注重客观史料的罗列,也并未忽略主观上的推理判断,更符合科学精神。

还有,瓯北治学,富于创新精神,从不盲从古人,也不迷信权威。据《论语·先进》载述,曾点在回答孔子问其志向时说:"暮春者,春服既成。冠者五六人,童子六七人,浴乎沂,风乎舞雩,咏而归。"③ 对这段话的解释,历来众说纷纭。王充《论衡》卷一五《明雩篇》谓:"鲁设雩祭于沂水之上。……说论之家,以为浴者,浴沂水中也,风干身也。周之四月,正岁二月也,尚寒,安得浴而风干身? 由此言之,涉水不浴,雩祭审矣。"④ 较早对"浴乎沂"提出质疑,但诠释中亦有疏漏。瓯北纠正道:"周之暮春,乃夏之正月,而有浴与风之事,本易启人疑。……若王充所云雩祭,则又失之远矣。果如其说,以雩祭调和阴阳,则亦为邦者之事也,又何必问求、赤非为邦欤?"他认为,朱熹《四书章句集注》在注释此句时,"初欲注浴为盥濯祓除,忽又接曰'有温泉焉'",未免模棱两可。韩愈注《论语》,将"浴乎沂"改为"沿乎沂",王棠"疑为白日中裸身而浴",

---

① 赵翼:《陔余丛考》卷三三,河北人民出版社,1990 年,第 675—676 页。
② 梁启超:《清代学术概论》,《梁启超论清学史二种》,复旦大学出版社,1985 年,第 85 页。
③《十三经注疏》下册,中华书局,1980 年,第 2500 页。
④ 王充:《论衡》,上海人民出版社,1974 年,第 237 页。

皆难服人。在瓯北看来,此非雩祭,可能与古时"上巳祓于水滨"的仪式有关。① 这一论断,是比较符合实际的。

雩祭,乃祈雨之祭祀。古者孟夏之雩为常雩,遇旱而祷则为大雩。《春秋公羊传·桓公五年》:"大雩者何,旱祭也。"何休注曰:"君亲之南郊,以六事谢过,自责曰:'政不一与? 民失职与? 宫室荣与? 妇谒盛与? 苞苴行与? 谗夫倡与?'使童男女各八人,舞而呼雩,故谓之雩。"②君主亲自出面的祭祀活动,曾点不可能希冀参与其间并设想得如此惬意。而且,雩祭之时间,亦与古书记载不合。虽说至今对"浴乎沂"解说,仍见仁见智,但瓯北这一比而论之的考释方法,毕竟给后人许多启示。

还有,《礼记·王制》谓:"八十者,一子不从政;九十者,其家不从政;废疾非人不养者,一人不从政。"③解释者一般都认为,是令其子孙得以家居而侍养老人。后世终养之例,也由此而来。但在瓯北看来,"家有老亲,正资禄养,岂有转禁其入仕之理? 且九十者一家之中俱不从政,倘在贫家,将何以奉晨昏、具甘旨? 是教之孝而转无以全其孝也"。④ 在本条中,瓯北将"不从政"理解为"免其徭役口算",固然很是牵强,但是,他对此事的分析判断却切合事理。

另外,《陔余丛考》卷三〇有"木棉布行于宋末元初"一条,作者征引了十数种文献中史料,将棉花种植史交代得清清楚楚,既有史事考证,也有逻辑推理,结构谨严,层层推进,俨然一篇研讨棉花种植史的独立学术论文。元陶宗仪《南村辍耕录》"黄道婆"条,虽亦述及松江一带木棉种植与家庭纺织业兴起之状,但远没有瓯北所载详细,恰可补棉花栽培史方面文献之不足。

由上述可知,瓯北受清代学术思潮影响,虽热衷于搞考据,但毕竟与沉溺于经学的"正统派之学风"有所不同。

首先,他的治学,实事求是,不主一家,不为"凡古必真,凡汉皆好"的

---

① 参见赵翼:《陔余丛考》卷四《浴乎沂风乎舞雩》,河北人民出版社,1990年,第74—75页。
② 《十三经注疏》下册,中华书局,1980年,第2216页。
③ 《十三经注疏》上册,中华书局,1980年,第1346页。
④ 赵翼:《陔余丛考》卷三《八十者一子不从政,后世引为终养之误》,河北人民出版社,1990年,第56页。

时代风气所拘囿,对清儒所崇拜的郑康成时有微词。即使对他素所服膺的顾炎武,在《陔余丛考》中,同样以"顾宁人曰"、"顾宁人谓"的形式,去补充或纠正其观点。还经常指出好友王鸣盛《十七史商榷》中的疏漏或不足。他既不愿拜倒在古人脚下,又不盲从今人,框框来得较少,故思想活跃,视野开阔,富于创新精神。他所叙及的事实,"一件件零碎摆着,像没有什么意义,一属一比,便会有许多新发明"①,带有普遍意义的抽象内容,便往往是从这些具体的零碎的事实排比中,归纳、演绎而来。

其次,他的考证,虽说没有表现出太明显的功利倾向,但书中所考证的不少事项,多与国计民生有关。如军中火器的起源及后世所遭到的封锁;来自西域的眼镜;琉璃系"采石熔汁"制成的;西瓜始于五代;用温室种菜植花,汉代已有;打稻谷所用连枷,《国语》曾有记载;秦以一镒为一金,汉以一斤为一金;税契起于东晋等等,均为研究科技史、经济史的珍贵资料。此等结论,"决非靠空洞的推论和尖巧的臆测所能得,必须用极耐烦的工夫,在事实自身上旁推反勘,才可以得着真相"②。他的学术目光,由经书移至"百姓日用",用其所学观照国计民生,给当世提供借鉴,识见自是高人一筹。

再者,瓯北的考证,与那些终日沉溺于经史,在章句、训诂中讨岁月者有很大的不同。在正统学问家看来,只有究心经史,才是学问之正途。"言理学者,其所读之书不过经生之章句,其所穷之理不过字义之从违"③,"集诸儒之大成者,朱子也。朱子之学即孔子之学。"④而瓯北除研究经史外,更注重对俗文化的观照。以对俗文化的考释,证明经史之外亦大有学问在,恰如有人所云:"经济有补实用,掌故有资文献。无经济之才,则书尽空言;无掌故之才,则后将何述。"⑤故书中节令、风俗、民间工艺、方言俗语、亲友称谓、人际交往、十二相属、干支纪年、掌故遗闻、百姓趣事等,几乎均有涉及,使学问也具备了实在

---

① 梁启超:《中国近三百年学术史》,《梁启超论清学史二种》,复旦大学出版社,1985年,第202页。
② 同上书,第192页。
③ 黄宗羲:《留别海昌同学序》,《黄宗羲全集》第十册,浙江古籍出版社,2005年,第645页。
④ 陆陇其:《三鱼堂集》外集卷四"策·经学",清康熙刻本。
⑤ 汪家禧:《与陈扶雅书》,贺长龄编:《清经世文编》卷五"学术五",清光绪十二年思补楼重校本。

的生活内容,与那些正襟危坐、闭门造车、高谈性理者旨趣迥异。如避讳在古代是件很严肃的事,因犯讳而失去晋身之阶者不乏其人。此事在瓯北的笔下,却显得是那样的荒唐可笑。文中称:"王彧子绚,六岁读《论语》'郁郁乎文哉'。外祖何尚之戏曰:'可改耶耶乎文哉。'以郁乃父嫌名也。"①又引仇远《稗史》:"钱良臣自讳其名。其子读书,凡遇良臣字,皆令避之。一日,读《孟子》:今之所谓良臣,古之所谓民贼也。亦改云:今之所谓爹爹,古之所谓民贼也。闻者大笑。"②瓯北于考证之作中,征引如此两个故事,固然与其诙谐个性有关,但对繁琐的封建礼法似不无讥刺之意。

再如,作者于卷四一"女扮为男"条,追叙历代女英杰壮举,同卷之"再醮后"则历述皇后中之众多失节者,都似与封建礼法不相符合。卷三八"别号"条引《讥别号诗》谓:"孟子名轲字未传,如今道号却纷然。子规本是能言鸟,又要人称作杜鹃。"③又是在针砭世俗。卷三七"博士待诏大夫郎中"条,则诠释市语及其由来,卷四三专门收集成语。诸如此类,均与正统派学风有所不同。

清代"汉学家所考证者,局部之考证,于唐以下之书率不屑读,尤鄙夷宋人,好事诋斥"④,而瓯北的考证则涉及经、史、子、集方方面面,并征引大批宋元之后文献资料,以其开阔的视野,博采众长,以彼证彼,成就了自己的学术风格。可见,《陔余丛考》之所以流传不衰,与其独特的学术追求有很大的关系。正如有人所云,《陔余丛考》迄今仍是"一部有价值的参考书","不仅受到史学工作者的重视,而且也广为文学艺术、语言文字、社会学、民俗学等诸多学科工作者所利用。近人著《中国文化史》,虽受有西学东渐的深刻影响,但无疑从本书也得到过有益的启示。"⑤

---

① 赵翼:《陔余丛考》卷三七《爷》,河北人民出版社,1990年,第778页。
② 赵翼:《陔余丛考》卷三七《爹》,河北人民出版社,1990年,第779页。
③ 赵翼:《陔余丛考》,河北人民出版社,1990年,第799页。
④ 柳诒徵:《中国文化史》,中国大百科全书出版社,1988年,第746页。
⑤ 陈祖武:《清儒学术拾零》,湖南人民出版社,2002年,第207页。

第十五章 瓯北对"理"、"气"与世事的哲学思辨

赵翼是一位富于哲理思辨的文士。在不同的生活环境里,他都有很强的独立意识。他读书虽然较多,但不为前人成见所拘囿,"论古勿泥古"。对历史上、现实中的许多现象,都有着自己的独特思考,且经常变换视角,调整聚焦点,从不同角度洞察事物的本来面貌,并以诗歌的形式予以展现。瓯北生活在新、旧思想杂陈的清代中叶,虽说缺乏戴震那种激烈批判宋代理学家谬说的勇气,却有"向来嫌理学"①的一贯作风。他虽然对王守仁的文治武功多所推崇,但对其学说如何接纳、接纳什么,又有着自己的独立思考。他不赞成囿于前人成见在人云亦云中讨岁月,而凡事必求其真,靠个人观察思考,以探求事理的真髓,表现出难能可贵的积极求索的开拓精神。

一 "谓气从理出,此究是何理"

瓯北声称"向来嫌理学",并非泛泛而论,早在童年时代,就"性好诗古文词"②、"不喜作时文"③,自然也不喜欢"四书"、"五经"及程、朱等理学家传注。青年时期,则针对理学家所谓"性"、"理"等核心理论,公然

---

① 赵翼:《即目》,《瓯北集》卷五〇,《赵翼全集》第六册,凤凰出版社,2009年,第1029页。
② 佚名编:《瓯北先生年谱》,赵兴勤、蒋宸、赵韡编:《赵翼研究资料汇编》下册,台湾花木兰文化出版社,2013年,第444页。
③ 同上书,第445页。

提出质疑。在《古诗二十首》(之六)中称：孟子出于"救世"之动机，倡言"性相近"，"特标性善旨"，然而，"其言浑浑尔"。浑浑，《楚辞·九愍·感逝》："世浑浑尔其难澄。"显然有浑浊、纷乱之意。在瓯北看来，孟子性善之说本来就含混不清，对生性贼狠者难以解释，可后来经过理学家的种种诠解，越发教人如坠迷雾之中，即所谓"后儒强为诠，分别气与理。既名之曰性，理早落气里。舍气而言理，又一重障矣"①。

此处所云，显然是有所指。宋代大儒朱熹，在《孟子·告子章句上》"人无有不善，水无有不下"句后注曰："性即天理，未有不善者也。"②而在本章"牛之性，犹人之性与"后又注曰："性者，人之所得于天之理也；生者，人之所得于天之气也。性，形而上者也；气，形而下者也。人物之生，莫不有是性，亦莫不有是气。"③将人之"生"与"性"截然隔断，且称来源非自一途，一为"天之理"，一为"天之气"。作为"人"，既是一完整个体的客观存在，所禀之"性"与"性"之载体的"人"，又岂能分而离之？"人"是由"气"而化生，而与人生俱来的"性"为何独得"天之理"，使瓯北大惑不解。所以，他称"舍气而言理，又一重障矣"，意思是说，宋儒对圣人经书的诠释，不仅不能给解读文本提供帮助，反而又设一重障碍。这无疑是动摇了朱熹等理学家为儒家经典所作传注的权威性、可信性，多少有些与清朝最高统治者唱反调的意味。此后，"理"与"气"关系的思辨，便经常出现在他的说理诗中。

我们知道，宋儒的"格物穷理"，是由《礼记·大学》中的三纲（明明德、亲民、止于至善）、八目（格物、致知、诚意、正心、修身、齐家、治国、平天下）生发而来。二程一方面强调"凡眼前无非是物，物皆有理。如火之所以热，水之所以寒，至于君臣父子间皆是理"④，一方面却又称："人要明理，若止一物上明之，亦未济事。须是集众理，然后脱然自有悟处。"⑤对这类话语中的自相矛盾处，他是以"理"（天理）相弥合的。他所

---

① 赵翼：《古诗二十首》之六，《瓯北集》卷一，《赵翼全集》第五册，凤凰出版社，2009年，第2页。
② 朱熹：《四书章句集注》，中华书局，1983年，第325页。
③ 同上书，第326页。
④ 程颢、程颐：《二程遗书》卷一九，上海古籍出版社，1992年，第195页。
⑤ 程颢、程颐：《二程遗书》卷一七，上海古籍出版社，1992年，第135页。

称的"物皆有理",并非仅指一物有一物的内在规律,而是说世间万物皆有"理"在。"格物穷理,非是要穷尽天下之物,但于一事上穷尽,其他可以类推"①,"虽亿万亦可通"②。以此说明万物皆出一理,均为"天理"的反映,万理归于一理,皆为"天理"所统摄。他们所说的"格物",并不一定是认识事物的客观规律,而是借助"物"对早已存在的"天理"的验证。在他们看来,作为理性观念的"天理",先于"物"而存在,如同朱熹所说:"未有天地之先,毕竟也只是理。有此理便有此天地。若无此理,便亦无天地,无人无物,都无该载了。有理便有气,流行发育万物。"③格物的目的,在于使内心恢复"天理"。如此一来,便颠倒了认识与存在的关系,"把人心(认识的知觉器官)的可反映性与反映内容混淆起来,把外在事物之理说成是内心之理"④。在"理"与"气"的关系上,二程认为,理气相依,以理为本。"理"主宰阴阳之气。"一阴一阳之谓道。道非阴阳也,所以一阴一阳,道也。"⑤所谓"道",即最根本之"理"。朱熹则主张"理"先"气"后,视抽象的"理"为世界之本原,把物质的"气"看作由"理"而化出。

瓯北却认为,世间之物,林林总总,各具情态,千差万别,难以尽"格"。石,本来是沉于水的,世间却有浮磬存在;木,一般是浮于水的,却又有沉木没于水。同一类物质,其性不同如此。"物"何以能借"理"而尽"格"?他如,蛇生两头,一狐多尾,螃蟹壳居,石纹如绮,树理似字,"桄榔腹多面,椰实汁成醴",诸种怪奇现象,其产生原因,均难以了了。故而,他在《放言》诗中称:"一物有不知,儒者引为耻。岂知物难格,万汇纷莫纪。"清初经学家阎若璩(字百诗),曾"集陶弘景、皇甫谧语题其柱云:'一物不知,以为深耻;遭人而问,少有暇日'"⑥。其学虽承继顾炎武遗风,但已失通经致用之精神,且对宋儒推誉过当,谓:"天不生宋儒,

---

① 程颢、程颐:《二程遗书》卷一五,上海古籍出版社,1992年,第120页。
② 程颢、程颐:《二程遗书》卷一九,上海古籍出版社,1992年,第195页。
③ 朱熹:《朱子语类》卷一,岳麓书社,1997年,第1页。
④ 肖萐父、李锦全:《中国哲学史》下册,人民出版社,1983年,第82页。
⑤ 程颢、程颐:《二程遗书》卷三,上海古籍出版社,1992年,第58页。
⑥ 《清史稿》卷四八一《儒林二·阎若璩传》,《二十五史》第十二册,上海古籍出版社、上海书店,1986年,第10299页。

仲尼如长夜。"精力专注于考据训诂,欲以汉儒之博物考古,来印证宋儒之义理。瓯北所谓:"一物有不知,儒者引为耻",显然是由《南史》卷七六《陶弘景传》"一事不知,以为深耻"及阎氏之语化出。诗中"儒者"云云,虽不一定专指阎氏,但已流露出对其标榜太过的不满,其间亦似有影射朱熹所谓"吾心无所不知"之意。在朱熹看来,"在己之理"与"在物之理"同为一"理","心包万理,万理具于一心"。① "心"既然无所不包,无所不知,天下万物之"理",只要略加"经历",自然会"豁然贯通"。然而,事实绝非如此。世界之大,无所不包,而人的认识却极有限,不可能在有限人生中"物物上穷其至理"。尽管在瓯北所列举的众多物象中,有些出自野史家言,如芭蕉变女,老枫成叟,泥马出汗,枸杞犬啼,鹰口吐粪,龟活烈火等,均系子虚乌有,但他的本意并非在宣扬怪诞故事,而是借以说明,借助一事一物,而尽穷天下之"理",无异于白日说梦,是根本不可能的。瓯北如此发论,显然针对的是理学家的某些言论。理学家所说之"理",多指伦理纲常。他们把封建道德说成是天地万物的主宰。瓯北则不然,他在《放言》中申述的"理",乃是事物的本然特征,在探索事物生成的奥秘。并在引证大量世间之物的基础上,径直申斥道:"陋儒论理气,硁硁守故纸。谓气从理出,此究是何理? 乃知理之外,气尚无穷已。茫茫化者机,未可测以思。"②是气从理出,还是理由气得,这恰恰是唯物主义与唯心主义两种认识论的根本分野。马克思在《〈资本论〉第一卷第二版跋》一文中曾说道:"在黑格尔看来,思维过程,即他称为观念而甚至把它变成独立主体的思维过程,是现实事物的创造主,而现实事物只是思维过程的外部表现。我的看法则相反,观念的东西不外是移入人的头脑并在人的头脑中改造过的物质的东西而已。"③所谓气从理出,"有是理,便有是气,但理是本"④,显然是颠倒了认识与现实存在的关系。瓯北在这里强调,"理"不能包容一切。所谓"一物之理即

---

① 朱熹:《朱子语类》卷九,岳麓书社,1997年,第139页。
② 赵翼:《瓯北集》卷二三,《赵翼全集》第五册,凤凰出版社,2009年,第400页。
③ 《马克思恩格斯选集》第二卷,人民出版社,1977年,第217页。
④ 朱熹:《朱子语类》卷一,岳麓书社,1997年,第2页。

万物之理"①,不过是陋儒之见,不能成立。"理"外之"气",才是广漠莫测、幻化无迹、无穷无尽的。这段大胆直截的议论,具有积极的反理学意义,同时,也蕴含有一定的辩证法因素。

《放言》一诗,大致写于瓯北51岁时。至75岁(嘉庆六年,1801),他又对"理"与"气"的关系这一古老哲学命题再作审视,在《静观二十四首》(之三)中写道:

> 谓气从理出,众口同一辞。理从何处来,非虚悬两仪。有气斯心知,有知斯是非。是非方是理,而气已生之。岂非气在先,早为理之基。况或理所无,而为物所有。有知变无知,连理木不朽。无知变有知,老枫或成叟。试问此何理,磅礴出气厚。为语诸腐儒,陈言未可守!②

与《放言》一诗相比较,其认识又有所深化:一是在肯定"理之外""气尚无穷已"的基础上,进一步强调"气"为"理之基",气在理先,观念的产生是以社会的存在为基础的,驳斥了朱熹所谓理在气先、"理是本"之类谬说,将宋儒颠倒的认识再颠倒过来,还其本然。二是进一步阐述了"气"、"理"、"知"三者之间的关系。正因有"气"(物质)的客观存在,"心"才能感知,又因"心"之"知",才有了评判事物的标准(是非)。这一认识事物的理念,才是真正的"理","理"又涵养出"气"(精神状态)。此处之"理",与宋儒所谓"理",内涵已迥然不同。宋儒既称"理"为"生物之本",又将其视作"形而上之道"③,还将"理"指称为人的本然之性,谓"性是实理,仁义礼智皆具"④。如此一来,理学家之"理",究竟是物质的,还是观念的,是超越自我的,还是寄附人身的,就显得含混不清。而瓯北所称"理",乃是事物本然之"理"。"理"是通过人对事物的感知所得,是评价事物的尺度,"是非方是理"。这便描述出由外物(气)到感知(心知)再到是非(理)的完整的思维过程,准确地揭示出观念是客观世

---

① 程颢、程颐:《二程遗书》卷二,上海古籍出版社,1992年,第16页。
② 赵翼:《瓯北集》卷四三,《赵翼全集》第六册,凤凰出版社,2009年,第869页。
③ 朱熹:《朱文公文集》卷五八《答黄道夫》,《四部备要》本。
④ 朱熹:《朱子语类》卷五,岳麓书社,1997年,第76页。

界在人的头脑中反映的产物,是符合辩证法的。三是瓯北尽管对王守仁的事功多所推崇,但对其哲学思想却并不盲从。王守仁曾称:"良知原是完完全全,是的还他是,非的还他非,是非只依着他,更无有不是处。"①"良知只是个是非之心,是非只是个好恶。只好恶就尽了是非;只是非,就尽了万事万变。"②然而,他的所谓"良知",乃是"天理自然明觉发见处"③,是与生俱来的"心之本体"④。认为认识不是来源于外物,而是"心自然会知"⑤,理在心中,心即是理,用"良知"代替了见闻之知,感性认识被排斥出认识过程,以客观事物是否符合主观意念来评判是非,外物随"意"而派生。王守仁否认外物对"心"的感悟,强调"天地万物,俱在我良知的发用流行中"⑥。"理"内化为"良知"。与朱熹所称"未有天地之先,毕竟也只是理"⑦,理即涵盖"仁义礼智",将认知之"理",外化为超然万物之"天理",同样荒唐可笑,都是对存在与认识关系的颠倒。瓯北虽说沿用了王学"心"与"知"之类的哲学术语,但他强调的是"有气斯心知,有知斯是非",认识来自对客观事物的观察,经过分辨判断,才提炼出评价外物好恶的标准。由此可知,瓯北思想并非是对王阳明心学的纯然继承。

晚明思想家刘宗周曾说:"凡言性皆指气质而言也。或曰'有气质之性,有义理之性',亦非也"⑧,"朱子以未发言性,仍是逃空堕幻之见。性者,生而有之理,无处无之。"⑨在论及"理"与"气"之关系时说:"理即是气之理,断然不在气先,不在气外。……义理之性即气质之性"⑩,动静之间"各有自然之理",能"顺以应之","则亦无往而非道矣"。⑪ 与朱熹所论大相径庭。清初著名哲学家王夫之在《思问录·外篇》中亦

---

① 王守仁:《阳明传习录》卷三,上海古籍出版社,1992年,第93页。
② 同上书,第98页。
③ 王守仁:《阳明传习录》卷二,上海古籍出版社,1992年,第75页。
④ 王守仁:《阳明传习录》卷一,上海古籍出版社,1992年,第7页。
⑤ 同上书,第7页。
⑥ 王守仁:《阳明传习录》卷三,上海古籍出版社,1992年,第94页。
⑦ 朱熹:《朱子语类》卷一,岳麓书社,1997年,第1页。
⑧ 黄宗羲:《子刘子学言》卷二,《黄宗羲全集》第一册,浙江古籍出版社,2005年,第315页。
⑨ 同上书,第314页。
⑩ 同上书,第308页。
⑪ 同上书,第322页。

称:"五行之气自行于天地之间,以化生万物。"又称:"理只在气上见"①,"气外更无虚托孤立之理也。"②瓯北对"气"与"理"关系的阐述,与刘、王所论,是何其相似。这说明瓯北在总结历史文化遗产、成就个人"立言"事业时,所采取的是博采众长、去粗取精的审慎态度,而不盲目地屈从名人。

瓯北对事物的理性认识,乃是来自他对世间万象的细致考察。在他看来,日月运行,有一定之程限;寒来暑往,南北则差异很大。塞北八月飞雪,而滇中冬至桃花尚开;闽南腊月有蚊,浙东春分已有蛙鸣。可见千里之内,气有早迟,难以穷究。"所以虽圣智,六合外不议"③。瓯北以自己的亲身经历,证明了"生而知之"之圣人根本不可能存在。且莫说先天即知,倘若阅历未到,"生"也未必能"知"。天地万物,尚有许多现象有待于进一步认识,将"知"视作先天固有,与生俱来,称"知者吾之所固有"④,显然是不现实的。瓯北又认为,人沉于水则死,鱼得水则活;人掩于土则死,虫却穴地而生。"物"与"人",皆由"气"生,又由"气"养,但各自皆有其生理,不能一而齐之,"迁地弗能良,受性固各爽"⑤。瓯北所说的"性",是与生俱来的自然本性,既不同于王守仁的"心即性,性即理",与宋儒"性即理"之说相比,也有着本质的不同。朱熹强调:"性即理也。在心唤作性,在事唤作理"⑥,并赋予性仁、义、礼、智等道德的内容,称性乃"所禀之天理"⑦。人与鸟兽、昆虫的区别,就在于所禀仁、义、礼、智诸道德内容的全否。而瓯北则从生活的实际出发,结合大量现实中的活生生的事例来证明,"性"与"天理"无涉,而与气禀相关。人与虫、鱼所禀之气不同,"物物皆天生,自兼阴阳理"。并进而指出,若果有"天理"存在,且又能主宰天地万物,那就"应只储祥和,不复杂戾悍。人有正无邪,世有治无乱。物不生蜂豺,岁不降水旱"⑧。然而,事实恰恰

---

① 王夫之:《读四书大全说》卷五,《儒学精华》下册,北京出版社,1996年,第2079页。
② 王夫之:《读四书大全说》卷一〇,《儒学精华》下册,北京出版社,1996年,第2233页。
③ 赵翼:《静观二十四首》之七,《瓯北集》卷四三,《赵翼全集》第六册,凤凰出版社,2009年,第870页。
④ 程颢、程颐:《二程遗书》卷二五,上海古籍出版社,1992年,第247页。
⑤ 赵翼:《静观二十四首》之八,《瓯北集》卷四三,《赵翼全集》第六册,凤凰出版社,2009年,第870页。
⑥ 朱熹:《朱子语类》卷五,岳麓书社,1997年,第75页。
⑦ 朱熹:《四书章句集注》,中华书局,1983年,第325页。
⑧ 赵翼:《静观二十四首》之九,《瓯北集》卷四三,《赵翼全集》第六册,凤凰出版社,2009年,第870页。

与此相反,种种怪异、奸邪、灾难累世不绝,危害百姓,"天理"之仁、义、礼、智又何在?由此可知,茫茫天地间,不过是阴阳二气充塞,"有阳必有阴,其力各参半。不死安有生,不寒安有暖。虽以造化功,不能偏于善"①。瓯北从阴阳、动静、生死、寒暖的对立与相依关系来论述人世与自然界的变化,认为天地万物的运动变化,是因为阴阳二气的交感变化在起作用,所论显然有其合理的因素。其言下之意是说,决定世间万物发生变化的,并不是"天理",而是阴阳二气互为运动的规律在暗中支配,动静互为作用,"寒暑运有期,日月行有轨"②,即如机工所织绫纱,"自然有表里",纸匠所造纸,"背粗面如砥",此是"人为","天何所施技"?然而,一阴(背面)一阳(正面),自具纹理。由此看来,阴阳二气遍寰宇,天地万物"无不为所使"③。

汉代董仲舒强调"贵阳而贱阴",认为"恶之属尽为阴,善之属尽为阳。阳为德,阴为刑。……阳气予而阴气夺,阳气仁而阴气戾,阳气宽而阴气急,阳气爱而阴气恶"④,"丈夫虽贱皆为阳,妇人虽贵皆为阴。"⑤宋儒朱熹更张扬此说,称:"阳是善,阴是恶;阳是强,阴是弱;阳便清明,阴便昏浊","阳明胜,则德性用;阴浊胜,则物欲行。"⑥对此,瓯北则不以为然。他在《静观二十四首》中径称:"阴非专主恶,阳非专主美。两不能相无,一又分彼此。"指出阴阳同属一气,二者在共存中既对立又统一,相辅相成,缺一不可,无所谓善恶。

瓯北又认为,世间万物,繁纷复杂,但一物有一物之"性"。如"芥姜辣难尝,蟋鹑勇易竞",自古以来,即是如此,不易改变。"惟人则不然,熏习有不定。或先贤后奸,或始邪终正"⑦。如历史上晋代沈充,死心塌地从叛将王敦图谋篡权,其子沈劲却"少有节操,哀父死于非义,欲立勋

---

① 赵翼:《静观二十四首》之九,《瓯北集》卷四三,《赵翼全集》第六册,凤凰出版社,2009年,第870页。
② 赵翼:《静观二十四首》之一,同上书,第869页。
③ 赵翼:《静观二十四首》之十,同上书,第870页。
④ 苏舆:《春秋繁露义证》,中华书局,1992年,第327页。
⑤ 同上书,第325页。
⑥ 朱熹:《朱子语类》卷九八,岳麓书社,1997年,第2264页。
⑦ 赵翼:《静观二十四首》之十四,《瓯北集》卷四三,《赵翼全集》第六册,凤凰出版社,2009年,第871页。

以雪先耻"①,后果立战功,在困守洛阳时遇难。唐代卢奕"谨重寡欲,斤斤自修"②。安禄山之乱起,攻陷东都,他慷慨斥贼,从容殉难。其子卢杞却凶险狡诈,嫉贤妒能,排斥异己,倾陷善类。瓯北引用此例,意在说明人之贤愚善恶,与后天"熏习"有关,而并非先天决定。这显然又具有反理学的意义。在朱熹看来,人性之善是由天地之性决定的,因所禀天气(阴阳)地质(五行)不同,故"有生下来善底,有生下来恶底。……如气禀偏于刚,则一向刚暴;偏于柔,便一向柔弱之类。"③认为气分阴阳,阴阳有善恶。人禀气而生,自然也有善恶。他是以先天气禀的差异,来论证人品的优劣,以主观的推想代替了社会环境、后天熏陶在人的性格重塑中所起的作用这一客观现实,显然是违背辩证法的。瓯北引用大量事实,既区分了"人"与"物"在基本特征上的重大差异,又强调指出生活空间、后天教育对人的个性形成的影响,进而否定了宋儒人事天定的谬说,同样给人以有益的启示。

关于"物"与"理"的关系,理学人物多有阐述。北宋程颐尽管曾说"天下物皆可以理照,有物必有则,一物须有一理"④,但他又强调:"万物皆只是一个天理"⑤,"一物之理即万物之理。"⑥他所说的"理",乃是"天理",并不是自然法则。所谓"一物须有一理",从字面上看,似乎在强调事物之客观属性,有些辩证因素。其实不然。是在说,万物均由绝对的"天理"所化生,而每一物俱是"天理"的完整体现,实则抹煞了个体的物之间的具体差异。朱熹则认为,"万物皆有此理,理皆同出一原"⑦,将"一般"绝对化。而瓯北在《偶得九首》中,结合对长江、黄河在冬季的不同情状,阐述一物一理之观点,以活生生的事例,否定了理学家"万物皆是一理"的谬说。这种认识事物的方法,有唯物主义的因素。

无独有偶。瓯北在《檐曝杂记》卷五有《僭删朱子中庸首节章句》一

---

① 《晋书》卷九八《忠义·沈劲传》,《二十五史》第二册,上海古籍出版社、上海书店,1986年,第1544页。
② 《旧唐书》卷一八七《卢奕传》,《二十五史》第五册,上海古籍出版社、上海书店,1986年,第4065页。
③ 朱熹:《朱子语类》卷四,岳麓书社,1997年,第63页。
④ 程颢、程颐:《二程遗书》卷一八,上海古籍出版社,1992年,第150页。
⑤ 程颢、程颐:《二程遗书》卷二,上海古籍出版社,1992年,第29页。
⑥ 同上书,第16页。
⑦ 朱熹:《朱子语类》卷一八,岳麓书社,1997年,第356页。

文,中谓:

> 朱子注"天命之谓性"三句,不知费几番参究,然后落笔,固已无复可议,而愚窃尚有未安者。"天以阴阳五行化生万物,气以成形,而理亦赋焉,犹命令也。于是人物之生,各得其所赋之理,以为健顺五常之德,所谓性也。"第思孟子云"犬之性"、"牛之性",即同是物类,已不能同性,况能与人各得所赋之理,以为健顺五常之德乎?盖物之中,清浊本不同。……有与人性不相通者,如豺虎之暴,蜂虿之毒,跂行、喙息、蠕动,甚至虺、蛇、枭、獍,亦何莫非率其所赋之自然,而所谓理者果安在乎?况又有五常之德乎?圣人于此,亦惟有如周公之驱虎豹犀象而远之,固无所施其品节之方,物亦不受圣人之品节也,益可见人性、物性不可混而同之也。子思专就人身上指示性理,故言无弊。朱子从阴阳五行根源说下,故不得不兼人、物而言,既兼人、物而言,又于人所得天赋之理处不另为划清,故语多窒碍也。今僭删数字云:"天以阴阳五行化生万物,气以成形,而理亦(亦应改即)赋焉,犹命令也。于是人之生(删一"物"字,专主人说)因各得其所赋之理,以为(健顺二字亦可删。五常之内自有健顺也。)五常之德,所谓性也。"如此注解,似觉意圆而义密。①

在这里,瓯北以人、物"所赋之理"(所秉之性)的不同,驳斥了朱熹人、物共赋一理的观点,与他哲理诗的表述,在总体趋向上应是一致的。他如此议论朱夫子,是受明清之际思想家的启发,有点离经叛道的意味。

元、明以来,程朱理学一直受到尊崇。清王朝在建国之初所颁发的《科场条例》中,就将程朱所注经书作为考试内容用法律条文固定下来,以致有人称:"宁疑经不敢疑注,宁违经不敢违注"②,而瓯北却援"儒"辟"理",表现出一个思想家可贵的胆魄和勇气,也体现了清代学术论争的基本特点。

清初杰出思想家颜元、李塨,其学直接孔孟,抨击理学甚力。颜元

---

① 赵翼:《檐曝杂记》,中华书局,1982年,第94—95页。
② 李元度:《书方望溪与李刚主书后》,《天岳山馆文钞》卷三〇,清光绪六年刻本。

为学,自称与王、陆、程、朱相左,"反求之孔孟"①,将理学家斥为"专以心头之静敬、纸上之浮文冒认道统,尸祝孔孟之侧者"②,所打的是孔孟旗号,实则"牵释老附会六经四子中,使天下迷酩"③,完全违背了圣学。颜元再传弟子程廷祚在《与宣城袁蕙纕书》中亦说:"夫孔孟既没,程朱奋乎百世之下,以斯道为己任……第其学出于遗经,参与己意,与杏坛亲炙者有间,故于圣道不无离合。数百年以来,卒未有窥其底蕴者。……国朝颜李崛兴,乃能举其是非得失之大者,以与六经证其异同,而冀幸学者之一悟。"④这便从根本上动摇了理学在儒家道统中的地位。言下之意谓,程朱所继承的,并非孔孟之真传。读经应该求诸孔孟,不能仅从程朱注疏中体悟。如此可见,瓯北所论,是与这一疑程朱的学术思潮相呼应的。

明清之交,不少人将明王朝的衰疲覆亡归咎于理学清谈。所谓"清谈虚国"、"清谈害实",几乎成了许多思想家的共识。他们所指称的"理学",则将程朱后学和明代王学囊括其中,而对王学抨击尤甚。认为"姚江之弊","任心而废学","任空而废行"⑤,"何补于国,何益于家,何关于政事,何救于民生"? 但在瓯北看来,朱、王学说,虽均有空疏之弊,但就各自事功而言,朱熹生当偏安一隅的宋世,在强敌压境之际,却"安于君父之仇"、"低头拱手以谈性命",⑥鼓吹兴学校,修礼仪。而王守仁以一介书生,能识宸濠之乱于将发之际,且当机立断,以"羽檄张虚声",使对方不敢骤然举兵叛乱,为下游各城池的补充兵力赢得了时间,待对方一旦出兵,又率兵直捣其巢穴南昌,使之无心恋战。在其回兵援救之时,又中途拦截攻击,一举挫败叛军。正如明代著名思想家李贽所说:"古之立大功者亦诚多有,但未有旬日之间不待请兵请粮而即擒反者,此唯先生能之。"⑦此等牵动国家全局的战事,却轻而易举地成功于被指斥为

---

① 颜元:《习斋记余》卷三,《畿辅丛书》本。
② 颜元:《习斋行录》卷上,《畿辅丛书》本。
③ 颜元:《习斋记余》卷九,《畿辅丛书》本。
④ 程廷祚:《青溪文集续编》卷七,《丛书集成初编》本。
⑤ 黄宗羲《明儒学案》卷五八引高攀龙《杂著》,《黄宗羲全集》第八册,浙江古籍出版社,2005年,第784页。
⑥ 陈亮:《上孝宗皇帝第一书》,《龙川集》卷一,清宗廷辅校刻本。
⑦ 李贽:《续焚书》卷三《王文成》,岳麓书社,1990年,第370页。

"异端"的文吏王守仁之手,岂非咄咄怪事?很显然,瓯北是以张扬王守仁之事功,来回击后学对他的贬抑。他在《归德峡读王文成平田州摩崖颂》中说:"边筹终倚通儒定,物论空劳异学排。"①肯定王守仁以儒生而建事功,对尊朱黜王的理学人物深致不满。

二 推重言行一致,抨击浮夸学风

古人对文士如何立身,多有表述,所谓"笃信好学,守死善道"、"处心有道,行己有方",严正刚大,志存高远,重信义然诺,表里如一,"德充内也,而不外耀于人"。② 然而,反观明、清之现实情况,却并非

赵翼书法对联(二)

如此。如人们所云:"近时场屋之习胜,非明理,非穷经,只资帖括,岁更其师,视若萍梗。"③为谋取功名,"周冠孔裳,惟口说是腾"④,"争自粉涤,求应公府"⑤,以致"廉耻道消,斯文扫地"⑥。

实际上,学用脱节之空疏无用的学风,则由来已久。早在孔、墨之时,就存在学用脱节的现象,所谓"古之学者为己,今之学者为人"(《论语·宪问》)、"士虽有学,而行为本焉"(《墨子·修身》),均是针对这一现象而发。古之学者,"因心以会道"、"履而行之",今之学者"冯誉以显物",借学问以装饰自身、炫耀于人,以致造成学与用、言与行的割裂、背离,全失为学之旨。这类现象,历代皆有,甚至呈愈演愈烈之势,成了许多学者所关注的重要话题。宋代王安石称:"今士之所宜学者,天下国家之用也。今悉使置之不教,而教之以课试之文章,使其耗精疲神,穷

---

① 赵翼:《瓯北集》卷一三,《赵翼全集》第五册,凤凰出版社,2009年,第217页。
② 江盈科:《雪涛阁集》卷一一《祭沈封君》,《江盈科集》下册,岳麓书社,1997年,第535页。
③ 谈迁:《谈迁诗文集》卷四《师说》,辽宁教育出版社,1998年,第210页。
④ 谈迁:《谈迁诗文集》卷三《孝廉祝开美传》,辽宁教育出版社,1998年,第163页。
⑤ 谈迁:《谈迁诗文集》卷三《参政孙公传》,辽宁教育出版社,1998年,第156页。
⑥ 王莘:《与友人论人品书》,沈粹芬等辑:《清文汇》中册,北京出版社,1996年,第1708页。

日之力以从事于此。"实乃"困苦毁坏"人才。① 生当明末清初的顾炎武，反对王学末流的"以明心见性之空言，代修己治人之实学"②，强调为学经世致用，"匡时"、"救世"。他在《文须有益于天下》中称："文之不可绝于天地间者，曰明道也，纪政事也，察民隐也，乐道人之善也。"③并谓："载之空言，不如见诸行事。"④瓯北曾细读过《日知录》，对顾炎武的人生追求、文学主张是熟谙于心的。至于清初之颜元，初遵从程朱，后随着生活阅历的丰富，遂对往日之举后悔莫及，"几度捶胸堕泪"，故每逢有才识者，必劝其勿读"宋人语录、性理等"，又强调在"为生民办事"的实际锻炼中，成就其经世济民之"真才真器"。

当然，朱熹之学并非全然"无用"，还是颇为注意人们的内在修为与道德提升的。他强调，"困厄有轻重，力量有大小。若能一日十二辰点检自己，念虑动作都是合宜，仰不愧，俯不怍。……如此，则方寸之间全是天理"⑤，提倡逢事应作内省，"事事要理会。便是人说一句话，也要思量他怎生如此说；做一篇没紧要文字，也须思量他怎生如此做"，"事事物物都理会得尽，而后有定"⑥。这种事事"点检"的内在修为方式，固然可能有助于个人道德自律的强化，但很容易使人成为瞻前顾后、谨小慎微的怯懦儒生，何能担当经邦济世之大任？他还讲："轻重是非他人，最学者大病。是，是他是；非，是他非，于我何预！且管自家。"⑦世间之人我是非、轻重缓急，如果都不关己事不开口，又由谁来引领风气、拯救世道？岂不成了自扫门前雪，只顾明哲保身的庸俗之辈？如此看来，朱熹之所以强调"凝神静虑，积日累月如此"⑧，大概是担心人们行为"出规矩准绳之外"，有犯上作乱之事发生。由此可知，他所强调的道德践履，主要是想通过治心的办法来实现，而忽视了外在事功，所以，被颜元斥为"率天下入故纸堆中，耗尽身心气力，作弱人病人无用人"。既然朱学不

---

① 王安石：《王荆公文集》卷一《上皇帝万言书》，上海人民出版社，1974年，第6页。
② 顾炎武著、黄汝成集释：《日知录集释》，岳麓书社，1994年，第240页。
③ 同上书，第674页。
④ 顾炎武：《亭林诗文集》卷四《与人书三》，四部丛刊景清康熙本。
⑤ 朱熹：《朱子语类》，岳麓书社，1997年，第215页。
⑥ 同上书，第243页。
⑦ 同上书，第216页。
⑧ 同上书，第218页。

以解决人生问题为基点,岂不是空谈心性?

颜元学说在当时影响很大,其弟子李塨承其师说,同负盛名,世称颜李学派。诗人袁枚在《与程蕺园书》中称,虽说"颜李文不雅驯",但"其论学性处,能于朱、陆外别开一径"。① 瓯北好友程晋芳,亦曾与程绵庄讨论对颜李如何评价问题。他在《与家绵庄书》中说:"颜李之学主于切实指近,于日用事物之间如眉之着目,而于存诚尽性之旨亦直截无纠蔓,信可以补程朱所未及。"② 世人对颜李如此评价,自然影响到赵瓯北对颜李学说的某种程度的认同。朱彝尊曾"谓王阳明事功人品,炳烈千古,不得指为异学,辄肆诋娸"③,同样当会对瓯北有所影响。故而,他在宦游西南边陲之时,每经王守仁建立事功之地,总感慨万分,留连不去,为书生亦能建立功业赞叹不已。因此,他在《偶得九首》的第六首,以杜甫、白居易为例,就书生"言"与"行"的关系发表了很好的意见。

在瓯北看来,由于种种原因,有志者未必都能够施展怀抱。如有诗圣之称的唐代杜甫,曾吟诵过"安得广厦千万间,大庇天下寒士俱欢颜"的豪迈诗句,身在穷困之境,却系念天下之人,使得千百年之后的读书人,读其诗仍肃然起敬,向往其风采。然细察老杜之终生情状,却一直生活在抢攘困顿之中,根本无计援手处于贫困之境的百姓,更何谈筹谋教养之策?另一大诗人白居易,在《新制布裘》一诗中写道:"丈夫贵兼济,岂独善一身。安得万里裘,盖裹周四垠。稳暖皆如我,天下无寒人",也令后世深为感佩。但其为宦多年,每到一处,多留连诗酒,"所蕴不能施",少有康济天下之方略,光垂日月之政绩。他在杭州刺史任,虽说曾筑钱塘湖堤,溉田千顷,浚李泌六井,便民汲水,但施惠面毕竟局限于杭州一城。④

瓯北由此而生发,议论道:"诗人好大言,考行或多爽。士须储实用,乃为世所仗。不可无此志,隔瘼视痛痒。不可徒此言,虚名窃标

---

① 袁枚:《小仓山房文集》卷一九,《袁枚全集》第二册,江苏古籍出版社,1993年,第333页。
② 程晋芳:《勉行堂文集》卷三,清嘉庆二十五年冀兰泰吴鸣捷刻本。
③ 查慎行:《曝书亭集序》,《查慎行选集》上海古籍出版社,1998年,第533页。
④ 《新唐书》卷一一九《白居易传》,《二十五史》第六册,上海古籍出版社、上海书店,1986年,第4569页。

榜。"①瓯北出语如此,并非求全责备,也不是对前贤不恭,而是有着很强的针对性。自古以来,文人中大言欺人、矫饰做作者在在有之。常熟桑悦(字民怿),明代成化间人,"敢为大言,铨次古人,以孟轲自况。问翰林文学,曰:'虚无人。举天下亦惟悦,其次祝允明,其次罗玘。'"。以"江南才子"自称。"御史闻悦名,召令说诗,请坐讲,讲未竟,即跣足爬垢,御史不能耐,乃罢讲。迁长沙通判,调柳州,意不欲行。人问之,曰:'宗元久擅此州名,不忍遽往夺之耳。'"②口出狂言然终生无所成。此类狂妄自大、言过其实者,为瓯北所不喜。他在《柳州》一诗中申斥道:

> 我闻吴中桑民怿,得官不赴柳州城。谓昔子厚擅其地,去恐掩却前人名。斯言抑何过自誉,毋乃蚍蜉撼大树。昔者东坡到岭南,未闻潮州桃韩愈。将毋自揣实不如,翻作大言高自署。名士取名非一端,钩奇吊诡多用权。遥望古人已不朽,附之者传攻亦传。郭象注《庄》固同久,刘幾纠史亦并悬。桑生用意盖在是,乃诡不欲厄两贤。后来文苑为立传,竟因斯语特著篇。此正文人狡狯处,被我说破不值钱。③

借贬抑名人以成名,一语道破了桑悦的伎俩,可谓尖锐深刻。他另一组诗《古诗二十首》(之十)中亦称:

> 长统《乐志论》,潘岳《闲居赋》。抗怀托高尚,千载令人慕。吾观仲公理,州郡辟不赴。及举尚书郎,胡不闻誓墓。遂参曹瞒军,入幕腹心布。濯水追凉风,此乐竟弗顾。安仁本轻躁,势利趋若鹜。板舆奉母游,矫语甘淡素。望尘拜贾谧,抑何工谄附。乾没不知足,翻贻老亲惧。乃知旷达言,大抵十九寓。一朝见可欲,鲜不失故步。徒以言取人,动为古人误。④

这里所叙人物,与《偶得九首》诗所叙者有着本质的不同。前者是有拯世济民之怀,而无力达到。后者则以大言矫饰欺人,其行与言相悖。即

---

① 赵翼:《偶得九首》之六,《瓯北集》卷二一,《赵翼全集》第五册,凤凰出版社,2009年,第355页。
② 钱谦益:《列朝诗集小传》,上海古籍出版社,1959年,第284—285页。
③ 赵翼:《瓯北集》卷一八,《赵翼全集》第五册,凤凰出版社,2009年,第298页。
④ 赵翼:《瓯北集》卷一,《赵翼全集》第五册,凤凰出版社,2009年,第2—3页。

以仲长统(字公理)而论,他尽管早年"每州郡命召,辄称疾不就",并称"蹰躇畦苑,游戏平林,濯清水,追凉风,钓游鲤、弋高鸿,讽于舞雩之下,咏归高堂之上",乃是人生最佳境界,唯其如此,才能"逍遥一世之上,睥睨天地之间,不受当时之责,永保性命之期"。① 然而,时隔不久,他竟应召为尚书郎,后参丞相曹操军事。当然,对仲长统究竟如何评价,另当别论。瓯北举此例子,无非是想强调古时文人言与行不相谐和的一面。至于潘岳,其人品、行为则无法与仲长统相比拟。他一方面写《闲居赋》以示避世绝俗,一方面又"轻躁趋世利,与石崇等谄事贾谧,每候其出,与崇辄望尘而拜"②。这种言与行的背离,更为瓯北所不齿。

在瓯北看来,作为一名文士,只有在为人处世上言行一致,才能成为社会所依靠的力量,为世人所信赖,而不能大言欺人,沽誉钓名。"其人本不朽,其事遂千秋","人生可传处,岂在假风流"。③ 这一观察世事的视角,固然是受明末以来崇尚实学的学术风气浸染所致,也是针对当时文坛弄虚作假成风的恶浊积习而言。早在明代,著名思想家李贽,就曾在《童心说》中痛斥过那种"以假人言假言,而事假事,文假文"的不良现象。

至清,此类状况有增无减,并有蔓延之势,如康熙间重臣徐乾学、高士奇,以文学受知于帝,且慨然欲以天下为己任,但细察其行止,亦与所言大不相侔。徐乾学盛时,"权势奔走天下,务以奖拔寒畯、笼络人才,为邀名计,故时誉翕然归之。其所居绳匠胡同,后生之欲求进者,必僦屋于旁。俟其五更入朝,辄朗诵诗文使闻之。如是数日,徐必从而物色。有所长,辄为延誉。当时绳匠胡同宅子僦价辄倍他处。……徐方主持风气,登高而呼,衡文者类无不从而附之。以是游其门者,无不得科第"④。甚至录取名额已满,凭徐氏一纸名单,考官亦得照录于榜后。如此遴选人才,自非为天下计,无非邀时誉而已。据说高士奇起初是自肩襆被入都的,后为明珠相国家司阍者课子,得为明珠掌书记。缘明珠

---

① 《后汉书》卷七九《仲长统传》,《二十五史》第二册,上海古籍出版社、上海书店,1986年,第948页。
② 《晋书》卷五五《潘岳传》,同上书,第1419页。
③ 赵翼:《放言九首》之五,《瓯北集》卷二二,《赵翼全集》第五册,凤凰出版社,2009年,第376页。
④ 赵翼:《檐曝杂记》卷二"徐健庵",中华书局,1982年,第40—41页。

之力,入翰林,直南书房,权势日盛,家暴富。于是,设法"结近侍探上起居,报一事,酬以金豆一颗。每入直,金豆满荷囊,日暮率倾囊而出,以是宫廷事皆得闻。或觇知上方阅某书,即抽某书翻阅。偶天语垂问,辄能对大意。以是圣祖益爱赏之"①。采取此类手段取帝宠,未免不够光明正大。还有,金陵顾燨,狂躁好大言,欲立取富贵,曾于朋友处得与学者刘著相识,乘其外出,遂潜入书房,偷其所藏顾祖禹撰《方舆纪要》,欲据此邀取功名。刘著发觉后强力索回,顾燨怀恨在心,诬以罪名,欲兴大狱。事败,反被毙于狱。② 江阴是镜,"以道自任","好自矜饰",借隐居沽名,"与当时守令往还,冠盖络绎",使得当道大僚信其为高,"造庐请谒,结布衣交"。他还为当道官吏设长生禄位于书院静室,以朝夕膜拜。后为同胞弟告发,凡三十余款,多不法之事。原来,此"经明行修"之辈,乃淫恶不法之徒。清阮葵生《茶余客话》、董潮《东皋杂钞》均载其事。瓯北与阮葵生有交,董潮乃其弟子,对是镜其人自然了如指掌。在这首诗中,他强调学人应言行一致,讲究实用,反对不切实际的空想,痛斥大言欺人,显然是击中了士林之积弊。他即使在给好友庄似撰的唱酬诗中,亦告诫对方:"衙官屈宋终非据,君或空言我已愁。"③正说明崇尚实际,乃是瓯北的一贯追求。

另外,当时一些自恃聪明的"才士",读书偶有所得,便以超越古人自诩。在瓯北看来,古人距今已十分遥远,不可强相比附。以"六经"为例,自其传世以来,历经数代,有多少人为之作注,然而,"一字千万言,犹未得其真"④。可在当时,尽管没有注脚,也无须专人去解释,却能使家喻户晓。由此可知,古人之智慧,并不一定比今人低。因而他慨叹:"如何偶一得,辄夸创获新?"⑤就字面看来,瓯北似乎在唯古是尊,强调古人高不可攀。其实不然。他那脍炙人口的《论诗》名句"江山代有才人出,各领风骚数百年",已足以证明他有着锐意创新的强烈意识,不愿

---

① 赵翼:《檐曝杂记》卷二"高士奇",中华书局,1982年,第42页。
② 程廷祚:《青溪文集续编》卷三《纪〈方舆纪要〉始末》,《丛书集成初编》本。
③ 赵翼:《庄似撰枉过草堂有诗投赠依韵奉答三首》之二,《瓯北集》卷二一,《赵翼全集》第五册,凤凰出版社,2009年,第367页。
④ 赵翼:《偶得九首》之二,《瓯北集》卷二一,《赵翼全集》第五册,凤凰出版社,2009年,第354页。
⑤ 同上。

拜倒在古人脚下。他之所以发此矫激之论,意在给过高估价个人成绩以致头脑发热的"才士"泼一盆冷水,并告诫世人,若想超越古人,必须经过艰苦的努力,仅凭小聪明是无济于事的。瓯北强调"名"实相符,这对矫正当时学界浮薄庸浅的风气,当是有一定积极意义的。从另一角度看,瓯北在诗中称:"试观六籍垂,解者何纷纭。一字千万言,犹未得其真"①,这本身就是对传统儒学研究的大胆否定。那"纷纭"的"解者"当中,当然不排除汉唐大儒、理学名家,包括程、朱诸人。作者如此发论,本身就蕴含一种涌动不已的创新激情。不过,他所强调的"创新",是名副其实的创新,而不是像有的人虚张声势,徒有其名。

瓯北生当乾嘉之时,一再强调文士立身处世应言行一致,虚心向善,以健全自身人格,固然是受了"君子耻其言而过其行"、"行必先人,言必后人"诸古训的影响,但是,放在特定的历史条件下来思考,未尝不含有更深层的含义。封建末世,道德沦丧,上下欺瞒,相沿成习,追名逐利,躁动不安,逢迎拍马,虚与委蛇,文过饰非,巧言媚世,或稍有所成,便眼空无物,招摇过市,欺谩老成。如此等等,皆严重败坏了社会风气,更影响了人与人之间和谐关系的确立。瓯北对这类不良现象痛下针砭,意在挽救末世之颓风。他当然明白,一个人理想的实现,既有主观的因素,也有客观条件的制约,纵然想法再美好,倘若现实社会不能为其提供驰骋才能的平台,理想也终归化为幻影。他之所以将杜甫、白居易特特提出,并不是对古人有意责难,而是以此为话题,抒写对现实中种种不良倾向的斥责。

赵翼书法对联(三)

---

① 赵翼:《偶得九首》之二,《瓯北集》卷二一,《赵翼全集》第五册,凤凰出版社,2009年,第354页。

三　豁达的文化态度与公允的是非标准

自晚明以来，由于王学左派的兴起，"以孔子之是非为是非"的衡量世事的标准，不断受到有识之士的挑战。黄宗羲、王夫之、钱维城等人，都对是非标准之探讨有过精辟的论述。瓯北受时代思潮所影响，在评价历史事件或现实中的人或事时，不为礼法所拘囿，总是采取比较客观、谨慎的态度，从不同的层面，给予合乎客观实际的评价。

佛教是外来宗教，曾被人斥为"异端"。对其如何评价，是历代思想家争论的一个焦点。清代著名学者颜元，在《唤迷途》中一再排斥佛教，称："当东汉时，有几个沙门传佛道入天朝，酿成无穷大祸，鸠摩罗什等又翻译西域经文，传有许多邪说，以惑天朝之民。这都是天地的罪人，你们更不可效尤。"①而瓯北对外来宗教，则采取宽容的态度，认为"佛"、"儒"二教的生成与发展，皆由一定的社会条件所决定，正所谓"立教因人情"。但他又以阴阳五行"五德终始"来解释东、西方人性的差异，说："东方主生长，其圣亦生意"、"西方主肃杀，其圣亦杀气"，这便将自然和人事硬相比附，陷入唯心主义泥沼，且与"立教因人情"之说不无抵牾。他又认为，二教之所以流传千古，自有其存在的社会原因，是迎合了社会上不同人们心理的需要，并分析了"儒"、"佛"二教的不同特点：儒教是顺遂人情，但又有所节制，"饮食与男女，所欲咸得遂，但随事设防，发情止礼义"。这种"发乎情，止乎礼义"的观点，显然是继承了古代儒家思想。《礼记·礼运》谓："饮食男女，人之大欲存焉，死亡贫苦，人之大恶存焉。故欲恶者，心之大端也，人藏其心，不可测度也。"②故须对"恶欲"约之以"礼"。至朱熹，他虽然承认"情""人皆有之，不以圣凡为有无"，③但又将人生对幸福美好前景追求的种种欲望和情感统统看作"人欲"，把"天理"与"人欲"置于完全对立的地位，强调存天理，灭人欲。这无疑是对人性的戕杀。瓯北《杂题》诗中声称，天之德在于化育万物，社

---

① 颜元：《习斋四存编》，上海古籍出版社，2000年，第172页。
② 《十三经注疏》下册，中华书局，1980年，第1422页。
③ 朱熹：《答徐景光》，《晦庵集》卷六四，四部丛刊景明嘉靖本。

会既应顺遂男女之欲,又须以礼制欲。在论及佛教时,他说:"立教绝人欲,斩断一切累。淫杀贪嗔痴,件件须屏弃。一念一划除,弗使留余地。"①

瓯北虽说对佛教教义未加褒贬,但结合其对"生之厮养之"的"天之职"的颂扬来看,他并不赞成这种"绝人欲"的训条。他曾以选墨以黑为宜、拣茶崇尚白色为例,强调"物理固有然,人情亦安极",说明人的欲念难以灭绝。继而,揭示出"儒"、"佛"二教的各自特征:前者以礼节欲,比较温和,充满生意,后者禁绝人欲,甚为严厉,杀气充盈。二者互为补充。在瓯北看来,这或许是它们得以并行天下的原因。

同样,他在《书所见》诗中,也表述了相似的看法。他说:为什么孔教所到之处,皆有佛教存在,而佛教所到之处,却不一定有孔教?这或许是利益驱动的原因。佛教强调摈弃情欲,顺遂苦难,"不以生累其神","不以情累其生",以达到"冥神绝境"②,修行成佛,故易于蛊惑人心。然而,"其教严戒杀,物命固长成。却绝男女欲,不许人类生。将使大千界,人灭物满盈。此岂造化理,流毒逾秦坑。"③从人类发生学的角度,对佛教的禁欲主义予以愤怒斥责。这一对佛教"却绝男女欲,不许人类生"的认识,与颜李学派是比较接近的。颜元曾称:"佛道说真空……佛不能使天无日月,不能使地无山川,不能使人无耳目,安在其能空乎?"④"你看天地是个大夫妇,天若无地,也不能化生万物,天不能无地,夫岂可无妇?"⑤"禽有雌雄,兽有牝牡,昆虫蝇蠓亦有阴阳。岂人为万物之灵而独无情乎?故男女者,人之大欲也,亦人之真情至性也。"⑥"有生方有性,若如佛教,则天下并性亦无矣,又何觉?"⑦对佛教的四大皆空,禁绝人欲,均给予批评。且这类说法影响到很多人。瓯北所论,或是时代风气使然。本诗的写作时间,是在作《杂题》诗的四年之

---

① 赵翼:《杂题》之二,《瓯北集》卷二三,《赵翼全集》第五册,凤凰出版社,2009年,第395页。
② 慧远:《沙门不敬王者论·求宗不顺化》,《弘明集》卷五,《景印文渊阁四库全书》本。
③ 赵翼:《书所见》之二,《瓯北集》卷二五,《赵翼全集》第五册,凤凰出版社,2009年,第435页。
④ 颜元:《习斋四存编》,上海古籍出版社,2000年,第165页。
⑤ 同上书,第170页。
⑥ 同上书,第164页。
⑦ 同上书,第167—168页。

后,说明他对佛教的认识又有所深化。同时,他又认为,佛教虽说是来自西方的异端学说,但与孔教亦有共同之处,"门墙虽异本相同",皆有教人为善的一面。北宋释智圆,以中庸子自号,是天台宗的重要代表人物,曾倡言教义"以宗儒为本","非仲尼之教,则国无以治,家无以守,身无以安。"①还有的佛教徒强调,"孝为戒先",撰《孝论》以张扬释家对孝道的重视。相继问世的《孝闻说》、《广孝序》,也出自佛教徒之手。故而,瓯北认为,儒、释二教,虽然产生于不同地域,植根于不同风俗,但从根本上说,它们有许多共同之处,"要其俗虽殊,固不外吾道","孔书纵不至,光远则已耀",②这虽说有有意张大儒教之意,但在某种程度上却揭示了儒、释合流的思想特征。

瓯北经常就史事而发论,《杂题》这组诗,就涉及对历史人物功过的评判。秦始皇筑长城,西起临洮郡,东至辽海之滨,绵亘数千里,有万里长城之称。隋炀帝时,"发河南诸郡男女百余万开通济渠,自西苑引榖、洛水达于河,自板渚引河通于淮"③,又由淮达扬子江,由江达余杭。不论是修长城,还是开运河,在当时都给百姓带来沉重灾难,甚或导致国家的覆亡,"当其兴大役,天下皆痍疮。以之召祸乱,不旋踵灭亡"④,为人们所指斥。然而,时隔数代,人们始发现,这类为害于当时百姓的工程,却"功及万世长"。秦始皇筑长城,在北方的周边设防,让入侵者望而生畏,保障了内地的安定;隋炀帝开运河,利于南北通航,加强了各地间经济、文化的交流,对后世有利。因而,瓯北认为,对他们的"功"与"过",应放在整个历史进程中去考察,而不能拘囿于一时、一隅,并进而慨叹:"如何千载下,徒知詈骄荒。"

这里,牵涉到一个认识问题的方法论问题。当一件事物出现时,人们为客观现实所制约,往往多注重时效,对事物的本质不可能正确把握,也难以得出完满的结论。例如,秦修长城,隋开河道,在当时由于动用了大量夫役,加重了百姓负担,因而遭到许多人的责难。这类责难,

---

① 《中庸子传上》,转引自方立天:《佛教哲学》,中国人民大学出版社,1986年,第45页。
② 赵翼:《书所见》之一,《瓯北集》卷二五,《赵翼全集》第五册,凤凰出版社,2009年,第435页。
③ 《隋书》卷三《炀帝纪上》,《二十五史》第五册,上海古籍出版社、上海书店,1986年,第3258页。
④ 赵翼:《杂题》之三,《瓯北集》卷二三,《赵翼全集》第五册,凤凰出版社,2009年,第395页。

在当时来说,客观上有着维护人民利益的积极作用,具有一定的现实意义。但是,"评价是经验知识的一种形式"①,"评价是主观的,因为它是在主体—所有者那里产生了价值,而这价值通常是在主体—所有者与外部世界的关系中得到体现"②。人们之所以对秦修长城怨声不绝,主要是着眼于修筑过程给当时的现实社会所带来的恶果,而不是长城本身。而后,随着时间的推移,长城的价值在"主体与外部"的关系中越来越得到体现,人们的认识也逐渐深化,经验和认识"正日益适应客观的空间和时间,日益正确而深刻地反映他们"③,故得出的结论也较为客观。瓯北对事物的看法不拘于成见,用发展的眼光看待客观事物,同样具有一定唯物主义的成分。

瓯北在《偶得九首》这组诗中,还曾论及历史上的重大政治问题。他不仅逸出了"以成败论英雄"的世俗偏见,而且还根据当事者所处的生存环境,客观地审视其成败的原因。他认为,凡举大事者,必须审时度势,抓住有利时机后再行动,才会有圆满的结局。若不顾客观情势,贸然行动,授人以柄,那将会作茧自缚,将自己置于被动地位。就以楚汉之争而论,当初项羽起兵反秦,从民所望,将流落民间为人牧羊的楚怀王之孙心访得,立为楚怀王,后又尊为义帝,一时附从者甚多。西屠咸阳之后,项羽欲自立为王,分封六国之后为诸侯王,以为天下大势已定,遂将义帝杀害。本来就对项羽负约深为不满的刘邦,见时机已到,便朱旗回指,收复三秦,并袒而大哭,为义帝发丧。发使者告诸侯曰:"天下共立义帝,北面事之。今项羽放杀义帝于江南,大逆无道。寡人亲为发丧,诸侯皆缟素。悉发关内兵,收三河士,南浮江、汉以下,愿从诸侯王击楚之杀义帝者。"④如此一来,刘邦在舆论上占了优势,赢得不少民心。当然,刘邦为义帝发丧,并非出自真意,不过是俟机兴兵争取力量的一个手段。在审时度势方面,项羽逊色许多,最后落得个兵败乌江,自刎身死。同样,朱元璋初起兵时,韩林儿任其为副元帅。林儿称

---

① 〔美〕霍尔姆斯・罗尔斯顿Ⅲ:《哲学走向荒野》,刘耳等译,吉林人民出版社,2000年,第195页。
② 同上书,第327页。
③ 〔俄〕列宁:《唯物主义和经验批判主义》,人民出版社,1960年,第181页。
④ 《史记》卷八《高祖本纪》,《二十五史》第一册,上海古籍出版社、上海书店,1986年,第42页。

帝于亳，号小明王，国号宋，建元龙凤。朱元璋用其年号以令军中。韩林儿在安丰被张士诚部将吕珍围困，情势危急。朱元璋亲率兵解其围。后天下初定，朱元璋"命廖永忠迎林儿归应天，至瓜步，覆舟沉于江"①。朱元璋"同此冒不韪，竟少问罪师"。他们的不同遭际，就在于把握时机、估计形势是否准确。项羽四处树敌，再杀义帝，自会引发出新的战争。朱元璋在大致平定天下之后，再杀韩林儿，自然"惟我所欲为"。可见，能否做到审时度势，则直接关系到全局的成败。瓯北对项羽、朱元璋等人的举止，没有作简单的或是、或非的道德判断，而是仅就其行为发生的具体情势作多层面透视，给予客观描述。至于伦理的评判，则留给读者去思考，把人们审视世事之是非的视野，引向更为开阔的境域，无疑是很有意义的。

瓯北另一组《杂题》诗，也同样体现了他对世事的理性思考。

对传统的古代文化，继承哪些，排斥哪些，这往往能反映一个人认识境界的高低，也是向来之学者经常涉及的问题。宋儒重道轻文，甚或称做文乃害道之具，肆意贬低文艺的独特价值。后世之文学家，受理学思想制约，在文学创作过程中，多强调文以载道，而轻视文采与气格。在明弘治间，李梦阳、何景明等前七子，对"宋人主理，作理语"②，"知乎道而啬乎文"③强烈不满，树起"复古"大旗，"文自西京，诗自中唐而下，一切吐弃"。④ 这无疑是对宋儒重道轻文观念的一次挑战。至嘉靖间，王世贞、李攀龙等"后七子"，又以"文必秦汉，诗必盛唐"为旗帜，再次倡导复古。在当时，这一诗派尽管影响很大，但并未给文学提供多少新的内容，其创作也流于陈言腐语，以致文坛盟主王世贞，被散文家归有光讥为"妄庸巨子"。

而今看来，"七子"的倡导复古，在革除台阁体积弊方面，有一定的积极意义。然而，他们的眼光仅盯在西汉之文、盛唐之诗上面，未免有

---

① 张廷玉等：《明史》卷一二二《韩林儿传》，《二十五史》第十册，上海古籍出版社、上海书店，1986年，第8154页。
② 李梦阳：《缶音序》，《空同集》卷五二，清文渊阁四库全书补配清文津阁四库全书本。
③ 何景明：《大复集》卷一，明嘉靖刻本。
④ 张廷玉等：《明史》卷二八五《文苑传序》，《二十五史》第十册，上海古籍出版社、上海书店，1986年，第8570页。

些偏颇。故而，瓯北在本诗中批评道："有明李何学，诗唐文必汉。中抹千余年，不许世人看。毋怪群起攻，加以'妄庸'讪。"瓯北所指责的，恰是"七子"过激的一面，还是比较公允的。宋儒重道轻文，并以文宣扬道统，这是客观的存在，但并不能因此而否定唐宋以来所有的文章大家。同样，自中唐以下，诗歌的创作在气格上似乎难以与盛唐相颉颃，但也不能凭此而排斥宋以后所有诗歌。其间毕竟有苏、陆之大家足可师法。他的《瓯北诗话》，兼取唐、宋、金、明、清诸朝诗人。其"去"、"取"态度，恰与本诗所论遥相呼应。

同样，瓯北对宋儒的否定前贤、以道统继承人自居，也流露出不满。《杂题》诗中说："宋儒探六经，心源契一贯。亦扫千余年，注疏悉屏窜。《书》疑古文伪，《诗》斥小序乱。"此处所谓"宋儒"，实际上就是指的朱熹。不过，朱熹在清代被举为与孔、孟地位相侔的"圣人"，并有"圣训"为之"护驾"，瓯北自然不敢直斥其名。

在朱熹看来，"以儒者之学不传，而尧、舜、禹、汤、文、武以来，转相授受之心不明于天下"①。三代专以天理行，汉唐专以人欲行，汉唐以来千五百年，道"被人作坏"，直接承继其道统的，乃是周、程，而周、程之后，乃是他本人。他在《大学章句序》中称："于是河南程氏两夫子出，而有以接乎孟氏之传……虽以熹之不敏，亦幸私淑而与有闻焉。"②并认为，汉唐利欲深重，故"道"几至泯没。"圣人之道备于六经"，汉儒错乱经文，不足为训。如此一来，便几乎否定了汉唐以来儒学研究方面的绝大部分学术成果，即瓯北所指称的"注疏悉屏窜"。且朱熹对汉唐之事功，也不屑一顾，以"并无些子本领"贬斥。故而，他不相信章句训诂，撇开传注，独研义理，并重新诠释经书，欲矫正汉学之弊。还对古文《尚书》的真实性提出怀疑，说："孔壁所出《尚书》，如《禹谟》、《五子之歌》、《胤征》……皆平易，伏生所传皆难读。如何伏生偏记得难底，至于易的全记不得，此不可晓。"③但他又将伪古文《尚书·大禹谟》中"人心惟危，道心惟微，惟精惟一，允执厥中"，作为儒家道统心传之要。这种怀疑，

---

① 朱熹：《答陈同甫》，《晦庵集》卷三六，四部丛刊景明嘉靖本。
② 朱熹：《四书章句集注》，中华书局，1983年，第2页。
③ 朱熹：《朱子语类》卷七八，岳麓书社，1997年，第1776页。

给后世的《尚书》辨伪以很大启迪。清代阎若璩《尚书古文疏证》的得以成书,且享有较好学术声誉,显然是继承朱熹等前人学术成就的结果。瓯北尽管"向来嫌理学",但在对朱熹学术贡献的评价上,却很客观、公允,认为朱熹对古文《尚书》的怀疑"理"可"默通",恰说明了他对朱熹疑经做法的一定程度的认可。但又说:"理虽可默通,事岂可悬断",反对无所凭依的主观臆断,提倡实事求是的科学态度,对朱熹妄意增删经文的不负责任之举深致不满,反映出瓯北严肃的治学风范。他的这种看法,与后来学者皮锡瑞在《经学历史》中所说的"宋儒乃以义理悬断数千年以前之事实"①,竟然不谋而合,的确启人深思。

在本诗的末尾,瓯北特地将曾一度擅作翻案文章的毛奇龄抬出。毛奇龄是清初反对宋儒甚烈的一位学者,"持论尤好与宋儒抵牾"②,"掊击宋儒尤力,尝缚草为人象朱子侍立,读朱传有弗善者诘难扑责,以示贬辱"③,是何等大胆。瓯北对朱彝尊的"排击二李"(李东阳、李梦阳)、毛奇龄写翻案文章之事特特列出,未加褒贬,以近似戏谑的语言,隐隐透露对理学统治局面的不满。其实,他是以严肃认真的态度,在重新审视理学这一学术现象,在重述并补充着毛西河诸人"掊击宋儒"这一久远话题。在论"弃"与"取"之际,大概是慑于政治上的重压,故抬出毛西河以作掩饰而已。

还有,如何保持人格的完美,也是瓯北刻意求索的人生命题。但在对个体的人如何评价上,他有着自己的独特思考,所推重的并不一定是超尘脱俗的"圣贤气象",也不一定是具备"人伦之至"④品格的超人,而是瑕瑜并存且清廉正直、忠勇为国、昂扬向上的主体品格占主导地位的活生生的人。这是因为,一个人的人格,是在特定的社会经济结构和文化风习中逐渐形成的,处在不同的时代和位置,人格所承载的道德内涵、情感趋向可能有差异,"文化环境是不断变化的,而文化的发展随着经济基础的变更而不断进化与更替。身在其中的实践主体,也应该随

---

① 皮锡瑞:《增注经学历史》,台湾艺文印书馆,2000年,第254页。
② 郑方坤:《国朝名家诗钞小传》,李登云校刻本。
③《毛奇龄变姓名》,《清朝野史大观》卷九"清朝艺苑",河北人民出版社,1997年,第998页。
④ 朱熹:《四书章句集注》,中华书局,1983年,第277页。

着经济、社会、文化诸因子的改变而自觉去调整或重建自己的人格理想"①。所以,在对人的评价上,应采取包容、审慎的态度,而不应抓住一点、不计其余,盲目地下结论。例如,宋代著名爱国诗人陆游,瓯北至为佩服。他曾在《读陆放翁诗题后》一诗中称:"南渡全忘复仇事,留作先生不平气。况兼才思十倍雄,万斛源泉不择地。"②直至其晚年,还欲效法放翁,"壮心尚拟奋提戈",为国效力。然而,他在《偶得九首》中对如此之一代雄才,晚年却为培植私党、倾陷异类并被《宋史》列入《奸臣传》的权臣韩侂胄作《南园记》而深为惋惜,感叹:"如何一着错,轻作《南园记》?"瓯北熟谙史事,他对韩侂胄的评价依据,基本上来自《宋史》。同样,南宋江湖诗派领袖人物刘克庄,学殖深厚,才华富赡,时有"八斗文章用有余,数车声誉满江湖"③之称,且"弹劾史嵩之,鲠直无所避",然而"晚为贾相出,亦遂滋物议"。④ 以二人著述之才,当并擅不朽,难道是真的欲借助权贵推挽之力而张大声势?然以情理论之,或未必。在瓯北看来,面临富贵利禄,是弃是取,是对人们道德品行良否的最好检验。若为利禄而趋附权势,而丢掉个人之操守,那将会为世人所贱视、唾弃。相反,注重个人内在道德的完善,将荣华富贵置诸身外,才会为人们所尊重。

瓯北在这里,特将陆游诸人之事拈出,不过是以此为话头,引发论议而已。其实,他对陆游之人品是多所肯定的,曾在《瓯北诗话》中谓:"朱子尝言:'放翁能太高,迹太近,恐为有力者所牵挽。'《宋史》本传因之,辄谓其'不能全晚节',此论未免过刻。……即其为侂胄作《南园记》《阅古泉记》,一则勉以先忠献之遗烈,一则讽其早退,此亦有何希荣附势、依傍门户之意!而论者辄借为口实,以訾议之,真所谓小人好议论,不乐成人之美者也。"⑤正与此诗互为表里。

瓯北对一个人物的评价,并不纠缠于一时一事,而是结合其生平大

---

① 朱义禄:《从圣贤人格到全面发展》,陕西人民出版社,1992年,第123页。
② 赵翼:《瓯北集》卷二六,《赵翼全集》第五册,凤凰出版社,2009年,第446页。
③ 戴复古:《寄刘潜夫》,《石屏诗集》卷七,四部丛刊续编景明弘治刻本。
④ 赵翼:《偶得九首》之七,《瓯北集》卷二一,《赵翼全集》第五册,凤凰出版社,2009年,第355页。
⑤ 郭绍虞编选:《清诗话续编》第二册,上海古籍出版社,1983年,第1236页。

赵翼书法对联（四）

节，从而作出合乎情理的评价。他认为，人的一生，可能有着各种各样的遭际，不能因一时之失误而否定其整个人格，应结合其失误之时的独特的生活环境，推究造成这一现象的客观原因，只要不是因人品低劣有意而为，就无损于形象的完美。金无足赤，人无完人，人非圣贤，孰能无过？求全责备，失之千里。他对元遗山、苏武、蔡琰等人的评价，莫不体现了这一宽厚之心。

由上述可知，瓯北所评判的内容，涉及社会生活的方方面面，既有对宗教的认识与理解，也有对历史人物、事件的斟酌、裁量，还有对学术流派、治学传统的认可或批评，但无论涉及哪一层面，他都力图从不同的角度或途径寻求较为合乎情理的答案。这是因为，"真理是一个由许多方面构成的整体。因而，可以从不同的角度、不同的途径、不同的要求去接近它"。"多层次、多侧面、多角度、多途径、多目标、多问题、多要求、多方法"的接近、探究，可以达到"互相补充、互相完善"，①以避免片面性，无疑是比较科学的。

四　"仁义"与"人生"

仁义，既是中国古代哲学中的一个重要内容，也是伦理思想的组成部分。孔子视"仁"为人生追求的最高道德境界，许多伦理道德原则均借"仁"来体现，其核心是"爱人"。所谓"己所不欲，勿施于人"，②推己及

---

① 李泽厚：《美学三书》，天津社会科学院出版社，2003年，第402页。
②《论语·颜渊》，《十三经注疏》下册，中华书局，1980年，第2502页。

人,"己欲立而立人,己欲达而达人"①,"亲亲而仁民,仁民而爱物"②,均为"仁"所囊括。"以其所爱,及其所不爱",始能称为"仁"。"义",历来被看作立身的重要原则和区分"君子"与"小人"的标准,所谓"君子喻于义,小人喻于利"③,"君子义以为上"④,"义,人之正路也"⑤,即是此意。在古代典籍中,"仁"与"义"常常并称,"义者,艺之分,仁之节也","仁者,义之本也,顺之体也"。⑥"义"既是合乎时宜的"人之正路",那么,在宗法伦理社会里,长幼之礼、君臣之义、夫妇之别诸人伦秩序,当然是"义"的重要内涵。所以,在儒家经典中,时常将仁、义、礼、智、信并提,其内涵由侧重于个人道德修养,进而向国家为政之道倾斜,由"立人之道,曰仁与义"⑦,转而为以仁义治人正己,如董仲舒所言,"春秋之所治,人与我也。所以治人与我者,仁与义也。以仁安人,以义正我。"⑧克己就义,恕以及人。到宋代,理学家将这一思想发展到极致,以"居敬穷理"为求仁的根本功夫,认为:"仁者,本心之全德。……心之全德,莫非天理,而亦不能不坏于人欲;故为仁者,必有以胜私欲而复于礼,则事皆天理,而本心之德,复全于我矣。"⑨在这里,"仁"几乎等同于"天理"。经过历代思想家的鼓吹演绎,仁义加重了忠君顺上的内涵,成了历代统治者维护宗法制度、巩固统治地位的法宝。

毋庸讳言,"仁义"这一传统思想,在涵育华夏儿女的民族性格,培养公而忘私、舍己为人的精神品质方面,无疑起到重要的作用,历史上许多英烈杰士,几乎无不受其影响。然而,也不能否认,在这一思想的笼罩下,同样有不少人作出无谓的牺牲。在瓯北看来,历代史书《列女传》上的那些贞节女子,"未嫁从父,既嫁从夫,夫死从子",可谓恪守妇道,仁至义尽。然而,她们的生与死,都无多少价值可言,她们的贞节牌

---

① 《论语·雍也》,《十三经注疏》下册,中华书局,1980年,第2497页。
② 《孟子·尽心上》,《十三经注疏》下册,中华书局,1980年,第2771页。
③ 《论语·里仁》,《十三经注疏》下册,中华书局,1980年,第2471页。
④ 《论语·阳货》,《十三经注疏》下册,中华书局,1980年,第2526页。
⑤ 《孟子·离娄上》,《十三经注疏》下册,中华书局,1980年,第2721页。
⑥ 《礼记·礼运第九》,《十三经注疏》下册,中华书局,1980年,第1426页。
⑦ 《周易·说卦第九》,《十三经注疏》上册,中华书局,1980年,第94页。
⑧ 苏舆:《春秋繁露义证》,中华书局,1992年,第249页。
⑨ 朱熹:《四书章句集注》,中华书局,1983年,第131页。

匾,是靠牺牲个人生活的许多权利来博取的,代价是何等沉重与惨烈!即使那些以忠直著称的历代名臣,如岳飞、檀道济、比干等遭际者,亦不知凡几。他们皆"世之仁贤忠良有道术之士也,不幸而遇悖乱暗惑之主而死"①。其死的价值如何,却发人深思。再者,郭巨、邓伯道,均是被古人称道的仁义贤孝的典范。然而,郭巨"惧儿分母食",而将亲生之子活埋。依瓯北之见,与其采取如此绝情之手段,倒不如委弃路旁,听其存活。邓伯道危难之际,"弃子存兄息",亦"太不近情","何妨听其走,或死或逃匿"。② 他们的种种行为,均为不可效法的矫激之举。鉴于此,瓯北认为,孔、孟诸先贤所倡导的"仁义"立身、"杀身成仁"、"毋见利忘义",虽然在纠正世俗的唯利是趋恶劣风气方面起到积极的作用,"惬于理",但因其过分强调利他,而忽视了个人利益的存在和追求,更缺少对个人利益与整体利益在某些层面相交融的充分估量,也有其"多不便于身"的不合情理的一面,故称:"所以庄周言,仁义能杀人。"③

然而,庄周虽然排斥儒、墨、法等家仁、义之说,但是,"仁义能杀人"云云,却并非其原话。《庄子》称:"仁义之端,是非之涂,樊然淆乱,吾恶能知其辩?"④将"仁义"视作束缚人性的精神锁链,指斥儒家"招仁义以挠天下也,天下莫不奔命于仁义","以仁义易其性",致使"小人则以身殉利,士则以身殉名,大夫则以身殉家,圣人则以身殉天下"。⑤ 在他看来,许多人物的频遭困厄,都与他笃信仁义之类的道德信条有关,"比干剖心,子胥抉眼,忠之祸也;直躬证父,尾生溺死,信之患也;鲍子立乾,胜子不自理,廉之害也;孔子不见母,匡子不见父,义之失也"⑥。这或即瓯北所谓"仁义能杀人"议论的由来。庄子不为世间善恶、美丑、是非动情,却追求一种超然物我、"独与天地精神往来"的绝对自由的境界。看上去,瓯北是在绍述庄子的这一思想,其实,他对文士之事功何尝一刻

---

① 《韩非子·难言》,岳麓书社,1990年,第74页。
② 赵翼:《古诗二十首》之八,《瓯北集》卷一,《赵翼全集》第五册,凤凰出版社,2009年,第2页。
③ 赵翼:《静观二十四首》之十一,《瓯北集》卷四三,《赵翼全集》第六册,凤凰出版社,2009年,第871页。
④ 《庄子·齐物论》,上海古籍出版社,1989年,第16页。
⑤ 《庄子·骈拇》,上海古籍出版社,1989年,第51页。
⑥ 《庄子·盗跖》,上海古籍出版社,1989年,第154页。

去怀？岳飞的精忠报国、阎应元的坚贞不屈、韩世忠的累立奇勋、王守仁的文治武功，他都曾赋诗予以讴歌。而且"文章报国儒者事"，为他终生所尊奉。

由此看来，瓯北并未否认以仁义立身的人生价值追求，而是以此为话题，吐露自己对"仁义"与"人生"关系的认识。他认为，先贤倡导仁义，为后人立身行事提供了一条重要原则，能较为有效地遏制人们的贪欲，拯救世风。然而，殊不知求生存，避灾难，是世间万物共有的天然本性，"避网鱼潜渊，避弋鸟遁风。贪生而畏死，万物无不同"。鸟鱼之类尚且如此，作为现实生活中的人，当然更是"莫勿图自全。有害辄思去，有利辄欲专"①。

瓯北在其晚年，不时渲染人的求生本能，声称"仁义能杀人"，显然是多次亲眼看到饥寒交迫的百姓为谋生计，不惜履危蹈险种种反常举动之后有感而发。再说，每一朝代之兴盛，都往往建立在残酷杀戮的基础之上，"试思一代兴，杀人若屠羊。翻藉诛戮惨，肇启升平运。揆以阴骘理，颠倒安可问。由来天地间，惟气所摧振。当气有衰旺，何论理逆顺"②。在这里，瓯北一下子揭穿了封建帝王靠杀人起家的老底，在那封建专制非常严酷的时代，此等言论的确骇人听闻。同时，也道破了古代帝王鼓吹王道和以仁义化天下之说教的虚伪性。

还应该指出，瓯北公然肯定私欲的合理性，并直斥"仁义"的"不便于身"，还有其特定的哲学背景。早在春秋战国之时，就有思想家倡言，"事异则备变。上古竞于道德，中世逐于智谋，当今争于气力"，"是仁义用于古而不用于今也"。③ "今人之性，生而有好利焉。……饥而欲饱，寒而欲暖，劳而欲休，此人之情性也。"④然而，这类关乎人类生存实际的识见，至后来却为宋儒"存天理，灭人欲"的喧嚣所掩没，以致很少有人提及。直至明代，随着新的社会思潮的崛起，不少思想家，越来越开始

---

① 赵翼：《静观二十四首》之十一，《瓯北集》卷四三，《赵翼全集》第六册，凤凰出版社，2009年，第871页。
② 赵翼：《放言九首》之六，《瓯北集》卷二二，《赵翼全集》第五册，凤凰出版社，2009年，第376页。
③ 《韩非子·五蠹》，岳麓书社，1990年，第281页。
④ 《荀子·性恶》，中国书店，1992年，第286—287页。

正视作为社会个体的人的谋求生存的正当欲望,这无疑与理学家所倡导的"克尽己私"以求仁大异其趣。明清之交,倡言人性者更不乏其人。黄宗羲《原君》,开头即称:"有生之初,人各自私也,人各自利也。"①顾炎武也称:"自天下为家,各亲其亲,各子其子,而人之有私,固情之所不能免矣,故先王弗为之禁。……有公而无私,此后代之美言,非先王之至训也。"②此等言论,均影响于当时。

  这些思想家,都有一个共同的特征,那就是极力肯定人的自然之性的理所当然,高扬了人的主体性地位,主张顺乎人情,因势利导,为满足正常"人欲"寻找较为合理的途径。而理学家所鼓吹之"理",却是超然世界万物之上玄妙莫测之物,而"活泼泼"寻求谋生出路的人性,在"存天理,灭人欲"的条禁之下却被湮没。作为世界主体的人,却处于被动受支配的客体地位,毫无独立、自由可言。瓯北生当封建末世,在经历了数次政治风云变幻之后,也悟出"仁义""不便于身",而且"能杀人",还大力渲染人的趋利避害以"图自全"的自然本性,强调人赖以生存的客观条件,所思考的乃是如何依人道而立礼法这一重大问题,显然与顾炎武、黄宗羲等思想家声息相通。

  瓯北感慨"仁义能杀人",还有其不便明言的更深层的社会原因,那就是他多年来"静观"此伏彼起农民起义之后的深刻感悟。

  他在《偶得九首》中,借吟咏野兽禽虫,曲折表达了现实社会中各级官府不管百姓死活、横加勒索的情况。他说,虺蛇吞噬蛙类动物,蜘蛛捕食蠛蠓,正如初民的茹毛饮血相似,是生存的需要,理之使然。人们畜养鸡、猪诸生灵,待其长成,又杀之以供食用,"生之斯杀之,义足相准折",亦可谓取之有道。至于其他飞禽走兽,本是自生自长,与人类了无关涉,而人们却偏要大肆捕捉,以快口腹,则与情理不合。作者在述及世间诸多现象后,议论道:"是以王政垂,立制寓撙节,纵禽网或开,取鱼泽不竭。"这一由"物理"而言"治理"的基本思路,在某种程度上体现了宋儒"即物而穷其理"的认识方法。当然,宋儒所言"理",往往不是事物

---

① 黄宗羲:《明夷待访录》,《儒学精华》下册,北京出版社,1996年,第1901页。
② 顾炎武著、黄汝成集释:《日知录集释》,岳麓书社,1994年,第92页。

固有的客观规律,而是先天地而存在的凌驾于世界万物之上的最高主宰。而此处所言"理",是为政之道。言下之意是说,既要令"物"为我所用,就要给"物"创造必要的生存环境。若不顾客观事实,无限制地索取于"物",则无异于竭泽而渔,杀鸡取蛋,将来会自食恶果。由此推衍至"治道",若要想让百姓及时交纳赋税,就必须施惠于民,给他们提供休养生息、从事农桑的必要条件,而不能横征暴敛,逞一时之快意,遗后患于未来。

在这里,瓯北强调取之有度,实际是继承了早期儒家"执其两端,用其中于民"[①]的思想。《礼记·中庸》称:"中也者,天下之大本也;和也者,天下之达道也。致中和,天地位焉,万物育焉。"[②]瓯北此诗,正是这一儒家政治思想的形象表述,亦反映出其以仁为本的伦理思想。他反对乱捕乱杀野生动物,就现今的眼光看来,还具有维护人类生存环境、保持生态平衡的积极意义。

为瓯北所推许的金代大诗人元好问,曾在《息轩秋江捕鱼图》中写道:"击瓮喧天网截河,得鱼何啻一罾多。渔郎不作明年计,奈此纤鳞细甲何?"借题画之机,婉转地透露出对统治者"强取民田"的不满。本作在思想意蕴上与其有相通之处。今人称:"自然赋予我们客观的生命,而个人的主观的生命,只不过是其中的一个部分的、内在的方面。……如果人与自然融为一体,我们是否在道德上有义务不仅要保护和珍视人的价值,而且也要保护和珍视自然的价值呢?""但道德较为开放的人则会让自己的道德关怀遍及这一宽广的生命之河,甚至包括它所流过的物理地形。"[③]而早在两百多年前,瓯北在该诗中就强调,"其他飞走伦,彼自长自苗。亦何与人事,而必供餔啜"。[④] 他就是今人所称那种对自然界生物施以关爱的"道德较为开放的人",可谓仁泽及万物。

瓯北还认为,本来苍天是仁厚的,"天生物养人"。就食盐为例,沿

---

① 《礼记·中庸》,《十三经注疏》下册,中华书局,1980年,第1626页。
② 同上书,第1625页。
③ 〔美〕霍尔姆斯·罗尔斯顿Ⅲ:《哲学走向荒野》,刘耳等译,吉林人民出版社,2000年,第106—107页。
④ 赵翼:《偶得九首》之一,《瓯北集》卷二一,《赵翼全集》第五册,凤凰出版社,2009年,第354页。

海数省,靠海盐满足人们生活的需要,而距海较远的滇、蜀、秦、晋诸地,又有盐池、盐井供当地人需求。再如食粮,中原地带自不必说,即如不产粮食的漠北边鄙,却水草繁茂,以供游牧,牲畜之肉可以饱人肚腹。至于穿衣问题,木棉传入域内,取代了蚕丝,百姓生活当不成问题。然而,为何各地百姓仍铤而走险,揭竿而起,冒天下之大不韪?这自然与各级官吏层层盘剥与政治高压有很大关系。"天"乃"至仁","欲稍减屠戮"①,奴役百姓的官府,却在"仁义"的幌子下,大行其"不仁","强食弱肉",害苦了百姓,搅乱了社会环境。古人称:"仓廪实则知礼节,衣食足则知荣辱"②,百姓若无衣食之忧,何至不顾刀斧加颈、聚众造反?瓯北此处所论,看去是哲学问题,其实,是寻觅农民起义爆发的原因所在,揭露了以仁义为核心的传统道德的虚伪性,希冀统治者政治宽缓,顺乎民欲,言行一致,减少杀伐,以缓和日趋激化的阶级矛盾,反映出他对现实社会政治的关注以及对清王朝未来前景的思考。

赵翼书法对联(五)

五 可贵的"因时而变"

瓯北在对生活事理的探求上执意求新,是在青年时代就已基本形成的一种思维趋向。他出身孤寒,非常清楚安于现状意味着什么,且深谙"易穷则变,变则通,通则久"③这句古训在他人生旅途上的特殊意义,

---

① 赵翼:《静观二十四首》之十三,《瓯北集》卷四三,《赵翼全集》第六册,凤凰出版社,2009年,第871页。
②《管子·牧民》,岳麓书社,1993年,第393页。
③《周易·系辞下》,《十三经注疏》上册,中华书局,1980年,第86页。

曾追述道："岂知穷变通,圣人固云尔。"①孔颖达《正义》解释《周易》中这段话说："言易道若穷,则须随时改变,所以须变者,变则开通得久长。"②《周易》中的这句话,不仅激励瓯北积极进取,"拟作人间第一流",力图靠自己的努力,改变家庭贫困落拓之状,还启迪他学会了以运动变化的眼光去观察世间万物的方法。他经常运用逆向思维方式,反观现实存在的合理与否或其他生活内容,亦当与此有关。

瓯北早在20岁时,以一羽毛未丰的后生小子,就敢于以诗歌的形式评判古代礼法,在《古诗二十首》(之三)中称:

> 先圣治天下,因俗制典礼。其有未尽善,原弗禁改毁。即如祭用尸,虽云求诸似。祖父拜儿孙,究未协于理。井田各百亩,养民意本美。安能禁人间,一父只一子?俗儒识拘墟,硁硁守故纸。或言古制非,攻者辄蜂起。岂知穷变通,圣人固云尔。是古而非今,一步不可履。为语鲁两生,勿胶成见鄙。③

"先圣"治理天下,根据当时的社会风俗制订的典章、礼仪,绝非不可变革,"其有未尽善,原弗禁改毁"。早在《礼记·礼乐》中,就曾指出:"五帝殊时,不相沿乐;三王异世,不相袭礼。"④《庄子·天运》谓:"礼仪法度者,应时而变者也。"⑤《史记·刘敬叔孙通列传》亦称:"五帝异乐,三王不同礼。礼者,因时世人情为之节文者也。"⑥并不是像后世理学家所说,是亘古不变的"天下之定理"。瓯北举例说,古人往往令晚辈代已亡故的祖宗受祭,"立尸而立意焉"。如此一来,祖父辈反而要向儿孙下拜,未免不合于事理,后终由神主取代。再如,古代实行井田制,八家均拥有田土百亩,同养公田,可谁能保得住一家只生一个儿子?多生之子,土地又如何分配?此法当然难以延续。可见,古法并非一成不变,应根据社会的发展变化,制定新的改革措施,以适应现实的需要。

---

① 赵翼:《古诗二十首》之三,《瓯北集》卷一,《赵翼全集》第五册,凤凰出版社,2009年,第1页。
② 《十三经注疏》上册,中华书局,1980年,第86页。
③ 赵翼:《瓯北集》卷一,《赵翼全集》第五册,凤凰出版社,2009年,第1页。
④ 《十三经注疏》下册,中华书局,1980年,第1530页。
⑤ 《庄子》,上海古籍出版社,1989年,第79页。
⑥ 《二十五史》第一册,上海古籍出版社、上海书店,1986年,第303页。

他还在《咏史》(之三)中说:

> 古制谒长者,脱屦始造请。见君更不袜,《左氏传》可证。萧何履上殿,殊礼出特命。迨乎唐以来,朝靴始渐盛。及其习用惯,遂乃著为令。设使跣入朝,翻成大不敬。泥古有难通,即事朗可镜。所以《周官书》,或贻后世病。①

以活生生的事例,说明了古代礼仪制度的不断变化。前人对古制尚不守成法,且根据当时的生活习惯、人情事理,时而增加新的内容。然而到了后来,若贸然评说古制,却会被斥为异端邪说,"或言古制非,攻者辄蜂起"。尽管古代礼制的变革屡见于古籍之载述,但有些人却视而不见,仍死守《周礼》、《礼记》、《仪礼》有关对礼仪的描述不放,哪里会想到"是古而非今,一步不可履"这一复古之路是行不通的。

在这里,瓯北既揭示了礼制产生的社会原因,且又从生活事理出发,借鉴历史经验,强调古法不可守,礼俗必须改革。这一认识问题的方法和思路,既有受明清进步思想影响的因素,又与古代学人的思想遥遥相接。古人认为,后世对前代礼仪的承袭,皆是有所"损益"的,并不是一成不变地承继。《礼记·乐记》言"礼有损益",《史记·礼书》则谓:"礼由人起","观三代损益,乃知缘人情而制礼,依人性而作仪,其所由来尚矣。"②所强调的是,礼、仪亦应根据人情的变化、迁徙,而不断丰富、完善自身内容。而《商君书》则径称,"礼者所以便事也","苟可以利民,不循其礼",③"各当时而立法,因事而制礼"④,"不法古,不修今,因世而为之治,度俗而为之法"⑤,并说:"拘礼之人不足与言事,制法之人不足与论变。"⑥此说对后世影响很大。《淮南子·齐俗训》谓:"世异则事变,时移则俗异。故圣人论世而立法,随时而举事。"后世人为法,应"不法其已成之法,而法其所以为法"⑦。同书《氾论训》又称:"礼乐未始有

---

① 赵翼:《瓯北集》卷三〇,《赵翼全集》第六册,凤凰出版社,2009年,第548页。
② 《二十五史》第一册,上海古籍出版社、上海书店,1986年,第154页。
③ 商鞅:《商君书》,岳麓书社,1990年,第7页。
④ 同上书,第8页。
⑤ 同上书,第27页。
⑥ 同上书,第8页。
⑦ 刘安:《淮南子》,岳麓书社,1989年,第125页。

常",多因时而变。"治国有常,而利民为本;政教有经,而令行为止。苟利于民,不必法古;苟周于事,不必循旧。夫夏商之衰也,不变法而亡。三代之起也,不相袭而王。故圣人法与时变,礼与俗化,衣服器械各便其用,法度制令各因其宜,故变古未可非,而循俗未足多也。"①礼法能否得以实施,关键要看它是否能"当于世事,得于人理",若与此原则相违背,则应变法,"先王之制,不宜则废之"。这一因时而变的社会历史观,显然有一定的进步意义。

而朱熹在论及这一问题时,却认为"礼"之因、革,应区别而论,"所损益,谓文为制度,那大体是变不得底"。意谓在礼之完善上,可以略作修补。至于所"因"之礼,则"是天做底,万世不可易"。这个"不可易"之礼仪的核心,即伦理纲常,"三纲五常,亘古亘今不可易"。②为人处世,应安静自守、修德尽礼,"思不出其位。位者,所处之分也。万世各有其所,得其所,则止而安"③、"失其所则悖"④。很显然,他所排斥的乃是古人思想中"缘人情"、"因人性"、"利民"、"便事"等富有积极意义的内容,强化的是上下尊卑之秩序亘古不可变易以及封建礼法的绝对权威。

而瓯北则以变化、发展的眼光看待事物,强调"泥古有难通",主张"穷变通"。这里所说的"变",已由礼仪外在形式之变,推衍至可即之事的"变"、"后世"纷纭之"变",远远逸出了前人所说的"损益"的范畴。即使在诗歌创作上,也强调因时而变,即所谓"诗文随世运,无日不趋新"⑤。还在《读史》中说:"古今多变局,天地少全功。未事几谁觉,临危力已穷。"⑥似乎已预感到清王朝走下坡路势所难免。他凭借丰富的生活阅历,敏感地意识到整个社会正在发生着形色不一的变化,从权豪子弟的失德败检,到江南生活的夸富争奇;从贪官污吏的翻身落马,到白莲教起义的此起彼伏;从青年后生的张狂自傲,到浪荡子弟的寻芳猎艳……社会风气的颓丧,国家政局的不稳,都在预示着疾风暴雨即将

---

① 刘安:《淮南子》,岳麓书社,1989年,第153页。
② 朱熹:《朱子语类》,岳麓书社,1996年,第536页。
③ 朱熹、吕祖谦:《朱子近思录》,上海古籍出版社,2000年,第88页。
④ 朱熹、吕祖谦:《朱子近思录》,上海古籍出版社,2000年,第95页。
⑤ 赵翼:《论诗》,《瓯北集》卷四六,《赵翼全集》第六册,凤凰出版社,2009年,第938页。
⑥ 赵翼:《瓯北集》卷四〇,《赵翼全集》第六册,凤凰出版社,2009年,第779页。

来临。在瓯北看来,乾隆帝以十全大功自诩,其实未必意识到衰微的即将来临。且他还恪守祖制,好大喜功,文过饰非,不容许任何人对既行政策稍有怀疑,并以文网钳制天下人之口,矛盾越积越多,天下岂能不乱?这或是"古今多变局"数句诗的潜在内容。无独有偶,时隔未久,瓯北的同乡后生刘逢禄,在其所著《春秋公羊何氏释例》中,亦表露出"治不可恃"、"乱不可久"、"无平不陂,无往不复"①以及"天下无久而不敝之道,穷则必变"的思想。② 瓯北"愁对一灯红"的喟叹,在他那里总算有了回应,可谓所见略同。

瓯北求"变"的思想,既与他对实际生活的感悟有关,又与其广泛涉猎古代典籍,不断从中吸取思想营养密不可分。如《淮南子》、《论衡》均是其接触比较早的作品。他当初乍获此类书,喜不自胜,视为秘籍,终日浸淫其中,当然会不知不觉地受到它启迪。《淮南子》所谓"法与时变"、"各因其宜"、"变古未可非"、"循俗未足多"云云,他早已熟谙于心,且与明清之时新的时代思潮相融合,再加上他自身的独立思考,久而久之,便积淀、发展成他自己的思想。而且,汉代王充也反对拘守章句的儒生"信前师之言,随旧述故"③的荒唐之举,以历史进化论的观点看待社会的发展,曾用"彼见上世之民饮血茹毛,无五谷之食;后世穿地为井,耕土种谷,饮井食粟,有水火之调。又见上古岩居穴处,衣禽兽之皮;后世易以宫室,有布帛之饰"④诸史实,借以说明"世异则事异",驳斥拘儒的盲目信古、崇古非今,强调感觉经验对人类社会行为的指导作用,谓:"凡论事者,违实不引效验,则虽甘义繁说,众不见信。"⑤这一看待事物的思想方法,瓯北又与之多有相合之处。

可见,古人朴素的辩证法思想,对瓯北的思维模式、思想方法以及观察事物的途径,都曾产生直接或间接的影响。他不仅用这一方法去解读历史文本,考察文化现象,剖析人间是非,评判礼仪制度,而且还用

---

① 陈其泰:《清代公羊学》,东方出版社,1997年,第105页。
② 同上书,第107页。
③ 王充:《论衡》卷二八《正说篇》,上海人民出版社,1974年,第425页。
④ 王充:《论衡》卷一八《齐世篇》,上海人民出版社,1974年,第291页。
⑤ 王充:《论衡》卷二六《实知篇》,上海人民出版社,1974年,第404页。

于看待中国文学(尤其是诗歌)的发展。在瓯北的思想中,时而闪现出唯物主义的光彩,与他注意广泛吸收传统文化中的精华不无关系。

六 "命定"抑或"自为"

在漫长的古代社会里,由于受客观条件的限制,人们的思维比较单纯,往往认为,"看得见的世界和看不见的世界是统一的,在任何时刻里,看得见的世界的事件,都取决于看不见的力量"①,冥冥之中似有人在主宰着四时变化、阴晴圆缺、生老病死等,故时常将个人的寿夭祸福归之于天命。尤其是汉代大儒董仲舒,鼓吹"天人相副",借天意神化"道",使儒学蒙上一层浓郁的宗教色彩,束缚了人们思想与个性的发展。后来,历代统治者为了巩固自己的统治,更不遗余力地张扬此说,把纲常伦理神秘化。然而,不信天命者古来有之。早在战国之时,荀子就曾强调:"从天而颂之,孰与制天命而用之。"②东汉王充也说:"夫天道,自然也,无为。如谴告人,是有为,非自然也。"③柳宗元在《断刑论》一文中说:"古之所以言天者,盖以愚蚩蚩者耳。"④清初思想家王夫之则认为,"天道"与"人道"应分别看待,不能一概而论,它们既有联系又有区别。

此类闪烁着古代朴素唯物主义思想光辉的言论,开阔了瓯北的视野与思路,他撷取人生旅途中的一个侧面,借《杂题》组诗论述了对"天命"的看法。他认为,如果人的生死均由天命所定,又何必为保命而趋避? 倘若其命该绝,岂能逃得过砍头的下场? 人之死,除正常死亡外,大致有几种情况:有的为忠义而殉身,义无反顾,甘愿赴汤蹈火。有的行为不轨,以身试法,死有余辜,遗臭万年。同是一死,价值不同。由此

---

① 〔法〕列维-布留尔:《原始思维》,丁由译,商务印书馆,1981年,第418页。
② 《荀子·天论》,中国书店,1992年,第203页。
③ 王充:《论衡》卷一四《谴告篇》,上海人民出版社,1974年,第224页。
④ 柳宗元:《柳河东集》卷三,中国书店,1991年,第41页。

可知,"要其所以死,则视人自为"①。表现出瓯北对桎梏人们数千年的"人事天定"说教的大胆怀疑。至于鬼神,瓯北有着自己的认识。曾称:"奈何世人愚,心自生魑魅。目所不见处,辄疑有鬼在。"②在他看来,鬼、神云云,皆是人心灵的造影,是人们自己揣摩出来的。其实,"人不识鬼状,鬼岂睹人态"?另外,人们之所以捏造出种种鬼怪,大概主要是用来震慑人心的,"人若不畏鬼,益将肆狂悖"③。由于诗这一文体的限制,论述尽管不够充分,但很显然,他对鬼怪之说是持怀疑态度的。

继而,瓯北又推论,"天"既然有意志,可以惩恶扬善,又为何化生出枭鸟、破镜(即獍)此类恶鸟、怪兽,岂非"天"之处事也缺乏斟酌?如果说宇宙之大,无所不包,恶鸟、凶兽难以尽除,那么,人类怎么也鱼龙混杂、善恶同存,"禽跖互参错"?天帝为什么目睹世人的弱肉强食、戕害同类而坐视不问?或称,正因为天地间有此扰攘之事,"于是生圣人,创制立条约"。"圣人"又有感于一人力量难及,便分派许多人各理一方,驱凶抚弱,"是凡百有位,职在靖贪虐"。然而,"奈何分职者,贪虐翻自作"?面对世间的种种丑恶,"天亦无如何,敛手坐穹漠",其公正性又何在?④ 这里,瓯北不仅向相沿已久的"天命观"大胆挑战,还由对天神的嘲讽,转向对世间污吏的讥刺,进而揭露封建吏治的黑暗,流露出他对封建国家前途的忧虑。

瓯北遇事善于思索,又具有敢于打破前人成说的胆魄,故对历史的或现实的许多现象,都有着自己的独特理解和超人识见。如对神仙者流,他认为神话中的安期生、王乔诸人,哪怕真如传说中所称"长不死",但"多活数百年,终归随劫尘",真正身去神留的是历代贤杰。他们"或文采映发,或英烈炳麟。照耀人耳目,千载犹鲜新"⑤,才是真正意义上的仙人。人生的价值在于是否有用于世,而不在寿命的长短。如此看来,瓯北所注重的,乃是对现实人生的密切观照。

---

① 赵翼:《杂题》之七,《瓯北集》卷二三,《赵翼全集》第五册,凤凰出版社,2009年,第396页。
② 赵翼:《放言九首》之七,《瓯北集》卷二二,《赵翼全集》第五册,凤凰出版社,2009年,第376页。
③ 同上。
④ 赵翼:《杂题》之八,《瓯北集》卷二三,《赵翼全集》第五册,凤凰出版社,2009年,第396页。
⑤ 赵翼:《古诗二十首》之四,《瓯北集》卷一,《赵翼全集》第五册,凤凰出版社,2009年,第1—2页。

再说,佛教一贯主张善恶有报,鼓吹生死轮回之说,所谓"行恶则有地狱长苦,修善则有天宫永乐",认为世间众生莫不辗转生死于六道之中,如车轮旋转,"以诸欲因缘,坠堕三恶道,轮回六趣中"①。若今生积功累德,来生当转世于一好去处,否则,将会堕入地狱,受苦无穷。对于这一佛教教义,瓯北曾赋诗质疑,在《题杨豆村小照》(之一)诗中写道:

> 佛家轮回说,其理究可疑。茫茫天地间,化育日蕃滋。若只此人数,流转无已时。将使大块力,不容有生机。太平生齿繁,遇乱则渐稀。旧时化去者,又将于何依?可知去来今,立论原无稽。②

在瓯北看来,世间万物,化生不已,若佛家轮回之说可信,那么,天下便总是为固定的一些人所占据,这岂非不容天地之生机的存在?再说,世间之人数的多少,往往与时代、与年景有关。太平之时,生齿自繁;动乱之际,人口锐减。依佛家所论,世间之人则应永远是那些曾经生活于天地之间的人在作生、死轮转,人数会始终保持在一个不增不减的恒定状态。若此说可以成立,又如何理解这一人口的落差?那些往日死去者,将依归何处?由此可知,三世轮回云云,纯属无稽之谈。其实,佛教强调善恶有报、生死轮回,充其量只是对苦难无助者内在心理的一个自我抚慰,根本无助于现实人生。瓯北以生活中的事实依据批判佛教教义,无疑是很有说服力的。

同时,他又认为,善恶果报之说,尽管"可以寓惩劝,世教固有资",对风俗教化的形成有一定的辅助作用,然而,"人乘生气生,气散则灭渐。既散岂复聚,还又为生机?""细推阴阳故,幽渺终可疑。"③《易》称:"天地之大德曰生。"意谓"天地之盛德,在乎常生"。又曰:"生生之谓易。"所强调的是"阴阳转易,以成化生","生生不绝","万物恒生"。《管子·内业》也认为,"气"乃万物之本源,"凡人之生也,天出其精,地出其形,合此以为人,和乃生,不和不生"。④ 瓯北这一对"人乘生气生"的认

---

① 迦叶摩腾:《妙法莲华经》卷一,大正新修大藏经本。
② 赵翼:《瓯北集》卷二三,《赵翼全集》第五册,凤凰出版社,2009年,第401页。
③ 赵翼:《古诗二十首》之二十,《瓯北集》卷一,《赵翼全集》第五册,凤凰出版社,2009年,第4页。
④ 《百子全书》上册,浙江古籍出版社,1998年,第407页。

识，在某种程度上来说，可能继承了古代哲学思想的基本精神，然他对"气"之聚散的理解，大概是来自宋代思想家张载。张氏在《正蒙·太和篇》中称："气之为物，散入无形，适得吾体；聚为有象，不失吾常。太虚不能无气，气不能不聚而为万物，万物不能不散而为太虚，循是出入，是皆不得已而然也"，又说："太虚无形，气之本体，其聚其散，变化之客形尔"，"聚亦吾体，散亦吾体。"①张载认为，天地间无不为"气"所充斥，无形者为太虚，有形者为万物。天地万物皆是由"气"之聚而化生，作为人也莫不如是。"游气纷扰合而成质者，生人物之万殊，其阴阳两端循环不已者，立天地之大义。"②张载是以"凡有皆象，凡象皆气"的"气化"论，"既批判了玄学化了的道教所谓虚生气、无生有的观点，又驳斥了佛教把现象(形、物)和本体(性、虚)割裂，而把客观世界看作主观幻觉的谬论"③，力图把儒学拉向理性思辨的轨道。瓯北对"人乘生气生"的表述，就与张载有些接近。所谓"终可疑"，也体现了瓯北对此类问题的审慎探究。

对善恶是否有报，瓯北有自己的看法。他认为世间芸芸众生，有的为争权夺利，互相杀伐，"各逞所欲为，纵欲丧其真"，而无辜遇难者，"又多蚩蚩民"。对此种纷攘局面，"天亦无如何"④。天道若果有知，善恶如真有报施，那么，天下应尽生好人，不少人的千古之冤，不至于"总无昭报日"。可知，"报施有定理，静验殊不然"⑤。鉴于此，他认为"海山兜率俱安托"，成仙成佛之说不可信。一个人在世上有否成就，主要应"视其所自为"。瓯北结合对因果报应谬说的批评，强调发挥主观能动性在人生旅程中的特殊作用，又含有一定的唯物因素。有的学者根据瓯北诗文中的片断表述，批评其具有浓重的迷信思想，显然是不够全面的。

当然，不可否认，瓯北所表露出的哲学思想，既有辩证地看待事物之倾向，也尝为"人生有定命"之宿命论思想所困扰。瓯北认为，看待任

---

① 张立文主编：《儒学精华》中册，北京出版社，1996年，第1082页。
② 《正蒙·太和篇》，《儒学精华》中册，北京出版社，1996年，第1084页。
③ 肖萐父、李锦全：《中国哲学史》下册，人民出版社，1983年，第51页。
④ 赵翼：《斋居无事偶有所得辄韵之共十七首》之五，《瓯北集》卷三二，《赵翼全集》第六册，凤凰出版社，2009年，第599页。
⑤ 赵翼：《报施》，《瓯北集》卷四九，《赵翼全集》第六册，凤凰出版社，2009年，第1009页。

何事物,只有深入探讨它的来龙去脉,并作分析研究,才能得出事物的真相,"可以观物理,本性有不磨"①,这无疑是正确的。但他又认为,"由来天地间,惟气所摧振。当气有衰旺,何论理逆顺。"决定事情成败的关键,不在"理"之"顺"、"逆",而在"气"之"旺"、"衰","岂知得气厚,天亦难下刃"?② 此处所谓"气",其实就是天命。

他的这一思想,在其史学著作中也不乏见。在论及汉高祖刘邦君臣"以匹夫起事"时说:"其君既起自布衣,其臣亦多亡命无赖之徒,立功以取将相,此气运为之也。"③于"晋南渡后多幼主嗣位,宋南渡后亦多外藩入继"后,亦谓"皆气运使然,非人力所能为也"④。蜀中女子叔先雄为寻父尸投水死,其事迹与曹娥同,却少有人知,与曹娥形成很大反差。在瓯北看来,"传不传岂不有命耶?"⑤在称颂三国蜀贤相诸葛亮功绩的同时,又感叹其"出师未捷身先死",致使"功业凌替",曰:"且天命有归,不可以智力争也。"⑥还于《宋齐多荒主》中,借叙宋、齐两国君主"童昏狂暴,接踵继出",叹喟道:"创业者不永年,继体者必败德,是以一朝甫兴,不转盼而辄覆灭,此固气运使然也。"⑦如此看来,他似乎对"天命"(气运)笃信无疑。

其实不尽然。他又在《汉儒言灾异》中说:

> 而尤言之最切者,莫如董仲舒,谓国家将有失道之败,天乃先出灾害以谴告之,以此见天心之仁,爱人君,欲止其乱也。谷永亦言,灾异者,天所以儆人君过失,犹严父之明诫,改则祸消,不改则咎罚。是皆援天道以证人事,若有秒忽不爽者。而其时人君亦多遇灾而惧……降及后世,机智竞兴,权术是尚,一若天下事皆可以人力致,而天无权。即有志图治者,亦徒详其法制禁令,为人事之

---

① 赵翼:《偶得九首》之四,《瓯北集》卷二一,《赵翼全集》第五册,凤凰出版社,2009 年,第 355 页。
② 赵翼:《放言九首》之六,《瓯北集》卷二二,同上书,第 376 页。
③ 赵翼:《廿二史劄记》卷二《汉初布衣将相之局》,《廿二史劄记校证(订补本)》上册,中华书局,1984 年,第 36 页。
④ 赵翼:《廿二史劄记》卷四《东汉诸帝多不永年》,同上书,第 93 页。
⑤ 赵翼:《廿二史劄记》卷五《曹娥叔先雄》,同上书,第 104 页。
⑥ 赵翼:《廿二史劄记》卷六《陈寿论诸葛亮》,同上书,第 132 页。
⑦ 赵翼:《廿二史劄记》卷一一,同上书,第 231 页。

防,而无复有求端于天之意。故自汉以后,无复援灾异以规时政者。间或日食求言,亦祇奉行故事,而人情意见,但觉天自天,人自人,空虚寥廓,与人无涉。①

又似乎认为"援天道以证人事"不可取,比较认同"天自天,人自人","天下事皆可以人力致",但随即又叙及孔子所修《春秋》每每载述灾异之事,并议论道:"如果与人无涉,则圣人亦何事多费此笔墨哉?"②同样,在《杂题》(之七)中也曾表述:

> 人生有定命,趋避安所施。设如命应刑,谁能逃诛夷。要其所以死,则视人自为。或殉忠义亡,鼎镬甘如饴。或以败检戮,人犹唾其尸。同此一颈穴,好丑迥不齐。死而以奸愿,岂亦命制之?愿与当途子,反覆味此辞。③

很显然,他对"天命"又并非笃信无疑,而是常徘徊在"命定"与"自为"之间,难怪人们常批评他治史中所流露出的天命观。依笔者之见,造成这一现象的原因,时代局限固然是因素之一,但更主要的则在于他早年殿试时,由名占高魁而被屈抑第三一事所投下的阴影。尽管他有时称:"书生命不到公卿,且拥万卷当百城"④,但又强调人的主观能动性,"视其所自为"⑤,"须眉虽变亦何悲,丈夫出世要有为"⑥,"不尔当艰巨,何以有竖立"⑦。他虽时而称"阴则冥司报"、"阳事阴必知",但又认为"报施有定理,静验殊不然"⑧。求仙访道,无非骗人而已,长生久视不可信,"古有长生今亦鬼,天如可上地无人"⑨。认为佛祖"当年舍卫城,乞食傍门户","此亦何足羡,而欲与俦伍",神仙高居蓬莱山,"既绝烟火

---

① 赵翼:《廿二史劄记》卷二,《廿二史劄记校证(订补本)》上册,中华书局,1984年,第39—40页。
② 赵翼:《廿二史劄记》卷二,同上书,第40页。
③ 赵翼:《瓯北集》卷二三,《赵翼全集》第五册,凤凰出版社,2009年,第396页。
④ 赵翼:《芷塘南回谒我于扬州喜赠》,《瓯北集》卷三三,《赵翼全集》第六册,凤凰出版社,2009年,第625—626页。
⑤ 赵翼:《杂书所见》之六,《瓯北集》卷三六,同上书,第696页。
⑥ 赵翼:《同年胡豫堂阁学视学江南相见话旧赋呈》,《瓯北集》卷三三,同上书,第621页。
⑦ 赵翼:《咏火》,《瓯北集》卷三四,同上书,第629页。
⑧ 赵翼:《报施》,《瓯北集》卷四九,《赵翼全集》第六册,凤凰出版社,2009年,第1009页。
⑨ 赵翼:《竹初用导引之术面有少容盖已学道有得矣戏赠》,《瓯北集》卷三八,同上书,第730页。

食,又少眷属聚","此又何足羡,而欲希冲举",①倒不如"高枕北窗寻乐地,拥书南面作长城"②更有情趣。如此之类,恰恰说明瓯北思想的复杂性。

作为生活在社会现实中的个体的人,瓯北的思想不可能静止不动,永远在同一个水平线上,"一种感情,一种思想,一种决定,是另一种感情,另一种思想,另一种决定促发的"③,"同一个人在不同的情境中,其行为也可能迥然不同。因此,根据某一个体在特定情境中如何行事,无法十分准确地预见他在另一情境中的行为会发生什么变化"④。作为变化奇迹的人的思想,当是复杂的、多方面与多形态的。而这种变化,往往与人们所处的客观环境及生活遭际密切相关。

赵翼《庭园坐谈图》

瓯北在看待自然界现象及周围纷繁事物时,每每不相信"天命"而强调"自为"。然而,一旦论及大的事件,又找不到恰切的理由去解释时,便将政治势力的败亡与自己当年的"大魁俀失"攀扯在一起思考,将其归之于天命与气数。如《读史》谓:"运去卧龙空伐敌,时来屠狗亦封侯","历历古今成局在,兴衰不尽系人谋。"⑤其间,显然融进了个人遭际

---

① 赵翼:《放言九首》之三,《瓯北集》卷二二,《赵翼全集》第五册,凤凰出版社,2009年,第375—376页。
② 赵翼:《消闲》之二,《瓯北集》卷五二,《赵翼全集》第六册,凤凰出版社,2009年,第1066页。
③ 〔法〕丹纳:《艺术哲学》,傅雷译,安徽文艺出版社,1991年,第61页。
④ 〔苏〕伊·谢·科恩:《自我论:个人与个人自我意识》,佟景韩等译,三联书店,1986年,第238页。
⑤ 赵翼:《瓯北集》卷四三,《赵翼全集》第六册,凤凰出版社,2009年,第868页。

的感喟。每当面对历史文本,接触到一些偶然性很强的事件时,便不由自主地会联想起个人遭际,那种沉潜于心底的"大魁佹失"的痛切遗憾便会悄然升腾。《廿二史劄记》中有时流露出天道思想,恰是其心灵创伤在史学研究方面的投射。可见,生活经历对人的思想影响是何等之深。明白了这一点,瓯北思想上的矛盾现象便不难理解了。但是,不可否认,具有朴素唯物主义思想的"自为"、"自立"观念,在他一生中仍占有主导地位。正是这种新旧思想杂陈的态势,限制了他的学术视野,使得他对一些历史现象缺乏进一步深究,甚至找错了答案。比如卷三六《明季辽左阵亡诸将之多》,将清灭明归之于天命。卷二六《和议》混淆是非,为南宋投降派张目,都显然是极为错误的。

第十六章　瓯北的诗歌批评理论

清代的文学创作，进入了总结、转型期。在不同的层面，都体现出某种理性的自觉，就诗歌批评而论，也呈现出前所未有的繁荣局面。仅丁福保所编《清诗话》及郭绍虞编选的《清诗话续编》，就收录各类诗话77种。当然，尚远不止此。据郭绍虞先生说："清人诗话约有三四百种，不特数量远较前代繁富，而评述之精当亦超越前人。"①诗话在其初，多带有"以资闲谈"的随笔性质，正所谓"古无诗话之目矣，诗话即随笔也。……随笔、诗话惟宋人为富，元、明诸儒有著录者，亦唯沿袭，无别呈面目者焉"②，"自宋、元来论诗者无虑数百家，要之皆肤浅之见，扬同乎己者，抑异乎己者，无益于诗学，是为河汉之言"③。此后，或以记载文人轶事为主，"通于史部之传记"，或诠释名物，"通于经部之小学"，或泛述闻见，"通于子部之杂家"，或"作诗话以党伐同异"，有失公允，或唯意所适，信笔涂鸦，"诗话之不可凭，或甚于说部也"。④ 即使那些具有一定理论价值的诗话，面目相似，转相剿袭之处亦时而可见，或泛论自诗经以来各诗作，动辄涉及数百名诗家，但只是停留在点评的层面，并局限于个别诗句的品赏，缺乏对诗人整体风格的把握。而《瓯北诗话》则不然，所论虽说跨越唐、宋、金、明、清等朝代，但论及之诗人也不过十几

---

① 郭绍虞：《清诗话续编序》，郭绍虞编选：《清诗话续编》第一册，上海古籍出版社，1983年，第1页。
② 〔日〕唐公恺鸿佐：《瓯北诗话题辞》，《和刻本汉籍随笔集》第20辑，第249—250页，转引自张伯伟：《清代诗话东传略论稿》，《域外汉籍研究集刊》第二辑，中华书局，2006年，第473页。
③ 〔日〕宫泽雉：《瓯北诗话序》，《和刻本汉籍随笔集》第20辑，第251页，转引自张伯伟：《清代诗话东传略论稿》，《域外汉籍研究集刊》第二辑，中华书局，2006年，第474页。
④ 章学诚著，叶瑛校注：《文史通义校注》上册，中华书局，1994年，第559—560页。

家。其中,唐代主要论述李白、杜甫、韩愈、白居易诸诗人,宋代则论述苏轼、陆游,金则元遗山,明则为高启,清代则吴梅村、查慎行,皆为具有独特风格的著名诗人。至卷一一,始稍稍论及韦应物、杜牧、皮日休等人。这一谨慎去取的编选原则,追求"独至"的入选标准,自是有助于对各家诗风的深入探究,相对于那些水过地皮湿的普遍式点评来说,当然有价值得多。

一 勇于开拓、即旧出新的创作主张

赵翼在他的《瓯北诗话》以及诗歌创作实践中,一再强调创新,曾在《读杜诗》中称:"杜诗久循诵,今始识神功。不创前未有,焉传后无穷?"①在他看来,杜甫诗之所以流传千载而不衰,其关键在于创新。不创新,诗歌创作便失去了出路。后世学杜者甚多,"学诗必学杜,万口同一噪",然而"连城有真璧,未可碔砆冒"②,有的可能学到杜诗的精髓,有的则仅得其皮毛,类于碔砆,似玉而实石。在他看来,评论杜诗者尽管很多,但"皆未说著少陵之真本领"。那么,真本领究竟是何物?即是为一般人所忽略的读少陵诗时所语:"不创前未有,焉传后无穷。"作为一名诗人,仅"以学力集诸家之大成"、"兼古今而有之",很可能造成学问之堆积,故远远不够。还必须以沉厚之"思力"、卓荦之见识"以副其才",才能言他人所未言。瓯北就此论述道:"盖其思力沉厚,他人不过说到七八分者,少陵必说到十分,甚至有十二三分者。其笔力之豪劲,又足以副其才思之所至,故深人无浅语。……思力所到,即其才分所到,有不如是则不快者。"他最为推许的,是"他人说不到,而少陵独到者"、"不必有意惊人,而体贴入微,亦复人不能到"、"以此等气魄从前未

---

① 赵翼:《瓯北集》卷三九,《赵翼全集》第六册,凤凰出版社,2009年,第756页。
② 赵翼:《题陈东浦藩伯敦拙堂诗集》,《瓯北集》卷三八,《赵翼全集》第六册,凤凰出版社,2009年,第738页。

有。独创自少陵",①是别开蹊径的独创之功。

瓯北认为,后人学杜因"思力"浅薄,往往不得要领。如宋时江西诗派,一以杜诗为宗,但为诗仅得形似,"江西诗派江西人,大都少肉多骨筋"②,与老杜相去甚远。杜甫生当追求华艳之风、"举世炫丽藻"的六朝之后,高如李太白,在某些诗篇中尚有绮丽余习,而唯独他净洗铅华,直陈其事,骨力森张,沉郁雄鸷,为唐别调。而后来学杜诸人,"微之仿精切,退之师排奡。义山炼格遒,涪翁取径峭。豪宕放翁吟,悲壮遗山吊。斯皆分杜派,各具一体妙"③。唐代元稹(字微之),为诗研练精切,语少意足,余味无穷。韩愈(字退之)学杜,力大思雄,"横空盘硬语,妥帖力排奡"④,得其奇险清劲。李商隐(字义山)才思横逸,为诗包蕴密致,使事尖新,寄托深婉,又重在"炼格"。宋代黄庭坚(号涪翁)学杜,喜用生字俚语和拗句,刻意为奇,则流入冷峭一途。陆游(号放翁)为诗笔势纵放,生气勃勃,得老杜之豪宕。金时元好问(号遗山),生当乱世,且遭际与老杜相似,故诗风以悲壮见称。他们尽管取法的是杜诗风格的某一方面,却能各臻其妙,成就了自己的独特风格。

至明代七子李梦阳、何景明诸辈,强调文必秦汉、诗必盛唐,互相标榜,模拟成风,学杜仅取其皮毛,"但摹面目肖"。结果,"彭亨鼓蛙怒,咆勃奋虎啸。徒滋虚气张,终觉轻心掉"。⑤ 如此邯郸学步,却似鼓腹怒鸣之蛙、延颈噑叫之虎,不过是徒费精力,虚张声势,终觉功夫太浅,更难以形成自己的风格。而明初高启则不然,他"才气超迈,音节响亮,宗派唐人,而自出新意,一涉笔即有博大昌明气象"。他"学唐不为唐所囿",学李白"不惟形似,而且神似",⑥"骨坚力劲,则竟学杜"⑦。

---

① 赵翼:《瓯北诗话》卷二,郭绍虞编选:《清诗话续编》第二册,上海古籍出版社,1983年,第1151—1153页。
② 赵翼:《庐山纪游》,《瓯北集》卷三四,《赵翼全集》第六册,凤凰出版社,2009年,第636页。
③ 赵翼:《题陈东浦藩伯敦拙堂诗集》,《瓯北集》卷三八,《赵翼全集》第六册,凤凰出版社,2009年,第738页。
④ 韩愈:《韩昌黎全集》卷二"古诗二",中国书店,1991年,第41页。
⑤ 赵翼:《题陈东浦藩伯敦拙堂诗集》,《瓯北集》卷三八,《赵翼全集》第六册,凤凰出版社,2009年,第738页。
⑥ 赵翼:《瓯北诗话》卷八,郭绍虞编选:《清诗话续编》第二册,上海古籍出版社,1983年,第1274页。
⑦ 同上书,第1275页。

虽说他未及形成自己的诗风便死于非命,但在学习古人上却能抓住"神似"这一关键所在,确乎不易。正因为瓯北对高启多所推崇,所以,高启写有《明皇秉烛夜游图》,瓯北则写有《题唐明皇马上击毬图》,二者均为题画诗,且谋篇布局及风格都极相似。可见,瓯北似有追踪前贤、试比高低之意。

瓯北论诗,涉猎甚广。燕许文章,高岑唐调,苏陆杰构,元白篇什之类内容,时常出现于其作品中。且其所著《瓯北诗话》,就收录前代著名诗人十七家,当代诗人两家,并逐一加以品评,并涉及双声体、药名体、建除体、仄句体等杂体诗。还时将己作与前贤诗比较,谓:"'水田飞白鹭,夏木啭黄鹂',本李嘉祐诗,王摩诘添'漠漠'、'阴阴'四字,论者谓倍觉生动。今甲子岁,梅雨连旬,低田俱成巨浸,余亦用此二句云:'但见水田飞白鹭,不闻夏木啭黄鹂。'虽踵故事、拾唾余,而形容雨多水大光景,似宛然在目。"又称:"李空同《咏十六夜月》云:'清亏桂阙一分影,寒落江门数尺潮。'当时京师士大夫,莫不传诵,然江潮十六七八最盛,何得反云'落'?……余少时客中《八月十六夜对月》诗云:'佳节又看今岁过,清光还似昨宵多。'孰得孰失,必有能辨之者。"①恰说明瓯北对古人并不一味盲从,而是有创造性的继承,似有"独扛健笔探孤诣,不立专门揽众长"②之势。他在《长夏曝书有作》诗中云:"少年下笔偶得意,辄思横压古人倒"③,正道出内心真实情状。正因为瓯北广泛涉猎前人作品,终日沉浸其中,故时而有"好诗多被古人先"④之感,创新意识也油然而生,如其所云,"自是书生太作痴,爱寻旧事发新思"⑤,"才尽江淹志未灰,苦无诗思出新裁"⑥,"枉为耽佳句,劳心费剪裁"⑦,"一联未稳何关系,竟费推敲半日功"⑧,皆反映出他力求创新的真实心理。瓯北在诗歌

---

① 赵翼:《瓯北诗话》卷一二,郭绍虞编选:《清诗话续编》第二册,第1348页。
② 赵翼:《编校文端师集感赋》之二,《瓯北集》卷二四,《赵翼全集》第五册,凤凰出版社,2009年,第409页。
③ 赵翼:《瓯北集》卷二六,《赵翼全集》第五册,凤凰出版社,2009年,第457页。
④ 赵翼:《即事》之一,《瓯北集》卷二七,《赵翼全集》第六册,凤凰出版社,2009年,第486页。
⑤ 赵翼:《戏书》,《瓯北集》卷三一,同上书,第576页。
⑥ 赵翼:《诗思》,《瓯北集》卷四五,同上书,第924页。
⑦ 赵翼:《佳句》,《瓯北集》卷四六,同上书,第952页。
⑧ 赵翼:《无聊》,《瓯北集》卷四七,同上书,第974页。

创作方面，极力探索新的路径，并为此作出种种努力。

首先，瓯北关注的是诗歌立意上的翻新，强调突破前人的格范，在旧有题材上写出新意。唐玄宗天宝末年的"安史之乱"，后人往往认为是因李隆基宠溺杨玉环而酿成，所谓"我想天宝皇帝，只为宠爱了贵妃娘娘，朝欢暮乐，弄坏朝纲。致使干戈四起，生民涂炭"①，虽出自戏曲家手笔，恰代表了古来不少人对此事的看法。白居易在《胡旋女》诗中称："禄山胡旋迷君眼"，"贵妃胡旋惑君心"，将杨贵妃与安禄山同视作惑乱朝纲的罪魁。刘禹锡在《马嵬行》中说："军家诛佞幸，天子舍妖姬"，则以"妖姬"直斥杨妃。旷达如苏轼，在《荔枝叹》诗里，也将杨妃与天宝末年乱世联系在一起思考，谓"宫中美人一破颜，惊尘溅血流千载"。"惊尘溅血"云云，当然绝非仅指传送荔枝者所流血汗，还应包括由玄宗宠信贵妃所引发的政治恶果——社会动乱，京城浴血。

当然，为杨妃鸣不平者也不乏其人。李商隐《马嵬》（其二）诗谓："如何四纪为天子，不及卢家有莫愁"，为玄宗身为天子，却不能庇护一柔弱女子而叹慨。韦庄《立春日作》说："今日不关妃妾事，始知辜负马嵬人"，为杨妃被赐死马嵬的遭际深表同情。如此之类，都会对瓯北创作灵感有所启发。他在《古来咏明妃杨妃者多失其平戏作二绝》（之二）中写道："鼙鼓渔阳为翠蛾，美人若在肯休戈？马嵬一死追兵缓，妾为君王拒贼多。"②这里，诗人笔触并未停留在前人为杨妃鸣屈的层面，而是向更深的层次迭进，揭示出杨妃之死在安定当时社会局势中的重要作用。杨妃若不洞谙时局，闻命毅然赴死，乱军岂会轻易休止干戈？杨妃是以生命的代价，暂时缓解了乱军的追杀。从这个意义上说，在抵拒乱军方面，她有一般将士所难以起到的特殊作用，其功不小。

纵览历史典籍，像这样公然为"妖姬"评功摆好者极少。而瓯北摆脱了传统思想的束缚，调整观察问题的视角，从当时特有的客观形势来评价杨妃之死的价值，得出新人闻见的结论。这一对旧有题材的翻新，不仅在观察世事的方法、思路上给后人以启迪，也反映了瓯北持论公

---

① 洪昇：《长生殿》第三十六出《看袜》，人民文学出版社，1958年，第187—188页。
② 赵翼：《瓯北集》卷二〇，《赵翼全集》第五册，凤凰出版社，2009年，第336页。

允、视野开阔的一面。

其次,他还强调写诗应在表现角度上翻新。如唐人周昉所画"背面欠伸"美女图,"气韵骨法,皆出意表",为许多人所称道。苏轼《续丽人行》诗小序称:"李仲谋家有周昉画背面欠伸内人,极精,戏作此诗。"诗谓:"画工欲画无穷意,背立东风初破睡。若教回首却嫣然,阳城下蔡俱风靡。"①诗称画中"背面欠伸"之女,虽未露半面,但仅睹其腰肢身段,已觉美艳异常,倘若回头一笑,肯定会如宋玉在《登徒子好色赋》中所描绘的"东家之子"那样,"眉如翠羽,肌如白雪","嫣然一笑,惑阳城,迷下蔡"。在这里,作者读出了画外所蕴含的无穷情趣,发挥画意,淋漓尽致,颇耐人寻味。无独有偶。至清,休宁布衣诗人陈浦(字楚南),为诗时有佳句,被许为"学唐人能得其神趣者"。他也曾写过一首《题背面美人图》诗,中谓:"美人背倚玉栏杆,惆怅花容一见难。几度唤她她不转,痴心欲掉画图看。"在性灵派著名诗人袁枚看来,此诗"妙在皆孩子语"②,因睹背面玉人,而思见其花容。又以花容难见,故欲掉转画图,的确写出了读画者的"痴心"。将看似不合情理之事,信手拈入诗中,使之契合读画者的心理和生活事理,的确给诗作增添了活泼气象。

瓯北尽管知晓不少诗人已时常涉及这一领域,且不乏佳作,但仍写有《题周昉背面美人图》诗。且同是一幅画,他却读出了别样的意境。在瓯北看来,画中美人乌云不整,娇慵无力,"亭亭背立碧栏杆,不见蛾眉见蟬领"。她的背面向人,是出自女子的娇羞心理,有意避人,还是胸中有着无限愁苦,没处诉说,"向隅抱悲哽",究竟让人难以明了,"千呼万唤头不回,令人想杀姿容靓"。但是,瓯北笔力并未停留在阐释画意上,而是就周昉绘画的技法发表了很有见地的看法。他清楚,唐代评价女子美否,往往看肌体是否丰满,故美女杨玉环曾被讥为肥婢。画家周昉,受此风尚浸染,为人物画多肌体丰满,"貌肥素所擅"。而此图一反常例,力图有所翻新,"并不貌肥"。同时,又在画面中,对诸如藏与露、虚与实、疏与密等艺术对应关系处理得甚为巧妙,"何哉此图含毫邈,不

---

① 苏轼:《苏东坡全集》"前集"卷九,中国书店,1986年,第136页。
② 袁枚:《随园诗话》卷三,人民文学出版社,1982年,第74页。

着色相妙写真","取意乃取返照景,瞻之在后美绝伦"。他认为,如此给人物画像,藏处多于露处,虚实相互生发,给读画者的想象留下了广阔的空间,自是妙趣横生,这又是绘画技法上的一个创新。

继而,诗人笔锋一转,又紧扣画意而展开想象:"得非其人本不美,别构阿堵为传神","只因寝陋怕人看,翻以护短巧见长。"①作者如此议论,并非没有事实依据。他举例说,汉武帝时李夫人,有倾国貌,甚为武帝爱宠,后卧病日久,形貌毁坏。武帝前往探视,欲见一面。李夫人恐以貌衰见弃,蒙被辞谢,歔欷叹泣。五代时李克用,"少骁勇,军中号曰李鸦儿,其一目眇。及其贵也,又号独眼龙,其威名盖于代北。其在达靼,久之,郁郁不得志,又常惧其图己,因时时从其群豪射猎,或挂针于木,或立马鞭百步,射之辄中。群豪皆服,以为神"②,后以功封晋王。故而,瓯北议论道:李夫人的"君王临问下罗帱,转向床阴不露面",李晋王因"一目眇","命工为作习射图,眼光侧注雕翎箭",都是为了"掩藏"己身之"疵颣"。由此可知,画工之所以描绘美人之背面,或因"图中人必貌不扬"。如此一来,本为丑如无盐、嫫母的背面女子,却被许多人误认作西施、王嫱之类绝世名姝,真是"骗尽人间浪子肠"啊!这正是画工狡狯之处。瓯北为诗,既有"善犯"之勇气,又有"善避"之技巧,力求开阔思路,拓宽取材途径,亦是反映了他诗歌创作上执意求新的美学追求。

其三是,他认为,诗歌创作的"变故为新"的关键,不在于有意追求,而在于自然流露,"无意为诗境乃真"。他还在《瓯北诗话》卷四中说:"触景生情,因事起意,眼前景,口头语,自能沁人心脾","称心而出,随笔抒写,并无求工见好之意,而风趣横生。"③又在同书卷五中谓:诗之"妙处在乎心地空明,自然流出,一似全不著力,而自然沁入心脾,此其独绝也"④,"即使事处,亦随其意之所欲出,而无牵合之迹"⑤,始臻妙

---

① 赵翼:《瓯北集》卷三〇,《赵翼全集》第五册,凤凰出版社,2009年,第545页。
② 《新五代史》卷四,《二十五史》第六册,上海古籍出版社、上海书店,1986年,第5076页。
③ 郭绍虞编选:《清诗话续编》第二册,上海古籍出版社,1983年,第1173页。
④ 同上书,第1196页。
⑤ 同上书,第1197页。

境。一涉雕饰,便失本来面目。瓯北强调,为诗发之于自然,"无意为诗境乃真"。何谓境真?当是"所见者真,所知者深"①,"能写真景物、真感情"②。境真、情真,始能唤起人们的美感,震撼人的心灵。求真,反映了文学批评中审美观照的一个侧面,也是对古代文学优秀传统的承继。

早在汉代,著名思想家王充就曾反对"华而不实,伪而不真"的文风,但有时将文学创作与史书编撰等而论之,未免失之偏颇。明代徐渭,针对当时文坛无病呻吟的庸劣风气,称"天下之事""鲜不伪也",强调为文应"出乎己之所自得,而不窃于人之所尝言"③,抒发真情实感。胡适在论及瓯北等人诗时,曾这样说道:"宋以后,做诗的无论怎样多,究竟只有一个'通'字为第一场试验,一个'真'字为最后的试验。……'真'字稍难:第一要有内容,第二要能自然表现这内容,故非有学问与性情不能通过这第二关。袁枚、赵翼都是绝顶的天才,性情都很真率,忍不住那矫揉的做作与法式的束缚,故都能成大家。"④对瓯北创作上的求真就给予充分肯定。

在瓯北看来,诗歌的求新,贵在师法自然,"光景常新惟好句,取携不尽是芳春"⑤。故而,他"费尽游赀到处过,为寻诗料引清吟"⑥,"眼前何一非新意,都入先生古锦囊"⑦,不断从丰富多变的自然风物和社会生活中汲取营养,去体认感知刷新诗境的途径,努力使诗歌内容日趋于新。正如他《近游》一诗所写:"出门随处是诗题,收入篷窗任取携。倒影高天翻在下,上弦初月似生西。晒罾竿矗平芜岸,卖酒旗飘老柳堤。却笑向来矜闭户,徒从瓮里作醯鸡。"⑧这一点,与袁枚所称"夕阳芳草寻常物,解用都为绝妙词"非常相近。还有,是注意向民间学诗。袁枚尝称:"村童牧竖,一言一笑,皆吾之师,善取之皆成佳句。"一次,随园中担粪者见梅花开,向他报说:"有一身花矣。"袁枚受此启发,遂吟成"月映

---

① 王国维:《人间词话》,唐圭璋编:《词话丛编》第五册,中华书局,1986年,第4252页。
② 同上书,第4240页。
③ 徐渭:《叶子肃诗序》,《徐渭集》第二册,中华书局,1983年,第520页。
④ 曹伯言整理:《胡适日记全编3(1919—1922)》,安徽教育出版社,2001年,第729页。
⑤ 赵翼:《闲民》,《瓯北集》卷五三,《赵翼全集》第六册,凤凰出版社,2009年,第1087页。
⑥ 赵翼:《途中杂诗》之十,《瓯北集》卷四五,同上书,第919页。
⑦ 赵翼:《即景》,《瓯北集》卷四八,同上书,第986页。
⑧ 赵翼:《瓯北集》卷四五,同上书,第924页。

竹成千'个'字，霜高梅孕一身花"绝妙诗句。① 而瓯北，在赴金陵途中，听舟人讲：只有快船无快马，遂叹为新奇，并采入诗中，谓："扬帆百里不多时，谚语江湖可入诗。只有快船无快马，诗家无此句新奇。"② 又如《儒餐》："土锉煤炉老瓦盆，莫因鼎食羡豪门。儒餐自有穷奢处，白虎青龙一口吞。"自注曰："俗以豆腐、青菜为青龙白虎汤。"③ 巧用俗语，风趣顿出，体现了瓯北在较为艰苦的生活境遇中积极乐观的人生态度。再如《敝裘》谓："一羊裘敝偏多用，日当衣衫夜当衾。"注曰："本谚语。"④ 俗谚亦用得巧妙。

瓯北采俗谚入诗，并非硬性镶嵌，而是经其精心提炼后，化为富有生命力的文学语言，使艺术表现力大为增强，如"农家自有名园在，油菜花开十里黄"⑤、"懑雷声在瓮，怒雨势翻盆"⑥、"骄嘶归驿马，斜影过桥人"⑦、"疏窗灯焰孤萤闪，远树风声万马奔"⑧ 等。民间口语的应用、提炼，都已达到比较圆熟的地步。瓯北作为士大夫文人，能够眼睛向下，虚心向普通百姓学习，采民间俗语入诗，的确难得。有人指责瓯北："街谈巷议，土音方言，以及稗官小说，传奇杂剧，童谣俗谚，秧歌苗曲之类，无不入诗"，"诙谐戏谑，俚俗鄙恶，尤无所不至"⑨。这番言论，恰恰显示出封建正统文人对市井百姓以及方兴未艾的通俗文学的偏见。其实，他所指责的，在某种意义上说，乃正是瓯北诗歌的长处。

另外，就是在深化认识事物水平上求新。在瓯北看来："物色难穷意想间，始知阅历老犹悭。千形万状无成格，天上浮云地上山。"⑩ 自然万物变化无已，而人的认识水平毕竟有限，"茫茫化者机，未可测以咫"⑪。时代在不断发展，人的认识水平不可能老是停留在一个视点上，

---

① 袁枚：《随园诗话》卷二，人民文学出版社，1982年，第34页。
② 赵翼：《游金陵杂诗》之八，《瓯北集》卷三五，《赵翼全集》第六册，凤凰出版社，2009年，第664页。
③ 赵翼：《瓯北集》卷四一，同上书，第818页。
④ 赵翼：《瓯北集》卷五二，同上书，第1068页。
⑤ 赵翼：《野步》，《瓯北集》卷四四，同上书，第880页。
⑥ 赵翼：《南村坐雨》，《瓯北集》卷四四，同上书，第885页。
⑦ 赵翼：《村墟》之二，《瓯北集》卷四四，同上书，第892页。
⑧ 赵翼：《夜不寐戏作时文示羹孙》，《瓯北集》卷四六，同上书，第954页。
⑨ 朱庭珍：《筱园诗话》卷二，郭绍虞编选《清诗话续编》第四册，上海古籍出版社，1983年，第2367页。
⑩ 赵翼：《看山》，《瓯北集》卷四三，《赵翼全集》第六册，凤凰出版社，2009年，第857页。
⑪ 赵翼：《放言》，《瓯北集》卷二三，《赵翼全集》第五册，凤凰出版社，2009年，第400页。

必定会随着社会的变化而发生变化。这里所强调的,仍是在"思力"与"识见"上出新。他说:"满眼生机转化钧,天工人巧日争新。预支五百年新意,到了千年又觉陈。"①意谓,"陈"与"新"是相对而言,古时所认定的"新",在今天看来可能已变为陈,正所谓"李杜诗篇万口传,至今已觉不新鲜。江山代有才人出,各领风骚数百年"②。若欲在诗歌创作上求新,就必须在把握事物的本质特征和阐析其中所蕴含的事理上下功夫。正如其在《瓯北诗话》卷五中所说:"'新'岂易言,意未经人说过则新,书未经人用过则新。诗家之能新,正以此耳。"③这则道出了瓯北求新的路径。他一生写了大量哲理诗,且在一般写景叙事诗作中,也往往采取即事述理的叙述方式,当与这种求新的基本思路有关。

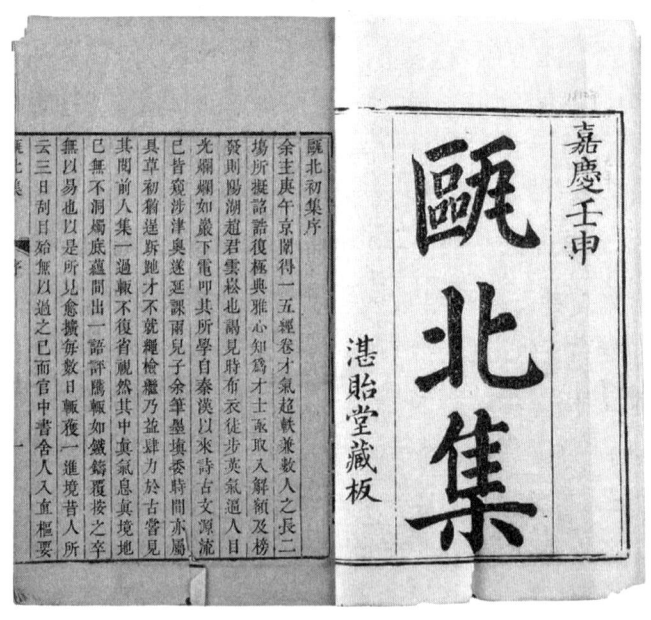

湛贻堂刻本《瓯北诗话》

当然,创新绝非一句空话。既然创作"不借旧丹火",力图开辟新的路径,就必须上下求索,付出艰苦的努力。"学海迷茫未有涯,何来捷径

---

① 赵翼:《论诗》之一,《瓯北集》卷二八,《赵翼全集》第六册,凤凰出版社,2009年,第510页。
② 赵翼:《论诗》之二,《瓯北集》卷二八,同上书,第510页。
③ 郭绍虞编选:《清诗话续编》第二册,上海古籍出版社,1983年,第1202页。

指褒斜"①,若想创作出独具风格的优秀诗作,在阅读前人作品或创作过程中,就必须有自己的深刻体悟与感知。当然,"悟"是一个渐进过程。由量变到质变的飞跃决非朝夕之功,必须经历由不断积蕴到融汇于心再到突有感悟的漫长阶段。积蕴不厚,无从谈"悟",仅有积蕴而缺乏体认之灵气、感知之敏锐,很可能会成为"书蠹"。饱谙传统文化内涵的瓯北,对此是了然于心的。

二 博古通今、兼收并蓄的取法路径

瓯北在《稚存见题拙著瓯北诗话次韵奉答》(之二)诗中谓:"论人且复先观我,爱古仍须不薄今。"②他评论别人的作品,就像对待周围的朋友那样,都采取一种推己及人的极为宽容的态度,不论是前代贤圣,还是时下才子,大都用同一尺度去衡量评说,爱古而不薄今。

在评价李白时,瓯北称其"眼光所注,早已前无古人,后无来者,直欲于千载后上接《风》、《雅》"③,其诗"工丽中别有一种英爽之气,溢出行墨之外"④,但同时又指出,李阳冰所说,齐梁余风至太白"扫尽无余",并不可信。李白的古乐府,"宫掖之风,究未扫尽也"⑤。然而,他的此类作品,与单纯描写空虚无聊生活的梁陈之诗又有所不同,多以"征人怨妇惜别伤离"为题材,"皆含蓄有古意"。

瓯北对大诗人白居易,亦赞不绝口,称他"诗名最著,及身已风行海内,李谪仙后一人而已","其笔快如并剪,锐如昆刀,无不达之隐,无稍晦之词"。语言"锻炼至洁,看是平易,其实精纯"。⑥然而,又一一指出其诗"句法重复"、"词意相同"之弊,还批评其借诗炫耀家乐之"精丽",

---

① 赵翼:《上元后三日芷堂过访草堂次日梦楼亦至皆未有夙约也喜而有作后二首专简芷堂》之四,《瓯北集》卷三五,《赵翼全集》第六册,凤凰出版社,2009年,第647页。
② 赵翼:《瓯北集》卷四三,同上书,第874页。
③ 赵翼:《瓯北诗话》卷一,郭绍虞编选:《清诗话续编》第二册,上海古籍出版社,1983年,第1139页。
④ 赵翼:《瓯北诗话》卷一,同上书,第1139—1140页。
⑤ 赵翼:《瓯北诗话》卷一,同上书,第1141—1142页。
⑥ 赵翼:《瓯北诗话》卷四,同上书,第1174页。

是"小家气象",对时人所讥"元轻白俗"表示认可。苏轼之诗,"议论英爽,笔锋精锐","才思横溢,触处生春",为瓯北所倾倒,但也同样指出苏诗的种种不足,称:"雄厚不如昌黎,而稍觉轻浅;整丽不如放翁,而稍觉率略。"①

瓯北所生活的年代,诗派林立,所宗不一,正如洪亮吉在《西溪渔隐诗序》中所说:

> 诗至今日,竞讲宗派,至讲宗派,而诗之真性情真学识不出,尝略论之。康熙中,主坛坫者,新城王尚书士禛、商丘宋尚书荦。新城源出严沧浪,诗品以神韵为宗,所选《唐贤三昧集》,专主王、孟、韦、柳而已,所为诗,亦多近之,是学王、孟、韦、柳之派。商丘诗主条畅,又刻意生新,其源出于眉山苏氏,游其门者,如邵山人长蘅等,亦皆靡然从风。同时海盐查编修慎行亦有盛名,而源又出于剑南陆氏,是又学苏、陆之派;秀水朱检讨彝尊,始则描摹初唐,继则泛滥北宋,是又学初唐北宋之派;博山赵宫赞执信,复矫王、宋之弊,持论一准常熟二冯,以唐温、李为极则,是又学温、李之派。迨乾隆中叶,长洲沈尚书德潜以诗名吴下,专以唐开元、天宝为宗,从之游者,类皆摩取声调,讲求格律,而真意渐漓,是又学开元、天宝之派。盖不及百年,诗凡数变,而皆不出于各持宗派。②

且印书业发达。在那时,书贾曾一次挑来明人诗文集二百余种,请赵翼购买,足见图书印刷与经营非常活跃。而对这一积蕴丰富、沉淀日久的大文化背景,如何看待今人诗作,无疑是对瓯北目力的一个检验。

在评量本朝诗人时,瓯北既肯定其创作成就,又毫不掩饰地揭出其不足。如称吴伟业,是"以唐人格调,写目前近事,宗派既正,辞藻又丰,不得不推为近代中之大家"。同时,又将其与明代高启作比较,谓:"论其词气稍衰飒,不如青丘之健举;语多疵累,不如青丘之清隽。"③还认为其诗用韵方面"上下平通押","太泛滥","太不检",用典亦有"与题不

---

① 赵翼:《瓯北诗话》卷五,郭绍虞编选:《清诗话续编》第二册,上海古籍出版社,1983年,第1202页。
② 洪亮吉:《洪亮吉集》第一册,中华书局,2001年,第218—219页。
③ 赵翼:《瓯北诗话》卷九,郭绍虞编选:《清诗话续编》第二册,上海古籍出版社,1983年,第1282页。

称,而强为牵合者",且由于太讲究辞藻的修饰,不免"为词所累","虽镂金错采,终觉腻滞可厌"①。此外,他还对查慎行(号初白)之诗十分赞赏,谓查"才气开展,工力纯熟,鄙意欲以继诸贤之后,而闻者已掩口葫芦。不知诗有真本领,未可以荣古虐今之见,轻为訾议也"②。瓯北在这里力排众议,再次申明自己爱古而不薄今的文学批评观点。瓯北虽然喜爱初白诗,但并不回护其短,他径直指出:初白诗"惟书卷较少,故稍觉单薄;且少年急于求知,投赠公卿,动千百言,殊嫌凡冗,兼自减身份,此则其诗之可议者"③。

至于清代其他诗家,瓯北也时而论及,如称施闰章(号愚山)"以儒雅自命,稍嫌腐气";宋琬(号荔裳)"全学晚唐,无深厚之力";"专以神韵为主"的王士禛(号阮亭),绝句"酝藉含蓄",然"铺陈终始,排比声韵,豪迈律切者,往往见绌";朱彝尊之诗"格律坚劲,不可动摇",中年以后,"恃其博奥,尽弃格律",时或"颓唐自恣","究非风雅正宗"。对于同辈诗人,哪怕是一言可取,也要揄扬再三。谢振定(号芗泉)曾吟有"高浪入云飞作雨,冷风吹海化为天"诗句,瓯北大为叹赏,称此诗"最雄杰"。还在《题谢芗泉侍御自焦山放舟金山观月图》(之二)中称赞道:"吹海为天句独雄,缘知心境两清空。江神也助君豪兴,不敢掀他断渡风。"④孙原湘(字子潇)以才气写性灵,其诗富于巧思,为瓯北称赏。他在《题孙子潇翰林诗册》中谓:"世间诗思已说尽,岂知尚有未开径","唾余牙后尽扫空,一缕心香独盘硬",⑤对孙氏诗歌创作上的"好奇"、"争胜",力辟新的蹊径,给以充分肯定。商盘(号宝意)博学多闻,胸藏锦绣,早就以诗知名于世。瓯北借读其诗册后,题曰:"才岂患多花酿蜜,熟真生巧水成渠。"⑥友人陈奉滋(号东浦),作诗专法杜甫。瓯北谓其学杜"得皮兼得骨,在神不在貌","力厚巨鼎扛,思沉重渊钓",乃"孤诣夐独造"的旷

---

① 赵翼:《瓯北诗话》卷九,郭绍虞编选:《清诗话续编》第二册,上海古籍出版社,1983年,第1290页。
② 赵翼:《瓯北诗话》卷一〇,同上书,第1299页。
③ 赵翼:《瓯北诗话》卷一〇,同上书,第1300页。
④ 赵翼:《瓯北集》卷三九,《赵翼全集》第六册,凤凰出版社,2009年,第766页。
⑤ 赵翼:《瓯北集》卷四九,《赵翼全集》第六册,凤凰出版社,2009年,第1015页。
⑥ 赵翼:《从吴民部寓斋借观商宝意太守诗集为题长句》之二,《瓯北集》卷一一,《赵翼全集》第五册,凤凰出版社,2009年,第171—172页。

代诗才。① 所论并非有意谀人,而与同时代姚鼐在《江苏布政使德化陈公墓志铭》②中称陈奉滋"天才高厉,作诗专法杜子美",有"朴厚之气"竟暗相关合。如此之类,均体现出瓯北"公道持论"的客观态度。

瓯北尝称:"背人却向菱花照,还把看人眼自看。"③所以,在看待前辈诗家、评判其得失上,往往不拘泥于一个视点,而是由我及彼,由彼及我,彼我互为观照,推己及人,故结论大多公允。人称:"瓯北先生晚岁退闲,取唐宋诸家全集,再三展玩寻绎,得识各家独至之处,故所撰《瓯北诗话》,抉摘精微,指陈得失,语多切当,非仅见方隅、横生议论者可比也。"④所言符合实际。

三 "人品"与"诗品"并重的批评模式

瓯北在论诗时,还往往对诗之作者人品予以观照。知人论事,知人论诗,有助于给所评诗家定位。他早年在评价何坦夫时,便既肯定他为学"渊源溯汉魏,矩矱追韩柳",又称赞他"经术储既深,志节植不苟。披豁无城府,肝膈吐出口"⑤,就体现了这一特征。再如唐代诗人方干,曾吟过"野渡波摇月,空城雨翳钟"、"白猿垂树窗边月,红鲤惊钩竹外溪"之类佳句,也曾称"吟成五字句,用破一生心",的确于诗歌创作方面下过大力气。然而,在当时众多诗人中,也不过是个四五流作家,其诗却为瓯北所注意。他在《读方干诗》中说:"我读方干诗,求进一何躁。处处乞荐章,誓以杀身报。岂知要路人,高居但暗笑。曾无一文持,徒有

---

① 赵翼:《题陈东浦藩伯敦拙堂诗集》,《瓯北集》卷三八,《赵翼全集》第六册,凤凰出版社,2009年,第738页。
② 姚鼐:《惜抱轩全集》卷一三,中国书店,1991年,第156页。
③ 赵翼:《闲居无事取子才心馀述庵晴沙白华玉函璞函诸君诗手自评阅辄成八首》之六,《瓯北集》卷二五,《赵翼全集》第五册,凤凰出版社,2009年,第439页。
④ 张维屏:《国朝诗人征略》卷三八,赵兴勤、蒋宸、赵韡编:《赵翼研究资料汇编》上册,台湾花木兰文化出版社,2013年,第35页。
⑤ 赵翼:《何坦夫州牧内迁刑曹余亦有滇行诗以志别》,《瓯北集》卷一四,《赵翼全集》第五册,凤凰出版社,2009年,第226页。

百篇噪。区区蝼蚁命,愿杀亦谁要?"①既对把持要津的当道大僚眼空无物的傲慢丑行予以抨击,又以调侃的口吻对书生躁进之举给以善意的嘲讽。方干的借隐居以求仕进的躁竞之心,经瓯北犀利之笔一点评,便豁然在目,毫发不爽。

诚然,古代读书人往往对封建统治者有着很强的依附心理,似乎读书做官才是人生价值的唯一追求,舍此,便四顾无依,心理就失去平衡。所以,在当时的社会条件下,真正能做到高蹈远举、避离尘嚣者,毕竟为数不多。然而,引"躁进为耻"者亦代不乏人。若为了进取功名,而不惜降低人格尊严,去哀求乞怜,期待垂顾,"求人"则"贬尊"②,岂是光彩之事? 瓯北在评价方干时,已融进了自己的人生追求。

元遗山尝称:"人品实居才学气识之上",在"品题人物,商订古今"上,"则丝毫不少贷,必归之公是而后已"。③ 瓯北素服膺遗山,对其有关人品气节的论述当有所认同。所以,他在《瓯北诗话》中,论及吴伟业与钱谦益诗品时,亦涉及出处之大节,谓:"梅村出处之际,固不无可议,然其顾惜身名,自惭自悔,究是本心不昧。以视夫身仕兴朝,弹冠相庆者,固不同,比之自讳失节,反托于遗民故老者,更不可同年语矣。如赴召北行,《过淮阴》云:'我是(按《梅村家藏稿》作"本")淮王旧鸡犬,不随仙去落人间。'《遣闷》云:'故人往日燔妻子,我因亲在何敢死! 憔悴而今至于此,欲往从之愧青史。'临殁云:'故人慷慨多奇节。为当年、沉吟不断,草间偷活。''脱屣妻孥非易事,竟一钱不值何须说'!"④(按:此乃梅村《贺新郎·病中有感》词中语)"所咏多有关于时事之大者","以存不忘先朝之意"。这里所讥"自讳失节"者,即指钱谦益。

钱氏与梅村入清后,虽以"两大家"并称,然谦益既仕新朝,"又自托于前朝遗老,借陵谷沧桑之感,以掩其一身两姓之惭"。与钱氏不同的是,"梅村当国亡时,已退闲林下"。他的出仕新朝,是"因荐而起","不

---

① 赵翼:《瓯北集》卷三八,《赵翼全集》第六册,凤凰出版社,2009年,第736页。
② 赵翼:《浙游口占》,《瓯北集》卷二五,《赵翼全集》第五册,凤凰出版社,2009年,第424页。
③ 姚奠中主编:《元好问全集》卷五〇"附录一"《徐世隆序》,山西人民出版社,1990年,第414页。
④ 赵翼:《瓯北诗话》卷九,郭绍虞编选:《清诗话续编》第二册,上海古籍出版社,1983年,第1287—1288页。

同于降表金名",且又"自恨濡忍不死"。① 二者一则主劝出降,腼颜事敌,一则强而出仕,事不由己;一则巧言饰非,欺世盗名,一则坦言自白,深自忏悔。两相对照,人格之分野立见。在瓯北看来,梅村之气节,"固不无可议",但因其对自身污点能毫不掩饰地向世人剖白,故其"心与迹尚皆可谅"。而钱氏则与其相反,明明大节有亏,却百计弥缝,唯恐人知,是何等虚伪。

瓯北论诗兼及其人品,当然有一定的道理。古人称:"文章者,盖性情之风标,神明之律吕也。蕴思含毫,游心内运,放言落纸,气韵天成,莫不禀以生灵,近乎爱嗜。"②这就阐述了人的主观意识与作品内容、风格的关系。也有人说:"诗本性情。若系真诗,则一读其诗,而其人性情,入眼便见。大都其诗潇洒者,其人必豁快。其诗庄重者,其人必敦厚。其诗飘逸者,其人必风流。……譬如桃梅李杏,望其华,便知其树"③,强调的仍是文如其人。

一般说来,"人品"往往影响并制约着"文品"。人们在论画时,也往往认为"人品"决定"画品"之优劣。"人品既已高矣,气韵不得不高"④,"人品不高,用墨无法"⑤。"苟非品格之超绝,何能独传于后耶?"⑥直至现代著名文学家鲁迅,在论及美术作品时,也说:"他的制作,表面上是一张画或一个雕像,其实是他的思想与人格的表现。令我们看了不但欢喜赏玩,尤能发生感动,造成精神上的影响。"⑦如此看来,瓯北论诗兼论其人,既是对传统文化中以道德价值为中心的审美取向的认可,也反映出文学批评的一般规律,有一定的合理因素。

当然,有时以"人品"定"文品"或以"文品"定"人品",往往差之千里。如晋时潘岳曾写《闲居赋》以自命清高。然而,权臣车过,他却望尘而拜。故元好问在《论诗绝句》中称:"心画心声总失真,文章宁复见为

---

① 赵翼:《瓯北诗话》卷九,郭绍虞编选:《清诗话续编》第二册,上海古籍出版社,1983年,第1282页。
② 《南齐书》卷五二《文学传论》,《二十五史》第三册,上海古籍出版社、上海书店,1986年,第2005页。
③ 江盈科:《雪涛诗评·诗品》,《江盈科集》下册,岳麓书社,1997年,第806页。
④ 郭若虚:《图画见闻志》,杨大年编:《中国历代画论采英》,河南美术出版社,1984年,第11页。
⑤ 李日华:《紫桃轩杂缀》引文征明语,杨大年编:《中国历代画论采英》,河南美术出版社,1984年,第12页。
⑥ 沈宗骞:《芥舟学画编》卷二《山水·立格》,杨大年编:《中国历代画论采英》,第12页。
⑦ 鲁迅:《热风·随感录四十三》,《鲁迅全集》第二卷,人民文学出版社,1973年。

人?高情千古《闲居赋》,争信安仁拜路尘。"①再如,"宋之蔡京、秦桧,明之严嵩","其人大节已亏",但"书法文学皆臻高品"。② 其他如,宋代吕祖谦为人宽厚,文章却有"轻儇"之讥。唐人宋广平具有贞姿劲质,为文却效"徐庾体"。这恰印证了古人所说:"立身之道,与文章异。"③这是因为,文学创作是一个极为复杂的脑力劳动。作家在创作过程中,必定会有意识地自觉表述某一生活侧面,同时,又会下意识地吸收外界因素给予的、非自觉表述的一些内容。同一作家,生活在不同的人生阶段,因生活经历和所处环境的差异,其心境也会有很大差别,并由此带来认识和情感的悬殊。这一悬殊,投射在作品中,就形成基本人格与作品所表达内容的不相谐和。所以,"倘要论文,最好是顾及全篇,并且顾及作者的全人,以及他所处社会状态。这才较为确凿"④。

瓯北将"人品"与"诗品"联系在一起考察,固然是诗歌批评上的一个途径,但是,以人废言,或以言废人,都毕竟失之偏激。再说,钱谦益学殖鸿博,才气横放,为诗出入唐中、晚及宋、金、元诸名家,浑融流丽,情真体婉,沉雄博雅,典重深老。他在明清之际诗坛,卓然成一大家,其影响难以泯没,何况他还有一段鲜为人知的招募志士、输饷义军的经历呢? 当然,在当时以道德价值取向为审美观照的文化氛围中,瓯北不可能将钱氏的人品与文品区别对待,故下语较为严苛,也在情理之中。本来,瓯北在待人接物上还是比较宽怀大度的,与人相处时,尽管对方有这样或那样的缺点,如袁枚喜近女色,洪亮吉心高气傲,赵绳男怯懦拘谨,李侍尧廉隅不修,毕沅追求豪侈,吴省钦工于心计,庄炘流连烟花,钱载性情偏激……瓯北对他们,或作善意批评,或寄予针砭讥刺,但同时又肯定他们的长处,故不影响彼此间正常往来。但是,在人品气节问题上,却态度鲜明,绝不含糊,哪怕是在顶头上司面前,也从不屈节降志,表现出凛然难犯的独立人格,难怪其友人蒋士铨称他"挺挺铁中书,

---

① 姚奠中主编:《元好问全集》卷一一,山西人民出版社,1990年,第338页。
② 松年:《颐园论画》,杨大年编:《中国历代画论采英》,河南美术出版社,1984年,第15页。
③ 梁简文帝:《诫当阳公书》,欧阳询:《艺文类聚》卷二三"人部七·鉴诫",上海古籍出版社,1982年,第424页。
④ 鲁迅:《'题未定'草》,《鲁迅全集》第六卷,人民文学出版社,1973年,第344页。

盛气斗丞相"①,颇道出其个性特征。瓯北对钱谦益的评价,恰体现了这一思想特点。

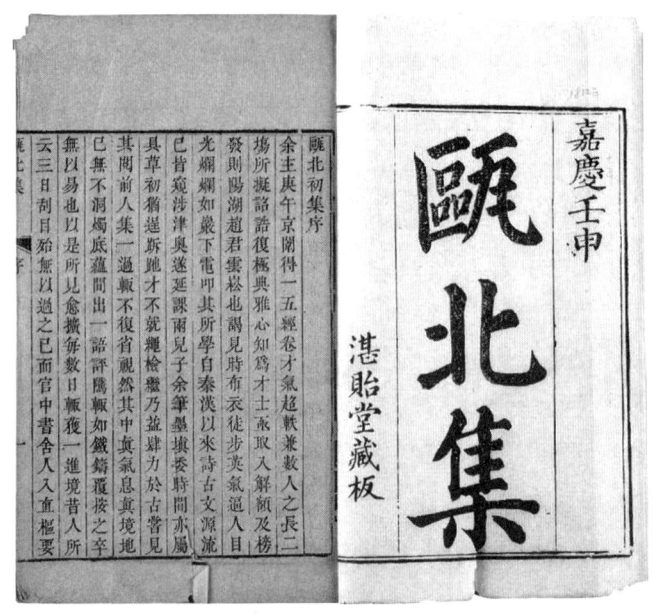

湛贻堂刻本《瓯北集》

四 诗歌功用的多层面审视

清代前期的文坛,复古风气甚盛,所谓诗文须"有用于世"、非"关系天下国家之故"者不作的进步主张,一定程度地受到冷落。"好古者株守古人之法,而中一无所有,其弊为优孟之衣冠"②,难以真实反映社会人生。王士禛为诗,提倡"不著一字,尽得风流"之神韵,追求味在"酸咸之外"的审美情趣。这类镜花水月文字,虽说强化了诗作的美学价值,却往往将极易触发现实情感的景物,异化为超脱玄远的难以捉摸之画图,以其"无迹可求",拉大了与现实人生的距离。沈德潜倡导"格调",

---

① 蒋士铨:《怀人诗四十八首》之三十,《忠雅堂诗集》卷二五,《忠雅堂集校笺》第三册,上海古籍出版社,1993年,第1716页。
② 魏禧:《宗子发文序》,《魏叔子文集外篇》文集卷八"叙",清宁都三魏全集本。

为诗以儒家诗教为本,强调诗歌创作"应关乎君臣友朋","温柔敦厚,斯为极则"①,意图以复古为旗号,救神韵派之偏颇,强化了诗歌的功利作用,迎合了封建统治者的口味。与瓯北有着频繁交往的翁方纲,强调"为学必以考证为准,为诗必以肌理为准",认为"义理之理,即文理之理,即肌理之理也"②。主张将以儒家道德规范为基础的学问融汇于诗,以考据、训诂强化诗歌内容的表达,则忽视了诗歌创作的特殊性,同样遭到人们的批评。瓯北生活在那一流派纷呈的文化背景下,对于诗歌创作的现状及发展走势不能不有所思考。

瓯北在对文学创作功利观的理解与认同上,自然难以摆脱因袭传统的印痕。所谓文章乃"经国之大业,不朽之盛事"③,他了然于心;明清之际思想家所称"文须有益于天下"④,他铭记不忘,并时而利用评述有关作品或自剖情怀之机,阐述了他对文学价值的认识和创作主张的追求。在《杂书所见》(之一)中写道:

> 诗人好吟咏,无论所遇殊。在朝歌《卷阿》,在野谱《康衢》。《卷阿》岂不佳,未免词多谀。若写太平象,烹葵断瓜壶。此岂可悬拟,须识字耕夫。所以《卿云曲》,或输《豳风图》。⑤

约略说来,《杂书所见》(之一)起码给我们提供了瓯北在诗歌创作认识上的五方面内容:一是酬赠应景之作,以其"词多谀",毕竟与现实生活隔膜。二是描绘农村生活,应摆脱"烹葵断瓜壶"之类腐套。三是反映社会人生,必须亲身体验,不可"悬拟"(凭空推想)。这与元遗山《论诗》所称"眼处心生句自神,暗中摸索总非真",在精神意脉上当是一致的。四是粉饰太平之作,其价值远比不上反映民生疾苦的诗篇。五是以"识字耕夫"自许,自觉担当起透视现实、泄导民情的重任,重谱"豳风图"。此诗写于乾隆丙午(五十一年,1786),距其辞官归里已达十四五年。此时的瓯北,对农村生活已有深刻感受,故而,才能写出如此有历史厚重

---

① 沈德潜:《说诗晬语》卷上,王夫之等:《清诗话》下册,上海古籍出版社,1963年,第526页。
② 翁方纲:《志言集序》,《复初斋文集》卷四,清李彦章校刻本。
③ 曹丕:《典论·论文》,《文选》卷五二,中华书局,1977年,第720页。
④ 顾炎武著、黄汝成集释:《日知录集释》,岳麓书社,1994年,第674页。
⑤ 赵翼:《瓯北集》卷三〇,《赵翼全集》第六册,凤凰出版社,2009年,第554—555页。

感和文学鉴赏穿透力的诗作。

瓯北尝称:"报国已无康济具,或于风教补微勋"①、"谩劳海内夸高尚,要向田间味太平"②、"天留老笔非无用,要与熙朝写太平"③、"致身至此亦足豪,报国文章功已炳"④。可知,瓯北初归田里时,的确有过"与熙朝写太平"的极大热情。然而,当他与下层百姓有了较广泛接触之后,始发现在太平的表象下,竟隐藏着百姓啼饥号寒、贫富严重对立诸多不太平的因素。所以,他强调:以诗反映农村生活真相,不能靠主观推想,而务必要厕身其间亲自体察。报国之文章,不是粉饰太平的《卿云曲》,而是真实描绘民生疾苦的"豳风图"。既然回归田里,无权直接施惠于民,那就应当像白居易那样,以诗"补察时政"、"救济人病"、"泄导人情"。其思想演变轨迹分明可见。他的诗歌创作,同其"关乎治乱兴衰"的史学研究一样,都在追求有益于人,有益于世,有益于国,都是他实现宏大抱负的一个重要组成部分。或称,瓯北诗歌创作"一反传统的功利观念",恐与实际情况不合。他的挥毫赋诗,不仅仅在于自娱、自慰,而在很大程度上是着眼于补益当世之"风教",功利观是很明显的。

瓯北以史学家而论诗,时常站在历史的角度,宏观地把握诗歌发展的走向,以及时代风云变幻对诗歌创作的影响。他在《题元遗山集》诗中谓:"身阅兴亡浩劫空,两朝文献一衰翁。无官未害餐周粟,有史深愁失楚弓。行殿幽兰悲夜火,故都乔木泣秋风。国家不幸诗家幸,赋到沧桑句便工。"⑤所述恰是此意,显然是对司马迁、韩愈诸人不愤不作、"不平则鸣"说的继承和发展。

然而,韩愈等人所关注的乃是个人经历与文学创作的关系,强调作品的丰富内容,源自作家对生活的亲身经历与真切感受,但多侧重于个人遭际。而瓯北称"国家不幸诗家幸,赋到沧桑句便工",更为推重的是元遗山于癸巳之变后所写的那些带有纪实性质的"事关家国"的诗章。

---

① 赵翼:《遣兴》之三,《瓯北集》卷二六,《赵翼全集》第五册,凤凰出版社,2009年,第461页。
② 赵翼:《五十初度》之四,《瓯北集》卷二三,同上书,第390页。
③ 赵翼:《归田即事》之四,《瓯北集》卷二一,同上书,第350页。
④ 赵翼:《同年胡豫堂阁学视学江南相见话旧赋呈》,《瓯北集》卷三三,《赵翼全集》第六册,凤凰出版社,2009年,第621页。
⑤ 赵翼:《瓯北集》卷三三,《赵翼全集》第六册,凤凰出版社,2009年,第621页。

并结合元遗山的身世、经历及所处时代背景、生活地域进一步论述道：元遗山"专以精思锐笔，清炼而出，故其廉悍沉挚处，较胜于苏、陆。盖生长云、朔，其天禀本多豪健英杰之气；又值金源亡国，以宗社丘墟之感，发为慷慨悲歌，有不求而自工者，此固地为之也，时为之也"。其诗"构思窅渺，十步九折，愈折而意愈深、味愈隽，虽苏、陆亦不及也"①。在极力称道元遗山诗歌成就的同时，还将人们的批评视野引向一个更为广阔的境地。他从国家与诗家关系的角度，考察诗歌的内在嬗变与价值取向。

古人强调文与政通，谓："夫文生于情，情生于哀乐，哀乐生于治乱，故君子感哀乐而为文章……屈宋以降，则感哀乐而亡雅正。"②在有些文人看来，抒发哀乐之感的诗作，均有失雅正，故被斥为"哀淫之音"。瓯北却反向思维，认为正因为"国家不幸"，才丰富了诗家创作，使内容大为充实，成就了诗作之"句工"。这一见解，可谓新人耳目，对于后世人们论诗思路的开拓，有着积极的启示作用。当今论者谈到相类话题，还往往借用这一视角观察诗风之变化，足见影响之大。

在瓯北看来，分析一个作家的艺术风格，不仅要看他本人的禀赋、遭际对其创作的制约，还应顾及社会局势、地域文化对该作家作品的影响，则与当代批评方法相合，显然是比较科学的。即此而论，瓯北的文学批评视野，要比韩愈等人更为宏阔。从另一层面来说，瓯北如此看重由"宗社丘墟之感"而发抒的"慷慨悲歌"，这与他"文章报国"的功利追求当是一致的，也与他的"诗文随世运，无日不趋新"③的文学发展观遥相照应。④ 瓯北在诗歌创作上，虽说著意写"报国文章"，追求"诗关家国"，并写下许多带有史诗性质的反映真实社会人生的诗作，但也注重诗歌取材的广泛性、内容的丰富性，视线往往延伸至不同层面的各类生活样态，并融进自己对这一物象或事件的思考。

当然，瓯北在诗歌创作上，并不仅仅注重诗歌的社会功用，有时还

---

① 赵翼：《瓯北诗话》卷八，郭绍虞编选：《清诗话续编》第二册，上海古籍出版社，1983年，第1267页。
② 柳冕：《与滑州卢大夫论文书》，姚铉：《唐文粹》卷八四，四部丛刊景元翻宋小字本。
③ 赵翼：《论诗》，《瓯北集》卷四六，《赵翼全集》第六册，凤凰出版社，2009年，第938页。
④ 参看赵兴勤：《瓯北推重元遗山原因探考》，《晋阳学刊》2008年第1期，第26—32页。

从其自身特点来阐述它的审美价值。他在《静观二十四首》组诗中，充分肯定花卉草木与诗词的独特审美功用，就与理学家主张大相径庭。宋儒邵雍曾因"风花雪月未品题"自以为得意。程颐不屑于为诗，强调与"养情怀"无关者"则不学"，"为文亦玩物"，玩物则丧志。诗则被视作"闲言语"。在他看来，为文必须"载道"，载道之文始能"化成天下"。否则，即为"丧志"之"闲言语"。此等言论，早已为有识之士所不满。"前七子"的代表人物李梦阳，在《缶音序》中曾指出："宋人主理，作理语，于是薄风云月露，一切铲去不为；又作诗话教人，人不复知诗矣。诗何尝无理？若专作理语，何不作文而诗为耶？"①此处所论，即是针对宋儒谬说而发。瓯北在《论诗》中谓："同此风云月露形，前人刻画已精灵。何须我拾残牙慧，徒令人嗤照本临。"②恰说明他对"风云月露"之作的认同，与理学家旨趣迥异。故而，他要在"触景生情处"寻求自然之趣，写出别样文章。在上引《静观》一诗中，他再次肯定"风云月露"之作在人们精神生活中独特的审美价值，无疑具有冲击理学思想束缚的积极意义。

五 "学力"与"性灵"之关系的客观认知

瓯北为清代性灵派的著名诗家，为诗也强调"性灵"，曾称："力欲争上游，性灵乃其要。"③足见瓯北对性灵的重视。

其实，"性灵"一词，在古籍中出现较早，如刘勰《文心雕龙·原道》、钟嵘《诗品》等，皆时有涉及。直至明代，始正式把它纳入文学批评的范畴，以衡量文学作品优劣。焦竑在《雅娱阁集序》中说："诗非他，人之性灵之所寄也。苟其感不至，则情不深；情不深则无以惊心而动魄，垂世而行远。"④至公安三袁之性灵，应包括性情、见识、趣味、韵致、灵感等多

---

① 李梦阳：《空同集》卷五二，清文渊阁四库全书补配清文津阁四库全书本。
② 赵翼：《瓯北集》卷五一，《赵翼全集》第六册，凤凰出版社，2009年，第1055页。
③ 赵翼：《书怀》之三，《瓯北集》卷二四，《赵翼全集》第五册，凤凰出版社，2009年，第418页。
④ 焦竑：《焦氏澹园集》卷一五"序"，明万历三十四年刻本。

方面的内容。他们针对当时文坛以剿袭为复古的不良风气和"文以载道"的理学说教,强调"信口而出,信口而谈"、"独抒性灵,不拘格套",与晚明思想家所鼓吹的"真性流行,不涉安排"、"自信本心,是是非非,一毫不从人转换"、"不须假借"、"不待拘管"、"掀翻天地"、不受名教羁络等说法两相呼应,也顺应了日益壮大的市民阶层追求个性解放的时代潮流。

至清人袁枚,由于作家生活的时代不同,所鼓吹"性灵"的内涵已发生了潜在变化。曾称:"凡诗之传者,都是性灵"[①],又说:"诗者,各人之性情耳。"[②]可知,性灵乃性情之意。又在《遣兴》诗中谓:"但肯寻诗便有诗,灵犀一点是吾师。"所称"灵犀一点",即指性灵。如此看来,性灵又有"灵机"、"灵感"之意。同时,他又强调,灵感与灵机,并非每个人都具备,"风趣专写性灵,非天才不办"[③],意谓有天赋者始能写出性灵文字,强化了性灵中天赋的特殊作用。

袁枚的许多议论,是针对格调、肌理二派而发的。主张格调说的沈德潜,意在复古,再三强调诗的教化作用,谓:"诗之为道,可以理性情,善伦物,感鬼神,设教邦国,应对诸侯。""嘲风雪,弄花草"之作,"托兴渐失","诗教远矣"。[④] 为诗应温柔敦厚,含蓄蕴藉,"托物连类以形之","借物引怀以抒之",若"质直敷陈","欲动人之情,难矣"。[⑤] 所论上承《毛诗大序》,同时,也迎合了清代中叶政治高压政策的需要。而翁方纲的肌理说,强调以学问为诗,以救神韵说空疏之弊,既有受当时考据学风影响的一面,也有政治风云投射的阴影。

袁枚年甫四十,便绝意仕宦,且时而远足,几遍历名山大川,优游林下,逍遥散诞,与官场人物相比,有相对的独立性和一定的自由。同时,他交游广泛,上自朝廷公卿、地方大僚,下至市井负贩、闺阁室女、落拓文士,均相过从,故思想比较活跃,认识事物也较通脱。他处在一种与

---

① 袁枚:《随园诗话》卷五,人民文学出版社,1982年,第146页。
② 袁枚:《答施兰垞论诗书》,《小仓山房文集》卷一七,《袁枚全集》第二册,江苏古籍出版社,1993年,第286页。
③ 袁枚:《随园诗话》卷一,人民文学出版社,1982年,第2页。
④ 沈德潜:《说诗晬语》,《清诗话》下册,上海古籍出版社,1982年,第523页。
⑤ 沈德潜:《说诗晬语》,《清诗话》下册,上海古籍出版社,1982年,第523页。

官府若即若离的特殊位置,常以局外人的特殊目光审视世事,并往往得出一反传统思想的结论。他认为:"诗者、人之性情也。近取诸身而足矣。其言动心,其色夺目,其味适口,其音悦耳,便是佳诗"①,"鸟啼花落,皆与神通"②,何必非有关"人伦日用"? 且诗由情生。人的感情是丰富复杂的,"迩之事父,远之事君"是情之体现,伤往悼来,饮食男女,何尝不是人之常情? "有必不可解之情,而后有必不可朽之诗。情所最先,莫如男女"③,缘男女之情最真。"文之佳恶,实不系乎有用与无用也",关键在于能否抒发真性情。"然文人学士,必有所挟持以占地步,故一则曰'明道',再则曰'明道',直是文章家习气如此。而推究作者之心,都是道其所道,未必果文王、周公、孔子之道也。"④针对格调说,他引用杨万里语讥刺道:"从来天分低拙之人,好谈格调,而不解风趣。何也? 格调是空架子,有腔口易描;风趣专写性灵,非天才不办。"⑤又曾批评肌理说,称其"将诗当考据作","误把抄书当作诗"。"凡诗之传者,都是性灵,不关堆垛"⑥。此等议论,均体现出袁枚鄙视名教、反传统思想、反理学桎梏的进步倾向。

然而,袁枚只是在有限的范围内指责了道学人物言行相悖诸表层现象,似缺乏赵瓯北那种对理学哲学基础予以揭露的深刻性,更不大敢触动被奉为神圣的周、孔等儒家始祖。在批判旧道德上,多局限于对男女之情、文学价值的再认识,而缺乏晚明思想家与传统道德观念势不两立的胆魄。袁枚反对温柔敦厚的诗教,也不赞成诗"必关系人伦之用"。所以,他有时强调,《礼记·经解》中所引孔子之语"温柔敦厚,诗教也"⑦,未必出自孔子之口,谓:"至所云'诗贵温柔,不可说尽,又必关系

---

① 袁枚:《随园诗话》"补遗"卷一,人民文学出版社,1982年,第565页。
② 袁枚:《续诗品三十二首·神悟》,《小仓山房诗集》卷二〇,《袁枚全集》第一册,江苏古籍出版社,1993年,第421页。
③ 袁枚:《答蕺园论诗书》,《小仓山房文集》卷三〇,《袁枚全集》第二册,第527页。
④ 袁枚:《答友人论文第二书》,《小仓山房文集》卷一九,《袁枚全集》第二册,第322页。
⑤ 袁枚:《随园诗话》卷一,人民文学出版社,1982年,第2页。
⑥ 袁枚:《随园诗话》卷五,人民文学出版社,1982年,第146页。
⑦《十三经注疏》下册,中华书局,1980年,第1609页。

人伦日用'……何也？孔子之言，《戴经》不足据也。惟《论语》为足据。"①有时又说："夫温柔敦厚，圣人之言也，非持教者之言也。学圣人之言而至庸琐卑靡，是学者之过，非圣人之过也。"②又否定了自己原来的说法，处于模棱两可的尴尬境地，恰反映出他思想深处的矛盾，即为使言情诗有一个合法的地位，故对传统诗教时加贬斥，并进而否定其权威性。但又不敢对孔、孟不恭，时而申说孔、孟论诗之旨："孔子论诗，但云：'兴观群怨。'又云：'温柔敦厚。'足矣。孟子论诗，但云：'以意逆志。'又云：'言近而指远。'足矣。"③为诗"以不失孔、孟论诗之旨而已。"④很显然，袁枚固然有很多蔑视礼法、悖逆传统之语，但对孔、孟却敬奉有加。而晚明思想家则不然。李贽《童心说》，批判的矛头直指孔、孟，曾说：

> 夫《六经》、《语》、《孟》，非其史官过为褒崇之词，则其臣子极为赞美之语。又不然，则为迂阔门徒、懵懂弟子，记忆师说，有头无尾，得后遗前，随其所见，笔之于书。后学不察，便谓出自圣人之口也，决定目之为经矣，孰知其大半非圣人之言乎？纵出自圣人，要亦有为而发，不过因病发药，随时处方，以救此一等懵懂弟子、迂阔门徒云耳。药医假病，方难定执，是岂可遽以为万世之至论乎？然则《六经》、《语》、《孟》，乃道学之口实，假人之渊薮也。⑤

则从根本上贬抑了封建统治赖以存在的思想基础。袁枚与前人相比，显得有些软弱无力。故有人称，晚明思想家"反传统包含孔、孟，没有禁区；袁枚反传统则仅及孔、孟以下之持教者，对孔、孟本人还是奉若神明、毕恭毕敬的"⑥。或谓，"袁枚的思想中充满着一种反传统的人文精神"。然有学者指出，这一判断"失之于偏高"，若称他思想中"闪烁着若

---

① 袁枚：《答沈大宗伯论诗书》，《小仓山房文集》卷一七，《袁枚全集》第二册，江苏古籍出版社，1993年，第284页。
② 袁枚：《答李少鹤书》，《小仓山房尺牍》卷八，《袁枚全集》第五册，江苏古籍出版社，1993年，第169页。
③ 袁枚：《随园诗话》"补遗"卷三，人民文学出版社，1982年，第626页。
④ 同上书，第627页。
⑤ 李贽：《焚书》，岳麓书社，1990年，第99页。
⑥ 黄保真等：《中国文学理论史（四）》，北京出版社，1987年，第557页。

干富有近代倾向的人文思想色彩",则"比较符合其实际面目"。① 后者所论较为公允。

瓯北的思想及文学批评观点,在不少方面都与袁枚相近,如高扬女子才情,充分肯定妇女在社会生活中的地位;批评程朱理学,反对传统观念对人们思想、行为的束缚;在文学创作上反对复古,提倡创新;以"性灵"论诗,强调师法自然;向民间学诗,抒发真情等,堪称袁枚的同盟。但是,瓯北毕竟是颇具创造力的一代名家,尝称:"效颦良可笑,拾唾亦足羞","人生可传处,岂在假风流",②又岂能如影随形、追迹他人?他对"性灵"有着自己的独特理解。在《书怀》(之三)中说:

> 共此面一尺,竟无一相肖。人心亦如面,意匠夐独造。同阅一卷书,各自领其奥。同作一题文,各自擅其妙。问此胡为然,各有天在窍。乃知人巧处,亦天工所到。所以才智人,不肯自弃暴。力欲争上游,性灵乃其要。③

本诗的前一部分,与袁枚所称"至于性情遭遇,人人有我在焉,不可貌古人而袭之,畏古人而拘之也"④,有某些相似之处。洪亮吉也有过相类表述。他在为阳湖包士曾(字省三)所写的"家传"中说道:"诗为心声,吾之诗必肖吾之心,然后可。若转而求肖古人,纵极天下之工,亦古人之诗,非吾之诗也。"⑤可见,他们所见略同。瓯北诗后一部分,则阐述"天工"与"人巧"的关系。瓯北所说的"性灵",虽然也包容进"天赋",曾称:"到老始知非力取,三分人事七分天"⑥,但又强调后天的努力,"乃知人巧处,亦天工所到"。在他看来,"天工"与"人巧"不能截然分离,"人巧"乃"天工"的体现,"天工"激发出"人巧"。人的主观努力在诗歌创作中

---

① 陈伯海主编:《近四百年中国文学思潮史》,东方出版中心,1997年,第260页。
② 赵翼:《放言九首》之五,《瓯北集》卷二二,《赵翼全集》第五册,凤凰出版社,2009年,第376页。
③ 赵翼:《瓯北集》卷二四,《赵翼全集》第五册,凤凰出版社,2009年,第418页。
④ 袁枚:《答沈大宗伯论诗书》,《小仓山房文集》卷一七,《袁枚全集》第二册,江苏古籍出版社,1993年,第283页。
⑤ 洪亮吉:《洪亮吉集》第一册,中华书局,2001年,第215页。
⑥ 赵翼:《闲居无事取子才心馀述庵晴沙白华玉函璞函诸君诗手自评阅辄成八首》之七,《瓯北集》卷二五,《赵翼全集》第五册,凤凰出版社,2009年,第439页。

起重要作用,"组织能成锦五彩,锻炼不惜锤千钧"①、"不创前未有,焉传后无穷"②、"着色原资妙选材,也须结构匠心裁"③,均叙说此意。在《瓯北诗话》中,他将李梦阳等人所称李白"全乎天才"、杜甫"全乎学力",径斥为"真耳食之论",认为"思力所到,即其才分所到"。学力涵养出性灵,性灵流溢进诗篇。可见,他所讲的"性灵",主要是指才情与灵感,与袁枚所称"非天才不办"相比,自然是客观得多。

还有,瓯北以性灵论诗,并不取法一家,还从明代公安派那里吸取了一些营养。如袁宗道称:"有一派学问,则酿出一种意见;有一种意见,则创出一般言语。"④瓯北则谓:"同阅一卷书,各自领其奥;同作一题文,各自擅其妙。"二者在语言表述、推理方式上均较为相似,其中所蕴含的文学主张也比较接近。另外,瓯北在《论诗》中说:"诗文随世运,无日不趋新。"⑤意谓,世道在不断变化,诗歌创作也须顺应客观世界的要求,永无尽止地开创新的境域。其实,袁宏道早已明确表述过这一观点,曾在《与江进之》一文中说:"世道既变,文亦因之,今之不必摹古者也,亦势也。"⑥又在《叙小修诗》中强调:"代有升降,而法不相沿,各极其变,各穷其趣,所以可贵。"⑦其间不能说没有一定的联系。而袁枚,却较少有这类思想的表述。

再如,瓯北在《论诗》中说:

> 作诗必此诗,定知非诗人。此言出东坡,意取象外神。羚羊眠挂角,天马奔绝尘。其实论过高,后学未易遵。诗文随世运,无日不趋新。古疏后渐密,不切者为陈。……是知兴会超,亦贵肌理亲。吾试为转语,案翻老斫轮。作诗必此诗,乃是真诗人。⑧

此处所引东坡诗句,出自《书鄢陵王主簿所画折枝二首》,原句为:"论画

---

① 赵翼:《赠张友棠孝廉》,《瓯北集》卷三九,《赵翼全集》第六册,凤凰出版社,2009年,第747页。
② 赵翼:《读杜诗》,《瓯北集》卷三九,同上书,第756页。
③ 赵翼:《论诗》,《瓯北集》卷三六,同上书,第693页。
④ 袁宗道:《论文下》,《白苏斋类集》卷二○"杂说类",明刻本。
⑤ 赵翼:《论诗》,《瓯北集》卷四六,《赵翼全集》第六册,凤凰出版社,2009年,第938页。
⑥ 袁宏道:《袁中郎全集》卷二二,明崇祯刊本。
⑦ 同上。
⑧ 赵翼:《论诗》,《瓯北集》卷四六,《赵翼全集》第六册,凤凰出版社,2009年,第938—939页。

以形似,见与儿童邻。赋诗必此诗,定非知诗人。诗画本一律,天工与清新。"①明杨慎《升庵诗话》(卷一三)评述道:"言画贵神,诗贵韵也。然其言有偏,非至论也。"并引用晁以道和诗云:"画写物外形,要物形不改。诗传画外意,贵有画中态。"②此后,李贽在《诗画》一文中,于引用苏、晁二诗后谓:"改形不成画,得意非画外。"并和诗曰:"画不徒写形,正要形神在。诗不在画外,正写画中态。"③值得注意的是,《升庵诗话》、《焚书》所引东坡诗句全同,但均非东坡原诗,皆将"赋诗必此诗,定非知诗人",改作"作诗必此诗,定知非诗人",后书照录前书。瓯北《论诗》中所引,又同于上述二书,且在阐述形与神关系时,观点又与李贽相近。苏轼认为,绘画只追求"形似",其见解与儿童无异。"传神",才能使画面境界全出。岂不知"神似"须凭借"形似"而出,"传神者必以形",而"形似"又须靠"神似"而达到生动逼真的境界。二者互为依存,相互生发,缺一不可。所以,杨慎认为苏轼所说"非至论",晁说之(字以道)观点比较公允。

而李贽则主张应形神兼顾,"神"须借"画中态"传示,"意"即在画中。"形",乃"态"之载体,"改形"便失去画面的意义。瓯北在本诗中称:"灞浐终南景,何与西湖春?又如写生手,貌施而昭君。琵琶春风面,何关苧萝颦?"恰恰表露了这一意思。李贽生前尽管为当道所不容,但其思想却一直影响后世。据说,乾隆时,"乡曲陋儒,震其虚名,犹有尊信不疑者"④。瓯北或受其启迪,亦未可知。另外,诗中的"羚羊眠挂角",典出宋人严羽《沧浪诗话·诗辩》。中谓:"盛唐诗人,惟在兴趣。羚羊挂角,无迹可求。故其妙处,透彻玲珑,不可凑泊。如空中之音,相中之色,水中之月,镜中之象,言有尽而意无穷。"⑤唐司空图《二十四诗品》则称:"不著一字,尽得风流。"⑥二家所论,意义相通。清初王士祯融合二家文学主张,倡导以神韵论诗,追求含蓄空灵风格,强调"味在酸咸

---

① 苏轼:《苏东坡全集》"前集"卷一七,中国书店,1986年,第230页。
② 丁福保辑:《历代诗话续编》中册,中华书局,1983年,第897页。
③ 李贽:《焚书》卷五,岳麓书社,1990年,第216页。
④ 永瑢等:《四库全书总目》卷五〇"史部六·别史类存目",中华书局,1965年,第455页。
⑤ 何文焕辑:《历代诗话》下册,中华书局,1981年,第688页。
⑥ 何文焕辑:《历代诗话》上册,中华书局,1981年,第40页。

之外"。然而,任何事物,发展至极致,都往往会走向反面。诗歌固然要含蕴隽永,但过于含蓄,以致湮没了所表达的思想内容,便失去了其存在的意义。瓯北借论诗之机,批评了神韵派持论过高的缺陷,同时,又以绘画为例,强调文学创作应切合所描写对象的客观实际,力求形神相融,浑然一体。

瓯北在诗歌创作上提倡性灵,但并不排斥学问功底,所谓"是知兴会超,亦贵肌理亲",即叙此理。他认为,苏东坡之所以成为李、杜之后一大家,关键在于其"胸中书卷繁富,又足以供其左旋右抽,无不如志"。[①] 瓯北虽然反对在诗中堆砌学问,但并不排斥用典使事,谓:"诗写性情,原不专恃数典,然古事已成典故,则一典已自有一意。作诗者借彼之意,写我之情,自然倍觉深厚。此后代诗人不得不用书卷也。"[②] 在他看来,典故已成了表达某种意义的固定符号,只要运用得当,就会收到"言简意深"的艺术效果。

瓯北对肌理说表示认同,有着多方面的原因:一是与翁方纲交往较频繁。当年宦游京师时,二人曾同赁居于宣武门外赵吉士寄园旧址一带,"日夕过从谈艺",当会受其影响。二是瓯北本身是史学家、学问家,其咏物、写景、吊古、怀人之作,都很注意切合其时、其地、其人实际,还时常纠正别人诗作中与史实不符之现象。故而,其作品尽管有"谐俗"之讥,但"语无不典,事无不切,意无不达,对无不工"[③],同样为人所称道,时而流露学问气象。三是与瓯北虚怀若谷、兼收并包的阔大胸怀有关。瓯北与翁方纲尽管都曾论诗,但翁方纲的《石洲诗话》(八卷),更多关注的则是章句、才调、格韵、句调、起结、句法、音节等技巧问题。在论及杜诗时,亦曾叙及杜甫诗作风格的含蓄蕴藉、沉郁顿挫,但更注重诗作的立意、诗歌的功利倾向及创作方法。而《瓯北诗话》,则重在探讨各朝有代表性的诗家风格。他所着力的是诗家创作个性的阐析,关注的是诗歌反映客观事物的准确程度,认为写诗有时离不开考据与书卷,诗

[①] 赵翼:《瓯北诗话》卷五,郭绍虞编选:《清诗话续编》第二册,上海古籍出版社,1983年,第1195页。
[②] 赵翼:《瓯北诗话》卷一○,同上书,第1314页。
[③] 尚镕:《三家诗话》,赵兴勤、蒋宸、赵韡编:《赵翼研究资料汇编》上册,台湾花木兰文化出版社,2013年,第163页。

作所呈现的意象应切合事理人情。这与翁方纲所称"诗必能切己切时切事,一一具有实地,而后渐能几于化也"①,有某些相通之处,均在纠正"神韵说"空疏之弊上起到一定作用。但细细比较,二者间差异也分明可见。翁氏的"肌理"包括义理、考据以及格韵调法,而瓯北所理解的肌理乃是诗歌的个性化以及对学问的妥帖运用、对现实的恰如其分的观照。虽说观点不尽一致,但并不影响他们之间的友好关系。瓯北历来主张,应允许各种流派的同时并存,"茫茫大宇宙,听人各千秋。盖冠论自定,睽睽有万眸。劣难强加膝,优难禁出头"②,听其自然淘汰。而袁枚则有些偏激,直斥肌理派"误把抄书当作诗",是"乞儿搬家",缺乏全面而客观的评价。二人对世事态度之不同如此。

---

① 翁方纲:《神韵论中》,《复初斋文集》卷八,清李彦章校刻本。
② 赵翼:《子才过访草堂见示近年游天台雁荡黄山匡庐罗浮诸诗流连竟夕喜赋》之四,《瓯北集》卷三〇,《赵翼全集》第六册,凤凰出版社,2009年,第551页。

第十七章　瓯北的诗歌艺术

人称赵瓯北"胸中有识,腕底有力"[①],可谓确论。赵翼生平创作诗歌四千八百余首,堪称多产作家。在近一个世纪的生涯中,足迹北到广袤的塞外猎场,南至辽阔的东南海域,宦海浮游,升沉无定,历经风霜,饱受磨难。辞官归里后,又徜徉林下,探胜寻古,"每涉一境,即有一境之诗以副之"[②],涉笔便成奇趣。且博采众长,转益多师,形成自己独特的艺术追求,卓然成一大家,与当时另外两位杰出诗人袁枚、蒋士铨齐名,有"乾隆三大家"之称,在中国古代诗歌发展史上占有一定的地位,故人以"杰出诗人"目之。

然而,瓯北诗歌的主要艺术特征究竟是什么?这一诗风的产生有何历史的与现实的原因?瓯北究竟从前代或当代作家那里吸取了什么,又如何熔铸成个人风格的?如此等等,均有进一步探讨之必要。这里,不妨从三个方面论述瓯北诗的艺术风格,并兼论其形成原因。

一　意象超妙　雄健豪放

这些年来,在瓯北诗歌研究上,人们对其风趣、谐俗之风格关注渐多。谐俗,固然是其诗歌创作风格的一个侧面,但并非其主体风格。在

[①] 张维屏:《国朝诗人征略》卷三八,赵兴勤、蒋宸、赵韡编:《赵翼研究资料汇编》上册,台湾花木兰文化出版社,2013年,第35页。
[②] 钱大昕:《瓯北集序》,赵兴勤、蒋宸、赵韡编:《赵翼研究资料汇编》上册,第210页。

《瓯北集》中，谐俗之作所占比例较轻。尤其是他55岁之前，除《戏赠王露仲舍人》、《翰林院有土地祠相传祀韩昌黎诗以解嘲》、《查初白集中有门神诗戏效其体》、《戏咏火判官》、《赠相士彭铁嘴》、《璞函落第后入直军机诗以调之》等诸篇略涉谐趣外，余不多见，倒是其豪壮雄丽之作占有相当比例。

钱大昕在《瓯北集序》中称："耘菘所涉之境，凡三变，而每涉一境，即有一境之诗以副之。"①此境与彼境之诗，风格又不尽相同。瓯北早年所为诗，虽时有雄杰之句，如《登金山塔顶放歌》："寥空飞鸟尽在下，青冥谁扫无纤埃"②，"海门东去望不极，混茫一气雪浪堆"③云云，颇有大气包举之势。又如《微山湖堤晚步》："野色青于染，春流滑似膏。风鏖千树亚，浪卷半树高。落日明鸦背，平莎没豕豪。翻因触乡思，仿佛我东皋。"④写春日湖畔之景，亦不乏豪健之语。然纵览其他诗作，则大致趋于拙直、平淡，议论多于形象，如"事有不如意，韶华梦里过"⑤，"愿天生好人，愿人行好事"⑥，"看竹何须主？林扃曲折通"⑦，"如何来往客，但解祀龙神"⑧，多类此。倒是《山田》、《山坞》、《与耐亭寄园步月》等写景小诗，略有陶潜诗之风味。当时，瓯北志在功名进取，意欲"文章报国"，精力多在"古文源流"与应奉文字，且"丐诗文者户屦恒满"⑨，应酬颇多，不可能专意为诗，加之生活较为贫乏，故诗作内容与风格受到限制。自出守镇安，其"俊而雄"之才与"奇而险"之景相会通，"有境以助其才，有才以写其境，而耘菘之诗出焉"⑩，风格为之大变。所谓"株守频年想壮游，从今景物豁吟眸。天教诗境开生面，人少题篇在上头。风雪

---

① 钱大昕：《瓯北集序》，赵兴勤、蒋宸、赵韡编：《赵翼研究资料汇编》上册，台湾花木兰文化出版社，2013年，第210页。
② 赵翼：《瓯北集》卷三，《赵翼全集》第五册，凤凰出版社，2009年，第50—51页。
③ 赵翼：《瓯北集》卷三，同上书，第51页。
④ 赵翼：《瓯北集》卷二，同上书，第27页。
⑤ 赵翼：《苦雨》，《瓯北集》卷一，同上书，第12页。
⑥ 赵翼：《十不全歌》，《瓯北集》卷一，同上书，第12页。
⑦ 赵翼：《秦园》，《瓯北集》卷一，同上书，第16页。
⑧ 赵翼：《分水龙王庙》，《瓯北集》卷二，同上书，第28页。
⑨ 蒋士铨：《瓯北集序》，赵兴勤、蒋宸、赵韡编：《赵翼研究资料汇编》上册，台湾花木兰文化出版社，2013年，第209页。
⑩ 王鸣盛：《瓯北集序》，赵兴勤、蒋宸、赵韡编：《赵翼研究资料汇编》上册，第208页。

满天鏖满鬓,江山万里入孤舟。平生曾诩登高赋,可有惊人好句留"①,恰描绘出这一状况。瓯北以其特殊的生活经历,对江南柔媚的水乡之景,北方粗犷的塞外气象,都了然于心,时吟之于诗,然对南方边陲的奇异雄丽之景,却从未寓目。而今,一旦身临其境,大有"景物豁吟眸"之感,故欲借自然界阔大奇险之景,激发诗思,刷新诗境,写出"惊人好句"。

瓯北的写景诗作,往往以健笔展示雄奇之景,抓住景物的主要特征,略加点染,便有统摄全景之妙,使境界全出。写乘舟水行途中所见,乃"百怪奔集",令人心胆俱摇。描述横州大滩,则"石齿千堆雪,滩心百沸汤"②;桂平道中,是"远岭路高人似豆,空江水落岸如山"③。上述二句,一为鸟瞰,一为俯视。诗人从不同的视角,选取两组各具特色的景物事象,展示了其视险如夷的磊落壮怀。且所选景物皆切合当时特定时空,给人以身临其境之感。

诗人在描述乘船经鸡翼滩的情景时,采取了欲扬先抑,抑扬相间的手法,先从远处着笔,追叙经伏波滩、努滩之时,所目睹的"满江怪石纷相摩"、"拦江排连截怒涡"的险象环生情景,并以"杀机在途勇夫骇,过者一夕头欲皤",侧面烘染所经水路之险。然而,这两地之险,根本无法与鸡翼滩之险相比。鸡翼滩不仅"雪浪高嵯峨",而且水流湍急,水路曲折如线,"急如万钧之弩发劲羽,曲如九层之壳旋文螺","一线河身两边石,东张齿牙西砺角"。船行其间,前冲汹涌之波涛,旁避槎枒之怪石,时时面临触礁船沉之危险。继而,诗人笔锋一转,将脱险之后情景推出:"移时出险神少安,回视妻孥尚余吓。"④整个画面写得跌宕起伏,气势飞腾,有激昂排奡之势。诗人生命的波动、人生的体验以及世道的感悟,均蕴含于这一奇险多姿的画面中。

同样是写水上行程,由于所处环境有别,诗人笔底所呈现的色彩也

---

① 赵翼:《奉命出守镇安岁秒出都便道归省途次纪恩感遇之作》之八,《瓯北集》卷一三,《赵翼全集》第五册,凤凰出版社,2009年,第204页。
② 赵翼:《横州大滩谒伏波将军庙》之二,《瓯北集》卷一六,同上书,第257页。
③ 赵翼:《桂平道中》,《瓯北集》卷一六,同上书,第258页。
④ 赵翼:《怀远县鸡翼滩》,《瓯北集》卷一八,同上书,第299页。

各异,燕子矶头,则是"天风浩浩来,波浪大如许。千樯傍岸泊,争叹滞行旅"①,雄阔之景中却揉进几多焦虑与无奈。而仪真江面,却是"浪随残雨尽,船趁退潮归。孤月寒相照,闲云淡不飞"②,闲静之中又略带几分恬适,可能是因离家日近的缘故。写响水塘喷泉,"蓦然腾出三百尺,霅霅万矢发地弩。浑疑神龙下取水,倒卷江湖满空吐。小者如珠大如鼋,激射宁烦桔槔戽。湿气瀚似烟濛濛,碎沫溅成雾缕缕。"③写易罗池珍珠泉,"方塘半亩毵四隅,塘底迸出瑟瑟珠","轻圆粒粒手可捉,将到波面忽又无。"④描述泉水喷射、落水之景,均能穷神尽象。写大雪,"化工何处万剪刀,剪出玉蝶满空舞。又疑揉碎华鬘云,喷下层霄压九土。"⑤写风浪,"大声吼作百里雷,碎沫溅成半空雾。卷翻峨顶乱雪堆,倒竖匡庐急瀑布。涌来突过逆上鱼,蹴起打落高飞鹭。一波未平又一波,水皆壁立直不仆。"⑥以扛鼎之笔写雄豪之景,大气包举,撼人心魄。

险峰怪石,奇花异草,是我国西南地区最富特征的景物。瓯北既身历其境,自然也将此景摄入笔下。阳朔素有山水甲天下之称。瓯北饱蘸浓墨,极状其地山石之奇:"苍根拔地起突兀,削铁孤撑绝旁缘。或如靓女拥高髻,或如武夫戴峨弁。或侲而立忽拗项,或偻而走又仰面。"⑦瓯北充分发挥想象,连用十余个比喻,使林立怪石活现于纸上。这一写法,有苏轼《百步洪》之笔致。写云南境内的高黎贡山,"巨灵开荒划世界,奇山驱出中原外","负地掀天逞雄怪"。行至半山,"回视飞鸟但见背,俯瞰众峰已在骭"。而山上"雪经烈日晒不消,瀑作怒雷吼不断"。⑧以雄杰之句,勾画出此山直插云霄之险峻和雪积瀑吼之独特情状,使整个画面有声有色,情韵俱佳。"归顺州与小镇安分界处绝壁无路,忽山半一洞,如城门以通往来。"瓯北写道:"危崖如削铁,横列截前路。问道

---

① 赵翼:《守风登燕子矶》,《瓯北集》卷二〇,《赵翼全集》第五册,凤凰出版社,2009年,第347页。
② 赵翼:《晓过仪真》之一,《瓯北集》卷二〇,同上书,第348页。
③ 赵翼:《响水塘》,《瓯北集》卷一四,同上书,第227页。
④ 赵翼:《易罗池》,《瓯北集》卷一四,同上书,第234页。
⑤ 赵翼:《途遇大雪》,《瓯北集》卷一三,同上书,第205页。
⑥ 赵翼:《大风从丹徒口出江至瓜洲》,《瓯北集》卷三〇,《赵翼全集》第六册,凤凰出版社,2009年,第537页。
⑦ 赵翼:《阳朔山》,《瓯北集》卷一三,《赵翼全集》第五册,凤凰出版社,2009年,第216页。
⑧ 赵翼:《高黎贡山歌》,《瓯北集》卷一四,同上书,第240页。

无可寻,陡壁孰能赴？地绝天为通,神扃在云雾。"①以凝重拙直之语言,叙边陲特有之奇景,如在目前。

再如写小孤山,"孤峰插崩涛,日与雷霆斗。四旁崒无附,矗空一柱秀。"②写山行,"千峰行尽见平畴,一片炊烟万瓦浮。"③写山下之旅途,"万山围住天如井,六月蒸来客在炉。"④写茫茫树海,"绿荫连天密无缝,那辨乔峰与深洞。但见高低千百层,并作一片碧云冻。有时风撼万叶翻,恍惚诸山爪甲动。冥濛一气茫无边,森沉终古不见天。赤日当空烈于火,下乃窈黑霏寒烟。"⑤写古榕树,"细根盈握大合抱,连蜷到处善钻窍","路人但见榕树阴,大径五亩高百寻。攫挐矫如蛟龙舞,苍翠可引鸾鹤吟。"⑥写玉兰树,"干霄欲斗星榆高,拔地应嗤涧松挫。千步长廊围不住,攫出檐头势掀簸。"⑦

在这里,瓯北借助雄浑阔大、富于奇幻色彩的自然界物象,在展示着他那磊落不平的非凡抱负和积极求索的进取激情。这是瓯北生命张力和人生旅途创造力的外化,是瓯北豪放个性在诗歌创作领域的呈露。人称:"艺术的任务在于发现和表达事物的主要特征。"⑧瓯北正是以极大的热情和敏锐的目光,搜寻着南国山水景物之美,并紧扣物象基本特征加以描绘与揭示,且融进对祖国大好河山的由衷热爱。

瓯北豪壮雄丽之诗风,体现在如下几个方面:

一是境界宏阔。瓯北写诗,无意于对花花草草的细腻描摹,而往往放开笔势,将滚滚波涛、穿云峻峰、参天大树、激流险滩、如铁雄关等硕大物象尽写入诗,如瓯北所经照阳关,乃是外达交趾、内连邕管的重要通道,虽名曰关,实为绝壁高处的一个洞口,故曰"神扃在云雾"。且"黑箐丛篁间,线道屡盘互","攀跻过木杪,始见洞穴露"。厕身其间,一般人自是心胆俱寒,但在诗人看来,登高正可远眺,"旷览良自佳"。且更

---

① 赵翼:《照阳关》,《瓯北集》卷一六,《赵翼全集》第五册,凤凰出版社,2009年,第260页。
② 赵翼:《小孤山》,《瓯北集》卷二〇,同上书,第342页。
③ 赵翼:《滇城》,《瓯北集》卷一四,同上书,第230页。
④ 赵翼:《特磨道中》,《瓯北集》卷一四,同上书,第229页。
⑤ 赵翼:《树海歌》,《瓯北集》卷一三,同上书,第220—221页。
⑥ 赵翼:《独秀山古榕树歌》,《瓯北集》卷一六,同上书,第261页。
⑦ 赵翼:《虎丘寺玉兰树歌》,《瓯北集》卷二一,同上书,第352页。
⑧ 〔法〕丹纳:《艺术哲学》,傅雷译,安徽文艺出版社,1991年,第115页。

令人情绪振作的是夜景,"百尺镜台悬,半空月轮吐"。① 这一画面的推出,使天上与地下、白昼之景与夜间月色连成一体,形成空阔雄浑的苍茫场景,充盈着昂扬向上的人生态度,却没有丝毫"行路难"的感喟。再如过横州大滩时,诗人身处"石齿千堆雪,滩心百沸汤"②的险境毫不畏惧,视有若无,却遥忆汉代马援开疆拓土、马革裹尸的英雄业绩,"仿佛英灵气,洪涛共激昂"③,显得是那样大气磅礴。如此一来,便构成人天相融、视通万里、遥接千古的宏阔艺术境界,以致产生撼人心魂的艺术效果。

二是意象超妙。意象作为诗歌中的一个要素,应包含客观的"象"与主观的"意"两方面的内容。清人章学诚在《文史通义·易教》中,把"象"分为"天地自然之象"和"人心营构之象",前者为客观现实的物象,后者乃文学家凭借主观上对自然界外物的体认、感悟而虚构的艺术形象。这两个方面,较能大致反映"意象"的内涵。人们若要运用文学样式表现情感与思想,必须借助于生动的艺术形象。作为笔下之艺术形象,自然是渗透了作家的创作原则与审美趋向,而不是客观世界物象的复制与照搬。如《夜行大箐中记所见》一诗,既写闻见所及,又写内在感受。月夜穿行在"瘴雾郁蒸"的深山密林中,耳闻"鸱声如鬼叫号",不仅胸口发闷,还有些胆战心惊,以致背出冷汗。然而,当脱离这一险境时,眼前的情景更令人吃惊,"平明出寻旅店餐,虎爪攫门深数寸"④。旅店尚且如此,密林中野兽出没更是频繁。诗中所展示的这一意象,显然是经过了作者的精心营构和再三提炼,给人留下了无穷回味的余地。再如,"千灯夜闪星河影,万马秋腾鼓角声"⑤、"一水灌田千百亩,半山结屋两三村"⑥、"阴云匝地千山黑,夜火烘天万灶红"⑦等,不仅对仗工稳,而且风格浑成,意象独出,既有客观现实的概括,又有主观情感的投射,达

---

① 赵翼:《照阳关》,《瓯北集》卷一六,《赵翼全集》第五册,凤凰出版社,2009年,第260页。
② 赵翼:《横州大滩谒伏波将军庙》之二,《瓯北集》卷一六,同上书,第257页。
③ 赵翼:《横州大滩谒伏波将军庙》之二,《瓯北集》卷一六,同上书,第257页。
④ 赵翼:《瓯北集》卷一五,同上书,第241—242页。
⑤ 赵翼:《驻军盏达》,《瓯北集》卷一五,同上书,第242页。
⑥ 赵翼:《平夏》,《瓯北集》卷一五,同上书,第242页。
⑦ 赵翼:《虎踞关》,《瓯北集》卷一五,同上书,第241页。

到情景交融的境界。

三是想象奇特。瓯北诗境界宏阔,意象超妙,并非率尔可就,而是"为有源头活水来"。这个源头活水,就来自足令他"豁吟眸"的西南之行的丰富生活阅历,来自他对现实经历的体察与感悟,"若胸无感触,漫而抒词,纵辨风华,枵然无有"。还来自他那宽厚博大的情怀,"有第一等襟抱,第一等学识,斯有第一等真诗"。① 古人强调"情以物兴"、"物以情观",是说情为客观事物所激发,又须借助客观事物来表现。瓯北因视野开阔,手眼颇高,故在诗歌创作中尽量扩展想象的空间。想象依据客观的生活经验而产生,而又具有开拓思维空间的创造性功能。黑格尔曾说:"真正的创造就是艺术想象的活动。"古人所谓"笼天地于形内,挫万物于笔端",亦是此意。在创作中,合理运用想象,能增强文学作品的表现力。如瓯北经过努滩,见此处锐石密集矗立,漩涡接连而起,"篙逆涛头刺,舟穿石罅过",可谓四伏危机,举步维艰,故用"千寻链交锁,十万剑横磨"②来形容所面临的情势。这一联想与想象便非常高妙。铁链与利剑,本与漩涡、暗礁了不相关,但瓯北由船行于险滩之艰难、水中锐石之挡道,联想到水面如铁链横锁、利剑拦截,就显得通脱自然。且又以"千寻"、"十万",极力状其境之险,行进之艰,便赋予这一想象中的物象以非凡的气势和宏阔的境界。这豪健的诗风中所透现的,正是瓯北处危难之中仍不失旷达的人格精神。再如,写鸭池河,"鸭池两岸陡如门,千仞悬崖斧劈痕。绝似巨灵高掌力,分开太华放河奔。"由鸭池两岸陡峭,形如刀削斧劈,联想到巨灵神劈山放河典故,使诗意曲折多致,情趣顿生。又如《鸭池河》诗之二:"危途如线入孱颜,侧岭横峰紫翠斑。细碎石纹嵌短草,皴成一幅广西山。"③称山径如线,与"孱颜"(高峻)相互生发。惟山之高,始呈现出"危途如线"之视觉意象。而山间路径的变形,是因为诗人与山巅拉开了距离,故造成视觉上的误差。下句中的"紫翠斑",仍是远距离山头景物的摄取,与"危途如线"相呼应。因相距太远,对山上高耸的林木看不真切,但见紫翠斑斓,浑然一片。"细碎石

---
① 沈德潜:《说诗晬语》卷上,《清诗话》下册,上海古籍出版社,1963年,第524页。
② 赵翼:《努滩》,《瓯北集》卷一八,《赵翼全集》第五册,凤凰出版社,2009年,第298页。
③ 赵翼:《瓯北集》卷一九,同上书,第315页。

纹"句,始写眼前景物,"碎石"与嵌在石缝中的"短草",组成一幅紫翠相间的多彩画面。明明是山水如画,但作者却不道破,偏偏称山石与青草、绿树,共同皴成山水画图,构思与想象同样十分奇特。所谓"皴",乃中国绘画用以表现峰峦、峭石、树干等纹理的一种技法,借以指称绘画。然而,这里用"皴"而不用"画",就强化了表现力度,使静态的画面增添了几分动感,更显得妙趣横生。

瓯北出守镇安后,诗风发生了变化,其原因除"景物豁吟眸"外,还有生活环境、政治处境的变化所带来的潜在因素。人称:看待一个作家,不能忘记对他所生活环境的考察,"因为风俗习惯与时代精神对于群众和对于艺术家是相同的;艺术家不是孤立的人"[1],"生活情况发生大变化的时候,人的观念势必逐渐发生相应的变化。"[2]瓯北游宦京师时,在天子脚下讨岁月,所接触多是重臣显宦,尤其是供职军机处期间,不必说繁忙的文字事务,就连充溢四周的郁闷气氛,也足以使人情绪无计舒缓,再加上文字狱的无形威慑,更使瓯北不敢驰骋才情。所以,在京师那段时间里,他虽说也写七言歌行体诗,但多为题画、咏物、叙事、酬赠之作,即景抒情之长篇较少,即使在木兰秋狝之际,手脚亦未能放开。他出守镇安后,由受制于人而成为主事一方的地方长官,"片檄下时诸部肃,万山深处一官高",故有"镇安虽僻自堪豪"[3]之感。他频繁接触百姓,既可以"疾苦要教当面说,停骖频与话交衢"[4],又得以细细领略"依依榆柳树,绿阴连陌阡"[5]的恬淡山乡景色,使眼界与思路大为开阔。再加上此处乃天高皇帝远,思想上便少了些顾忌。后来,接触较多的,有不少是性格粗豪的赳赳武夫,说话更不必瞻前顾后。有此内在的心理依据,故其写诗才以饱蘸激情之笔,勾画阔大壮美之景,汪洋闳肆,变化万状,驱遣自如,无不畅心适意。此类豪放之作,与其说是诗,毋宁说是瓯北个性的舒张,积郁感喟的宣泄,豪迈激情的挥洒,可谓"写出此身

---

[1]〔法〕丹纳:《艺术哲学》,傅雷译,安徽文艺出版社,1991年,第45页。
[2]〔法〕丹纳:《艺术哲学》,傅雷译,安徽文艺出版社,1991年,第263页。
[3]赵翼:《贵县途次奉旨调守广州感恩路遇兼寄别镇安士民》之三,《瓯北集》卷一六,《赵翼全集》第五册,凤凰出版社,2009年,第267页。
[4]赵翼:《行边》之二,《瓯北集》卷一三,同上书,第219页。
[5]赵翼:《华閦》,《瓯北集》卷一六,同上书,第262页。

真阅历,强于饾饤古人书"①。瓯北曾称,"英雄作事以气胜"②,细读其诗,何尝不是有一种激昂豪宕之气鼓荡其间?若仅看到瓯北诗的"谐趣",而忽略了这一关键问题,那就难以真正领略其诗的精神意脉。袁枚评价其诗"雄丽沉郁"③、"气力沉雄,声情激越,云崧咏古诗,实是千古绝作"④,可谓知音。

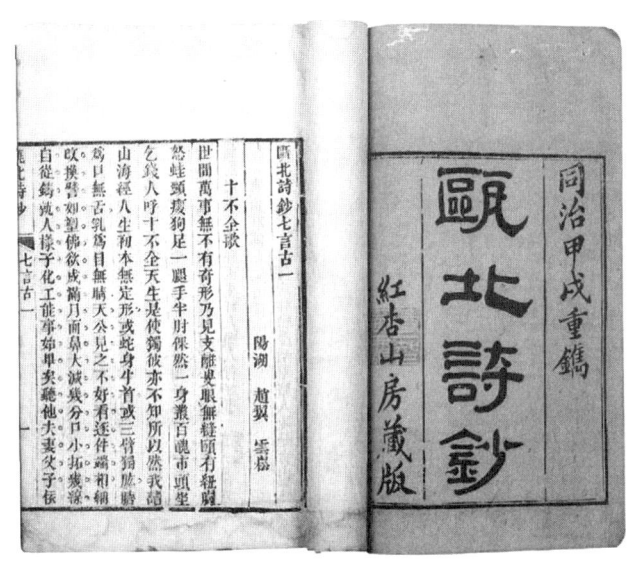

红杏山房刻本《瓯北诗钞》

二 "好论驳""涉乎趣"

人称瓯北诗好论驳,不为无据。《瓯北集》所收诗的第一首,即《古诗二十首》,乃是一组述理之作。同样,《瓯北诗钞》将《读史二十一首》置于卷首,亦是此例。瓯北的述理诗甚多,有的论及人生哲理,生活事理。另外一些即事言理之诗,则往往述及自然之理、史事之理、修身之理、

---

① 张问陶:《论诗十二绝句》之三,《船山诗草》卷一一,清嘉庆二十年刻道光二十九年增修本。
② 赵翼:《古州诸葛营》,《瓯北集》卷一八,《赵翼全集》第五册,凤凰出版社,2009年,第301页。
③ 《瓯北诗钞》"七言律一"袁枚评语,《赵翼全集》第四册,凤凰出版社,2009年,第297页。
④ 《瓯北诗钞》"七言律二"袁枚评语,《赵翼全集》第四册,凤凰出版社,2009年,第302页。

治国之理、问学之理、诗歌创作之理等等,可说是牵涉社会人生的方方面面,内容不可谓不富。故祝德麟在《瓯北诗钞·序》中称:"先生非好为攻击也,主乎理而已。"①当然,这个"理",并非宋儒所谓理,乃指事理。

瓯北的即事述理、即景言理之作,往往是以事或景为重心,理乃缘事、缘景而触发,二者巧相弥合,浑然一体。如,瓯北乘舟于水上,按理应盼望风与水两顺,但他却"惟愿得其一,以偏收全功",并称"有风不必水,有水不必风。于力既易补,于理亦甚公"。究其原因,是缘风、水皆顺之"得意人",因船行过疾,不提防"前有山弯弯,下有石齿齿"②,很可能造成船翻人亡。这哪里是途中纪胜,分明是在即事述理,在破译人生应该如何对待"遇"与"不遇"。再如,瓯北游罗浮山时,听道童说,北山峰顶有一不谈黄白术、不练气功的道士,常采药深山,十余天不进食而不饿,乃此山道行最高者。瓯北亲往寻访,以探虚实。结果发现,此人不过是善夸海口、学道乏术的"朴野"汉。于是,由此悟出:"凡事须目察,真伪乃不错。假使遇此老,不为亲勘破。应贻平生恨,谓异人蹉过。"③瓯北正是在日常细事中感悟人生哲理,并以诗叙出。瓯北的游览山川,并不是骋一时之豪兴,作走马观花式的泛览,而是由山川景物外在之美,寻觅内中所蕴含的奥秘。如当他看到罗浮山水灵秀、云雾缭绕时,则谓:"云者山之气,水者山之髓。如人精与神,内足斯外美。可知兹山灵,清淑孕其里。"④则以独特的视角,论及外在美与内在美之相互关系这一重要命题。

瓯北在乘上滩船时,见船工"力尽一篙竹"、"邪许声似哭",但船却迟慢如牛,与"下滩疾于鸟"形成巨大反差,马上意识到,处于不同地段、朝不同方向进发的人们,定会有着不同的心境,"上滩恨滩多,下滩恨滩少",同"逆风恨风大,顺风恨风小"一样,均是站在自己立场上来看待周围客观事物的,故结论会迥然相反,原因都在于"人情务贪得,孰肯平心较"。在他看来,当人们对某一事物不理解时,只要他调换一下位置,对

---

① 赵兴勤、蒋寅、赵韡编:《赵翼研究资料汇编》上册,台湾花木兰文化出版社,2013年,第214页。
② 赵翼:《舟行》之一,《瓯北集》卷一三,《赵翼全集》第五册,凤凰出版社,2009年,第213页。
③ 赵翼:《罗浮纪游十首》之八,《瓯北集》卷一七,同上书,第292页。
④ 赵翼:《罗浮纪游十首》之十,《瓯北集》卷一七,同上书,第293页。

所观照事物从头思考,重新审视,从不利的因素中剖析出有利的因素,不仅可得出比较公允的结论,内心也会得到平衡,"凡事作此观,百念可以了"①。瓯北作为生活在封建时代的士大夫文人,却能准确把握同一事物的正反两个方面,推己及人,与当今流行的"换位思考"这一思维方式相近,颇有些辩证的意味。

在一些览胜吊古之作中,瓯北亦时常发抒议论。金陵的金川门是明代燕王朱棣的靖难兵入城之处。所谓靖难,也不过是皇家骨肉的自相残杀。身为叔父的燕王,为了身登九五,竟然发动千军万马,将亲侄儿建文帝朱允炆赶下了台,并大肆杀戮方孝孺等宿儒旧臣,手段十分残忍。倘若靖难兵败,朱棣还不是与起兵反抗朝廷的汉王朱高煦、宁王朱宸濠一样,被斥为叛逆?正所谓"成者王侯败为贼"。瓯北于《金川门怀古》中论曰:"兴师若不论成败,高煦、宸濠岂异情",虽是信手拈来,却尖锐而深刻地揭示了封建帝王得以起家的老底,即皇帝宝座乃建立在杀戮之上。这在客观上则否定了历代统治者所鼓吹的"君权神授"的谎言,给人以耳目一新之感。生活于同时代的吴敬梓,在其所著小说《儒林外史》第八回里,借作品中人物之口评述宁王反叛,谓:"宁王此番举动,也与成祖差不多。但是成祖运气好,到而今称圣、称神,宁王运气低,就落得个为贼为虏。也要算一件不平的事。"②与瓯北所论极为相似。这恰说明,在当时持有此类看法者并非一人,或是时代精神感发的缘故。

瓯北此类诗,时常得到朋辈激赏。袁枚评价其《读史二十一首》曰:"古文家多论古以抒己见,瓯北乃移其法于韵语,便觉斩新开辟,此正其狡狯处。然立论精确,自是不磨。"③则道出瓯北以文入诗、以议论入诗的特点。李保泰则对赵翼所撰《静观》一组诗之说理称道备至,谓:"诗以道性情,罕有说理者。瓯北五古论事论史,已独辟一境;兹更以诗说理,横说竖说,皆未经人道,而昆刀并剪,无一腐语,无一俚词,尤是独绝

---

① 赵翼:《舟发溆阳》之三,《瓯北集》卷二〇,《赵翼全集》第五册,凤凰出版社,2009年,第332页。
② 吴敬梓:《儒林外史》上册,人民文学出版社,1977年,第111页。
③《瓯北诗钞》"五言古一"袁枚评语,《赵翼全集》第四册,凤凰出版社,2009年,第8页。

处。"①在高度评价瓯北述理诗的同时,又深刻地揭示出其无腐语俚词的特征。

其实,瓯北以说理见长诗风的形成,有着多方面的原因。首先,以议论入诗,在古代诗歌中已初见端倪。《诗经·魏风·伐檀》中的"不稼不穑,胡取禾三百廛兮",《诗经·唐风·绸缪》中的"子兮,子兮!如此良人何"之类,皆有议论的成分在。古诗中"生年不满百,常怀千岁忧。昼短苦夜长,何不秉烛游",曹操《短歌行》所谓"对酒当歌,人生几何",陶潜《形影神》诗,皆涉议论。即使唐代李、杜之诗作,议论文字同样不少。沈德潜在《说诗晬语》中就曾指出:"人谓诗主性情,不主议论,似也,而亦不尽然。试思二《雅》中,何处无议论?杜老古诗中,《奉先咏怀》、《北征》、《八哀》诸作,近体中《蜀相》、《咏怀》、《诸葛》诸作,纯乎议论。但议论须带情韵以行,勿近伧父面目耳。"②

至宋代,这一情况则愈演愈烈,"讲学诸儒空疏拘腐之病"③,同样渗透进诗歌创作。如邵雍的《天人吟》:"羲轩尧舜虽难复,汤武桓文尚可循。事既不同时又异,也由天道也由人。"④朱熹的《斋居感兴》:"人心妙不测,出入乘气机。凝冰亦焦火,渊沦复天飞。至人秉元化,动静体无违。"⑤以其诗无形象可言,又乏韵致,故被刘克庄讥为"率是语录讲义之押韵者耳"⑥。即使宋诗中名家,也时常以议论入诗。欧阳修《崇徽公主手痕》有"玉颜自古为身累,肉食何尝预国谋"二句,被朱熹许为"以议论言之,第一等议论"⑦。至于苏轼、陆游,亦莫不如是。

值得注意的是,除理学家的部分语录体诗外,前代诗家的议论,往往多借助形象,如李白的"长风破浪会有时,直挂云帆济沧海"、"黄河捧土尚可塞,北风雨雪恨难裁",杜甫"安得壮士挽天河,净洗甲兵长不用"、"焉得思如陶谢手,令渠述作与同游",皆是如此。瓯北的即事(景)

---

① 《瓯北诗钞》"五言古四"李保泰评语,《赵翼全集》第四册,凤凰出版社,2009年,第80页。
② 《清诗话》下册,上海古籍出版社,1963年,第553页。
③ 永瑢等:《四库全书总目》卷一六二"集部十五·别集类",中华书局,1965年,第1391页。
④ 邵雍:《击壤集》卷一三,四部丛刊景明成化本。
⑤ 厉鹗:《宋诗纪事》卷四八,上海古籍出版社,1983年,第1213页。
⑥ 刘克庄:《后村集》卷一一一,四部丛刊景旧钞本。
⑦ 瞿佑:《归田诗话》,丁福保辑《历代诗话续编》下册,中华书局,1983年,第1257页。

述理诗,与此类作品风格相近。而纯述理诗,如《静观二十四首》之类,又有魏晋玄言诗之况味,还近似白居易、王安石、杨万里诸人之哲理诗。

由此可见,瓯北以议论入诗、以散文入诗,既有传统文化的积淀,又从宋诗汲取不少营养,取法非止一家。所以,当别人称瓯北沿溯于汉、魏、六朝、三唐,得力于宋时,其高足祝德麟则谓,"诗本性情,不尚流派","今先生之诗具在……不斤斤求合古人而自无不合,且有超古人之意表者,何必汉、魏、六朝、三唐?又何必不汉、魏、六朝、三唐也"①,则道出瓯北诗独树一帜的风貌。

另外,瓯北的以议论入诗,还与当时思想界、学术界的论争有关。早在明清之交,黄宗羲与顾炎武所学便各有侧重,"梨洲乃蕺山之学,矫良知之弊,以实践为主;亭林乃文清之裔,辨陆、王之非,以朱子为宗"②。后世学者,以意见分歧而时起论争,"为朱子之学者攻陆子,为陆子之学者攻朱子"③。尊程朱者,"实为老、释而阳为儒书,援周、孔之言入老、释之教,以老、释之似乱周、孔之真,而皆附于程、朱之学"④。且南北学者情趣大异,"北人质直好义,身体力行;南人习尚浮夸,好腾口说,其蔽流于释、老,甚至援儒入佛,较之陆、王之说,变本加厉矣"⑤。康熙时名臣汤斌,推崇阳明功业,尝称:"世之学者不务躬行,惟腾口说,徒增藩篱,于道何补!"⑥据说,他在朝堂上还公然嘲讽过朱熹,使笃信朱子之学且对阳明时加辩难的官吏张烈大为尴尬。另一朝臣陈介眉,亦曾在朝堂与人争辩,代"名教罪人"李贽鸣不平。至康熙中叶,玄烨从维护封建统治权威出发,乃对程朱、陆王学派分别各打五十大板,以平息这场思想界之纷争。当然,纷争并未止息,且一直延续到清末。

当时,与这一思想上的论争相关联的,还有学术领域里的汉学与宋学之争、文学创作上的宗宋与宗唐之争,文艺创作思想上的复古与创新

---

① 祝德麟:《瓯北诗钞序》,赵兴勤、蒋宸、赵韡编:《赵翼研究资料汇编》上册,台湾花木兰文化出版社,2013年,第214页。
② 江藩:《国朝汉学师承记》卷八,中华书局,1983年,第133页。
③ 江藩:《国朝宋学渊源记》卷上,中华书局,1983年,第153页。
④ 江藩:《国朝汉学师承记》卷六,中华书局,1983年,第99页。
⑤ 江藩:《国朝宋学渊源记》卷上,中华书局,1983年,第164页。
⑥ 江藩:《国朝宋学渊源记》卷上,中华书局,1983年,第155页。

之争,创作主张上的学问与性灵之争以及政治上党派之争等,可以说是充斥了那一时代的许多空间。即使与瓯北有着不少交往的诗友,也有人卷入诸如此类的论争,钱载(字坤一,号萚石)、翁方纲等人,即是其例。在京师时,钱载曾从朱筠(字竹君)游,"时竹君推戴东原(震)经术,而萚石独有违言。论及学问可否得失处,萚石颧发赤,聚讼纷挐。及罢酒出门,断断不已。上车复下者数回"①。翁方纲以友人的关系,出面予以调停,称:"昨萚石与东原相诋,皆未免于过激。戴东原新入词馆,斥詈前辈,亦萚石有以激成之,皆空言无实据耳。萚石谓东原破碎大道,萚石盖不知考订之学,此不能折服东原也。训诂名物,岂可目为破碎?学者正宜细究考订训诂,然后能讲义理也……今日钱、戴二君之争辩,虽词皆过激,究必以东原说为正也。"②此段话,看去是在"平议",其实是对戴震有所偏袒。其实,翁氏虽说与钱、戴是好友,但他们之间亦曾发生过激烈争执。据清人姚元之记载:"翁覃溪、钱萚石两先生交最密,每相遇必话杜诗,每话必不合,甚至继而相搏。"无独有偶,"刘孟涂开在江西与同学数人论道统,中有两人论不合,继而相詈,继而挥拳"。论争在当时已是"司空见惯浑闲事",世人不仅不以为怪,反而认为"犹不失前辈风流"。③ 社会风气由此可见一斑。

瓯北诗"好议论"、"主乎理"之风格,当与其所处生活环境有关,时代氛围对他的诗作必然有所浸染。当然,瓯北为人比较谦和,生性颇豁达,权衡是非又常常量己度人、推己及人,一般不乐意直接参与这类论争,更不至于怒目相视、老拳相向。但他毕竟是很有思想的活生生的人,面对纷纷扰扰的各种论争,不可能无动于衷,但又不愿意直接介入,厕身于复杂矛盾的漩涡,故用诗歌的形式辨析是非、衡量世事、阐述看法,则是很自然的事。

瓯北部分诗幽默诙谐的风格、富于风趣的表述,来自他积极的人生态度和旷达乐观的情怀。一些令人望而生畏的棘手题材,经他妙笔点

---

① 王昶:《蒲褐房诗话》,钱仲联主编:《清诗纪事》第八册,江苏古籍出版社,1989年,第5386页。
② 翁方纲:《复初斋文集》卷七《理说驳戴震作》附《与程鱼门平钱、戴二君议论旧草》,清光绪丁丑年刊本。
③ 姚元之:《竹叶亭杂记》卷五,中华书局,1982年,第125页。

染,便富有生活哲理,情趣顿生。如江西袁州城外石桥,相传是历史上公认的奸臣严世藩出资建造,且十分雄丽。坏人却办了件好事,究竟如何评价,这不能不说是个难题。若加以褒扬,则与世代人们评价严氏父子是非的标准相去太远,难以得到社会公众的认可,又有代坏人张目之嫌,且亦非本怀。若横加指责,但眼前的"正梁横锁急流奔,遗惠犹传济洧溱",却又是人人目睹的客观现实,根本否定不了。对于这一不便摆布的两难之境,瓯北却以"豪富岂难功及物,权奸亦爱死留名"、"却笑世间康济事,也须势利始能成"①两联,轻而易举地捕捉到事物的本质:严世藩为名所驱,筹建此桥。若欲康济百姓,需要有一定的物质条件(豪富)和政治地位(势利)。此处所云,不仅牢牢把握住事物的本质,也对人们深入观察生活具有重要的启示意义,又使诗意曲折多变,情趣顿生。

瓯北西南之行所历多险境。而在他的笔下,险境却是那么富有生气,充满情趣。如写贵定道中夜行,"夜持炬火入空嵌,月黑途危勒马衔。惊起蛰雷眠不得,乱掀风雨洒征衫"②。夜行高山危径,偏偏又遇上风雨交加,不得不躲入山洞或岩下以避风雨,自然十分窘迫。如此难堪之境,诗人却以壮笔出之:明明是雷雨天气,诗作却称,因人夜行而将沉睡之雷"惊起";明明山风很大,却不正面写,而谓是雷在"乱掀风雨"。运用生花妙笔,令充满冷凄恐怖色彩的场景,具有了流动美与豪壮美,给人以振奋与力量。再如,"忽行深坎忽层巅,俯似悬空仰似眠。笑比鸿都杨道士,上穷碧落下黄泉"③。因"深坎"和"层巅"与"黄泉"和"碧落"相似,故取以作比。这里,巧妙运用白居易《长恨歌》中典故,将当时忽上忽下之路途奔波情状生动写出,幽默诙谐,风趣盎然。诗人攀山越岭,至傍晚时分,仍在向牛皮岭进发,诗中却写:"堠馆尚遥天欲暮,笑同夸父逐斜阳",毫无"夕阳西下,断肠人在天涯"的衰瑟落寞气氛,有的却是爽朗乐观的高昂情调,且所设置的境界"一水绕山随曲折,千峰与我

---

① 赵翼:《袁州城外石桥最雄丽相传为严世蕃所作》之一,《瓯北集》卷一三,《赵翼全集》第五册,凤凰出版社,2009年,第212页。
② 赵翼:《于役古州途次杂咏》之四,《瓯北集》卷一八,同上书,第309页。
③ 赵翼:《于役古州途次杂咏》之六,《瓯北集》卷一八,同上书,第309页。

互低昂"①,亦与诗人心境相吻合,画面中揉进了自信与自豪。点苍山地处炎热的南国,但在农历六月间,山上却积雪皑皑。百姓山上采雪归来,"一团卖一钱,筠篮满街列"②,供人们消暑。瓯北行进在如此恶劣环境下,却细参"物理",欲日后向内地友人夸耀"滇雪坚如铁",同样体现了其藐视困难、积极乐观的精神。他的《咏史》(之一),以"老夫看惯秋千架,才上高层又下层"③,形容官场政治风云瞬息万变,忽凌九霄,忽堕深渊,形象而逼真,以诙谐笔调写严肃内容,富有生活哲理。《途中杂诗》(之五):"疲马渐迟鞭不进,错疑他也爱看山。"④不正面写马历经跋涉,疲惫不堪,不愿再登"夕阳数峰",而故用马也"爱看山"之诗人错觉表述,使诗作意致宛曲,耐人寻味。

这类"好诙笑"之诗风,在其晚年诗作中亦时而出现。僧了凡穿上了狐裘,"漫骄儒者捉寒襟","大有炫耀寒儒之意"。瓯北称其:"口不茹荤身不素,佛门何处野狐禅。"⑤并以"孔夫子面无金剥,不比瞿昙满面金"⑥调侃,句句切合佛门弟子身份,含蓄而有韵味。《瓯北集》中有两首咏叶底荷花的诗,一曰:"荷花开亦怕炎光,低就擎空翠叶藏。恰似佳人障纨扇,红颜斜倚绿阴凉"⑦;一曰:"不染淤泥是藕花,花中品格最高华。谁知也爱青凉伞,醉倚田田绿阴遮。"⑧两诗皆用拟人化手法,精细地刻画出叶底荷花之情状。然而,细细比较,又有所不同。前一首用拟人、比喻,着力勾画初生荷花娇美之态;后一首则用比喻、议论,抒写荷花一向性格与现实所为的悖逆。青凉伞既是官员所用,品格高华的荷花就不应趋附权势,求其庇荫。这两首咏花小诗,均写得活泼而有情趣,且融进作家的人格追求,很难想象是出自八十老翁之手。民间为人贺寿,祝词中常用"寿比南山"之类词句。于是,瓯北在《野性》中写道:"野性

---

① 赵翼:《过三脚屯上朱皮岭》,《瓯北集》卷一八,《赵翼全集》第五册,凤凰出版社,2009年,第310页。
② 赵翼:《雪团》,《瓯北集》卷一五,同上书,第252页。
③ 赵翼:《瓯北集》卷一九,同上书,第316页。
④ 赵翼:《瓯北集》卷一九,同上书,第323页。
⑤ 赵翼:《僧了凡衣狐裘大有炫耀寒儒之意诗以调之》之二,《瓯北集》卷四八,《赵翼全集》第六册,凤凰出版社,2009年,第1004页。
⑥ 赵翼:《僧了凡衣狐裘大有炫耀寒儒之意诗以调之》之一,《瓯北集》卷四八,同上书,第1004页。
⑦ 赵翼:《盆荷一朵稍矮恰有绿叶障之戏作》,《瓯北集》卷四八,同上书,第989页。
⑧ 赵翼:《荷花有开在叶下者戏嘲之》,《瓯北集》卷五〇,同上书,第1025页。

生来不耐闲,人人祝我寿如山。与为山也宁为水,好去周流宇宙间。"①山为静态之物,水则流动,以其"不耐闲",故愿为水周流天下,点化俗语,涉笔便成佳趣。王昶以所撰《湖海诗传》相赠,中收当代著名诗家六百余人。瓯北阅后,赋诗道:"对镜亲描两翠蛾,自矜绝艳渺横波。一从粉黛丛中过,始觉人间佳丽多。"②以"粉黛丛"喻名家如林,以"对镜亲描"比喻自身刻苦为诗,"佳丽多"与"自矜绝艳"对照呼应,透现出瓯北虚心向善、自我审视甚严的人生态度,笔调活泼而有风致。

瓯北诗歌"好诙笑"、"涉乎趣"特征的形成,既与其豪爽旷朗的个性有关,也有客观的原因。他所生活的时代,复古之风甚盛。在诗歌创作上,沈德潜主张"格调",翁方纲强调"肌理",都与宋儒的"文以载道"一脉相承,带有一定的复古色彩,且与清廷文化政策密切关合。早在清初时,康熙帝就曾强调:"文章以发挥义理,关系世道为贵。"③此处"义理",即指程朱理学。乾隆帝在《清诗别裁序》中亦说:"且诗者何?忠孝而已耳!离忠孝而言诗,吾不知其为诗也。"力图令诗"根柢经训","裨益政治",教劝忠孝。如照此发展,诗歌则成了传播封建道德、政治教条的载体,而其审美价值将丧失殆尽。复古派诗歌的凝固、板滞、枯涩,正是此类思想制约的结果。

而瓯北诗,既涉及治国方略、民生疾苦、朝野大事,亦叙及身边生活细事,如捶背、分瓜、游戏、赏月、餐饮、观灯等,几乎达到在不甚触犯时忌的情况下,无事不可写,无话不可说的境地。这无疑扩大了诗歌反映现实生活的领域。在某种程度上说,瓯北此类诗具有解放诗歌文体的积极意义。他力图将诗歌从复古派文人所划定的内容框架中剥离出来,让其较为自由地抒发性灵,及时反映现实人生的鲜活内容。

诗歌的韵味、情趣,为历代诗家所推重。人称:"夫为诗者,若系真诗,虽不尽佳,亦必有趣。若出于假,非必不佳,即佳亦自无趣。"④瓯北

---

① 赵翼:《瓯北集》卷四六,《赵翼全集》第六册,凤凰出版社,2009 年,第 961 页。
② 赵翼:《述庵侍郎遣人送示新刻湖海诗传所辑皆生平交旧凡六百余人人各系小传其心力可谓勤矣敬题六绝句》,《瓯北集》卷四六,同上书,第 964 页。
③ 王先谦:《东华录》康熙十三,清光绪十年长沙王氏刻本。
④ 江盈科:《雪涛诗评·贵真》,《江盈科集》下册,岳麓书社,1997 年,第 807 页。

所追求的,正是诗中时而流溢的这种真趣。他诗歌的"好诙笑"、"涉乎趣",与其说是瓯北诗歌创作形式上的创新,毋宁说是他对弥漫当时诗坛的陈腐凝固诗风的反动。他以自己辛勤的创作实践,不断给诗坛注入清新气息,并冲破种种保守思想的束缚,在探寻着新的艺术道路。

三 清峭奇崛 跌宕多致

近年来,论瓯北诗者,多关注其激昂慷慨、雄奇奔放的一面,对其"注意开拓新的题材和境界","七律佳制尤多,工于对仗用典,而刚劲有骨力"、"以气势胜"①多所称道,的确道出瓯北诗的主要风格。其实,清峭奇崛,在瓯北诗歌创作上表现得亦十分突出。较早论及这一风格的,还是其好友袁枚。瓯北出守镇安时,曾写有《莲花九巢》一诗,谓:"九层石栈入青云,名字遥从岳藕分。赤立太穷山露骨,倒悬不死树盘筋。天迟开凿留淳气,路入阴森锁瘴氛。只拟此中非世界,谁知鸡犬亦相闻。"袁枚于诗下评曰:"峭刻。是云崧独开之境。"②又于《剥皮山》诗后评论道:"题奇诗奇,此公故不肯放过。"③又评《高黎贡山歌》曰:"奇境待云崧来开生面。"④可知,清峭奇崛,乃是瓯北诗歌风格的一个重要层面。

峭,乃陡直之意。清峭一词,较早见于江淹《莲花赋》,谓:"或凭天渊之清峭,或植疏圃之蒙密。"⑤形容荷花清秀挺拔。后借用来形容人的性格孤高超脱。如孟郊《吊卢殷》诗:"诗人本清峭,饿死抱空山。白云既无主,飞出意等闲"⑥,即是一例。至宋,始有人借以指诗风。张炎(字叔夏,号玉田,晚号乐笑翁)〔琐窗寒〕自序云:"王碧山(按:王沂孙),又号中仙,越人也。其诗清峭,其词闲雅,有姜白石趣,今绝响矣。"⑦张邦

---

① 马积高:《清代学术思想的变迁与文学》,湖南人民出版社,2002年,第167、168、172页。
② 《瓯北诗钞》"七言律二"袁枚评语,《赵翼全集》第四册,凤凰出版社,2009年,第304页。
③ 《瓯北诗钞》"七言古四"袁枚评语,同上书,第159页。
④ 《瓯北诗钞》"七言古二"袁枚评语,同上书,第118页。
⑤ 《全上古三代秦汉三国六朝文》第七册,河北教育出版社,1997年,第346页。
⑥ 《全唐诗》卷三八一,上海古籍出版社,1986年,第947页。
⑦ 《御选历代诗余》卷一一八《词话·南宋二》引《宋名家词评》,浙江古籍出版社,1998年,第522页。

基《墨庄漫录》,则称道王荆公(安石)书法"清劲峭拔",如"横风疾雨",亦取此意。

谓瓯北诗之清峭,首先表现在景物描写上。如上引《莲花九嶪》诗,作者先以"九层石栈"极言山势之高。"如青云",则强化了山之高峻的非凡气势。又由"莲花九嶪"之名,联想到西岳华山之莲花峰,"华山顶有池,生千叶莲花"①,使画面境界大为开拓。一"遥"字,将处于不同地域、距离甚远的两山牵绾在一起,使人自然忆及李白"西上莲花山,迢迢见明星。素手把芙蓉,虚步蹑太清"②的诗句,启人遐想。后二句,谓山石裸露,高矗云表;枯树倒挂,石隙蟠屈。因山间树木稀少,故始得见"树盘筋"之状。"山露骨"是对莲花九嶪山势的整体观照,为"倒悬"之树特写镜头的推出作了情势上的铺垫,其间似隐含有一定的因果关系。由于山高路险,石栈入云,人迹罕至,少有行踪,才使得山间淳朴之气得存;又因为雾气浓重,山势高峻,故路径为烟岚所锁。最后,始以"鸡犬亦相闻",给这一山间画图别添一点生气。诗人写景,没有着意写南疆山峦之雄奇壮美,而是将入云之"瘴氛"特地揭出,组成一幅瘦硬、皱陋的画面,给人以"苍硬顽涩"之感。如此为莲花九嶪布图著色,既与瓯北初至南疆之时一切皆感到陌生的内在心理有关,又切合当地景物特征,难怪袁枚以"峭刻"称之。此诗就"峭"在取景的超乎常情,运笔时近乎严酷的冷静,还有那吝啬得几乎令人难以承受的添色著彩。然而,正是这一冷寂画面,却透现着一股奇崛之气。

其他如,"柳线难将离迹绾,榆钱似为办装成"③,写初春时节,柳枝抽芽、舒展,好像将征人挽留;榆树挂满榆钱,又似为征人备办川资。因古时春日,人们往往为谋生计而离家远行,故写景紧扣时令特征与风俗世情,确乎别具特色。"野鸭拗头依石睡,水牛浮鼻渡江归"④,因是乘船行进青田途中所见,故所采景物不可能过于细碎,若将水中鱼儿嬉戏、水面小舟轻驶写入诗,很可能会落入俗套。此处专写"拗头"之野鸭,

---

① 徐坚等撰:《初学记》卷二七《芙蓉第十三》引《华山记》,中华书局,1962年,第667页。
② 李白:《古风五十九首》之十九,《李太白全集》卷二,中华书局,1977年,第113页。
③ 赵翼:《和友人落花诗》之二,《瓯北集》卷二二,《赵翼全集》第五册,凤凰出版社,2009年,第373页。
④ 赵翼:《青田道中》,《瓯北集》卷三二,《赵翼全集》第六册,凤凰出版社,2009年,第591页。

"浮鼻"之水牛,既符合南方地域、物候特征,又具有传神尽趣之功。又如"新芽黄浅才舒柳,嫩蕊红轻欲试桃"①、"杏花红润含宵露,柳叶青舒抹晓烟"②、"学飞燕尾双开剪,对语莺吭并鼓簧"③、"山凭江洗矶千尺,水与天分月两轮"④、"大风白浪平吞岸,落日青山半入城"⑤等,均抓住了景物的突出特征,略加点染,便境界全出。

其次,是诗意转折的奇峭。人称,文似看山不喜平。诗歌创作更当如此。设境,应"随笔而转"、"构思随笔而曲",以"尽笔内笔外起伏升降之变",⑥唯其跌宕多姿、曲折多变,始有山重水复、柳暗花明之妙,正所谓"十步九折,愈折而意愈深、味愈隽"。⑦

瓯北的《高黎贡山歌》,先写该山所处的特殊地理环境和"负地掀天"、"直插穹汉"之雄怪气象,然后写"鸡初啼"登山,至日午尚"山未半",回视"飞鸟但见背"、"众峰已在骭",从时间、空间等不同角度,反衬山之雄怪、高峻。再写积雪经烈日而不化,瀑泻如雷而怒吼,强化此山"险怪"的一面。继之以写自身感受:"每上一层冷一层,夹衣旋把重裘换",突出强调山的不同高度温差的悬殊,还暗示目睹此险怪之景内在心理所潜生的微妙变化,天寒心亦寒。又转而写无端幻出的遮蔽视野的浓雾:"手伸十指看不见,何许厚翳将眼封",渲染山间环境的恶劣险怪、气象多变。然后,以"罡风一扫"句衔接,推现出"了了仍露青芙蓉"这一令人心爽的画面。青山历历在目,似在壮人情怀。然而,接下来描绘的却是更令人心胆俱裂的窘境:"五十三参更难上,线路盘旋蹋榛莽。面真对壁何所参,头恐触天不敢仰。危崖石裂藤络罅,老树皮皴虎磨痒。有时栖鹘戛长啸,是处啼猿发哀响。"从不同的层面,反复烘染登山的艰险与情境的悲凉,尤其是秃鹘的戛然长啸,猿猴的凄然哀鸣,都给这一险怪画面注入了恐怖气氛,给人以身历其境之感,越发体味到山之

---

① 赵翼:《春游》之一,《瓯北集》卷四四,《赵翼全集》第六册,凤凰出版社,2009年,第876页。
② 赵翼:《题江阴单宁斋明府小照》之一,《瓯北集》卷四五,同上书,第911页。
③ 赵翼:《出郭》,《瓯北集》卷四四,同上书,第882页。
④ 赵翼:《泊舟金山下宿》,《瓯北集》卷三六,同上书,第695页。
⑤ 赵翼:《晚泊京口》,《瓯北集》卷二六,《赵翼全集》第五册,凤凰出版社,2009年,第453页。
⑥ 恽道生:《玉几山房画外录》,杨大年:《中国历代画论采英》,河南美术出版社,1984年,第103页。
⑦ 赵翼:《瓯北诗话》卷八,郭绍虞编选:《清诗话续编》第二册,上海古籍出版社,1983年,第1267页。

"险怪"。难能可贵的是,如此涉险探怪之经历,却以豪壮之语出之,且以"解鞍且就茅店眠,惊看繁星比瓜大"①作结,令人紧张的情绪随即释然。

诗人虽意在写险怪,但视点并不专注于险怪,而是随着行进途中涉历境界的不同,写出了抒情主体内在情绪的低昂与张弛,境随步变,情由境生,互为渗透,表里相映,在诗意的转折起伏中,诗人所要表达的主观情感自然流走,的确有"愈折而意愈深、味愈隽"之妙,正是在转折跌宕中见其奇峭,难怪袁枚称赞"奇境待云崧来开生面",所言并非过誉。如此出色的写景诗,在古代诗歌创作史上,亦堪称佳制,与唐、宋大家相比毫不逊色。

又如《陈湾山下大银杏树歌》,诗人明明写古银杏树,却从远处着笔,以"水有长鲸陆有象"起兴,而强调"物产每多破格样",暗示所写之树的硕大无朋,超绝群伦,然后才正面写银杏"大数十围长百丈"之高大,"挐攫空中"之凌厉气势,并进而写:"生于平地不自量,其意欲与山争高。团团广荫更数亩,绿棚遮遍千僧寮。皮皴甘作铁石丑,窍古翻似洞壑枵。"至此,银杏树之高大雄健,似乎已经说尽,无多少进一步描述的余地。但诗人并未就此止笔,却于诗的结末称:"战罢西风叶落黄,有如老将脱金甲。夜半犹闻吼作涛,倒卷太湖树头压。"②将这一树中"巨无霸"深秋之时的雄奇气象,渲染得如闻如见,动人心魄。且以老将脱金甲比拟银杏黄叶纷坠,以怒吼涛声形容劲风吹动树叶之响,皆能穷神尽相,惟妙惟肖。古人称:"作乐府亦有法,曰凤头、猪肚、豹尾","大概起要美丽,中要浩荡,结要响亮。"③此当是结尾"响亮"的一例。袁枚评价该诗,"语必惊人,老杜一生秘诀被云崧看破,故无一语落平。"④既点出瓯北为诗雄丽的一面,又充分肯定了其奇峭之诗风。

再如《题周山葰观察老圃秋容图》一诗,乃是一题画诗。周山葰,即周升桓,字稚圭,山葰乃其号,浙江嘉善人。乾隆十九年进士,曾任翰

---

① 赵翼:《瓯北集》卷一四,《赵翼全集》第五册,凤凰出版社,2009年,第240页。
② 赵翼:《瓯北集》卷二九,同上书,第520页。
③ 陶宗仪:《南村辍耕录》卷八,辽宁教育出版社,1998年,第101页。
④ 《瓯北诗钞》"七言古三"袁枚评语,《赵翼全集》第四册,凤凰出版社,2009年,第137页。

林院侍讲,壬午(乾隆二十七年,1762)秋,与瓯北同校京闱,后出为广西苍梧道。己丑(乾隆三十四年,1769),瓯北自端州至桂林,与山茨同舟。且由本诗"公曾出塞悲流徙"来看,山茨还曾有过以事获罪被流放的遭际。晚年乃徜徉林下,作"老圃秋容图"以自慰。此图乃取意于韩琦"莫羞老圃秋容淡,且看黄花晚节香"一诗,借以砥砺自身保持晚节,修为终生。然而,该诗在追叙二人相识经过后,却突然径称:"公曾出塞悲流徙,我亦归田作隐沦。此时尚说香晚节,三尺儿童也笑绝。"意思是说,以你我二人之收局,似乎难以用"香晚节"来标榜。且把对方遭"流徙"的不幸遭际特为揭出,大大出乎人之所料。不论何种原因,不管从哪个角度讲,"流徙"毕竟是一种伤痛,是一种隐藏于内心的无计抹去的痛苦的记忆,瓯北却偏偏旧事重提,似乎有些违逆常理。其实不然。他是借此为两种"晚节观"的阐释作叙述气势上的蓄储,由否定性的述说向肯定性的表述逆转,径直道出:"岂知人各有秋容,何必升沉共一辙。君不见陶家篱、韩相圃,一在岩廊一环堵。后先两个菊主人,一样清芬占千古。"①意谓,位居将相,建赫赫事功,后退居林下,以名节自砺,是一种晚节;隐居不出,与青山绿水相伴,追求独善其身,也是一种晚节,不必轩彼轻此。劝慰对方"宦虽未达",但在书法和诗歌创作领域,却可大显身手,"此正暮年著力处",谁说这不是一种晚节? 瓯北在诗作的跌宕转折中,透现出一种奇峭诗风。

三是由诗中之议论见奇峭。如下引各诗:

> 品高初不逐繁华,何事新妆斗绛霞。莫是也贪流俗赏,渐思改节学桃花。(《红梅》)②

> 六尺匡床障皂罗,偶留微罅失讥诃。一蚊便搅人终夕,宵小原来不在多。(《一蚊》)③

> 落木风高叶渐稀,人家刀尺促寒衣。生憎燕子炎凉甚,春便飞来秋便归。(《秋燕》)④

---

① 赵翼:《瓯北集》卷三七,《赵翼全集》第六册,凤凰出版社,2009年,第711页。
② 赵翼:《瓯北集》卷二八,同上书,第511页。
③ 赵翼:《瓯北集》卷三〇,同上书,第544页。
④ 赵翼:《瓯北集》卷三〇,同上书,第558页。

一抔总为断肠留,芳草年华碧似油。苏小坟连岳王墓,英雄儿女各千秋。(《西湖杂诗》之三)①

谁把虚空界画粗,生将别恨坐黄姑。青天为纸山为笔,倒写《长江万里图》。(《天河》)②

梅花,本是孤高精神品格的象征。故无论红梅、白梅、墨梅,在历代文人的笔下,都每每寄寓着高洁、孤傲。以其迎霜斗雪,凌寒开放,铁骨铮铮,"耻同桃李媚春光"、"皓态孤芽压俗姿",故被誉为"花中气节最高坚",与松、竹并称为"三高"。诗人若照此思路写,必然沦入历代文人笔下梅花之俗套。所以,诗人首先肯定梅花"不逐繁华"的本有之性,又借"何事"句的反问一转,引渡至色若"绛霞"的红梅。又由二者颜色的相似联想至桃花,使后两句的议论具有了逻辑推理上的依据,将静态的红梅赋予了人格化的内容。蚊虫乃夏、秋间人们深为讨厌的习见之物,却较少有人将其写入诗中。而诗人以"搅人终夕"诗句,真实地写出蚊虫扰人、令人厌烦的情状,又由"宵小原来不在多",将扰人之"蚊"与世间唯恐天下不乱而横生是非之小人牵绾在一起,使生活细事具有了更深层次的现实内容,富有一定的哲理。燕子,亦为人们所习见。它秋去春来,讲信守时,巢梁而居,与人为伴,故往往是以美好的形象出现于文人笔下,所谓"飘然快拂花梢,翠羽分开红影","爱贴地争飞,竞夸轻俊"(史达祖《双飞燕·咏燕》),即是其例。而在这里,瓯北却反面着笔,由燕的春来秋归,反逼出"炎凉甚"一句的议论,由自然界之物象,感悟扰攘人生、世俗社会的不同层面,同样是以奇崛见长。岳飞乃一代名将,意在恢复,曾率部伐金,东征西战,累立战功,被许为"文武全器,仁智并施","真有诸葛孔明之风。"③所吟《满江红·怒发冲冠》"靖康耻,犹未雪,臣子恨,何时灭。壮志饥餐胡虏肉,笑谈渴饮匈奴血",千载之后读之,仍凛然有生气。而钱塘苏小小,乃名不见经传的南齐歌妓,《乐府诗集》卷八五《苏小小歌序》始叙及其人,以一般人想来,无论如何也与功

---

① 赵翼:《瓯北集》卷三二,《赵翼全集》第六册,凤凰出版社,2009年,第594页。
② 赵翼:《瓯北集》卷三七,同上书,第707页。
③ 《宋史》卷三六六《岳飞传》,《二十五史》第八册,上海古籍出版社、上海书店,1986年,第6458页。

臣岳飞攀扯不上。而瓯北却认为，二人的身份、事迹虽然有着很大的差异，但在名传后世这一点上来看，却有很大相似之处，既然姓名得以流传，自然有一定的道理，故称"英雄儿女各千秋"。所论既有冲破传统思维模式的勇气，也可看出诗人善于选取不同的视角表现社会人生的一面。末一首，是以议论领起，将天上银河与地下长江联系在一起思考，同样体现了诗人视野的融通，思路的开阔。

诗人"咏物而不滞物"，往往由物而生发联想，又借助视角的转换、思维的跳荡，多层面地透视事物内在的丰富意蕴，捕捉那些不易为人所察觉且又能唤起人们警醒的物象符号，即事而述理，故议论新颖警拔，超越一般人视野之外，使奇峭之风突显。

其四是语言的奇峭。语言是表达思想、传递情绪的工具。高尔基在《和青年作家谈话》中说："文学的第一个要素是语言。语言是文学的主要工具，它和各种事实、生活现象一起，构成了文学的材料"，"语言是一切事实和思想的外衣。"①在文学作品中，尤其是关键词语的运用，若恰到好处，能使整篇作品綮然生色。宋人胡仔，就曾称道孟浩然"微云澹河汉，疏雨滴梧桐"诗句中"澹"与"疏"字，"以一字为工，自然灵异不凡"②，有"点石成金"之妙，足见语言锤炼在诗歌创作中的作用。如瓯北《谷峒道中》诗，以"岭树身长枝叶少，溪流性急浪涛多"状山间景色，可谓形神俱出。因岭树密集，故身长枝少，溪水是由高处流出，岂不浪涛显多。"身长"、"性急"，以拟人化手法写景状物，省却许多语言，又给画面平添几分韵致。写东山寺，"两山臂抱三重屋，十柏肩排一字屏"③，寥寥数字，勾勒出寺院幽雅的地理环境。"抱"与"排"，用字精警瘦硬，赋予山、树以人之情感，使静态景物具有了流动美。《辰溪道中大雪》中"发怒滩争急浪雄，作威风挟冻雪厉"一联，其中怒、急、发、作、挟、雪、厉多为仄声字，读音短促繁急，略带苦涩意味，适于表达冲寒冒雪、身历险

---

① 〔苏〕高尔基：《文学论文选》，孟昌等译，人民文学出版社，1958年，第294页。
② 胡仔：《苕溪渔隐丛话》后集，人民文学出版社，1962年，第64页。
③ 赵翼：《路经黔西戴春台州牧邀游东山寺即事》之一，《瓯北集》卷一九，《赵翼全集》第五册，凤凰出版社，2009年，第315页。

境之内容。他如"芳芷涵碧波,丹砂透石红"①,用"涵"与"透"点出景物的本质特征,形成鲜明的色彩对比,使画面充满勃勃生机。"滇黔天为山所械,万山围在青天外"②。械,本指枷锁之类刑具。此处名词用为动词,有束缚之意。苏轼《与胡祠部游清华山》:"嗟予少小慕真隐,白发青衫天所械。"瓯北诗由此化出,谓因滇黔多山,遮住了视线,反给人以四周高山将广漠青天包围的感觉。"械"与"围",下字精警峭拔,准确道出西南一带独特的地理环境。再如"千秋人物三分国,一片山河古战场"③、"繁星历乱千樯火,幻市青红万瓦烟"④、"凭栏俯斜日,挂槛竖长川"⑤、"大风声拔木,高浪气吞天"⑥、"云湿江天雁影孤,春风为我送归途"⑦、"舟凭野鹭为前导,人与春鸿共北归"⑧、"千灯夜闪星河影,万马秋腾鼓角声"⑨、"抽刀欲斩不可断,空山白战蛟龙螭"⑩。此类精警语言,满目皆是,不可枚举,且无不劲气充盈,不可抑勒,共同构成其豪壮、清峭的诗风。

四　融会众长　自创格局

瓯北与袁枚、蒋士铨是鼎足而三的诗友,时称"乾隆三大家"。同时或稍后之诗家,对他们则各有轩轾。尚镕《三家诗话》谓:"子才学杨诚斋而参以白傅,苕生学黄山谷而参以韩、苏、竹垞,云松学苏、陆而参以梅村、初白。平心而论,子才学前人而出以灵活,有纤佻之病;苕生学前人而出以坚锐,有粗露之病;云松学前人而出以整丽,有冗杂之病"⑪,

---

① 赵翼:《沅州道中》,《瓯北集》卷二〇,《赵翼全集》第五册,凤凰出版社,2009年,第332页。
② 赵翼:《将至朗州作》,《瓯北集》卷二〇,同上书,第334页。
③ 赵翼:《赤壁》,《瓯北集》卷二〇,同上书,第337页。
④ 赵翼:《夜泊汉口》,《瓯北集》卷二〇,同上书,第337页。
⑤ 赵翼:《题黄鹤楼十六韵》,《瓯北集》卷二〇,同上书,第338页。
⑥ 赵翼:《江岸守风》,《瓯北集》卷二〇,同上书,第339页。
⑦ 赵翼:《遣兴》,《瓯北集》卷二〇,同上书,第340页。
⑧ 赵翼:《江行》,《瓯北集》卷二〇,同上书,第343页。
⑨ 赵翼:《驻军盏达》,《瓯北集》卷一五,同上书,第242页。
⑩ 赵翼:《鉴隘塘瀑布》,《瓯北集》卷一三,同上书,第219页。
⑪ 郭绍虞编选:《清诗话续编》第四册,上海古籍出版社,1983年,第1920页。

"子才笔巧,故描写得出。苕生气杰,故撑架得住。云松典赡,故铺张得工"①,"绝句诗,蒋、赵皆宋音,然蒋犹挺拔,赵则谐俗。袁虽间学唐人,亦少雅音。"②则道着其诗歌艺术风格的差异,恰说明他们在诗歌创作追求上同中有异的一面。

在诗风上,赵、袁较为接近,他们都有学"诚斋体"的趋向,追求语言的清新晓畅及诗中情趣,主张以性情为诗。袁枚亦写过反映民生疾苦的诗作,如《火灾行》、《南漕叹》、《苦灾行》、《征漕叹》等,但多写在早年任地方官时,且数量不多。由于他脱离官场较早,远离劳动人民生活,故诗歌多抒写个人的生活感受和文人思想情趣,内容不如瓯北诗厚实,现实性和社会意义相对较弱。但是,有些作品,亦能曲折反映现实,如《戏咏箸》:"笑君攫取忙,送入他人口。一世酸咸中,能知味也否。"以游戏之笔,讥刺地方官劫夺民财以取媚上司,倒也穷神尽相。其诗歌,因用典较少,比较清新流畅,恐为瓯北所不及。而瓯北的豪放通脱、意境开阔,又正是袁枚所缺少的,正如有人所称:"清才排奡更崚嶒,袁赵当年本并称。试把《陔余丛考》读,随园那得比兰陵。"③瓯北从袁枚那里所吸取的,是语言的锤炼与"不拘格律破空行"的潇洒。袁枚佩服瓯北的,乃是他诗中别开生面的开阔意境。

瓯北之诗,在豪健上与蒋士铨相似,尤其是七古。士铨《梦游金山歌》:"天光落水走万里,大江曲注流潺湲。神工直骛地脉断,海门一发奔狂澜"云云,可谓气势非凡。而瓯北《登金山塔顶放歌》:"海门东去望不极,混茫一气雪浪堆"④,与蒋诗有异曲同工之妙。又如士铨《湖上晚归》:"湿云鸦背重,野寺出新晴。败叶存秋气,寒钟过雨声。半檐群鸟入,深树一灯明。猎猎西风劲,湖心月乍生",用语工丽,劲爽之中别具一番风骨气概。且诗中不乏警句,如"元气留江影,天光缩涨痕"(《金山》)、"乱峰冲雨出,孤月抱秋圆"(《康郎山》)、"混茫旋一气,分野乱群

---

① 郭绍虞编选:《清诗话续编》第四册,上海古籍出版社,1983年,第1921页。
② 同上书,第1929页。
③ 王昶:《长夏怀人绝句》,赵兴勤、蒋宸、赵韡编:《赵翼研究资料汇编》上册,台湾花木兰文化出版社,2013年,第64页。
④ 赵翼:《瓯北集》卷三,《赵翼全集》第五册,凤凰出版社,2009年,第51页。

星"(《留云亭观海》)等等,皆颇注重炼字炼意,逼真山谷。他所写的《京师乐府词》之类,以浅近之语,写风俗人情,亦生动可喜,又多与瓯北有相似之处。

但在创作主张上,赵、袁强调"诗本性情",蒋士铨倒与格调派代表人物沈德潜比较接近,笃信"学以明道,文以载道"①,强调作者"本诸性识,发为文章"②。认为"诗上通乎道德,下止乎礼义"③,故应褒扬忠孝节烈,以存温柔敦厚之旨。在诗歌创作上,目光所盯的多是"劝忠说孝",所作《黄烈妇》、《山阴范烈女》、《南城丘烈妇》诸诗,则运用古文传纪之法,不仅详叙烈女贞妇事迹,还逐一写其世族、姓名以及事情发生的年代与地点,封建说教气息太浓,千篇一律,少有变化,未免让人望而生厌。但从整体上看,其诗在整饬工丽上,实为三家之翘楚。而瓯北诗的豪情激射、变幻无端、气势雄阔、"激昂慷慨,沉郁苍凉"④,又似为蒋氏所不及,所反映的社会生活面也较其广阔。他所吸取的,乃是蒋士铨"凌云意气"及清丽爽劲之诗风。

瓯北为诗,不师法一家一派,而是兼收并蓄,融众家之长。韩愈的硬语盘空,元遗山的清雄顿挫,高启的超迈才气,吴梅村的缠绵凄婉,查初白的豪健爽劲,杜牧的立意奇辟,苏子美的超迈横绝,梅圣俞的深远简淡,如此等等,不论"唐音宋调"还是时下新诗,他皆虚心学习,精心揣摩,以成就自己的诗风。从他所服膺的著名诗家来看,不管是李、杜、苏、陆,还是韩(愈)、杨(万里)、元(好问)、高(启),都有豪放雄健的一面。瓯北长期沉潜于名贤群籍,不断从中汲取艺术经验,研习作诗之道,追求豪健之诗风,但又不愿落入前人窠臼,成为别人的替身,故又取白居易、杨万里、袁枚等诗家以俗语入诗的特点,力图开创诗歌创作的新路,终于形成其雄健清峭、活泼通脱之独特诗风。在融取众长方面,

---

① 蒋士铨:《倪文贞公全集序》,《忠雅堂文集》卷一,《忠雅堂集校笺》第四册,上海古籍出版社,1993年,第1996页。
② 蒋士铨:《金桧门先生遗诗后序》,《忠雅堂文集》卷一,同上书,第2000页。
③ 蒋士铨:《边随园遗集序》,《忠雅堂文集》卷一,同上书,第2001页。
④ 延君寿:《老生常谈》,郭绍虞编选:《清诗话续编》第三册,上海古籍出版社,1983年,第1840页。

可以说,他是成功的。人称:"试看排荡处,非陆亦非苏"①,可谓知言。瓯北在《吴谷人祭酒枉过草堂邀稚存味辛同集》(之四)中写道:"袁(子才)蒋(心馀)王(礼堂)钱(竹汀)总作尘,愁遗漫比后来薪。名流各有千秋在,肯与前人作替人?"②"愁",读 yìn。《诗·小雅·十月之交》:"不愁遗一老,俾守我王。"郑氏笺曰:"愁者,心不欲,自强之辞也。"③引申作愿、愿意。"遗",舍弃,丢掉。意谓不愿别人将自己胡乱比作"后来薪"。于诗中明确表示,无论是史学研究,还是诗歌创作,他均在追求独立风格,而不愿做别人之替身。汤大奎《炙砚琐谈》还记载:"赵瓯北观察梓全集见示,余谓曰:'为杜紫薇则不能,为杨诚斋则过之无不及矣。'赵傲然曰:'吾自为赵诗,乌论唐宋?'"④则与上面所引诗的含义是相通的,从另一侧面体现出瓯北对事业与理想执意追求的倔强个性。

在中国古代诗歌史上,赵翼堪称长寿诗人,跨越雍、乾、嘉三个时段。他不仅有着近一个世纪的丰富人生经验,而且,自幼立有"拟作人间第一流"并康济天下的宏伟志向。与此相联系的是,他的诗歌创作,已不再拘囿于娱情遣兴、交往酬赠的层面,而是以思想家超脱独到的眼光,叩问自然之奥秘,探索人生之真谛,透过纷纭复杂的世事万相,捕捉个中深蕴的生活哲理,"铸出真性情,凿成大道理"⑤,时而将"经世之略",融入那"无不如人意所欲为"⑥的诗歌创作中去,记下风云多变的时代印痕,也充实并丰富着他的人生内容。为诗自创格局,出意求新,用典使事,浑融圆润,自然流畅,气势豪宕,"修辞妥帖圆润,实冠三家"⑦。其友蒋士铨在《赵云崧观察诗集序》中评论道:云崧为诗,"镂刻万物,接以藻缋,而行乎自然。……征事发议,兀奡雄辩。跻之汉、唐名贤,即不

---

① 蔡湘:《题瓯北诗钞》,赵兴勤、蒋宸、赵韡编:《赵翼研究资料汇编》上册,台湾花木兰文化出版社,2013年,第83页。
② 赵翼:《瓯北集》卷四六,《赵翼全集》第六册,凤凰出版社,2009年,第965页。
③ 《十三经注疏》上册,中华书局,1980年,第447页。
④ 赵兴勤、蒋宸、赵韡编:《赵翼研究资料汇编》上册,台湾花木兰文化出版社,2013年,第24页。
⑤ 舒位:《与瓯北先生论诗并奉题见贻续诗钞后》,赵兴勤、蒋宸、赵韡编:《赵翼研究资料汇编》上册,台湾花木兰文化出版社,2013年,第115页。
⑥ 《清史稿》卷四八五《文苑二·赵翼》,《二十五史》第十二册,上海古籍出版社、上海书店,1986年,第10325页。
⑦ 周振甫、冀勤编著:《钱钟书〈谈艺录〉读本》,上海教育出版社,1992年,第280页。

可知;媲于国朝竹垞、初白诸老中,当据一席。盖才气识力足以举之,又得山川江海风云戎马助之,以发其奇也,岂偶然哉!"①将瓯北诗与朱彝尊、查慎行相比并,足见评价之高。

---

① 此序与《瓯北集》、《瓯北诗钞》所收蒋氏序,文字多有不同。见《忠雅堂文集》卷一,《忠雅堂集校笺》第四册,上海古籍出版社,1993年,第2005页。

余　论

　　赵翼作为文史兼擅的著名历史人物,早在清代,就名播遐方,深为异邦文士所喜爱追捧,在域外的影响力非同一般,应在这里予以论及。

　　首先是其文学成就的域外影响。有人曾这样描述道:"日本与我邦素通文教,尤喜吟咏。凡唐之李、杜、元、白,宋之苏、黄,及近代之随园、瓯北、船山、梦楼诸家,靡不家置一编,晨夕课诵。"①赵翼作为清代的一位诗人,竟然得以厕身李、杜、苏、黄诸唐宋大家之列,以致在日本"家置一编,晨夕课诵",其影响可想而知。瓯北诗"驱使万卷力,下笔如飞电"②,格律谨严,清峭警拔,是真正"句后自有味"③的佳作。在文政十年(1827),亦即清道光七年,就有日人碓井晴沙氏所选,大窪诗佛、冈部菊厓阅定的《瓯北诗选》,由东都书林推出。据粗略统计,是编选瓯北"七言律"89题126首、"七言绝句"127题180首,另又有"五言律"、"五言绝句"、"六言绝句"、"七言绝句补遗"相继推出,且由著名文士奥山翼、大窪诗佛(1767—1837),分别为之写序、题辞,大大扩大了本选本的影响。说明此前,《瓯北诗钞》或《瓯北集》已流播东瀛。正如与他生活于同一时代的文士所称道的那样:"生面独开千载下,大名群仰廿年前。诗传后世无穷日,吟到中华以外天。"④据相关文献

---

① 杜维运:《〈赵翼传〉序》,《赵翼传》,台湾时报文化出版事业有限公司,1983年,第19页。
② 〔日〕大窪诗佛:《〈瓯北诗选〉题辞》之四,赵兴勤、蒋宸、赵韡编:《赵翼研究资料汇编》下册,台湾花木兰文化出版社,2013年,第406页。
③ 〔日〕大窪诗佛:《〈瓯北诗选〉题辞》之三,同上书,第406页。
④ 范起凤:《赋赠赵瓯北》之一,同上书,第78页。

推论,此诗大概写于乾隆四十九年(1784)。若所述不谬,则说明瓯北诗早在乾隆中后叶已流传域外,其中或包括日本,且产生了广泛影响。

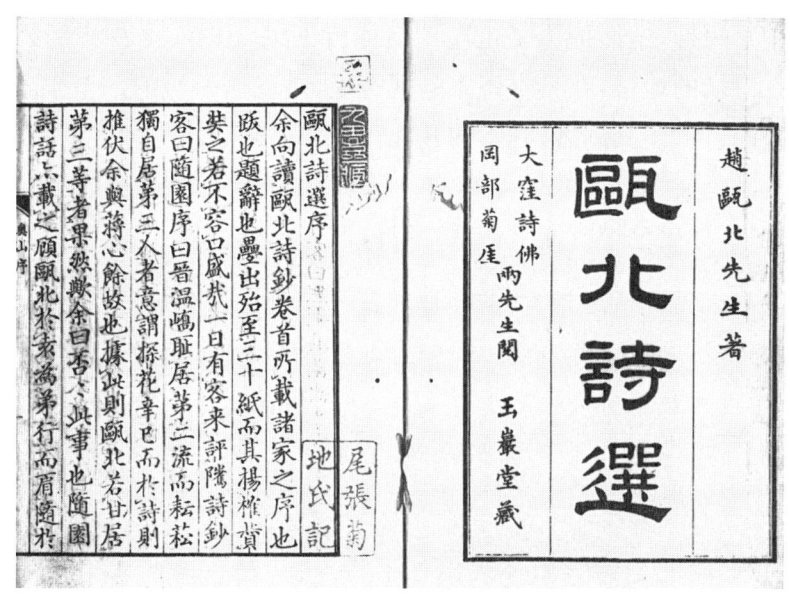

文政十年丁亥东都书林新镌本《瓯北诗选》

人们喜以瓯北诗相标榜。如日本明治维新之后的文人团体星社,"竞效清诗,甘为随园、瓯北之亚"[①]。斋藤正谦(1797—1865)所著《铁研斋诗存》,"才气骏发,学殖富赡,好使眼前事,勇标新颖也",被许为"诗似赵瓯北"。[②] 另有广濑旭庄善诗,"人以公为今日瓯北"[③]。奥山翼在《〈瓯北诗选〉序》中认为,清诗袁枚、蒋士铨、赵翼三大家,瓯北当居第一。赖山阳(1780—1832)在《夜读清诸人诗戏赋》一诗中也谓:"健笔谁摩藏园垒?瘦语难压瓯北营。仓山浮嚣笔输舌,心怕二子才纵横。如何此间管窥豹,唯把一袁概全清?"[④]言下之意是说,蒋士铨诗之雄健,赵翼诗之用语瘦硬,连袁枚都担心才力难敌。所以,论清诗不能管中窥

---

① 〔日〕木下彪:《〈青厓诗存〉序》,赵兴勤、蒋宸、赵韡编:《赵翼研究资料汇编》下册,台湾花木兰文化出版社,2013年,第410页。
② 〔日〕斋藤正谦:《〈铁研斋诗存〉跋》,同上书,第417页。
③ 〔日〕石舟刘蠹:《广濑旭庄〈放言三首〉诗评》,同上书,第411页。
④ 〔日〕赖山阳:《夜读清诸人诗戏赋》,同上书,第408页。

豹,仅靠读袁枚之诗,并不能了解清诗的整体风貌。对当时学界有人论清诗仅提袁枚表露出不满,故有"管窥豹"之讥,亦是有意扬赵抑袁。他还称:"随园学不及瓯北,才不及藏园,而意常踞二人上",且"心常畏忌,故话中每每抑之,而抑不了也。""赵律诗工致,出袁、蒋右。"①很显然,赵翼在诗坛的地位,在日本诗家的视野里,是稳居一流的。至于刻意学瓯北,和其诗、步其韵者,则不知凡几。

其次是文学批评的域外影响。赵翼的《瓯北诗话》,也多为日本学人所推崇,如唐公恺《〈瓯北诗话〉题辞》谓:

> 古无诗话之目矣,诗话即随笔也。唐宋诸公有记述者,间及古人诗赋,未曾以此名之。……为近时袁子才著《随园诗话》,卷帙洪繁,而所载同时来往酬酢者居多,是乃诗话之体小变矣。至赵公云松《十家诗话》,不复零零碎碎,论单句只言,一扫宋、元以来之习气,务骋神识,不持畸僻偏见,可谓伟哉。②

在他看来,瓯北论诗大致体现出如下特点:一是一改前人论诗零零碎碎、琐屑散乱的毛病,更注重从整体上把握所论对象的艺术风貌;二是以史家之目光有选择性地论诗,"一扫宋、元以来之习气,务骋神识,不持畸僻偏见",能客观公允,言中肯綮;三是以"史学余习"论诗,兼顾诗家"履历、年时考核","足以补苴正史之不备";③四是论诗自成体例,自创格局,别有新造,进而丰富了诗歌批评内蕴。

另一诗家宫泽雉(1780—1852),也曾对《瓯北诗话》竭力称道,谓:"自宋、元来论诗者,无虑数百家。要之皆肤浅之见,扬同乎己者,抑异乎己者,无益于诗学,是为河汉之言。"而赵翼此书,"细论各家才分境地,广而不滥,约而必精,至矣尽矣,不可以加矣,是为金玉之言"。他还说:"瓯北先生学问博大,诗才纵横,当时诸公咸推服之,而此诗话是晚年所笔,最极其本领,如庖丁解牛,以神遇而不以目视,官知止而神欲行;又如轮扁斫轮,不徐不疾,得之于手而应于心。"并强调,年轻人学

---

① 〔日〕赖山阳:《书藏园、瓯北诗钞后》,同上书,第409页。
② 赵兴勤、蒋宸、赵韡编:《赵翼研究资料汇编》下册,第411页。
③ 同上。

诗,必"习读此编,以扩其才,渐进其功",然后才能达到诗话所选"十家之妙境"。又极力称赞《瓯北诗话》"实是升天架空云梯也,学仙换骨神丹也"。① 交口赞誉,无以复加,足见瓯北在日本诗家心目中的形象。

再则是史学成就的域外影响。赵翼的史学研究,日本文士更时常论及。如学人赖山阳认为,瓯北的《皇朝武功纪盛》,虽仿纪事本末体,但又自具特色。一般来说,本末类著作,不过"钞列而已",而是书则采撷多种史书而"熔铸成篇",笔力非凡。这类史著,"凡传一人易佳,叙一事细大不遗而无不掉之病者难能。吾知此中甘苦,故服赵也"。② 认为他的《廿二史劄记》,摆脱了当时学人之考据"率欲骂詈宋人,以树己门户"的恶劣风气,也摈弃宋人"专为空论、刻论"的编撰格局,自成面目,成为"可资实用"③的史学著述。羽仓县令简堂就曾秘藏此书,以备研读之用。后见赖山阳四处寻访该书,遂转而相赠。"一九一〇年(日本明治四十三年)日本东京帝国大学的史学家,以投票方式,替中国选出了十名最伟大的史学家,所谓中国史学家十杰"④,瓯北位列其中,其余九位分别是孔子、司马迁、左丘明、刘知儿、杜佑、司马光、顾炎武、顾祖禹、崔述。这里竟然将赵翼与先贤孔子以及司马迁、刘知儿、司马光、顾炎武等著名史学家、思想家并提,足见日本史学界对他的推重。日本史学家内藤虎次郎曾编撰有《中国近世史》,经有关学者将该书与赵翼相关史学著作进行比照、对勘,发现"其间完全相同之处甚多"⑤,基本上全袭自《廿二史劄记》。

至于在西方一些国家,瓯北同样受到追捧。台湾著名史学家杜维运,曾于1964年仲夏留学欧洲,在他"所邂逅的西方汉学家中,提到瓯北,无不致仰慕推崇之意。近年西方年轻学子,以研究瓯北为矢志者,且大有其人"⑥。杜先生在英国剑桥大学读书时,师从加拿大籍汉学家浦立本,得其指点甚多。他曾在《〈赵翼传〉序》中记述道:

---

① 〔日〕宫泽雄:《〈瓯北诗话〉识语》,赵兴勤、蒋宸、赵韡编:《赵翼研究资料汇编》下册,第407页。
② 〔日〕赖山阳:《书〈武功纪盛〉后》,赵兴勤、蒋宸、赵韡编:《赵翼研究资料汇编》下册,第409页。
③ 〔日〕赖山阳:《跋〈二十二史劄记〉后》,赵兴勤、蒋宸、赵韡编:《赵翼研究资料汇编》下册,第409页。
④ 杜维运:《〈赵翼传〉序》,《赵翼传》,台湾时报文化出版事业有限公司,1983年,第18页。
⑤ 杜维运:《〈赵翼传〉序》,《赵翼传》,第19页。
⑥ 杜维运:《〈赵翼传〉序》,《赵翼传》,第3页。

一九六四年浦氏又于《史学的传统》(The Historiographical Tradition)一文中云:"与考据学家略为有别的是《廿二史劄记》的作者赵翼。考据学家借其他材料,以补充、考订正史,赵氏的劄记,则为细心反复阅读正史之所得。有时赵氏指出各卷中互有出入之处,但亦泛论各史的来源,而于综论制度、社会结构以及世风方面,尤有莫大的兴趣。他所创始许多观念,已经播下了种子,在本世纪的现代史学方面,且已结起果实了。"由此可知瓯北突破中国史学的传统缺陷,超越于孤立的繁琐事实之上以观察,自其中归纳出社会史与制度史发展趋势的通则,且触及真正使近代史学家感兴趣的问题,播下现代史学的种子。①

当然,由于域外相关研究资料难以搜访,这里不得不大段转述杜先生论著中的话语。而且,杜教授所述,乃半个多世纪之前的事,近些年随着汉学的域外流播,当有更多的西方学人厕身于这一领域的研究。就此而论,瓯北研究还有相当大的空间可供拓展,但限于本书篇幅,只能留待日后了。

赵翼是在多个领域都曾作出突出贡献的文史大家。他的诗学理论、杂著、史学研究诸著述,"通知时事",下语切当,皆能脱略陈例,摆脱束缚,自具手眼,别开生面。对"日用事物"时加审视,非"侈谈考据"者所可比拟。尤其是他的史学研究,"钩稽同异,属词比事,其于前代弊政,一篇之中,三致意焉"②。著名学者蔡尚思在论及《廿二史劄记》时特别强调:"古人读尽全部正史而又能作归纳比较的深入研究者,以此书为第一。钱大昕的《廿二史考异》也比不上此书的有用。"③瓯北是以史学研究,总结前代兴衰败亡的教训,寻觅治国安邦之途径。在回观历史发展轨迹的同时,折射出他对现实政治的密切关注。如此之类,都不同程度地体现出其敢为人先的非凡气概。

赵翼的一生,并没有惊天动地的壮举,但每一步都迈得那么坚实、

---

① 杜维运:《〈赵翼传〉序》,《赵翼传》,第2—3页。
② 《清史列传》卷七二《文苑三·赵翼》,赵兴勤、蒋宸、赵韡编:《赵翼研究资料汇编》上册,第17页。
③ 蔡尚思:《中国文化史要论(人物·图书)(增订本)》,湖南人民出版社,1980年,第24页。

有力。尽管他曾遭受过不少挫折和打击，却不改初衷，用自己的心血和汗水，书写着开拓进取、积极乐观的人生。他淡泊名利，正直坦荡，泛舟学海，勤于笔耕，执着于理想追求，系念于国家大计，在默默无闻中塑造着个人品格。瓯北生活在清代中叶，自然难以逃脱封建统治阶级思想的牢笼，但他奋斗终生的人生轨迹，却启示着人们如何正视自我、完善自我，怎样面对现实、创造未来，以艰苦卓绝的努力，去抒写心忧天下、奋发有为的人生诗章。

赵翼年表[①]

赵翼曾祖赵州,字禹九,以教书为业。祖福臻,又名斗煃,号骈五。父惟宽,字子容,为塾师。

清世宗雍正五年(1727)丁未　一岁

十月二十二日寅时,出生于江苏常州府阳湖县西干里(今戴溪桥)。翼,字云崧,一作耘菘,号瓯北,一作鸥北,晚自号三半老人。

时程晋芳十岁,刘墉七岁,袁枚十二岁,王鸣盛六岁,蒋士铨三岁,王昶三岁。

雍正七年(1729)己酉　三岁

父惟宽(子容)设馆于外,从叔父惟厚(子重)识字,每日能记二十余。

时,钱大昕二岁。

雍正十年(1732)壬子　六岁

惟宽客授于西黄埼张氏,携之就塾。是岁,读《名物蒙求》、《性理字训》、《孝经》、《易经》诸书。

[①] 本年表所涉及月份均为农历,不一一标注。

雍正十一年(1733)癸丑　七岁

　　随父读书于华渡桥管氏塾。

乾隆三年(1738)戊午　十二岁

　　随父读书于塘门桥谈宅。父命作时文,一日成七艺。同学五六人皆私乞捉刀。

乾隆五年(1740)庚申　十四岁

　　随父移馆于东千埼杭氏。是岁,习举业,然性好古诗文词。

乾隆六年(1741)辛酉　十五岁

　　惟宽殁于是年七月十二日。家贫甚,杭氏诸父老请瓯北接其父讲席。所课徒皆同学友。

乾隆七年(1742)壬戌　十六岁

　　馆于东齐黄氏。家益贫,典卖老屋以维持生计。

乾隆九年(1744)甲子　十八岁

　　又馆于杭氏,泛滥于汉、魏、唐、宋诗古文词家,兼习为词曲。父执杭应龙敦促其为举子业。冬,赴江阴澄江书院应童子试。

乾隆十年(1745)乙丑　十九岁

　　春季,复试于澄江书院,被取入常州府学,补弟子员。

　　在此前后,与同里毛今吾、时景岩齐名,有"三才子"之目。

乾隆十一年(1746)丙寅　二十岁

　　馆于城中史翼宸明经家,得以吟披史氏天尺轩藏书。

　　洪亮吉出生。

乾隆十二年(1747)丁卯　二十一岁

馆于北门顾氏。八月,赴江宁应乡试,仅点额而归。冬,经其师赵永孝作伐,与廪生刘鹤鸣之女成婚。

乾隆十四年(1749)己巳　二十三岁

失馆无以自给。春,偕同族孙敷廷入都。以才名籍籍,刑部尚书刘统勋延入幕,令修《宫史》。

乾隆十五年(1750)庚午　二十四岁

离京赴津门,冒商籍以应科考,取入泮。至秋,冒顾氏姓应顺天乡试,以五经卷获隽。座师汪由敦知为才士,欲以为解首,然因头场文跅弛,乃改置二十一名。榜既出,乃延于家,居之于时晴斋,以代笔札。是冬,考取礼部义学教习。

乾隆十六年(1751)辛未　二十五岁

会试报罢。汪由敦命二子从其受业。

乾隆十七年(1752)壬申　二十六岁

秋,应恩科会试,被落。

乾隆十九年(1754)甲戌　二十八岁

春,会试取明通榜。四月,会考选内阁中书,瓯北就试,取第九名,引见留用,遂具呈礼部,辞教习。蒋士铨亦同时应试,以第四名录用。秋,瓯北附舟南回省亲。

乾隆二十年(1755)乙亥　二十九岁

三月末,入京补官,仍居汪宅,得以饱览汪氏藏书。六月,补授内阁中书,与同年邵齐熊、贺五瑞、李汪度交好。

乾隆二十一年(1756)丙子　三十岁

夏,选为军机处行走。秋八月,扈从木兰。因瓯北起草文书,顷刻千言,深为大学士傅恒等所倚重。

乾隆二十二年(1757)丁丑　三十一岁

二月间,会试落第,仍直军机处。至秋,又扈从塞外。归,与毕沅、王日杏、顾云、陈辉祖诸人游,并着手编订《瓯北初集》。

乾隆二十三年(1758)戊寅　三十二岁

春,汪由敦殁。由汪宅移至宣武坊椿树胡同。迎母丁氏及妻刘氏入京。秋,扈从木兰。

九月末归,刘氏已殁。本年,为同事所忌,蜚语中伤,乃出军机,仍直内阁。本年,经蒋士铨绍介,与文士张埙(号瘦铜)相识,结为友。

乾隆二十四年(1759)己卯　三十三岁

在内阁。继娶大学士程景伊之甥女高氏。与翁方纲为邻,日夕过从谈艺。

乾隆二十五年(1760)庚辰　三十四岁

春,会试报罢。又入直军机。秋,扈从木兰,与王鸣盛相识于围场。

乾隆二十六年(1761)辛巳　三十五岁

是年,恩科会试中式,主考官以第一进呈。乾隆帝以江浙多状元为由,将第三名陕西人王杰擢为第一,瓯北以一甲第三名及第。入为翰林院编修,寻充方略馆纂修官,修《平定准噶尔方略》等。

与李调元同居椿树三条胡同,门仅斜对,过不数武,日与唱酬往返。瓯北每有作,甫脱稿即传播人口。

乾隆二十七年(1762)壬午　三十六岁

在翰林。是年,京察列一等,引见,御笔记名。会考各省主试官,取一等第九名。秋,钦点分校顺天乡试。

乾隆二十八年(1763)癸未　三十七岁

春,钦点会试同考官,与翁方纲同校艺礼闱。夜,与诸桐屿联句至百韵,才气横溢。本次会试,瓯北得士费淳、董潮、祝德麟等十一人。是年散馆,考列一等第二名。

乾隆二十九年(1764)甲申　三十八岁

在翰林,奉掌院派撰文。秋,改纂修《通鉴辑览》。本年,蒋士铨辞官,买舟南下,王文治(号凤楼)出守临安,瓯北均曾为之送行。是年前后,与方汝谦(字牧园)、程晋芳(字鱼门)、钱载(号萚石)、陆锡熊(号耳山)、翁方纲(号覃溪)、吴璜(号鉴南)、曹仁虎(字来殷)、钱大昕(号竹汀居士)、王昶(号述庵)、赵文哲(号璞函)、吴省钦(号白华)、张舟(字廉船)、钱维城(号茶山)等人有交往。

乾隆三十年(1765)乙酉　三十九岁

在翰林。秋,钦点顺天武乡试主考官。

乾隆三十一年(1766)丙戌　四十岁

春,钦点会试同考官,得士蒋兆奎、沈世炜等十一人。冬十一月,乾隆帝于养心殿召见,许以"颇能事",特授广西镇安知府。十二月十九日,挈家出都。

乾隆三十二年(1767)丁亥　四十一岁

正月初抵家。奉母游苏、杭后,即启程。五月初抵桂林,谒巡抚宋邦绥等。七月初,达镇安,多方了解风俗民情,调查自然资源。是冬,巡边,深山穷谷无不亲历。

乾隆三十三年(1768)戊子　四十二岁

缘农付奉案与总督李侍尧反复辩论,触其怒,几被劾。值中、缅战事起,有旨令瓯北赴滇参军事,始得免。于五月九日启程赴滇城,又抵永昌,将军兼总督阿里衮召入幕,巡抚明德又命兼办军需局事。后阿桂亦来滇,与阿里衮同驻一营。瓯北兼直二将军之间。守营、护印,缓急应援,皆得便宜行事。

乾隆三十四年(1769)己丑 四十三岁

春,刑部郎中王昶、内阁中书赵文哲受两淮盐运使卢见曾案牵累被罢官,来军前效力,与瓯北相会。未久,瓯北随阿里衮、阿桂等移驻腾越。

四月初,大学士傅恒来滇经略军事。瓯北入直幕中,多所建言。

五月,朝廷令来滇从军之邻省官员各归本任。

六月三十日,瓯北归镇安,破除官吏姜某、金某借发田照以敛钱之阴谋,革除镇安以大筐收稻谷坑害乡民之旧规,又设法为百姓消除虎患。其间,常走访于乡野,每出行,父老妇稚,夹道膜拜,深得百姓拥戴。

乾隆三十五年(1770)庚寅 四十四岁

三月,以事赴省,途次得旨调守广州。广州乃重镇。此前,总督李侍尧曾派员暗示,若当面恳请,可往任。瓯北拒受私恩,使侍尧不快,欲改派他人,因朝廷降旨,只得作罢。瓯北守广州,勤于政务,常外出劝农,亦巡视市场商铺,并往口岸,登西洋舰与外商接触,告诫其按两国条约规定合法经商。且日必坐堂讯狱,以八案为率。在处治海盗时,免死从犯多人。

乾隆三十六年(1771)辛卯 四十五岁

四月,奉旨升贵州分巡贵西兵备道。七月,交代广州任内事毕,出游罗浮。临行,广东学使翁方纲等为之赋诗赠别。

十月抵贵阳。又赴衙署所在地贵西威宁,办集夫马,并料理军队过境之事。

与学使孙士毅、按察使韦谦恒等交往。

乾隆三十七年(1772)壬辰　四十六岁

在兵备道任,时常出行访察,曾对强占民田之土司头目予以惩戒。

接管威宁、水程二铅厂,剔除剋扣短发厂丁工价、马户运费诸弊。

十月,以广州谳狱旧案,部议降一级调用。瓯北以养亲为名,辞官归里。除夕,抵朗州。

乾隆三十八年(1773)癸巳　四十七岁

二月二十日抵里。念母年迈,乃遣人赴部具呈,乞暂留养。《陔余丛考》诸书,本年起始着手编撰。

乾隆四十年(1775)乙未　四十九岁

正月,费淳来访。

本年,与黄月山、顾光旭、蒋龙昌等人交往。

乾隆四十二年(1777)丁酉　五十一岁

六月,母丁夫人卒,在家守制。

乾隆四十四年(1779)己亥　五十三岁

三月,游杭州,与袁枚、王文治、孙嘉乐、沈世炜、陈淮、钱维乔、吕星垣等相聚于西湖之滨。

九月服阕。暂厝母柩于马迹山之新茔。

受汪由敦子承霈之托,编校由敦文集。刊刻既就,又着手编订《瓯北集》,成二十四卷。

祝德麟《瓯北集序》称:"房师赵云菘先生刻向者所为诗二十四卷成,名曰《瓯北集》,于己亥春邮示。"己亥,即乾隆四十四年。据此,姑系于是年。

秋,袁枚来阳湖访瓯北,与王昶、钱伯坰、蒋和宁、赵缄斋聚酒联吟。

乾隆四十五年(1780)庚子　五十四岁

二月,值乾隆帝南巡,遂渡河迎驾于宿迁顺河集,乃掌教淮阳书院。

四月末,辞讲席还乡。

五月间,往苏州,与丁母忧离任居此的毕沅相会。在戏剧家夏秉衡处观《窦娥冤·法场》之演出。

八月,外舅程景伊病卒。

乾隆四十六年(1781)辛丑　五十五岁

初春,再游杭州,拜会以事来此的朝廷重臣阿桂、王杰。

四月初一,于马迹山安葬父母。

五月,起文赴部,行至台庄,两臂忽患风痹,乃返舟归里。

乾隆四十七年(1782)壬寅　五十六岁

春初,门生江淑斋出守福宁,便道来常,拜访瓯北。

秋,阿桂赴浙治陈辉祖盗赃案,经常州,召瓯北面晤。

是年,与蒋熊昌(字澄川,号立庵)、蒋麟昌(号南庄)、庄映(号学海)、庄勇成(字勉余)、庄绳祖(字蕢英)、崔龙见(号曼亭)、蒋和宁(号蓉龛)、赵怀玉诸人交往。

乾隆四十八年(1783)癸卯　五十七岁

春,或缘大学士阿桂等荐,往真州乐仪书院任教。五月,辞教职回乡。

夏,移居常州城内顾塘桥附近(今延陵西路)。

乾隆四十九年(1784)甲辰　五十八岁

春初,同年陆锡熊以事来江南,赴常州拜访瓯北。三月初,值乾隆帝南巡,瓯北迎驾于扬州。两淮鹾使戴全德请主扬州安定书院讲席。此后,频繁与谢溶生(字未堂)、秦赞(号西岩)、张坦(字松坪)、吴以镇(涵斋)、沈业富(号既堂)、蒋宗海(号春农)、唐思(字再可)、李保泰(字啬生)、金兆燕(号棕亭)、范起凤(瘦生)、吴珏(并山)、吴绍灿(字澄埜)、吴绍浣(字杜村)诸人交游,极友朋之乐。

乾隆五十年(1785)乙巳　五十九岁

是年大旱,运河日涸,附近州郡米价日贵。瓯北因建议常州守夏某取消平粜令,吸引外地粮船入常,以解当地饥荒,使米价骤增。百姓不解,相聚数百人至瓯北宅抢米。官府欲置重辟,瓯北转语地方官,薄惩之。

此年,《瓯北集》又编定,凡二十七卷,有袁枚、王鸣盛、吴省钦、翁方纲、祝德麟分别为之作序。

乾隆五十一年(1786)丙午　六十岁

四月,阿桂奉命来淮勘清口堤工,约瓯北前往会晤。瓯北得与程沆、戴全德(即全德)聚首。归扬州,应总商江春之请,与管幹贞(号松崖)、金兆燕、张坦、蒋宗海、谢溶生等人游康山。

秋,袁枚游武夷归,经常州访瓯北于草堂。二人互推重,意气相投。

冬,辞安定书院讲席。十一月,台湾林爽文起义爆发。

乾隆五十二年(1787)丁未　六十一岁

正月,湖广总督李侍尧调任闽浙总督,负责筹措赴台官兵粮饷,经常州,邀瓯北入幕。

二月十七日,抵泉州,军幕时有建言。

乾隆五十三年(1788)戊申　六十二岁

春正月,林爽文起义被清兵镇压。

二月,以军事已毕,谢绝李侍尧之举荐,欲辞归。三月十一日启程,踵袁枚之迹,游武夷诸名胜。至杭,与平圣台、孙嘉乐会晤。至苏,访王鸣盛。端午节,抵家。未久,又应蕯使全德之请,再主安定书院讲席。编订《瓯北诗钞》,李保泰、张舟用力最勤。《陔余丛考》、《廿二史劄记》等,保泰均参与校订。

本年,松江秀才张凤举,手绘拜袁、揖赵、哭蒋三图。

好友张埙、程沆均殁于是年。

乾隆五十五年(1790)庚戌　六十四岁

春,应王昶、庆桂之约,往高邮会晤。

是年,《瓯北集》又付梓,钱大昕作序。

《陔余丛考》盖成书于本年,后又不时增补。

乾隆五十六年(1791)辛亥　六十五岁

正月,往扬州,为秦黉祝寿。继而,返回江宁,游袁氏随园。又拜访两江总督孙士毅。

初夏,出游庐山。

乾隆五十七年(1792)壬子　六十六岁

正月,辞官后居松江的门生祝德麟,专程来看望瓯北。

八月,送儿辈赴考至江宁,访袁枚。

冬,辞安定书院讲席。

乾隆五十八年(1793)癸丑　六十七岁

正月,兵部尚书庆桂赴浙治两淮盐运使柴桢私挪课银弥补浙江盐道库藏案,道经常州,瓯北等前往会晤。

四月,应约去虞山访老友邵齐熊。又游杭,谒移官至此的醝使兼织造全德。

秋,往镇江焦山探胜,访方外友巨超、练塘。

乾隆六十年(1795)乙卯　六十九岁

五月,费淳任江苏巡抚,常来拜会瓯北。瓯北仅详叙通省利弊,余不置一词。

嘉庆元年(1796)丙辰　七十岁

瓯北诞辰,大江南北诸名士,无不以诗为寿,凡二百余首。

冬杪,《廿二史劄记》告成。

嘉庆二年(1797)丁巳　七十一岁

三月,往苏州,与蒋业晋、范蔚林、蒋莘等聚饮于拙政园。倡议建怀杜阁于虎丘,以纪念杜甫,与仰苏楼、白公祠并立,称"三贤祠"。中秋前夕,怀杜阁落成。《瓯北年谱》将此事系于嘉庆三年戊午,与《瓯北集》不符。《瓯北集》卷三九所收诗均为丁巳(即嘉庆二年,1797)所作,叙及怀杜阁者凡六见,记述了从倡议至落成之全过程,故系于本年。

十一月十七日,袁枚病故。十二月,王鸣盛殁。

嘉庆四年(1799)己未　七十三岁

正月初三,乾隆帝驾崩。正月十八日,嘉庆帝颙琰宣布和珅罪状,处治和珅。

是年,《廿二史劄记》刻成。

时,费淳擢任两江总督,蒋兆奎擢任漕运总督。二人皆为瓯北门生,且同在江南供职。瓯北仅告以地方利弊,未尝干以私,曾称:"门前两督增光处,不在官高在品高。"

嘉庆五年(1800)庚申　七十四岁

夏,编成《陆放翁年谱》。

是岁,洪亮吉遇赦,于九月初七日归里,与瓯北同住一街。二人时相过从。

嘉庆六年(1801)辛酉　七十五岁

春仲,游茅山。归与同乡刘烜、刘种之、庄通敏、洪亮吉、蒋熊昌、赵绳男等为看花之会。

七月中,往江宁,与孙星衍、汪为霖同游牛首。

是岁,作唐宋以来《十家诗话》(后称《瓯北诗话》),共十卷。

嘉庆七年(1802)壬戌　七十六岁

夏,呼匠刷印所著《陔余丛考》(四十三卷)、《廿二史劄记》(三十六卷)、《瓯北集》(四十四卷)、唐宋以来《十家诗话》(十卷)、《皇朝武功纪盛》(四卷)、《杂记》(四卷),凡一百四十余卷。

冬,前此曾接李调元所寄《雨村诗话》,瓯北以《陔余丛考》、《廿二史劄记》寄赠。

嘉庆八年(1803)癸亥　七十七岁

春,偕王昙、蒋莘游太湖洞庭东、西两山。

归,又游镇江焦山,去扬州。

秋,费淳内召为大司马,瓯北赴清江浦叙别。

嘉庆九年(1804)甲子　七十八岁

夏,大雨成灾,米价腾升。六月初,吴郡爆发乡民入城抢米风潮。

瓯北贱价售米,以救饥民。百姓抢购,以致抢米。瓯北理解其苦衷。

八月,去江阴杨舍小住。

嘉庆十一年(1806)丙寅　八十岁

值寿诞,大江南北诸名流无不寄诗文祝贺,儿辈请戏班演剧三日,为之暖寿。瓯北却督促僮仆腌白菜以御冬。

嘉庆十二年(1807)丁卯　八十一岁

冬大饥,瓯北首捐银千两,以为输捐者倡。并联合当地士绅,设局劝赈,救助百姓。

嘉庆十三年(1808)戊辰　八十二岁

正月十九日,妻高氏病殁。

五月,往江阴杨舍寓所小住,以遣闷。

九月初,由杨舍归,料理析产事。凡早年有德于己者,皆又有所馈赠。

嘉庆十四年(1809)己巳　八十三岁

因目半明半昧、耳半聪半聋、喉音半响半哑,而以三半老人自号。

嘉庆十五年(1810)庚午　八十四岁

秋,往江宁重赴鹿鸣宴,与新科举人叙后先同年,并被赏三品顶戴。姚鼐亦来重赴鹿鸣。

嘉庆十八年(1813)癸酉　八十七岁

二月,又赴苏州,寓东山浜孙子祠,至虎丘探梅。与范来宗(号芝岩)、潘奕隽(号榕皋)、张问陶(号船山)诸著名文士作诗酒会。船山因绘《虎阜雅集图》,以记其盛。

冬十月,过太湖,登马迹山,谒母墓。

嘉庆十九年(1814)甲戌　八十八岁

二月,染脾泻之疾。

四月十七日傍晚,病逝。

主要参考文献

（按书名音序排列）

B

《白居易集》，白居易撰，中华书局，1979年。
《白苏斋类集》，袁宗道撰，明刻本。
《百子全书》，浙江古籍出版社，1998年。
《抱经堂文集》，卢文弨撰，中华书局，1985年。
《碑传集》，钱仪吉纂，中华书局，1993年。
《不下带编》，金埴撰，中华书局，1982年。

C

《沧浪诗话》，严羽撰，人民文学出版社，1983年。
《藏书》，李贽撰，中华书局，1974年。
《长生殿》，洪昇撰，人民文学出版社，1958年。
《诚斋集》，杨万里撰，《景印文渊阁四库全书》本。
《诚斋诗集》，杨万里撰，嘉庆间吴江徐达源校刻本。
《初学记》，徐坚等撰，中华书局，1962年。
《春秋繁露义证》，苏舆撰，中华书局，1992年。
《词话丛编》，唐圭璋编，中华书局，1986年。
《从圣贤人格到全面发展——中国理想人格探讨》，朱义禄撰，陕西人民出版社，1992年。

D

《大戴礼记解诂》,王聘珍撰,中华书局,1983年。
《大唐新语》,刘肃撰,中华书局,1984年。
《大众文艺:百名专家千场讲座精选》,江苏省委宣传部编,江苏凤凰文艺出版社,2016年。
《戴名世集》,戴名世撰,王树民编校,中华书局,1986年。
《当代学术研究思辨》,周勋初撰,南京大学出版社,1993年。
《雕菰集》,焦循撰,清道光岭南节署刻本。
《东华录》,蒋良骐撰,中华书局,1980年。
《东华录》,王先谦撰,清光绪十年长沙王氏刻本。
《东华续录(乾隆朝)》,王先谦撰,清光绪十年长沙王氏刻本。
《东京梦华录笺注》,孟元老撰,伊永文笺注,中华书局,2006年。
《读通鉴论》,王夫之撰,中华书局,1975年。
《杜诗镜诠》,杜甫撰,杨伦笺注,上海古籍出版社,1980年。
《杜诗详注》,杜甫撰,仇兆鳌注,中华书局,1979年。

E

《二程遗书 二程外书》,程颢、程颐撰,上海古籍出版社,1992年。
《二十五史》,上海古籍出版社、上海书店,1986年。
《经史说略:二十五史说略、十三经说略》,刘起釪、王钟翰等撰,北京燕山出版社,2003年。

F

《焚书·续焚书》,李贽撰,岳麓书社,1990年。
《佛教哲学》,方立天撰,中国人民大学出版社,1986年。
《复初斋文集》,翁方纲撰,清李彦章校刻本。

G

《陔余丛考》,赵翼撰,河北人民出版社,1990年。

《龚定庵全集类编》,龚自珍撰,夏田蓝编,中国书店,1991年。

《古代小说与传统伦理》,赵兴勤撰,山西人民出版社,2005年。

《古典戏曲存目汇考》,庄一拂编撰,上海古籍出版社,1982年。

《观堂集林》,王国维撰,河北教育出版社,2003年。

《管锥编》,钱钟书撰,中华书局,1986年。

《(光绪)丹徒县志》,何绍章修,清光绪五年刊本。

《国朝宫史》,鄂尔泰、张廷玉等编纂,北京古籍出版社,1994年。

《国朝宫史续编》,庆桂等编纂,北京古籍出版社,1994年。

《国朝汉学师承记　国朝经师经义目录　国朝宋学渊源记》,江藩撰,中华书局,1983年。

《国朝名家诗钞小传》,郑方坤撰,李登云校刻本。

《国朝诗别裁集》,沈德潜编,中华书局,1975年。

《国朝先正事略》,李元度撰,岳麓书社,2008年。

H

《韩昌黎全集》,韩愈撰,中国书店,1991年。

《汉口丛谈校释》,范锴撰,江浦等校释,湖北人民出版社,1999年。

《洪亮吉集》,洪亮吉撰,中华书局,2001年。

《后村集》,刘克庄撰,四部丛刊景旧钞本。

《淮南鸿烈集解》,刘文典撰,安徽大学出版社、云南大学出版社,1998年。

《皇朝武功纪盛》,赵翼撰,清嘉庆湛贻堂刊《瓯北全集》本。

《黄宗羲全集》,黄宗羲撰,吴光主编,浙江古籍出版社,2005年。

《晦庵集》,朱熹撰,四部丛刊景明嘉靖本。

J

《击壤集》,邵雍撰,四部丛刊景明成化本。

《嘉定钱大昕全集》,钱大昕撰,陈文和主编,江苏古籍出版社,1997年。

《简明清史》,戴逸主编,人民出版社,1984年。

《江苏艺文志·常州卷》，南京师范大学古文献整理研究所编撰，江苏人民出版社，1994年。

《江苏艺文志·扬州卷》，南京师范大学古文献整理研究所编撰，江苏人民出版社，1995年。

《江盈科集》，江盈科撰，岳麓书社，1997年。

《姜斋诗话笺注》，王夫之撰，戴鸿森笺注，人民文学出版社，1981年。

《焦氏澹园集》，焦竑撰，明万历三十四年刻本。

《焦循诗文集》，焦循撰，广陵书社，2009年。

《经学通论》，皮锡瑞撰，中华书局，1954年。

《静志居诗话》，朱彝尊撰，人民文学出版社，1990年。

K

《康雍乾时期城乡人民反抗斗争资料》，中国人民大学清史研究所、中国人民大学档案系中国政治制度史教研室编，中华书局，1979年。

《空同集》，李梦阳撰，清文渊阁四库全书补配清文津阁四库全书本。

L

《冷庐杂识》，陆以湉撰，清咸丰六年刻本。

《李大钊诗文选集》，李大钊撰，人民文学出版社，1981年。

《李东阳集》，李东阳撰，岳麓书社，1984年。

《李东阳续集》，李东阳撰，岳麓书社，1997年。

《李太白全集》，李白撰，王琦注，中华书局，1977年。

《理学文化与文学思潮》，韩经太撰，中华书局，1997年。

《历代笔记概述》，刘叶秋撰，中华书局，1980年。

《历代纪事本末》，中华书局，1997年。

《历代诗话》，何文焕辑，中华书局，1981年。

《历代诗话续编》，丁福保辑，中华书局，1983年。

《历代小说笔记选》，江畬经编，上海书店，1983年。

《梁启超论清学史二种》,梁启超撰,朱维铮校注,复旦大学出版社,1985年。

《两般秋雨庵随笔》,梁绍壬撰,上海古籍出版社,1982年。

《聊斋志异》,蒲松龄撰,上海古籍出版社,1978年。

《列朝诗集小传》,钱谦益撰,上海古籍出版社,1959年。

《列子》,张湛辑注,上海古籍出版社,1986年。

《刘蕺山哲学研究》,东方朔撰,上海人民出版社,1997年。

《龙川集》,陈亮撰,清宗廷辅校刻本。

《卢前曲学四种》,卢前撰,中华书局,2006年。

《鲁迅全集》,鲁迅撰,人民文学出版社,1981年。

《陆放翁全集》,陆游撰,中国书店,1986年。

M

《马克思恩格斯选集》,〔德〕马克思、恩格斯撰,人民出版社,1972年。

《美学三书》,李泽厚撰,天津社会科学院出版社,2003年。

《梦粱录》,吴自牧撰,三秦出版社,2004年。

《梦楼诗集》,王文治撰,乾隆刻本。

《勉行堂文集》,程晋芳撰,清嘉庆二十五年冀兰泰吴鸣捷刻本。

《明代歌曲选》,路工编,古典文学出版社,1956年。

《明清启蒙学术流变》,萧萐父、许苏民撰,辽宁教育出版社,1995年。

《明清清言小品》,程不识编注,湖北辞书出版社,1993年。

《明儒学案》,黄宗羲撰,中华书局,1985年。

《明诗纪事》,陈田辑撰,上海古籍出版社,1993年。

《明史》,张廷玉等撰,中华书局,1974年。

《牡丹亭研究资料考释》,徐扶明编撰,上海古籍出版社,1987年。

N

《南村辍耕录》,陶宗仪撰,辽宁教育出版社,1998年。

《南巡秘纪》,许指严撰,上海书店出版社,1997年。
《廿二史劄记校证(订补本)》,赵翼撰,王树民校证,中华书局,1984年。

O

《欧阳修全集》,欧阳修撰,中国书店,1986年。
《瓯北集》,赵翼撰,上海古籍出版社,1997年。
《瓯北全集》,赵翼撰,清嘉庆湛贻堂刊本。

P

《瓶水斋诗集》,舒位撰,《畿辅丛书》本。

Q

《钱钟书〈谈艺录〉读本》,周振甫、冀勤编撰,上海教育出版社,1992年。
《钦定八旗通志》,李洵等校点,吉林文史出版社,2002年。
《清稗类钞》,徐珂编撰,中华书局,1984(第1—5册)、1986年(第6—13册)。
《清朝通典》,乾隆官修,浙江古籍出版社,2000年。
《清朝通志》,乾隆官修,浙江古籍出版社,2000年。
《清朝文献通考》,乾隆官修,浙江古籍出版社,2000年。
《清朝续文献通考》,刘锦藻撰,浙江古籍出版社,2000年。
《清朝野史大观》,河北人民出版社,1997年。
《清代公羊学》,陈其泰撰,东方出版社,1997年。
《清代闺秀诗话丛刊》,王英志主编,凤凰出版社,2010年。
《清代名人手札》,吴长瑛编,台北文海出版社,1967年。
《清代散见戏曲史料汇编(笔记卷・初编)》,赵兴勤、蒋宸编,台湾花木兰文化出版社,2017年。
《清代散见戏曲史料汇编(方志卷・初编)》,赵兴勤、赵韡编,台湾花木兰文化出版社,2016年。

《清代文学批评史》,邬国平、王镇远撰,上海古籍出版社,1995年。
《清代学术思想的变迁与文学》,马积高撰,湖南人民出版社,2002年。
《清代学者象传》,叶衍兰、叶恭绰编,上海书店出版社,2001年。
《清代扬州学记》,张舜徽撰,上海人民出版社,1962年。
《清代轶闻》,裘毓麐撰,江苏广陵古籍刻印社,1993年。
《清鉴纲目》,印鸾章著,岳麓书社,1987年。
《清人笔记条辨》,张舜徽撰,华中师范大学出版社,2004年。
《清人别集总目》,李灵年、杨忠主编,安徽教育出版社,2000年。
《清儒学案》,徐世昌等编纂,中华书局,2008年。
《清儒学术拾零》,陈祖武撰,湖南人民出版社,2002年。
《清诗话》,王夫之等撰,上海古籍出版社,1963年、1982年。
《清诗话续编》,郭绍虞编选,上海古籍出版社,1983年。
《清诗纪事》,钱仲联主编,江苏古籍出版社,1987(第1—7册)、1989年(第8—22册)。
《清通鉴》,戴逸、李文海主编,山西人民出版社,1999年。
《清文汇》,沈粹芬等辑,北京出版社,1996年。
《全辽金文》,阎凤梧主编,山西古籍出版社,2002年。
《全上古三代秦汉三国六朝文》,陈延嘉、王同策、左振坤校点主编,河北教育出版社,1997年。
《全唐诗》,上海古籍出版社,1986年。
《全元戏曲》,王季思主编,人民文学出版社,1990年。
《全祖望集汇校集注》,全祖望撰,朱铸禹汇校集注,上海古籍出版社,2000年。

R

《人海记》,查慎行撰,北京古籍出版社,1981年。
《人谱类记》,刘宗周撰,《景印文渊阁四库全书》本。
《人物风俗制度丛谈》,铢庵撰,上海书店,1988年。
《日知录集释》,顾炎武撰,黄汝成集释,岳麓书社,1994年。

《儒学精华》,张立文主编,北京出版社,1996年。

S

《三国演义》,罗贯中撰,内蒙古人民出版社,1981年。
《三鱼堂集》,陆陇其撰,清康熙刻本。
《圣武纪》,魏源撰,岳麓书社,2011年。
《诗集传》,朱熹集注,上海古籍出版社,1958年。
《十朝诗乘》,龙顾山人纂,福建人民出版社,2000年。
《十七史商榷》,王鸣盛撰,上海书店出版社,2005年。
《十三经注疏》,中华书局,1980年。
《石屏诗集》,戴复古撰,四部丛刊续编景明弘治刻本。
《石渠余纪》,王庆云撰,北京古籍出版社,1985年。
《史部要籍解题》,王树民撰,中华书局,1991年。
《史通通释》,刘知几撰,浦起龙释,上海古籍出版社,1978年。
《史学方法》,王尔敏撰,台湾东华书局,1977年。
《史学讲话》,张致远撰,台湾中华文化出版事业社,1952年。
《士与中国文化》,余英时撰,上海人民出版社,1987年。
《双桥随笔》,周召撰,《景印文渊阁四库全书》本。
《水曹清暇录》,汪启淑撰,北京古籍出版社,1998年。
《舜水先生文集》,朱之瑜撰,日本正德二年刻本。
《四库全书总目》,永瑢等撰,中华书局,1965年。
《四书章句集注》,朱熹集注,中华书局,1983年。
《四书正误》,颜元撰,《颜李丛书》本。
《松阳讲义》,陆陇其撰,《景印文渊阁四库全书》本。
《宋明理学史》,侯外庐等主编,人民出版社,1984年。
《宋人轶事汇编》,丁传靖编,中华书局,1981年。
《宋文宪公全集》,宋濂撰,严荣校刻本。
《苏东坡全集》,苏轼撰,中国书店,1986年。
《粟香随笔》,金武祥撰,清光绪刻本。
《随园诗话》,袁枚撰,人民文学出版社,1982年。

T

《苕溪渔隐丛话》，胡仔纂集，人民文学出版社，1962年。
《太平御览》，李昉等撰，中华书局，1960年。
《谈迁诗文集》，谈迁撰，辽宁教育出版社，1998年。
《唐文粹》，姚铉编，四部丛刊景元翻宋小字本。
《陶渊明集》，陶渊明撰，中华书局，1979年。
《天台治略》，戴兆桂撰，黄山书社，1997年。
《亭林诗文集》，顾炎武撰，四部丛刊景清康熙本。
《退庵随笔》，梁章钜撰，台北新兴书局有限公司，1987年。

W

《晚晴簃诗汇》，徐世昌编，北京出版社，1996年。
《王荆公年谱考略》，蔡上翔撰，上海人民出版社，1959年。
《王文公文集》，王安石撰，上海人民出版社，1974年。
《王文治诗文集》，王文治撰，人民文学出版社，2014年。
《王阳明全集》，王守仁撰，上海古籍出版社，1992年。
《唯物主义和经验批判主义》，〔俄〕列宁撰，人民出版社，1960年。
《魏叔子文集外篇》，魏禧撰，清宁都三魏全集本。
《文史通义校注》，章学诚撰，叶瑛校注，中华书局，1994年。
《文献通考》，马端临撰，浙江古籍出版社，2000年。
《文心雕龙注释》，刘勰撰，周振甫注释，人民文学出版社，1981年。
《文选》，萧统编，李善注，中华书局，1977年。
《文学理论》，〔美〕雷·韦勒克、奥·沃伦著，刘象愚等译，三联书店，1984年。
《文学论文选》，〔苏〕高尔基撰，孟昌、曹葆华译，人民文学出版社，1958年。
《文章辨体序说》，吴讷撰，人民文学出版社，1982年。
《无异堂文集》，姚文燮撰，民国五石斋钞本。
《吴梅村全集》，吴梅村撰，上海古籍出版社，1990年。

X

《西湖游览志余》,田汝成撰,浙江人民出版社,1980年。
《惜抱轩全集》,姚鼐撰,中国书店,1991年。
《习学记言》,叶适撰,《景印文渊阁四库全书》本。
《习斋四存编》,颜元撰,上海古籍出版社,2000年。
《小仓山房文集》,袁枚撰,乾隆刻本。
《啸亭杂录》,昭梿撰,中华书局,1980年。
《盱江集》,李觏撰,《景印文渊阁四库全书》本。
《徐渭集》,徐渭撰,中华书局,1983年。
《续资治通鉴》,毕沅编撰,上海古籍出版社,1987年。
《学政全书》,素尔讷撰,清乾隆三十九年武英殿刻本。
《逊志堂杂钞》,吴翌凤撰,中华书局,1994年。
《逊志斋集》,方孝孺撰,《四部丛刊》本。

Y

《檐曝杂记》,赵翼撰,中华书局,1982年。
《扬州画舫录》,李斗撰,中华书局,1960年。
《扬州学派年谱合刊》,郑晓霞、吴平标点,广陵书社,2008年。
《阳明传习录》,王守仁撰,上海古籍出版社,1992年。
《姚从吾先生全集》,姚从吾撰,台湾正中书局,1972年。
《伊川易传》,程颐撰,《景印文渊阁四库全书》本。
《蛾术编》,王鸣盛撰,顾美华整理标校,上海书店出版社,2012年。
《艺术哲学》,〔法〕丹纳撰,傅雷译,安徽文艺出版社,1991年。
《艺文类聚》,欧阳询撰,上海古籍出版社,1982年。
《音调未定的传统》,朱维铮撰,辽宁教育出版社,1995年。
《永乐大典方志辑佚》,中华书局,2004年。
《雨村诗话校正》,李调元撰,詹杭伦、沈时蓉校正,巴蜀书社,2006年。
《域外汉籍研究集刊(第二辑)》,张伯伟主编,中华书局,2006年。

《御批历代通鉴辑览》,吉林人民出版社影印武英殿精刻朱墨套印本,1997年。

《御选历代诗余》,浙江古籍出版社,1998年。

《元好问全集》,元好问撰,姚奠中主编,山西人民出版社,1990年。

《元明清三代禁毁小说戏曲史料(增订本)》,王利器辑录,上海古籍出版社,1981年。

《元遗山诗集笺注》,元好问撰,施国祁笺注,人民文学出版社,1958年。

《原始思维》,〔法〕列维-布留尔撰,丁由译,商务印书馆,1981年。

《袁枚全集》,袁枚撰,王英志主编,江苏古籍出版社,1993年。

《袁中郎全集》,袁宏道撰,明崇祯刊本。

Z

《增注经学历史》,皮锡瑞撰,台湾艺文印书馆,2000年。

《查慎行选集》,查慎行撰,上海古籍出版社,1998年。

《张舜徽学术论著选》,张舜徽撰,张君和选编,华中师范大学出版社,1997年。

《章太炎学术论著》,章太炎撰,刘凌、孔繁荣编校,浙江人民出版社,1998年。

《昭昧詹言》,方东树撰,人民文学出版社,1961年。

《赵翼传》,杜维运撰,台湾时报文化出版事业有限公司,1983年。

《赵翼年谱长编》,赵兴勤撰,台湾花木兰文化出版社,2013年。

《赵翼评传》,赵兴勤撰,江苏人民出版社,2008年。

《赵翼评传》,赵兴勤撰,南京大学出版社,2002年。

《赵翼评传》,赵兴勤撰,南京大学出版社,2011年。

《赵翼全集》,赵翼撰,曹光甫校点,凤凰出版社,2009年。

《赵翼诗编年全集》,华夫主编,天津古籍出版社,1996年。

《赵翼研究资料汇编》,赵兴勤、蒋宸、赵韡编,台湾花木兰文化出版社,2013年。

《哲学走向荒野》,〔美〕霍尔姆斯·罗尔斯顿Ⅲ撰,刘耳、叶平译,吉林人民出版社,2000年。

《贞观政要》,吴兢编撰,岳麓书社,1996年。

《正续古文辞类纂》,姚鼐、王先谦选编,浙江古籍出版社,1998年。

《郑板桥全集(增补本)》,郑燮撰,卞孝萱、卞岐编,凤凰出版社,2012年。

《中国佛教简史》,郭朋撰,福建人民出版社,1990年。

《中国古典戏曲论著集成》,中国戏曲研究院编,中国戏剧出版社,1959年。

《中国古典戏曲小说考论》,赵兴勤撰,吉林教育出版社,2004年。

《中国古典戏曲序跋汇编》,蔡毅编著,齐鲁书社,1989年。

《中国近代史资料丛刊·洋务运动(二)》,中国史学会主编,上海人民出版社,1961年。

《中国历代画论采英》,杨大年编撰,河南美术出版社,1984年。

《中国历代著名文学家评传》,山东教育出版社,1989年。

《中国历史研究法》,梁启超撰,华东师范大学出版社,1995年。

《中国历史研究法补编》,梁启超撰,中华书局,2010年。

《中国史纲要》,翦伯赞撰,人民出版社,1963年。

《中国史学发展史》,尹达主编,中州古籍出版社,1985年。

《中国史学名著评介》,仓修良主编,山东教育出版社,1990年。

《中国史学史》,白寿彝主编,上海人民出版社,2006年。

《中国史学史》,金毓黻撰,河北教育出版社,2003年。

《中国史学史》,李宗侗撰,台湾华冈出版有限公司,1979年。

《中国文化史》,柳诒徵撰,中国大百科全书出版社,1988年。

《中国文献学概要》,郑鹤声、郑鹤春撰,上海书店,1983年。

《中国文学理论史》,黄保真等撰,北京出版社,1987年。

《中国文学批评史》,郭绍虞撰,上海古籍出版社,1979年。

《中国文学史》,游国恩等主编,人民文学出版社,1979年。

《中国文学史》,中国社科院文学研究所编,人民文学出版社,1979年。

《中国戏台乐楼楹联精选》,解维汉编选,陕西人民出版社,

2008年。

《中国现代学术经典·钱宾四卷》,钱穆撰,郭齐勇、汪学群编校,河北教育出版社,1999年。

《中国艺术精神》,徐复观撰,春风文艺出版社,1987年。

《中国早期戏曲生成史论》,赵兴勤撰,北京大学出版社,2015年。

《中国哲学史》,任继愈主编,人民出版社,1966年。

《中国哲学史》,肖萐父、李锦全主编,人民出版社,1983年。

《中华帝王》,王为国主编,经济日报出版社,1997年。

《忠雅堂集校笺》,蒋士铨撰,邵海清校,李梦生笺,上海古籍出版社,1993年。

《朱文公文集》,朱熹撰,《四部备要》本。

《朱子近思录》,朱熹、吕祖谦撰,上海古籍出版社,2000年。

《朱子语类》,朱熹撰,岳麓书社,1997年。

《朱子语类评》,颜元撰,《颜李丛书》本。

《竹叶亭杂记》,姚元之撰,中华书局,1982年。

《庄子补正》,刘文典撰,安徽大学出版社、云南大学出版社,1999年。

《资治通鉴》,司马光撰,中州古籍出版社,1994年。

《子史精华》,张廷玉等编,北京古籍出版社,1996年。

《自我论:个人与个人自我意识》,〔苏〕伊·谢·科恩撰,佟景韩等译,三联书店,1986年。

《宗教学通论新编》,吕大吉撰,中国社会科学出版社,1998年。

《走出理学——清代思想发展的内在理路》,姜广辉撰,辽宁教育出版社,1997年。

《〈左传〉与传统小说论集》,〔美〕王靖宇撰,北京大学出版社,1989年。

《〈左传〉之文学价值》,张高评撰,台湾文史哲出版社,1982年。

后　记

　　本人所撰写的《赵翼》，作为"江苏文脉整理与研究工程"（《江苏文库·研究编》）之一种，即将出版。值此之际，心潮难平，许多值得回味的往事一一浮现在眼前，有必要将二三十年来由走近赵翼、熟悉赵翼到解读赵翼、研究赵翼的经过，作一大致的回顾。说起来，我对清代著名学人赵翼的多层面研究，大致可分三个时段：

　　第一个时段，起始于1995年春季。记得1994年秋季的一个下午，我有事去市内，归途中，至云龙山北麓的乾隆行宫门口，与历史系教授余明侠老师邂逅，遂问候先生，并站在路旁攀谈起来。先生问我所忙者何？我将拙著《明清小说论稿》即将出版、《中国古代戏曲总目提要·明传奇卷》正在紧张编撰之事相告。言谈话语间，先生有委托我承担南京大学中国思想家研究中心所下达的《赵翼评传》的撰写任务之意。赵翼是"乾隆三大家"、"清代史学三大家"之一，文史兼擅，在史学、诗歌创作、诗歌批评理论、哲学、考据学、文化史等方面均有建树。而在当时，《瓯北集》尚无排印本问世，较为常见的仅《廿二史劄记》、《陔余丛考》、《瓯北诗话》、《檐曝杂记》数种而已。而且，文学史教材是以很少的文字介绍其成就，见诸报刊之研究文章不多，且大都偏重于史学。我深知此项研究的艰难，未敢应承，也不敢轻言拒绝而拂先生好意，只是不置可否地淡淡一笑以作回应。又过月余，见先生未再提及此事，未免心中暗自庆幸，觉得总算躲过了这一道难关。不料，到了次年春日，南京大学中国思想家研究中心突然派专家来洽谈此事，担心之事终究成为现实，令我有些措手不及。然而，对于应承此项工作，自是颇犯踌躇，作为一名中文系出身的中青年学者,若要涉足史学、哲学、经学的研究,压力之大可想而知。

摆在我面前的,首先是资料的搜寻、文本的解读。幸而有一位青年学者,乃是我当年教过的本科学生,由他鼎力相助,才从其熟悉的图书馆中将清代湛贻堂刊本《瓯北全集》设法帮我借了出来。因担心古籍受损,我只能逐页抄录。几年下来,仅访求、抄录的资料就重达数十斤。以此为基础,才开始进入写作阶段。中间又经历了两次搬家,由于房屋装修,书籍打包,导致无法正常开展工作,耽误了不少时间。一直到1998年8月,始拟出五十来万字的初稿,送交南京大学中国思想家研究中心,请有关专家审阅。然后,根据反馈意见,大加删削,凡三易其稿,直至2002年5月,《赵翼评传》才由南京大学出版社出版,且得到学界的广泛关注。余明侠先生看到此书出版,特赋诗一首以祝贺。① 而今,96岁高龄的余老师,已于今年1月24日驾鹤西去。他于弥留之际,仍系念着未竟的学术事业,再一次凸显了老一辈学人对学术的敬畏以及对国家教育事业的忠诚,着实令人感佩! 著名史学家茅家琦先生,不止一次在公开场合对本作予以肯定。南京大学蒋广学教授,在其《中国学术思想史散论》一书中评价拙著:"能循瓯北诗政史交合之路,别开洞天,终捉赵翼情义贯注于考据、励志,掘发出性灵之奥妙。人皆知与王、钱同类又别于王、钱,与袁枚同道,但又以'其人其笔两风流,红粉青山伴白头'讥讽后者,读赵君书方知其所以然,故鄙人得益深矣!"②本人从诸位先生的策励中愈发看到自己的不足,在读清代相关文集时,仍不忘搜寻有关赵翼的资料。

第二个时段,则由2006年夏五月起始。此前,常州市炎黄文化研究会与江苏人民出版社,为弘扬地域文化,拟联手出版"常州清代文化研究丛书",特聘请南京大学茅家琦先生任主编,由原副市长洪文鑫同志主其事,市政协文史委陈吉龙主任负责具体事宜。其间,茅家琦先生

---

① 余明侠:《读赵兴勤教授〈赵翼评传〉》,《云湖诗稿》,中国社会科学出版社,2008年,第102页。
② 蒋广学:《"一事无成两鬓霜,聊凭阅史遭年光。敢从棋谱论新局,略仿医经载古方"——读赵兴勤〈赵翼评传〉》,《中国学术思想史散论》,南京大学出版社,2012年,第694页。

多次提议，由我承担《赵翼评传》的撰写工作。为此，陈吉龙先生冒着酷暑，三次亲临徐州，与我商谈。我当时的研究方向尽管已转向中国早期戏曲生成史的研究，且有十数篇相关论文在海峡两岸学术刊物发表，然而，一旦想到前辈学人及当地相关领导对我寄予厚望，还是毅然接受了这一研究任务。这无疑是对自我的一个挑战，然而我相信，只有直面挑战，才会促发创新激情，才能增强前进动力，并进而实现认识上的飞跃。

我深知，学术研究的过程，就是一个审视过往、挑战自我并进而实现自我超越的过程。于是，在当年的8月15日毅然签订了出版合同。为了在原书的基础上有所突破，我大量搜集、研读与赵翼相关的新史料，对新评传的基本框架进行重新设计，且对原稿大加删削，尽可能地丰富、充实了与史学研究相关的内容，纠正并完善了书中的种种不足，增出20余万字的新内容。蒋广学教授在审阅新评传书稿时，也给予充分肯定，称此书与南大版"评传"相比，"结构更加严谨，同时，内容也更为充实"，"对回护法之得失，分析得尤为精到"，"思想主题的提炼较前也更加明晰"，"特别重要的是书稿以赵氏的史学思想为重点，较好地反映了赵翼的学术特色。可以这样说，本书是继前书之后，对赵翼研究成果的新结集，反映了作者扎实、认真、勤奋的治学精神。"当然，蒋先生的鼓励，是我努力的方向，我同样从中看到了自己的某些不足。正如同本人平时在教学课堂上所说，读书越多，越觉得自己懂得太少；研究越深入，越发现自己知识的贫乏。愿用我一生的追求和不懈的努力，执着于学术高峰的攀登。

后来，由李学颖和曹光甫校点的《瓯北集》、曹光甫校点的《赵翼全集》先后由上海古籍出版社、凤凰出版社推出，为我的赵翼研究提供了莫大方便。至2008年12月，新"评传"终于以40余万字的篇幅出版。2009年1月9日，常州市为该套丛书的问世，还专门在市行政中心的星聚堂举行了隆重的首发式，并安排我作为作者代表发言。会议结束，翌日一大早，洪文鑫老市长冒着严寒，专门从家赶来为我送行，并书瓯北"李杜诗篇万口传"一诗相赠，题曰："为答谢兴勤教授殚精撰著《赵翼评传》书"，令我很是感动。而今，闻知故人已逝，令人唏嘘不已。

此后,便步入了赵翼研究的第三个时段。多年来,我除了继续从事古代戏曲与小说研究外,精力在赵翼研究方面投入不少。与此相应,也发现了一些问题,积累了一些资料,深感若轻易放弃,未免可惜,于是,发愿编撰一部《赵翼年谱长编》,以廓清历史文献包括清人所撰《瓯北先生年谱》载述的种种雾障。赵翼得寿88岁,与他相关的人物大约在千人上下,若想逐一考证清楚,非掌握大量文献不可。本人从不敢以穷尽史料自相标榜,但尽可能地广泛搜求,实乃每日之常课。有时为一条史料的辩证,搞得晕头转向,半天不敢轻下一字,直至求得确解始释怀。其中的甘苦,个中人自知。经过几年的苦思冥索、殚精竭虑,终于完成了120余万字的书稿,且作为2009年全国高校古籍整理研究工作委员会直接资助项目结题成果,最终由台湾花木兰文化出版社于2013年3月出版。同年9月,又在同一家出版社推出了近60万字的《赵翼研究资料汇编》(上、下册),完成了我的夙愿。之后,《赵翼年谱长编》和《赵翼研究资料汇编》分获江苏省第十三届哲学社会科学优秀成果二等奖(2014)、江苏省高校第九届哲学社会科学研究优秀成果二等奖(2014),取得了不错的社会反响。其间,我曾接受相关媒体的采访,且有一著名出版社的编辑,希望本人将《赵翼年谱长编》交给他们再版。我考虑到积淀尚不够,随着阅读面的扩展,书中有些细节问题尚有待进一步完善,故未敢遽然应从。

本来,我的赵翼研究已经可以画上一个圆满的句号,岂不知到了2016年8月底,江苏省社会科学院文学所所长姜建先生突然打来电话,说是有事相商。翌日,我由北京首都机场赴日本东京,参加在早稻田大学召开的中国古代小说、戏曲方面的学术研讨会,至9月11日始返回北京,12日回徐州。由京返徐途中,接连接到省里电话,要我本日内务必赶往南京,参加13日省社科院举办的"江苏文脉研究工程"第一期项目专家研讨会。会上,主办方向我下达了《赵翼》的撰写任务,并当即签订了出版合同。于是,我又开始了新一轮的赵翼研究。此次写作,是在较为全面地掌握相关文献的基础上进行的,要比当年初次接手时顺利许多。在重新调整思路、完善某些观点阐述的同时,我又根据新发现的史料增补了许多新的内容,如焦循对赵翼出任安定书院讲席一事的误解,赵翼与蒋士铨文学创作理念的不同,对赵翼著作中所载述有关阿里衮、傅恒在平定边患时生嫌隙之原因的探讨,赵翼在戏曲史及江苏地方戏曲研究中的贡献等,均系首次展开较系统的论述。

《赵翼》交稿后,《江苏社会科学》主编李静研究员在审稿意见中云:"本书本着实事求是的原则,以丰赡翔实的历史资料,生动描述出赵翼一生的业绩,同时,又采用夹叙夹议、传评结合的方法,鲜明地勾勒出其思想演化的轨迹。这是一部学术性很强的传记","作者学术视野开阔,在此领域积累颇深,对清代思想史、学术史、学派代表人物多有研究,旁征博引,举一反三,心得、识见独出机杼,将赵翼在史学、文学、哲学等领域的研究特色和学术价值一一彰显。"认为本书的许多观点,皆依据史实,论从史出,且"以学术性的观点、思路、结构、语言贯穿全书并向学术深处开掘。学风严谨,行文中随处可见考证、引用、比对、存疑,善于捉住问题,分析解决问题,条理清楚,思辨性强,逻辑性强"。又云:"作者在总结赵翼研究特色时说:'瓯北之考证,在排列史料、比而较之的同时,往往还辅之以推理,以"立出自己一种意见"',其实这也是作者研究赵翼学术思想、学术范式时的方法。"这一番充满激情的话语,令我受之有愧。我依然将此视作在学术研究旅途中继续努力、步步跟进的目标,以古稀之年,为祖国优秀传统文化的赓续、弘扬而竭尽全力。

二三十年来,仅赵翼一人之研究,我写就五部书,且得到学界的广泛认可,有不少高校历史系将本人《赵翼评传》列为必读参考书,还有名校历史学博士生,经其导师指点,想方设法与我取得联系,咨询赵翼研究的相关事宜,这对我多年来的付出是一个很大的安慰。回顾这许多年的研究所走过的道路,感慨颇多,体会最深的有如下几点:

一是多方搜集资料,广泛占有文献,是从事学术研究的物质基础。瓯北是清代学问大家、诗歌名家,对他的研究,若想还原历史场景,仅关注其本人的有关史料显然不够,还必须注意访求与他有过交往的各类人物之资料,生于同时、虽未谋面但心灵相通的人物之资料,对其产生过某种影响的前代人物之资料,古今中外与赵翼研究相关之资料,他所生活年代的朝野大事、世风民情之资料,如此等等,不一而足。这才是为学的基础。满足于一知半解,便仓促下断语,往往失之千里。人称:"一个人的学术见解要想成为有系统的成熟的知识,就必须经过搜集材料,加以思考,最后系统化地写作出来,始能成为真知识真学问。"①非潜心为学者,难以道此。

二是刻苦攻读文献,全面审慎辨析,是做好学术研究的重要前提。既然从事研究,尤其是对难度较大的清代学人之研究,自然要涉及许多领域的丰富文献。然而,由于文献众多,内容不一,辨析起来就非常不易。如同一件事,出自不同人之著述,但内容上有参差,何者为真? 作者本人记述,大都较为可信,但由于种种客观原因或生理、心理等因素,能否事事据为典实?"族谱"、"史传"中对人物行谊载述之讹误、粉饰,怎样去分辨其对真实内容的遮蔽? 如此等等,均需要学人对原始文献进行细致辨析。正如前人所说:"古人之事,应无不可考者,纵无正文,亦隐在书缝中,要须细心人一搜出耳。"②尤其是对人们所熟知的常见史料,也不能轻易放过,这还有一个重新解读的问题。"真正高明的研究者,是要能从人人能看得到、人人已阅读过的旧的普通史料中研究出新的成果,这就不是人人所能做得到的了。"③

三是坚持知人论世,运用辩证思维,是解决学术问题的可靠路径。知人论世,是古代哲人历来所倡导的认识事物的方法途径。《孟子·万章下》首倡其说:"古之人,颂其诗,读其书,不知其人可乎? 是以论其世也。"清人王昶亦强调:"以诗证史,有裨于知人论世。"④对一名历史人物的研究,离不开对他所生活时代的政治、经济、历史、哲学、文学、风习、世情等多层面的审视与观照,应将研究对象放在特定历史环境中去认识其性格内蕴的成因,将人物置于一定的人物群体中去了解其独特的

---

① 严耕望:《治史经验谈》,《治史三书》,辽宁教育出版社,1998年,第95页。
② 阎若璩:《潜邱札记》卷二,《景印文渊阁四库全书》本。
③ 严耕望:《治史经验谈》,《治史三书》,辽宁教育出版社,1998年,第23页。
④ 王昶:《〈湖海诗传〉自序》,《春融堂集》卷四十一"序",清嘉庆十二年塾南书舍刻本。

认知价值,将研究对象所处不同历史时段的社会活动作对照研究,以深化对人物性格发展动态轨迹的理解,唯其如此,才能尽可能还原历史真相。正如同有人所说:"不管通过什么方式,我总觉得一个诗人离不开他所处的时代。这个时代不是空洞的或抽象的,而是与真实的存在密切相关,诗人的作品应是一个时代的心灵记录,也是一个时代的历史见证,比历史更真切一些。"①

四是勇于攻坚克难,努力开拓进取,是促使学术研究深化的根本保障。我们搞研究,所涉及的层面既有自己熟悉的,即所谓轻车熟路、游刃有余;又会遇到不少比较陌生的领域,有待我们去另辟蹊径、"开山采铜"。就本书的撰写而论,尽管人们常说文史相通,但是作为一名讲授古代文学的教师,一旦将历史作为学问来研究,陌生感、距离感还真有不少。在研究过程中,我不敢对史学妄下一语。一部由上海古籍出版社、上海书店联合出版的精装本《二十五史》,那结实的封套竟然被我翻得残缺不堪。通过下功夫反复阅读赵翼著作中所涉及的史书,边读边作较深层次的思考,在逐渐有所心得的前提下,才从研史之要、论史之意、编撰原则、叙事策略、治史方法等层面,较为系统地阐述了瓯北在史学研究方面的成就。还从瓯北相关的诗文中体悟其对理学的态度、评判历史人物的原则、分析事物的方法、对变革的认识与理解以及在"天命"与"自为"之间的游移与困惑,涉及哲学史、理学史、社会史、认识论多种层面的问题。是学术研究中遇到的一个又一个难题,激使我不断读书、不断思考,且不断有所进益。可以说,赵翼研究的开展,使我的学术研究产生了质的变化,开阔了研究视野,拓展了治学思路,丰富了为学方法。我的一系列论著的不断推出,均与这一段治学经历密不可分。2018年10月,姜建先生打来电话,邀我出席江苏文脉研究院主办的"江苏文脉研究工作推进及项目签约会",并讲讲从事赵翼研究的体会,我应约而往,并将上述想法向大会作了汇报,得到来自全国的与会学者的关注。

眼下,《赵翼》即将面世,我当然甚是激动。值此之际,谨向多年来

---

① 冯至:《文坛边缘随笔》,赵瑞蕻:《离乱弦歌忆旧游》,湖北人民出版社,2008年,第123页。

对本人一直关心、支持、鼓励的前哲时贤、海内外师友表示衷心感谢；对始终关心本书进展并给予多方帮助的姜建先生、对为该书编辑与出版付出艰辛劳动的江苏人民出版社责任编辑朱晓莹表示真诚的谢忱。当然，由于本人读书有限、识见不高，谬误之处当有，尚祈读者诸君不吝赐教！

赵兴勤
2019 年 2 月 25 日
古彭城凤凰山东麓倚云阁